清末五大臣出洋考察研究

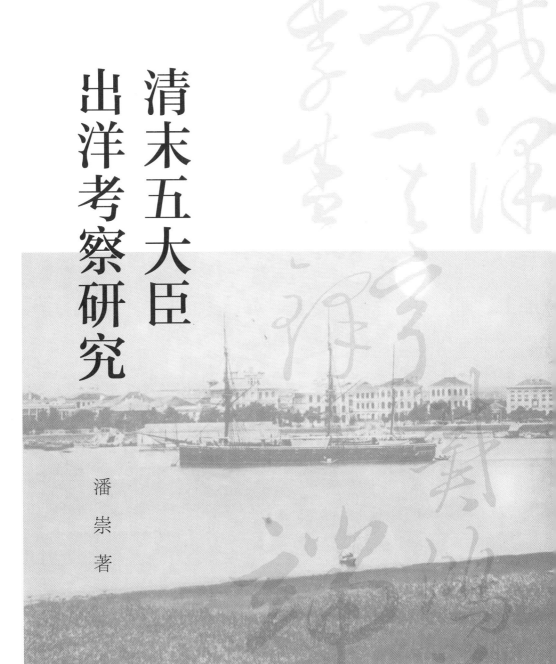

潘崇 著

中国社会科学出版社

图书在版编目（CIP）数据

清末五大臣出洋考察研究／潘崇著 . —北京：中国社会科学出版社，2014. 4
（2021. 12 重印）

ISBN 978 – 7 – 5161 – 4293 – 6

Ⅰ.①清… Ⅱ.①潘… Ⅲ.①外交史—研究—中国—清后期 Ⅳ.①D829

中国版本图书馆 CIP 数据核字（2014）第 106575 号

出 版 人	赵剑英
策划编辑	郭沂纹
责任编辑	吴丽平
责任校对	李　莉
责任印制	李寡寡

出　　版	中国社会科学出版社
社　　址	北京鼓楼西大街甲 158 号
邮　　编	100720
网　　址	http://www.csspw.cn
发 行 部	010 – 84083685
门 市 部	010 – 84029450
经　　销	新华书店及其他书店

印　　刷	北京明恒达印务有限公司
装　　订	廊坊市广阳区广增装订厂
版　　次	2014 年 4 月第 1 版
印　　次	2021 年 12 月第 2 次印刷

开　　本	710 × 1000　1/16
印　　张	26.5
插　　页	2
字　　数	448 千字
定　　价	98.00 元

凡购买中国社会科学出版社图书，如有质量问题请与本社营销中心联系调换
电话:010 – 84083683

序

潘崇的博士学位论文《清末五大臣出洋考察研究》，即将正式出版了。这是一部专门探讨清末五大臣出洋考察与近代中国宪政进程的专著。邀我作序，作为他的导师我不应推辞。潘崇2007年由河北大学考入南开大学，是我招收的第一个博士研究生，2010年博士毕业后，他继续就匿名评审以及答辩组专家的建议，同时又广泛搜罗资料、梳理思路，又以三年之功潜心研究，终于在博士论文基础上补充修改成现在的这部书稿。

潘崇的这一研究课题属于近代政治史，更确切说属于近代宪政史的范畴。1905—1906年的五大臣出洋考察，历时七个多月，途经十余国数十座城市，是有清一代规模最大、人数最多、考察国别最广的官方考察。派遣五大臣出洋考察是清政府谋求宪政改革的首个步骤，展示出清朝统治层内部的立宪动力，尽管考察团提供的宪政建言以保留君权、稳固统治为目标追求，截取宪政中有利于己的部分，疏于引入西方法律意识和价值观念，但不少今天仍在探求的诸如民主、自由、人权等话题都能在他们的言论中找到踪影，考政大臣与学者类立宪派（如梁启超）、士绅类立宪派（如张謇）等群体，共同构成中国早期立宪主义的多个源头，成为清末宪政思想资源的重要组成部分，其在中国宪政发展史上应占有一席之地。

五大臣出洋考察作为近代中国历史上具有转折意义的重大事件，需要予以多角度的审视。以往关于清末十年史的研究习惯于将视野聚焦于革命派、立宪派，相对忽略了清政府谋求改革的各种努力。清末五大臣出洋考察即是晚清史研究的薄弱环节，既往研究多从革命史观解读它，观点多有偏颇。本书不落窠臼、另辟蹊径，从清政府内部的改革动力着眼，全面探讨五大臣出洋考察的相关史实，揭示这一历史事件在中国近代宪政发展历程中的地位。同时以五大臣出洋作为展示晚清社会转型的切入点，揭示历史事件及其社会具体空间的互动关系。因此，本书在诸多方面有所建树，令人耳目一新。如对考察团出洋考察始末引发的国内外舆论回应的探讨；对考察团随从人员状况的细致梳理；与动态描述考察团始末相呼应，注重探讨清政府内部的改革动力，系统梳理考察团的改革思想及其来源；重视从中外关系视角对五大臣出洋考察团进行分析；关于对考察政治成果尤其是梁启超为戴、端考察团代拟考察成果这一历史悬案的探讨，等等，都深化了我们对此次出洋考察团乃至晚清政局的认识。

在史料运用上，书稿以档案、考察团编订的著述以及报刊等第一手资料为主。档案资料已刊行的如《光绪朝朱批奏折》、《清代官员履历档全编》等，尤其是系统利用了台北"中研院"收藏的"考政大臣出洋考察政治"档案，该档案此前学界尚未系统利用过。另外，作者深入挖掘了考察团编订的著述，如戴鸿慈、端方考察团编订的《欧美政治要义》、《列国政要》、《列国政要续编》、《考察各国政治条陈折稿》，载泽考察团编订的《日本议会诘法》、《日本政治要览》、《日本统计释例》、《日本官制通览》、《日本丙午议会》等，对上述史料的系统利用在学界尚属首次。对晚清报刊史料的广泛利用亦是本书的一大特色，除了我们常用的《申报》、《大公报》、《东方杂志》之外，潘崇曾很长一段时间在国家图书馆缩微阅览室查阅了《南方报》、《新闻报》、《时报》等我们并不常用的报刊。

在理论创新和研究视角上，书稿也做出有益的尝试。晚清政体改革带有后发型现代化国家的共性，更映现出中国传统政治文化的历史底蕴，也暴露出清政府权威合法性大量流失、缺乏驾驭改革的能力等诸多弱点。本书探讨了五大臣出洋考察对西方宪政的移植与变异，并分析了原因所在，从而在理论层面深化了我们对近代中国宪政建设的困境及其诱因的认识。在史实建构的基础上，书稿进一步分析了不同政治力量的态度和立场，一定程度上揭示了清末朝野政治互动的复杂格局，为我们理解清政府主导的宪政改革、清末政治生态提供了富有启发性的新视角。同时，探讨清政府在宪政改革过程中的权威性流失、中外强烈反差引发的危机感及如何处理集权与分权的矛盾问题，可为我们处理当下中国改革进程产生的类似问题提供历史启示。

总之，全书内容丰富，史料扎实，行文流畅，注释规范，具有很强的创新性，对五大臣出洋考察与中国近代宪政进程的研究，做出了很有价值的贡献，是一部具有较高质量的学术专著。但与此课题所涵括的丰富意义比，仍需要从多学科视角予以立体审视。如从近代以来中国宪政思想及实践发展演化的长时段视角着眼，结合社会改革相关理论，论定五大臣出洋考察团在百年宪政史上的地位；从法理角度着眼，对五大臣出洋考察团归国后的各类政治建言及编译书籍做更深层次的分析。

　　潘崇对学术一直抱有强烈的热忱，敏而好学，用力颇勤，在清末宪政及晚清留学等问题研究上已多有建树，发表了多篇富有价值的学术论文，在学术界产生一定影响。2012 年 7 月，他到中国社会科学院近代史研究所政治史研究室从事博士后研究，期待着他能在今后的学术求索中有更大的成绩。

元　青

2014 年 2 月写于南开园

目　　录

绪　论

第一节　选题缘起

清朝最后十年是中国社会转型的重要时期。清政府从 1901 年起开始推行以新政相标榜的改革运动,随着改革的深化,尤其是在日俄战争后,推行宪政改革成为时代强音,清政府亦将宪政改革提上议事日程,这就是 1905 年至 1911 年的"预备立宪"。

"预备立宪"一词源自光绪三十二年七月十三日(1906 年 9 月 1 日)清政府颁布的上谕中"预备立宪基础"[①] 一语,清政府在该谕旨中将宪政改革确立为基本国策。但是,清政府在该谕旨中指出中国当下不能立刻改行宪政,实行三权分立,而是"预备立宪基础"。实际上,中国应当改行宪政不仅可以追溯理论源头,作为政府行为的"预备立宪"之开端亦可以追溯到光绪三十一年六月十四日(1905 年 7 月 16 日)清政府颁布派遣载泽、戴鸿慈、徐世昌、端方出洋考察政治的上谕,后又添派绍英,吴樾炸弹案后徐世昌、绍英因故不行,由李盛铎、尚其亨代替,史称"五大臣出洋考察"。此次出洋考察的主要目的是实地考察各国宪政制度,为清政府能否乃至如何推行宪政改革提供决策依据。因此,该举措标志着清政府开始采取具体步骤为推行宪政改革做准备,实具"预备立宪"起点的意义。

清政府遣使出洋考察是基于内外形势综合考量的结果,该举措也引发了国内外的广泛关注。国内舆论普遍对该举措持欢迎态度,将其视为政府开始进行宪政改革的标志,并纷纷提出建言。国外舆论亦认为此举展示了清政府改革的新气象,亦有不少国外舆论鉴于遣使之举发生于日俄战争之后,认为其目的在

---

① 《宣示预备立宪先行厘定官制谕》,故宫博物院明清档案部编:《清末筹备立宪档案史料》(上册),中华书局 1979 年版,第 44 页。

于参与日俄和议。清政府极为重视此次考察团的准备工作，从人员选拔到资金筹措，无不超过以往的规格。考察团随带数十名随从人员，新旧教育背景者皆有，大多为时代精英，关心时政且学有专门，该群体无疑是科举废除前清政府特别倚重的新政人才一次重要的集体展示，透过该群体我们不仅能够个案了解科举废除前新政改革人才结构，对于我们认识清政府的人才政策亦有直接参考价值。考察经费由各省分任筹措，各省认筹态度积极，然而在汇解认筹经费时则不无迟钝，致使考察经费迟迟不能到位也在一定程度上展示了清末的财政状况。八月二十六日（9月24日），考察团在正阳门车站起程时遭到吴樾炸弹袭击，该事件引发社会各界广泛评论。总体而言，清政府得到舆论更多的同情，而革命派则遭到舆论的批判。暗杀事件后，考政大臣及随从人员的心理皆发生不小波动，再加上其他原因，考政大臣徐世昌、绍英不再出行，随从人员亦有不再出行者，考察团因此重组。又经过两个多月的筹备，在舆论一再催促下，两路考察团终于分别出行。

载泽、尚其亨、李盛铎率领的一路考察团，主要考察日本、英国、法国、比利时四国，采取邀请国外政治专家演讲和实地参观相结合的考察方法。由戴鸿慈、端方率领的一路考察团主要考察美国、德国、奥地利、俄国、意大利五国，主要采取实地参观的方式。考察范围以各国宪政制度为主，同时对各国经济、文化、教育等广泛关注，大致做到了谕旨中"考求一切政治"的要求。以端方、戴鸿慈一路为例，考察的国别达十五国之多，银行、公司、学校、工厂、监狱等皆属于考察之列。清政府驻外使节负有接待之责，他们积极推荐留学生、联络外国政府，发挥了重要作用。留学生普遍对考察团持欢迎态度，他们或加入考察团协助考察，或上递条陈表述己见，或翻译书籍赠给使团，表现热情积极，展示出新知识阶层日益增强的参与意识。各国普遍对考察团给予热情接待，国外舆论界也极为关注考察团的考察行程。可以说，五大臣出洋考察团是有清一代规模最大、人数最多、考察国别最广的官方考察团，是中国走向世界、认识世界的重要里程碑。从中外关系的角度看，此次考察展示了中国的改革形象，有效地联络了中外邦交，一定程度上提升了中国的国际影响力。

考察团考察期间，国内舆论热切期望考察团考有所得，归国后能够大有作为，除了关注考察团行程外，并多有建言。由于立宪问题在立宪派和清朝统治集团部分人中间达成了某种共鸣，与清政府处于对立地位的革命派不遗余力地揭露清廷立宪的虚伪性，五大臣出洋考察则成为革命派批判清政府假立宪的焦点事件，形成反对清政府立宪的第一个舆论高潮。考察团归国后，指陈中国应仿效日本的二元制君主立宪制进行宪政改革，并提出模仿日本将官制改革作为中国宪政改革的第一个步骤。考察团这些建言为清政府所采纳，并最终下定决心实行立宪，在考察团归国不久即颁布"仿行宪政"谕旨，虽然没有明言师法日本，实际上初步确立了师法日本的改革方向。不可忽视的是，考政大臣对宪政的理解存在着实用主义的倾向，集中表现为截取宪政中有利于己的部分。尽管如此，不少我们今天仍在探求的话题，诸如民主、自由、人权、法制观念、自治精神，等等，都可以在他们的言论中找到踪影。

　　社会改革是一项极其庞大的社会工程，社会诸要素之间呈现纷繁芜杂的相互联系、作用、矛盾、制约等关系。恩格斯曾言："当我们深思熟虑地考察自然界或人类历史或我们的精神活动的时候……我们首先看到的是总画面，其中各个细节还或多或少地隐在背景中。"① 五大臣出洋考察发生于纷繁芜杂、极其动荡的时代，清政府统治危机四伏、立宪呼声高涨、革命派势力与日俱增，整个社会交织着改良与革命两种变革模式的抉择与论争。考察团的派出不仅反映出立宪思潮在统治阶层内部的涌起，也反映出清政府对社会舆情的顺应以及对革命派压力的应对。但是以慈禧为首的清政府并没有下定推行宪政改革的决心，他们担心立宪政治会影响自己的统治，由此采取调查以后再行决断的审慎态度。围绕考察团从派出以至归国的整个过程，活跃在中国政治舞台的立宪派、革命派表现出截然不同的态度。可以说，五大臣出洋考察引发的广泛社会关注使之具有鲜明时代符号的意义，该事件无疑为我们认识清政府、立宪派、革命派三种政治势力的关系及演化提供了一个观察的视角。

第二节　研究现状

一　1949 年前

五大臣考察团归国不久，康继祖即撰成《预备立宪意见书》，依亲身所历

---

　　① 恩格斯：《社会主义从空想到科学的发展》，中共中央马恩列斯著作编译局编：《马克思恩格斯选集》（第3卷），人民出版社1972年版，第417页。

及报刊资料，侧重记录五大臣考察行程及舆论反应，正如作者序言所说："是书自五使出洋以至回国，所有一切情形无不搜讨殆尽，且又分目别类，次序秩然。"① 该书为当时人写当时事，展示了一个普通民众对此次出洋考察的看法，同时转载了不少国外舆论对考察团的评论，也为我们研究此次考察提供了宝贵史料。

1909 年，日本人佐藤铁治郎指出，正是袁世凯"非行宪政不能免革命之风潮"的陈奏，推动清政府做出遣使出洋举措。作者将五大臣出洋考察与甲午之战、戊戌变政、庚子联军之役并列为影响中国"兴亡之绝大关键者"②。

1912 年到 1949 年，国内虽没有关于五大臣出洋的专门研究，但相关法制史、政治史论著普遍对该事件给予关注。杨幼炯将此次考察视为清政府预备立宪的重要步骤，正是由于端方、载泽回国后的条陈，"清廷预备立宪之议遂决"③。李剑农指出日俄战争推动了政府官员对宪政的倡导，清政府派遣五大臣出洋考察就是"表示要立宪的意思"，而吴樾的炸弹"是国民不承认满清伪立宪的表证"④。吴经熊指出清政府鉴于"当时的人都相信'立宪'是强国的不二法门"，派遣五大臣出洋是慈禧与王公大臣商定的"粉饰立宪之策"⑤。

二 1949 年至 1980 年代初

据笔者所见，孙任以都于 1952 年发表的《1905—1906 年的中国宪政考察团》是最早较为全面论析五大臣出洋的整体研究。文章结论指出："1905 至1906 年的考察团为处于窘境的清政府提供了临时解药，但是因此说它开启了北京政府转变为一个宪政帝国的钥匙，对比欧洲国家，这种观点则显得片面。……西方政治话语里的议会、责任内阁及其他名词，在汉族及满族的改革者眼里，全部被视作巩固统治的工具，并且一定要与传统的价值观和体制相适应，这就是他们理解中的宪政。政治改革需要具备像接受西方科技那样的求真精神，但同时又要尽力避免与旧秩序的冲突，国外宪政专家提出的良方被他们

① 康继祖：《预备立宪意见书》"序言"，1906 年刊本。
② ［日］佐藤铁治郎著，孔祥吉、［日］村田雄二郎整理：《一个日本记者笔下的袁世凯》，天津古籍出版社 2005 年版，第 99、3—4 页。
③ 杨幼炯：《近代中国立法史》，上海书店据商务印书馆 1936 年版影印，第 33 页。
④ 李剑农：《中国近百年政治史》，上海书店据商务印书馆 1948 年版影印，第 234、252 页。
⑤ 吴经熊、黄公觉：《中国制宪史》，商务印书馆 1937 年版，第 10—11 页。

的传播者错误地理解了。宪政考察团表达的不仅仅是满族政权改革的努力，更展示了这个政权最终失败的原因。"①

诺柏尔特·麦恩北从宪政理论的角度指出考察团所提供的各类报告并非对各种立宪制度作一详细的分析，这即便对西方研究立宪政治的学者来说也是一项艰巨的、无止境的任务，当时他们提供的只是一套供清廷选择的建议。该文同时认为："严格说来，研究报告并非大臣亲自拟的，而是由若干特别挑选的下属拟的。尽管如此，它仍应视为戴、端二人之作。他们把报告上奏给皇上，对所陈事实和意见是承担责任的。"②

沈云龙认为五大臣的派出是奕劻、瞿鸿禨暗斗的结果，奕不满于瞿，请徐世昌商之于袁世凯，拟借准备立宪为名，请派瞿出洋考察政治，实欲挤之出军机，瞿时兼外务部尚书，自不容推卸。袁世凯亦以为然，遂由徐世昌于军机处提出此议，瞿知奕劻排己而以年老辞，徐"为折中调和计，遂自请成行"③。赵秉忠认为考政大臣嗅到了一些资产阶级民主的新鲜空气，但这决不会改变他们的阶级立场，即便个别人有了在中国实行君主立宪的认识，但在当时只能是幻想，"他们实际上不过充当了清政府预备立宪骗局中的工具"④。

这一时期，国内以"革命史"角度立论的著作，指陈五大臣出洋考察的虚伪性，吴樾由于谋炸五大臣成了他们笔下的主角。章开沅认为吴樾炸弹案"是人民对清王朝假饰立宪骗局所发出的抗议"。其评价考察团："载泽们希望立宪所能招来的大利，实际上只有'皇位永固'，'内乱可弭'两大端，说穿了，就是要假饰立宪，以达到抵制革命，巩固其专制主义统治的目的。"⑤ 李新认为清政府派遣五大臣出洋考察只不过是做一个改革的姿态，然而，"由于总的内外形势所决定，清政府既已迈出了这一步，它也很难半途停止或翻然改辙"⑥。金冲及将吴樾炸弹案视为革命派与立宪派矛盾、冲突激化的标志，"表明革命派和立

① E-Tu Zen Sun, "The Chinese Constitutional Missions of 1905 - 1906", *The Journal of Modern History*, Vol. 24, No. 3 (Sep., 1952).

② 诺柏尔特·麦恩北:《清政府对立宪的准备：清政府对宪政的理解》，明清史国际学术讨论会秘书处论文组:《明清史国际学术研讨会论文集》，天津人民出版社1982年版，第356、357页。

③ 沈云龙:《徐世昌评传》，（台北）传记文学出版社1979年版，第21、23页。

④ 赵秉忠:《清末五大臣出洋》，《历史教学》1983年第6期。

⑤ 章开沅、林增平:《辛亥革命史》（中），人民出版社1980年版，第383、386页。

⑥ 李新主编:《中华民国史》（第1编），中华书局1981年版，第242页。

宪派的矛盾冲突已发展到了水火不容的地步，预示着革命和立宪之间的一场大论战是不可避免的了"①。唐宝林梳理了吴樾谋炸五大臣的策划经过，认为此次谋炸并不是吴樾的个人行动，而是军国民教育会的有计划有组织的革命行动，直接参与策划的有陈独秀、杨毓麟和赵声等人。②

由于孙任以都文章的发表，这一时期是为该项研究的奠基阶段。但是，受政治风气影响，国内研究者将行刺五大臣的吴樾作为描述重点，而对五大臣出洋考察之始末则一笔带过，且评论大多欠客观公正。

三　20 世纪 80 年代中期至今

随着戴鸿慈《出使九国日记》、载泽《考察政治日记》以及《清末筹备立宪档案史料》等资料的整理出版，极大地推动了五大臣出洋考察的深入研究。20 世纪 80 年代中期以来，关于五大臣出洋考察的研究逐渐增多，主要体现在以下方面。

第一，考察团的派出。朱金元从宏观着眼，认为清政府派遣五大臣出洋考察的原因有三：开明官僚的直接敦促；国内民主革命潮流的不断高涨和立宪派的积极呼吁；帝国主义推行其侵华新政策的需要。③ 这些论点大多为以后的研究所延续，但是最后一点逐渐淡化。④ 侯宜杰则着力探讨了江浙立宪派与清政府遣使决策的关系。作者认为，江浙立宪派充当了策动地方和中央权要赞成立宪的主角。鉴于日俄战争的爆发，江浙立宪派提出遣使主张，以声明我国在东三省的主权地位。随着国内立宪呼声日益高涨，江浙立宪派的遣使目的发生了转变，逐渐演化为学习国外的立宪政体。他们极力联络清廷官员，最终使得清廷相当部分的官员提出遣使主张，促成了派遣五大臣出洋考察政治的决议。⑤沙培德强调了宪政专家梁启超对清政府派出五大臣出洋考察的推动之功："梁启超数量众多的著作不仅仅代表着其本人独一无二的地位，更代表了初露端倪的

---

① 金冲及、胡绳武：《辛亥革命史稿》，上海人民出版社 1985 年版，第 68 页。
② 唐宝林：《吴樾炸五大臣策划经过》，《安徽史学》1984 年第 3 期。
③ 朱金元：《试论清末五大臣出洋》，《学术月刊》1987 年第 5 期。
④ 如赵玉莲《五大臣出洋政治考察与清统治者对西方认识的深化》，《外交评论》1991 年第 4 期；赵广示：《试析清末五大臣对欧美、日本政治考察的原因》，《贵州大学学报》2005 年第 2 期。
⑤ 侯宜杰：《二十世纪初中国政治改革风潮：清末立宪运动史》，人民出版社 1993 年版，第 46—54 页。

精英意识。……1900 至 1905 年间，梁启超致力于建设中国为宪政帝国的努力，1905 至 1906 年，清政府基本上接受了他的主张。"① 梁启超早在 1901 年就撰成《立宪法议》一文，提出立宪实施次第的设想，其中一个环节就是政府派遣大臣三人带领随员出国考察。后来，梁启超又代考察团起草奏折、考察报告，其与考察团的关系值得深入探讨。

第二，考察途次及考察成果。川岛真探讨了五大臣及稍后的三大臣对国外宪政的考察。尤其利用《汪康年师友书札》等资料，考察了驻英使臣汪大燮对考政大臣的评价及合作。② 孙安石对五大臣在国外的考察过程和归国后的建言进行了较为细致的论述，注意展示时人对该事件的反应。③ 另外，孙安石还利用日本外务省档案，对考察团在日本的考察活动及日本朝野的反应进行了探讨。④ 福田忠之亦据由孙安石首先发掘利用的日本外交档案，考察了载泽一行在日本的考察活动。他指出，由于考察团是在日俄谈判的背景下派出的，日本起初对其抱有某种疑虑。作者认为，考察团通过考察各国，对外国宪政有了直接的了解，其归国后的建言成为清政府颁布预备立宪上谕的"直接契机"⑤。

赵广式通过分析载泽、戴鸿慈的两部日记，认为此次考察促使五大臣在思想观念上有所转变，他们的著述、译著为研究当时各国政治、经济和军事等社会生活状况提供了有利条件，也使中国百姓开阔了眼界，增长了知识，并且加深了中国人民同欧美、日本等国人民间的了解、交往、联系和友谊。⑥ 贺嘉分析了五大臣归国后的建言，其得出了效法德、日的结论，对清末制宪产生了直接而巨大的影响，"拉开了中国政治法律制度近代化的序幕"⑦。

① Peter Zarrow, "The Search for Political Modernity in the Late Qing: Constitutionalism and the Imagination of the State", (台北)"中研院"近代史研究所主办："生活、知识与中国现代性国际学术研讨会", 2002 年 11 月 21—23 日。

② 川岛真：《光绪新政下の出使大臣と立宪运动》，《东洋学报》1994 年第 75 卷。

③ 孙安石：《清末の政治考察 5 大臣の派遣と立宪运动》，《中国—社会と文化》1994 年第 9 号。

④ 孙安石：《光绪新政期、政治考察 5 大臣の日本访问》，《历史学研究》1996 年第 685 号。

⑤ 福田忠之：《清末五大臣出洋政治考察与明治日本》，浙江工商大学日本文化研究所《日本思想文化研究》编委会编：《日本思想文化研究》2007 年第 9 期，（日本）国际文化工房 2007 年版，第 14—23 页。

⑥ 赵广式：《清末五大臣政治考察的积极成果》，《贵州社会科学》2005 年第 5 期。

⑦ 贺嘉：《近代中国法制变革的先声：论五大臣出洋考察及其结论》，《汉中师院学报》1993 年第 4 期。

　　关于端方、戴鸿慈一路考察团找人撰写考察报告之事，学界普遍认为系由熊希龄负责，而求助于杨度、梁启超，但大多语焉不详。① 杨中立在博士论文《梁启超与清末立宪运动》中，有"梁启超与考察宪政"专节，然并未对梁启超与考察团的交往进行考证，而是在梳理、归纳以往研究成果的基础上，倾向于认为熊希龄并非委托杨度，而是直接与梁启超联络，并指出"这个争议并不重要，重要的是梁启超确曾代考察大臣草拟了报告"②。迟云飞在《戊戌以后康梁与清廷官员的联络活动》一文中，指出清政府的遣使主张对梁启超是一个巨大的鼓舞，因此，参与和督促清廷实行立宪，便成了康有为、梁启超等立宪派与清廷官员交往活动的主要内容。文章指出，端方给熊希龄下达了两项任务，一是主持编纂介绍外国政治制度的书籍，一是起草条陈和奏折。并且，熊希龄直接与梁启超接洽，并非求助于杨度。③ 周秋光依据熊希龄档案史料，指出熊希龄只仅仅到了德国，戴鸿慈、端方便命他返国经理编辑事宜。熊希龄归国后，找人组成编辑队伍，由张鹤龄"总其成"，随后赶赴日本，一方面找杨度要稿子，另一方面在日本购买一些欧美国家的书籍，请留学生帮忙翻译以作补救。等到戴、端回国，"枪手"的文章及在日本的译件均已带来了，再经过加工整理，"枪手"的文章便成为立宪的各类奏折，译书定名为《欧美政治要义》。④

　　关于载泽考察团的考察成果。张玉法根据《政治官报》列举了载泽考察团编写的三十部提要及编译的一些书籍，但没有展开论述。⑤ 前引福田忠之文亦是如此。无疑，三十部提要及编译书籍是了解载泽考察团宪政思想的重要文本。

　　① 代表性论著有韦庆远等：《清末宪政史》，第135页；蔡礼强：《晚清大变局中的杨度》，经济管理出版社2007年版，第106页；董方奎：《清末政体变革与国情之论争——梁启超与立宪政治》，第169页；李守孔：《论清季之立宪运动——兼论梁启超、张謇之立宪主张》，中华文化复兴运动推行委员会主编：《中国近代现代史论集》（第16编），第33页；周秋光：《熊希龄与清末立宪》，《湖南师范大学学报》1996年第5期；狭间直树：《清朝的立宪准备与梁启超的代作上奏》，载徐洪兴等主编《东亚的王权与政治思想》，复旦大学出版社2009年版，第210—211页。梁启超研究通论著作，对梁启超代笔事亦有所提及，如李喜所、元青《梁启超传》，人民出版社1993年版，第262页；耿云志、崔志海：《梁启超》，广东人民出版社1994年版，第179页。
　　② 杨中立：《梁启超与清末立宪运动》，（台北）中国文化大学2004年博士论文，第168—177页。
　　③ 迟云飞：《戊戌以后康梁与清廷官员的联络活动》，《北大史学》（第2辑），北京大学出版社1994年版，第104—105页。
　　④ 周秋光：《熊希龄与清末立宪》，《湖南师范大学学报》1996年第5期。
　　⑤ 张玉法：《清季的立宪团体》，（台北）"中研院"近代史研究所专刊（28）1971年版，第313—314页。

另外，一些以五大臣出洋考察为研究对象的硕士论文，大多依据两部考察日记，探讨考察团在国外的考察情况，唯资料开发有限，研究深度不无欠缺。①

第三，考政大臣。关于考政大臣的研究集中于端方、戴鸿慈两人。

刘高葆指出端方宪政思想来源于三个方面：参与戊戌变法和清末新政、与资产阶级立宪派关系密切以及出洋考察的经历。作者指出"端方是旧官僚具有新思想，其本身就是一个矛盾体"，他主张的改革是传统范围内的改革，政治倾向总的来说是保守的，他和资产阶级立宪派不属同一水准。同时又认为端方是一个改革派人物，他主张君主立宪，本身就是对封建专制制度的否定，客观上削弱了政府的集权专制。② 迟云飞指出端方出洋考察归国后更加热心于倡导立宪，他设计的方案中，君主的权力不再是无限的了，君主的行动不仅要在宪法的范围内，而且还有责任内阁的牵制，议会的抗衡，作者认为端方的宪政思想"是清政府预备立宪的理论基础"③。张海林所著《端方与清末新政》是首部端方研究的专著，该书描述了端方、戴鸿慈一路在国外的考察情况。作者认为出洋考察对端方一行"产生思想冲击力"的事项包括八个方面：政治制度、自由与平等精神、司法制度、狱政、工业、教育、社会公共事业以及民风民俗。作者指出《欧美政治要义》及《列国政要》虽由端、戴两人署名，但两书实际上是端方编定的，通过对这两部书的分析，作者给予端方极高的评价："端方不愧是晚清政坛上思想前卫的少壮派政治家，他的眼界胆识在当时无人出其右。……晚清时期的历史事实是，力主和平渐进而思想开放的官员和绅士恰恰是传播西方自由权利理念的主力。端方是他们的佼佼者。"④

俞勇嫔《戴鸿慈与清末宪政运动的开端》以戴鸿慈立论，实际上考察了戴、端考察团的宪政主张，文章指出考政大臣完成了他们的历史使命，清政府预备立宪所采取的一系列措施，基本上没有超出戴鸿慈等设计的方案框架，从这个意义上说，戴鸿慈等人"不仅是清末宪政运动开启的推动者，而且更是这

---

①　宫凯：《清末五大臣出洋考察成果缕析》，河南大学 2006 年硕士学位论文；张树强：《五大臣出洋考察宪政述评》，吉林大学 2007 年硕士学位论文。

②　刘高葆：《试论端方的立宪渊源及其对宪政的理解》，《中山大学研究生学刊》1995 年第 1 期。

③　迟云飞：《端方与清末宪政》，中南地区辛亥革命史研究会等编：《辛亥革命史丛刊》（第 9 辑），中华书局 1997 年版，第 81、85 页。

④　张海林：《端方与清末新政》，南京大学出版社 2007 年版，第 144、159 页。

场政制改革运动如何开展之具体规划的设计师和倡导者之一"①。

第四，整体研究。鸽子所著《隐藏的宫廷档案：1906 年光绪派大臣考察西方政治纪实》为以五大臣出洋考察命名的首本专著。该书虽以五大臣考察为题，但是对义和团运动及维新运动亦有相当篇幅的论述。该书最大贡献为征引了一些国内外档案史料，以叙为主，较为详尽地探讨了考察团对国外政治、市政建设的考察。② 唯该书征引文献规范度不够，难以称得上是严格的史学著作。

李守孔认为五大臣的派出推动了国人立宪的热情，考察团归国后的建言不失为应时之良策，亦为此后清廷预备立宪所遵循，但是由于"清廷缺乏诚意，一切设施徒等具文，但图迁延岁月而已"③。马东玉探讨了考政大臣归国后与顽固派之间的论战，认为他们充当了论战中的主要角色。同时，该文强调学界要加强对清政府预备立宪的研究。④ 罗华庆指出考察团对宪政的认识分为三个层次：认识世界、临渊羡鱼；确认时潮、见贤思齐；体认竞争、省前谋后。其谋划主要有四方面：定国是、改官制、平满汉、提高民智；产生的影响包括：扩充见闻，增进统治集团的立宪倾向，促成预备立宪的宣布、参与决策，初定改革官制基调。作者认为，考察团所提出的仿行宪政的主张和措施，在一贯闭关锁国、妄自尊大的清朝统治集团中不失为一种开明之举。但是他们的根本目的在于维护清朝的统治，势必得不到各社会阶层的拥护。⑤ 韦庆远等著《清末宪政史》一书，对五大臣出洋考察始末进行了描述，通过分析考察大臣在考察途中及回国后所上的奏折，探讨了其立宪主张。作者指出五大臣出洋考察政治，"企图为清政府的立宪骗局部署一个要着"，对外表示出清政府不甘墨守成规，决心要学习西法以适应列强的要求；对内则表示要变法图强，力求振作，借以安抚人心，拉拢立宪派以抵制革命。当然，也想借鉴一些可以有利于维护统治的洋制度、洋办法、洋经验。⑥ 前引侯宜杰一书通过分析考政大臣归国后的言

---

① 俞勇嫔：《戴鸿慈与清末宪政运动的开端》，《历史教学》2005 年第 11 期。

② 鸽子：《隐藏的宫廷档案：1906 年光绪派大臣考察西方政治纪实》，民族出版社 2000 年版。

③ 李守孔：《论清季之立宪运动：兼论梁启超、张謇之立宪主张》，中华文化复兴运动推行委员会主编：《中国近代现代史论集》（第 16 编），第 27、33 页。

④ 马东玉：《五大臣出洋考察与清末立宪活动》，《辽宁师范大学学报》1987 年第 1 期。

⑤ 罗华庆：《论清末五大臣出洋考政的社会影响》，《中国社会科学院研究生院学报》1992 年第 4 期。

⑥ 韦庆远、高放、刘文源：《清末宪政史》，中国人民大学出版社 1993 年版，第 131—132 页。

论，认为"近代以来统治阶层内部不断探讨争论的富强之术，至考察政治大臣出访回国后才算得到了一次清算，进行了一次总结"。考察团最大的收获、最大的进步就是认识到中国与各国的根本差别是先进与落后两种社会政治制度的不同，"不革除封建专制政治，中国无论怎样努力，也不可能富强，缩短与外国的差距"①。吴春梅指出，清政府派遣五大臣出洋考察表明"清廷并不回避进行政治制度改革的可能，清廷的政策将进行重大调整"。考政大臣通过出洋考察，对西方政治制度的优越性有了切实的体会和感受，真正认识到中西之间的巨大差距，这是他们回国后力主改革政体的基本原因。② 张晋藩从法制文明进程的角度概括了五大臣出洋考察的积极意义，认为考察团在奏折中提出的结论性意见，拟定了晚清预备立宪的基本原则、框架和实施步骤，晚清的预备立宪是从五大臣考察宪政正式拉开序幕的，"使得中国这个古老的帝国，靠近了世界近代法制文明的历史轨道"③。王晓秋从历史进程的角度探讨了五大臣出洋考察的意义，他认为从蒲安臣使团到海外游历始，再到五大臣出洋，展示了晚清中国官员走向世界的轨迹，"反映晚清中国官员在走向世界、认识世界的艰难历程中一步一步地前进，逐步融入国际社会，登上世界外交舞台"④。

2011 年，陈丹在博士论文基础上出版《清末考察政治五大臣出洋研究》，是关于五大臣出洋考察的系统研究。该著考察了此次出洋考察的目的、筹备过程、考察情况，尤其重点探讨了戴、端考察团在美、德以及载泽考察团在日、英的考察情况，分析了考察团回国政治报告的内容及其对清政府宪政改革的推动作用，最后作者将五大臣出洋考察团与中国其他游历者（使团）以及日本的岩仓使团、伊藤博文使团进行了对比。该著大量运用中外报刊史料，较为全面地展示了此次出洋考察团所引发的舆论回应，和日本使团进行对比亦多有新意。然而，该著对某些关键问题没有关涉到或探讨有欠深入，比如日俄战争后朝野宪政思潮的发展情况及其与清政府派遣使团的关系、考政大臣选拔过程、随从人员群体结构、革命派对考察团的回应、考察团政治成果的撰述过程等。⑤ 另

①　侯宜杰：《二十世纪初中国政治改革风潮：清末立宪运动史》，第 65 页。
②　吴春梅：《一次失控的近代化改革：关于清末新政的理性思考》，安徽大学出版社 1998 年版，第123、131 页。
③　张晋藩：《中国近代社会与法制文明》，中国政法大学出版社 2003 年版，第 210 页。
④　王晓秋：《三次集体出洋之比较：晚清官员走向世界的轨迹》，《学术月刊》2007 年第 6 期。
⑤　陈丹：《清末考察政治五大臣出洋研究》，社会科学文献出版社 2011 年版。

外，柴松霞、杜映臻分别考察了清末两次出洋考察团与清末立宪的关系，尤其侧重考察了五大臣出洋考察团的考察行程。①

近年来，一些通史著作也加强了对该事件的关注。如由中国社会科学院近代史研究所编写的《中国近代通史》一书，对该事件着墨不少，认为考政大臣的建言为清政府选择立宪模式提供了重要的决策依据，随后的预备立宪正是按照考政大臣的建言，确立以日本模式为模仿对象，五大臣出洋考察政治的目的基本上达到了。②

国外对该事件的研究也取得了新进展。理查德·霍洛维茨《打破旧日的羁绊：1905—1906 年清政府的改革考察团及中央机构的改组》指出，虽然两路使团的出行路线不同，但是他们的奏陈则十分相似，都主张实行宪政，其要旨并未出乎人们意料，其原因在于"来自国外的许多奏陈已经涉及宪政体制问题"。作者认为以往大部分论著将五大臣出洋考察团及此后的官制改革视为清政府寻求君主立宪政体之步骤的观点"是肤浅的"，通过追溯近代以来对政府官僚体制的种种批评以及官僚体制的改革，作者认为 1906 年考察团的归国及官制改革的意义在于："结束了长期以来关于中央官制尤其是中央机构领导者如何组织的讨论。对于中国政治体制来说，是一个决定性的转折。……清政府的改革者将框架，甚至一些现代国家的各种要素赠给他们共和国的后继者，而设置各'部'的中央官僚体系模式即是其中一个鲜明例证。清末的宪政进程是令人沮丧的昙花一现，但是划分各'部'模式的建立却延续下来。"③ 考政大臣归国后建言宪政改革当从官制改革始，并由此引发中央各部的重新整合，从这一点上看，其论点无疑是正确的。但该文忽视甚至否定清政府追求立宪政治的倾向及努力则值得商榷。

第五，其他方面。关于五大臣出洋考察在清末宪政改革中的意义。尚小明指出："从 1905 年清廷派五大臣出洋考察东西洋政治，到 1911 年'皇族内阁'设立，清末的筹备立宪，进行了大约六年。"作者着重探讨了留日学生在此次考

---

① 杜映臻：《他山之石：清末政治考察与宪政考察》，"国立"台湾师范大学 2009 年硕士论文；柴松霞：《出洋考察与清末立宪》，法律出版社 2011 年版。

② 中国社会科学院近代史研究所编：《中国近代通史》（第 5 卷），江苏人民出版社 2006 年版，第 230 页。

③ Richard S. Horowitz，"Breaking the Bonds of Precedent：The 1905 – 1906 Government Reform Commission and the Remaking of the Qing Central State"，*Modern Asian Studies*，No. 4（2003）.

察中所起的积极作用。此外，附录部分将随行人员的姓名、籍贯以及出身以表格形式列出。① 总的来看，该书资料翔实，在一定程度上突破了前此研究的范围。前引朱金元文认为："五大臣出洋本身虽非预备立宪，但它对预备立宪产生了直接后果，以后宣布立宪就是根据五大臣的意见办的。"雷俊认为："清末'预备立宪'，起于1904年日俄战争前后立宪派和部分官僚的吁请，经过五大臣出洋考察政治，至1906年9月正式宣布。"② 张玉法认为："从一九〇五年十二月清廷派五大臣出国考察宪政到一九〇八年九月清廷宣布九年预备立宪，为清政府决定仿行立宪，研究决定实行步骤，国内外联合请愿速开国会时期。"③

关于五大臣在政局中的地位及与顽固派的论争。陈之迈指出立宪派有民间的和朝中的两派，前者以康有为、梁启超为代表，后者以考察宪政五大臣载泽等为代表。④ 前引雷俊文认为，清末预备立宪前后的清廷政争既不是立宪与不立宪之争，更不是满汉之争、权力之争，或新旧之争，而是预备立宪问题的缓急之争，其中心点即为责任内阁制，围绕这一问题，官僚立宪派之间展开了对立宪领导权的争夺，斗争结果使得急进派获取了立宪领导地位，从而使清末宪政运动开始以较快的步伐向前发展。

关于吴樾炸弹案。李云汉从吴樾遗著入手，探讨了该事件的社会意义，称其不是一件寻常的暗杀事件，不仅是对清廷宣称准备立宪的不信任，更是对清政府重臣大吏的严重警告。⑤ 陈丹较为详细地考察了中外舆论对该事件的评论，指出吴樾刺杀五大臣的主观目的是达成其革命主张，但从当时的报刊舆论来看，"其行动的客观效果是使得国人惊叹于五大臣所受到的威胁，进而同情他们的遭遇，从而心系于清政府的改革"⑥。

关于张之洞与考察团的关系。李细珠通过解读张之洞档案，从筹措考察经费、选派官员随同考察等方面论析了张之洞对此次考察团的态度，认为张之洞

① 尚小明：《留日学生与清末新政》，江西教育出版社2003年版，第1、3—5页。

② 雷俊：《官僚立宪派与清末政争》，《华中师范大学学报》1992年第4期。

③ 张玉法：《学者对清季立宪运动的评估》，中华文化复兴运动推行委员会主编：《中国近代现代史论集》（第16编），第689页。

④ 同上书，第681页。

⑤ 李云汉：《中国国民党史述》（第1编），中国国民党中央委员会党史委员会1994年版，第533—534页。

⑥ 陈丹：《百年前北京正阳门车站炸弹案的反响》，《北京社会科学》2008年第2期。

对此次考察团是积极支持的，反映出张之洞对待宪政改革亦是支持的态度。①

此外，安宝通过比较五大臣与日本岩仓使节团出访时国内国际背景的差异、对西方的认知差异、对两国影响与作用这三方面内容，着重探讨了清末五大臣出洋考察的不足及缺陷，作者对五大臣出洋考察基本持否定态度。② 杨柳春主要以《民报》为分析文本，探讨了革命派对清政府预备立宪的反对，认为五大臣第二次出洋后，革命党在理论上全面否定了清廷实行立宪的可能性和可行性，形成反对清廷立宪的第一个舆论高潮。③

通过学术史回顾我们发现，五大臣出洋考察这一中国近代史上的重大历史事件越来越引起人们的关注，研究者从简单描述到多视角探讨该事件的原委及其影响，研究视野逐步开阔，资料开发逐步深化，为深入研究打下了良好基础。但是，以往不少研究概括、评价有余，史实分析不足，使人感到某些结论有空中楼阁之感，该项研究无论从广度上还是从深度上都可以进一步发掘。

第三节　研究思路

五大臣出洋考察作为近代中国历史上具有转折意义的重大事件，需要多学科学者予以多角度的审视。历史研究的第一要义是求真，本书从清政府内部的改革动力着眼，全面扩展五大臣出洋考察的相关史实，揭示这一历史事件在中国近代宪政发展历程中的地位。同时以五大臣出洋作为展示晚清社会转型的切入点，揭示历史事件及其社会具体空间的互动关系。具体而言，本文在总体研究思路上特别注重以下方面。

第一，五大臣出洋考察是一个动态过程，首先要求我们尽可能真实详尽地展示事件的来龙去脉。由此，本文以实证研究方法为主，深入扩展五大臣出洋考察从决策到完成的相关史实。以往研究涉及尚少，亟待深化的方面包括：随从人员的选拔经过及其在考察当中发挥的作用、资金筹措、吴樾案的社会影响及清政府对案件的调查、两路考察团政治成果的由来及其内容，等等。在实证研究基础上，适当借鉴社会学、政治学、传播学等学科的相关理论、方法，以

---

① 李细珠：《张之洞与清末新政研究》，上海书店出版社 2003 年版，第 295—299 页。
② 安宝：《清末五大臣与岩仓使节团出访的比较研究》，东北师范大学 2007 年硕士学位论文。
③ 杨柳春：《清末革命党对预备立宪的反应及其影响》，华南师范大学 2007 年硕士学位论文。

期更好地揭示五大臣考察时期政局演进的曲折和隐情。

第二，与动态描述考察团始末相呼应，注重探讨清政府内部的改革动力，系统梳理考察团的改革思想及其来源。以往关于清末十年史的研究习惯将视野聚焦于革命派、立宪派，相对忽略了清政府推行各项改革的动力所在。派遣五大臣出洋是清政府谋求宪政改革的首个步骤，展示出清朝统治层内部的立宪动力，该举措不仅具有增强政府权威、统治合法性以及争取社会舆论的意图，亦展示出清政府在宪政思潮发展的时代背景下因应内忧外患的主动性。实际上，清政府派五大臣出洋时即已基本倾向立宪，但是以慈禧为首的清政府担心立宪政治影响统治，采取调查以后再行决断的策略，从政治学角度看属于"渐进政策决策模式"。以往宪政史研究皆对考察团提出的改革主张有所提及，但迄今为止学界对考察团归国成果还没有做出清算，尤其对考察团奏折、编译书籍之由来更是几无论及。以戴鸿慈、端方一路考察团为例，以往研究普遍笼统认定由梁启超代其拟定各类折稿、考察报告。问题是，究竟梁启超的哪些主张为考察团接纳、哪些主张未被考察团接纳、哪些奏折由考察团自身拟定，是否还有其他人参与其事，载泽考察团是否也存在着找人代笔的现象？这些问题则乏人问津。需要注意的是，考察团提供的宪政建言只是一套满足清政府宪政改革现实需求的建议，带有很强的实用主义倾向。同时，端方、戴鸿慈和梁启超由于朝野之分殊，他们对宪政的理解和选择存在诸多差异，展示出进入清末中国的宪政思想资源的混乱驳杂性，构成清末宪政思潮发展的一个突出特点，也揭示了清末宪政改革最终归于失败的一个原因。

第三，系统梳理五大臣出洋考察引发的社会舆论反应，展示清季宪政改革初期的社会环境。清末，知识分子开始通过创办报刊干预政治，在一个没有正式民主制度的社会里，组织学会、兴办报纸杂志等都是政治参与的重要渠道。从政治参与角度而言，无论组织学会还是兴办报刊，皆是为了表达政治见解，借助其所形成的强有力的舆论氛围，达到影响政府行政的目的。清末社会舆论具有较强时效性、自由性及客观公正性，很大程度上成为游离于政府之外而对其具有广泛监督作用的一把利器。伴随着考察团的出行始末，社会舆论始终影随，展示出考察团的影响所在。深入缕析五大臣出洋考察时期的社会舆论反应，剖析其动机及价值倾向，不仅有利于我们加深对事件本身的认识，也有利于我们认识清末社会发展态势以及政府与社会之间的关系。因此，本书将当时的各大报刊作为重要史料来源。

第四，重视从中外关系视角对五大臣出洋考察团的分析。首先，从近代中外文化交流的视角来看。考察团对各国教育机构、图书馆、博物院、动物园等公共事业广泛考察，产生了新的认知。值得一提的是，端方在考察期间，广泛搜罗各国古物以及中国流失海外的古物，并把随身携带的中国书画分赠各国友人，使得此次考察带有较为浓厚的文化外交色彩。其次，从近代中外邦交的视角来看。五大臣出洋考察标志着中国在走向世界、学习世界的历程中又前进了一大步，考察团在出洋考察期间与各国政要、社会各界人士积极接洽，展示了中国的改革形象，有效地联络了中外邦交，在一定程度上提升了中国的国际影响力。

本书除绪论外，共有八章。

第一章：20世纪初期宪政思潮的勃兴。简要回顾近代以来的改革进程以及宪政思潮的发展，同时梳理20世纪初国人对宪政实践之道的探索。

第二章：清政府派遣考察团出洋考察决策的确立。日俄战争后，朝野立宪诉求日益浓厚，推动清政府最终做出遣使举措，社会舆论对政府此举普遍给予肯定。

第三章：考察团出行前的筹备。清政府颁布遣使谕旨之后，随即开始一系列筹备活动，包括选拔随从人员、筹措考察经费以及确定考察国别等方面。

第四章：吴樾谋刺五大臣及其影响。吴樾谋炸五大臣对考察团产生了深远影响，考察团因此重组。同时，吴樾案也推动政府官员尤其是驻外使臣和考政大臣分别奏请清政府宣布立宪期限以及设立编订宪法的机构。

第五章：五大臣出洋考察实录。载泽考察团重点考察各国政治制度，采取邀请政法专家讲解和实地参观相结合的考察方法；戴鸿慈、端方考察团考察范围相当广泛，政治、经济、文化无所不包，主要采取实地参观的考察方法。总的来看，各国宪政制度是考察团最重要的考察对象。

第六章：五大臣出洋考察期间国内政局演化。考察团的最终成行使得更多政府官员倾向于立宪政治，立宪派、革命派对五大臣出洋考察给予了截然不同的评论，然而五大臣出洋考察并未成为两派论争的焦点。

第七章：考察团归国后的建言及各种编译书籍缕析。端方、戴鸿慈考察团的不少书面成果委诸他人提供政治素材，载泽考察团则出自己手。两路考察团归国后上陈的奏折以及编译书籍表达的核心思想是中国应当仿效日本进行宪政改革。

第八章：五大臣出洋考察之评析。从中外关系的角度看，此次考察展示了中国的改革形象，联络了中外邦交；就政体改革进程而言，考察团的建言促成了清政府颁布"仿行宪政"上谕。同时，五大臣出洋考察团也存在着少数人员选拔失当、行程过于匆促、对宪政理解存在片面性等缺失。

第四节　资料概述

第一，考察团编订书籍。如戴鸿慈考察团编订的《欧美政治要义》、《列国政要》、《列国政要续编》、《考察各国政治条陈折稿》，载泽考察团编订的《日本议会诂法》、《日本政治要览》、《日本统计释例》、《日本官制通览》、《日本丙午议会》等。

第二，考察团成员的相关史料。第一类是考察团成员关于考察行程的记录，如戴鸿慈《出使九国日记》、载泽《考察政治日记》、蔡琦《随使随笔》等；第二类是考察团成员的回忆录，如陆宗舆《五十自述记》、施肇基《施肇基早年回忆录》等；第三类是考察团成员的年谱，如杨寿楠自撰的《苓泉居士自订年谱》，杨曾晭为其父杨道霖编订的《柳州府君年谱》等；第四类是考察团成员的其他史料，如吴勤训《瀛槎集》、杨道霖《柳州文牍》以及杨寿楠编《云在山房丛书》、《云在山房类稿》等。

第三，档案及官方文书。已刊行的如《清实录》、《清末筹备立宪档案史料》、《光绪朝朱批奏折》、《清代官员履历档全编》、《清代军机处电报档汇编》等。未刊档案包括台北"中研院"、中国社会科学院近代史研究所、中国第一历史档案馆等收藏的相关档案，尤其是系统利用了台北"中研院"收藏的"考政大臣出洋考察政治"档案。

第四，报刊。五大臣出洋考察是清末的重要政治事件，各类报刊普遍对考察团广泛关注、多有评论，为该课题研究提供了丰富的资料来源。这类史料的系统梳理、解读，不仅有利于我们认识考察团本身，亦有利于我们认识清季宪政改革的社会环境。

第五，日记、书信、年谱、文集。如《绍英日记》、《荣庆日记》、《那桐日记》、《张謇日记》、《忘山庐日记》、《汪康年师友书札》、《啬翁自订年谱》、《熊希龄集》、《杨毓麟集》、《张之洞全集》、《宋教仁集》，等等。这些史料多具私人性质，真实性强，可以与报刊资料相对照，亦可弥补官方档案之不足。

第六，其他资料。包括时人笔记资料、文史资料以及外文资料，等等。

第 一 章

20 世纪初期宪政思潮的勃兴

鸦片战争以来，古老的中华帝国在资本主义潮流的冲击下，发生了前所未有的动荡和裂变。列强的入侵展示出侵略国家的强大及制度的优越，而清王朝的极端衰弱及专制政权的腐朽则暴露无遗。在这种强烈的对比下，近代以来要求变革的呼声此起彼伏。清政府在 19 世纪的改革皆为对专制体制细枝末节的修补，直到 20 世纪初，改革的触角才延伸到政治体制层面，五大臣出洋考察正是清政府政体改革之起点。

第一节　立宪派及革命派的发展

1898 年百日维新失败，改革派受到沉重打击，然而维新运动并未停滞，经过短暂沉寂后再度兴起。经历八国联军侵华与义和团运动事变后，1901 年 1 月 29 日，慈禧太后以光绪皇帝名义颁布新政改革上谕，正如 1904 年第 1 期《东方杂志》刊发的《论中国必革政始能维新》一文所言："取戊、己两年初举之而复废之政陆续施行，以表明国家实有维新之意。"

新政改革运动作为清王朝的一次自我调节，其动机和目的与 30 年前的洋务新政不无相通之处。清末新政并未能挽救清政府的颓势，革命派的压力不仅没有消除，反而进一步加剧。但是，清末新政在客观上已具有了不少新的意义。新政是宪政改革的前奏，国家政权体制初步改观：商部的设立，为资本主义经济的发展铺平了道路；外务部的改设，适应了日益频繁的国际交往和外交近代化的需要；教育的更新，推动了整个社会掀起创办新式学堂和出国留学热潮，造就了一代新型知识分子，成为引领中国社会发展的新生力量。尤其值得关注的是，依托新政改革运动，中国资产阶级得到蓬勃发展，在政治倾向上分化为立宪、革命两派，成为影响清末民初中国历史进程的两大政治力量。

新政改革时期，清政府在工业、商业、金融等方面推行一系列改革，促进了中国资本主义经济的迅猛发展。从 1895 年到 1913 年第一次世界大战前夕，中国资本主义经济进入了初步发展阶段，尤其是日俄战后的 1905 至 1908 年间出现设厂办矿的热潮，据统计，4 年中新设厂矿 238 家，资本总额达 6121.9 万元，超过了甲午战前资本总额的一半。① 资本主义经济的发展为资产阶级的成长、壮大提供了物质基础，其中一个显著的标志是商会组织在全国的广泛成立。1902 年，上海商业会议公所成立，后改名为商务总会，为中国第一个新式商会。1903 年商部成立后推行"劝办商会"政策，1904 年起各地商会每年以 100 个左右的速度增长，到 1906 年全国范围内成立的商务总会共 30 处，商务分会 147 处，会员数共 58600 多人，其中入选商会上层的有 6 千多人。②

受清政府改革举措的鼓舞，不断壮大的民族资产阶级对清政府的信心与日俱增，同时又对专制体制有所不满，因此主张实行自上而下的改革，使中国渐臻富强。由于他们同封建政府保持了较为密切的联系，所以主张改革应当在传统的伦理规范下进行，走君主立宪的道路，不愿也不敢完全打破君权政治体系的既有格局。在国外，维新运动失败后被迫流亡海外的康有为、梁启超等维新派，成立保皇会继续拥戴光绪皇帝，他们既受过传统儒学教育，同时也具有西方文化素养，成为海外立宪派的领袖人物。1905 年日俄战争前后，他们组织宪团体，发行报刊，成为清末立宪运动的重要推动力量。

再来看资产阶级革命派的发展壮大。资产阶级革命派是指以孙中山为代表的资产阶级知识分子，他们多数具有留学经历，较多地接受了西方文化的熏陶，他们反对满清王朝专制统治，向往和追求西方的民主政治，主张推翻中国的君主专制制度，建立资产阶级共和国。1894 年，孙中山创建兴中会，并于次年发动革命派第一次武装暴动广州起义，是为孙中山革命事业之起点，自此以后，孙中山连续发动起义。值得注意的是，1900 年惠州起义后，国人对待革命者的态度发生了明显转变，从视革命派为"乱臣贼子、大逆不道"，到对惠州起义失败"扼腕叹息"。1903 年前后，革命团体纷纷涌现，通过创办报刊、出版书

① 汪敬虞：《中国近代工业史资料》（第 2 辑·下册），科学出版社 1957 年版，第 657 页。
② 徐鼎新：《旧中国商会溯源》，《中国社会经济史研究》1983 年第 1 期。

籍等途径宣传革命思想，卢梭、伏尔泰、华盛顿等人被悉数介绍进来。这一时期，革命宣传家邹容、陈天华、章太炎等人，以犀利的笔触宣传革命思想引得万人瞩目。如章太炎在 1903 年写成《驳康有为论革命书》，抨击封建专制的罪恶，阐释反清主张，大骂光绪为"载湉小丑，不辨菽麦"①。从革命形势的发展来看，1903 年拒俄运动爆发之后，东京、上海的革命风潮"即进入国内外联合的新阶段"②。总之，1894 年到 1905 年的十年间，由于新式教育的发展，一批具有新思想的知识分子群体发展壮大，成为革命派的重要依靠力量，革命派逐渐发展成为一股势不可当的政治势力。

历史地看，立宪派和革命派作为清末新兴的社会政治力量，代表着时代前进的方向，他们的思想和活动在很大程度上影响了政府决策，其中影响最著者莫过于推动清政府加速政治体制改革的步伐。

第二节　宪政论说发展概述

鸦片战争以后，经世派士人开始关注世界发展大势，介绍了西方某些国家的史地知识和政治制度。中国的民族危机在第二次鸦片战争后进一步加剧，随之而来的洋务运动使西方的科学技术及社会政治学说渐次传入，国民思想为之一变，要求变革的愿望愈加强烈。尤其是甲午中日战争之后，有识之士强烈意识到改革中国政治的必要，代表人物有郑观应、陈炽、王韬、宋恕、何启等，构成早期的资产阶级改良派，他们普遍表达了仿行西方君主立宪制度的愿望。然而，早期改良派虽然要求设立议院，实行"君民同治"，但并非主张在中国实行君主立宪制度，以代替封建专制制度。1895 年，郑观应提出将"开国会、定宪法"作为救国的主要措施，在诗文中亦多次讲到宪法，如"政归立宪始文明"，"变政有先后，维新立宪纲"③。1895 年，康有为在《上清帝第三书》中提出，"凡有政事，皇上御门，令之会议，三占从二，立即施行"，"会议之士，

---

①　汤志钧编：《章太炎政论集》（上册），中华书局 1977 年版，第 201 页。

②　张玉法：《清季的革命团体》，（台北）"中研院"近代史研究所专刊（32）1975 年版，第 301 页。

③　夏东元编：《郑观应集》（下），上海人民出版社 1988 年版，第 1336、1356 页。

仍取上裁，不过达聪明目，集思广益，稍输下情"①。显然，康有为仍然尊崇君权，其心目中的议院不过是封建政府的咨询机构，非为权力机关。总之，无论是郑观应还是康有为，他们所讲的都不是真正意义的君主立宪。正如有论者所言，他们主张设立议院，"基本都是从得民心、通上下之情、集思广益、办事公平的考虑出发的"，他们对西方议会的认识还是初步的，"尚未把它视为立法机关，把握民主政治的精神实质"②。"戊戌变法时期，欧美式的君主立宪思想尚未在中国萌生。"③

进入 20 世纪，思想界对宪政的诉求更加迫切。1901 年，梁启超发表《立宪法议》，倡导君主立宪政体。1902 年，康有为通过上书建言政府立宪，提出慈禧应当归政光绪，诛荣禄、罢内监、立宪法，"政制皆由民公议，议员由民选举，地方由民自治"④。这一时期，报刊舆论对于宪政思潮的发展居功至伟。到 1903 年，宪政思潮逐渐发展成为一股颇具社会影响的思想潮流，1903 年第 7 期《浙江潮》刊发的《四客政论》一文出现"立宪派"一词。《大公报》经常刊发要求立宪的文章，如 1903 年 4 月 24 日刊发《论内乱外患有相因之势》，指出"图治之根原首在立宪法、予民权"，只有这样才能上下相安，君民一德，"中国之前途或犹可解救于万一"。1904 年 6 月 18 日刊发《论中国立宪之要义》，指出中国欲立宪，"必先研究中国国体之性质及国民之习惯，以为规定宪法之基，然后再参考各君主国之宪法以资借镜"。《东方杂志》1904 年创刊后亦积极倡导立宪，该刊第 1 至 7 卷发表的 327 篇评论中，直接鼓吹立宪的就有 36 篇。⑤

在国外，许多留日学生把君主立宪制度视为救国救民的方案之一，充当了宣传介绍立宪政治的主力军。1900 年，由江苏留日学生创办的以编译欧美政治名著、介绍西方社会政治学说为宗旨的《译书汇编》，"所讲的话，都是偏于立宪的"⑥。留日学生杨度认为，要救国必须实行君主立宪，核心在于定立宪法，

---

①　中国史学会编：《中国近代史资料丛刊·戊戌变法》（第 2 册），上海人民出版社 1957 年版，第 187 页。

②　侯宜杰：《二十世纪初中国政治改革风潮：清末立宪运动史》，人民出版社 1993 年版，第 5 页。

③　黎仁凯：《近代中国社会思潮》，河南人民出版社 1996 年版，第 200 页。

④　上海市文物保管委员会编：《康有为与保皇会》，上海人民出版社 1982 年版，第 19—20 页。

⑤　方汉奇：《中国近代报刊史》（上册），山西人民出版社 1981 年版，第 297 页。

⑥　中国史学会编：《中国近代史资料丛刊·辛亥革命》（第 2 册），上海人民出版社 1957 年版，第 364 页。

"民与君约之不敢请，则宁不谈变法可也"①。随着日俄战争的进行，1905年初部分留日学生写了一份《要求归政意见书》，要求慈禧归政，推行立宪政治，1905年第2号《大陆》在《东京留学界议请归政立宪之汇志》中进行过总结。关于留日学生倡导立宪政治的影响，正如立宪派重要人物张元济所言："光绪己亥以后东游渐众……斯时杂志之刊前后相继，称为极盛，鼓吹之力，中外知名大吏渐为所动，未几而朝廷有考察宪政之使命，又未几而仿行立宪政体之国是定矣。溯厥原因，虽至复杂，然当时输入法学，广刊杂志，不得谓无丝毫之助力也。"② 可以说，这个评价是中肯的。

总之，20世纪初期宪政思潮之发展正如柳亚子所言："十九世纪欧洲民政之风潮越二十世纪而入于亚洲。震雷一声，天地昭苏；阳春一转，万绿齐苗。'自由'、'平等'之名词始映于我邦人之脑膜。于是遍四万万人中，所谓开通志士者，莫不喘且走以呼号于海内外，曰：'立宪！立宪！立宪！'"③ 愈来愈浓厚的宪政思潮是推动清政府作出政体改革决策的重要动力源泉。

第三节　时人关于宪政改革步骤的论说

纵观近代以来宪政思潮的发展历程，核心指向在于宣扬中国推行立宪政治的必要性、迫切性，然而这种理想如何成为现实，就涉及推行宪政改革的具体步骤。先来看几位政府官员对出洋考察的认识。

张之洞很早就有派遣亲贵大臣出国考察的思想，他在《劝学篇》中提出"游学之益，幼童不如通人，庶僚不如亲贵"的观点；在《江楚会奏变法三折》中亦提出"游历之员，浅学不如通才之有益，庶僚又不如亲贵之更有益"，并且应当"分赴各国游历"。就张之洞此论，有研究指出："五大臣出洋之举从思想上可谓渊源有自。"④ 1901年，张謇在《变法平议》中提出设立议政院、派遣亲贵出国游历的主张，"每年春秋，朝廷更迭选派一二人，随带有文学、知时

① 上海图书馆编：《汪康年师友书札》（第3册），上海古籍出版社1986年版，第2379—2380页。
② 张元济：《法学协会杂志序》，《东方杂志》1911年第5期，宣统三年六月二十五日，第7页。
③ 李昌集注：《柳亚子诗文选》，华东师范大学出版社1995年版，第1页。
④ 李细珠：《张之洞与清末新政研究》，第295页。

务之卿贰出洋游历，考察各事"①。后来被选为五大臣出洋考察团参赞的吴宗濂在《辛丑年新政刍言》中提出改革24策，其中即有派遣亲贵出国游学。他认为亲贵出国游学，一人可抵数十使臣、数百平民子弟之效，原因在于亲贵作为政权的操纵者，"一旦回华，执持政柄，补弊救偏，必有加人一等"。同时提出亲贵应由曾任督抚之大臣相陪，"庶王公等有所敬畏，不为异俗所移"，该大臣亦有所考求，一举两得。②

上述几人皆认识到官员出洋考察实有优于留学之处，强调了政府官员了解世界大势对于一国发展的重要性。他们虽然没有明确将派遣政府官员出洋考察和政府推行宪政改革结合起来，然通过派遣官员出洋考察以为政府改革张本的意图是至为明显的。

同一时期，一些宪政专家及下层官员则将派遣官员出国考察和推行宪政改革联系起来，他们鉴于日本、德国等国的成例，纷纷指陈改行宪政之始应当先派政府要员出国考察，最具代表性的人物为梁启超。梁启超于1901年发表《立宪法议》，指出中国应当模仿日本宪政改革之初特派大臣出国考察各国宪法的先例，将派遣大臣出国考察作为推行宪政改革的第一个步骤，其设计的办法如下：

> 宜派重臣三人游历欧洲各国及美国、日本，考其宪法之同异得失，何者宜于中国、何者当增、何者当弃。带领通晓英、法、德、日语言文字之随员十余人同往，其人必须有学识、不徒解方言者，并许随时向各国聘请通人以为参赞，以一年差满回国。又此次所派考察宪法之重臣、随员，宜并各种法律如行政法、民法、商法、刑法之类皆悉心考究。③

政府官员持此论者亦不乏人。1901年6月，出使日本大臣李盛铎提出推行君主立宪的主张："各国变法无不首重宪纲，以为立国基础。惟国体、政体有所谓君主、民主之分，但其变迁沿改，百折千回，必归依于立宪而后底定。……

---

① 南通市图书馆、张謇研究中心编：《张謇全集》（第1卷），江苏古籍出版社1994年版，第65页。

② 吴宗濂：《寿萱室条议存稿》，1901年刊本，第13—14页。

③ 梁启超：《立宪法议》，《饮冰室合集·文集之五》（第1册），中华书局1989年影印本，第6—7页。

愿我圣明近鉴日本之勃兴，远惩俄国之扰乱，毅然决然首先颁布立宪之意，明定国是。"在具体实施步骤上，李盛铎提出应首先派遣官员出洋考察各国政治：

> 各国变法之始，如俄主彼得、德相毕士马克，皆亲历外邦，考其政治之得失，即日本维新之初，亦遣亲贵游历欧美。此次更张伊始，与各国情事略同，可否饬下政务处王大臣多派办事人员分赴各国考查诸务，以一年或数月为限，期满即回供差，闻见既真，措施自易，盖任事之人出洋游历自较闲员散秩之游历尤为得力也。①

1902年，翰林院学士朱福诜请求改行宪政，他认为处今日之颓势，"欲挽回世运、收拾人心，固非立宪不可"。在具体步骤的设计上，亦与李盛铎相类：

> 改宪之事莫如效法日本，择有才学识之大臣，如伊藤博文之游历欧美，采辑各国政治，参用本国制度，定为改宪章程，归国后奏而行之，其上也；由政务处博求通达之士，会通中西政治，务在合于时宜、通于人情，兴利除弊，斟酌至当，定为章程，仍由军机处、外务部呈请钦定颁行，其次也。宪法既立，即通饬各直省一律钦遵办理，其有奉行不力者，立予撤参，力惩泄沓之风，悉泯参差之见，如此则整齐划一，禁止令行。中国自强之基在此矣。②

上述三人的改革主张大致在同一时期提出，当不为偶然现象，展示出国人对宪政改革步骤的思索，其对清政府的影响是具体而深远的，清政府派遣五大臣出洋考察无疑受到了这些言论的影响。

---

① 《追录李木斋星使条陈变法折》，《时报》1905年1月28日。在李盛铎被选为考政大臣后，《时报》专门追录了李于1901年所上变法奏稿，因为该折即以改行宪政、遣使游历为主要内容，记者不无感慨地写道："此折系李木斋星使辛丑五月所奏陈者，当时廷议尚无敢以宪法为言，独李能探本源。折中所请适与近日简派大臣调查宪法之举若合符节，而运会所迫，李公遂亦为五大臣中之一人矣。今又有人以其旧稿见示，爰函登之。"资料来源同上。

② 《摘录海盐朱学使福诜壬寅夏进呈札记》，《时报》1906年2月26日。《时报》追录朱福诜1902年之进呈，其目的与追录李盛铎1901年之奏稿一致，皆为迎合政府遣使出洋考察之举。

近代以来的宪政思想经历了明显的演进过程：从时起时落的思想家的学理议题，到具有相当影响力的社会思潮，其发展是不可遏制的。特别是 20 世纪初，不少有识之士在呼吁立宪救国的基础上又前进了一大步，开始探索宪政在中国的实践之道，设计了具体的改革步骤，在宪政思潮和政府行为之间搭建起了沟通的桥梁。持论者为思想界骄子以及政府的中下层官员，表面观之，其主张很难上达至高层。然而，这种思想氛围潜滋暗长，逐渐弥漫于朝野，一旦机遇合适，就会很快成为左右政府决策行为的思想资源。这一历史机遇即 1904—1905 年爆发于中国境内的日俄战争。

第二章
清政府派遣考察团出洋考察决策的确立

20 世纪以来，国人通过对比中国与世界强国之间的差距，势必得出专制制度为国弱民穷之根源的结论。在朝野上下一致要求立宪的形势下，清政府不得不在制度层面寻求国家衰落的原因，酝酿推行政体改革，其开始的标志性事件即为光绪三十一年六月十四日（1905 年 7 月 16 日）颁布派遣载泽等王公大臣出洋考察的谕旨，此次遣使之直接动因，不得不溯至 1904 年初爆发的日俄战争。

第一节　日俄战争对中国政局的影响

1904 年 2 月 9 日，俄国对日本宣战，日本于次日宣战，各国随后宣布中立，中国于 2 月 12 日宣布中立。日俄战争缘起于两国争夺在华权益，且战场在中国东北，引发了国人广泛关注，各大报纸纷纷开辟专栏跟踪报道。《中国白话报》在战争爆发之初即呼吁清政府改革自强："现在日本共俄国要打仗，各国也要来瓜分中国，皇太后还打算去陕西避难，你们还不赶紧趁这机会自立自强，将来吃亏，只怕还要利（厉）害哩。"① 一些书院则将日俄战争列为考试题目，如求古书院曾以"俄日交绥，中国自居局外，以中立为主义，揆之公法是否合例？"等为题考试学生。②

这一时期，外国对中国的侵略亦日甚一日。1904 年英国侵略西藏，强迫西藏当局签订了清政府并未承认的《拉萨条约》，妄图把西藏变为其独占的势力

---

① 《时事问答》，《中国白话报》1904 年第 5 期。
② 叶昌炽：《缘督庐日记》（第 7 册），江苏古籍出版社 2002 年版，第 4388 页。

范围；同年德国兵舰强行驶入江西鄱阳湖，提出侵略要求；美国亦索要陕西榆林、延安两地的煤矿开采权；等等。这些民族危机皆刺激了国人的民族感情，使得国人要求变革的愿望更加强烈。

一　革命思潮高涨

从 1894 年兴中会成立至 1905 年的十余年间，资产阶级革命党人多次发动武装起义，这些起义虽多为局部的、地区性的，尚未形成全国性高潮，然而对清政府的影响是巨大的。日俄战争爆发后，革命派的回应尤其强烈。

以具有革命倾向的留日学生为例，多数人有一种共同的情绪，即如胡汉民所言"皆直日而曲俄"，原因在于 19 世纪下半叶的中国人面对日本的崛起，"都怀着钦羡多于戒惧的复杂心情"，与对待俄国的单纯戒惧心情不同。① 战争爆发之初，留日学生蓝天蔚、吴禄贞、张绍曾等人即致电清政府，提出返国组织义勇军对俄作战。黄兴、宋教仁、宁调元等人以日俄战争有损中国主权，皆"捶胸欲泣"②。清政府在日俄战争后宣告中立愈加引发革命党人群情激愤，迫切"主张推翻清政府"③。更重要的是，日俄战争推动了反清思潮的进一步高涨，光复会的成立颇具代表性。陶成章言道："光复会之发源，始于癸卯之岁。是时俄人占领满洲，逼胁清廷求其割地，海上爱国志士爰有对俄'同盟会'之发起。寻以外患之兴，由于内政不修，满汉等级不平，爱国志士知欲图自强，非先除满廷不可。由是由排俄一转而为排满，改名曰'复古会'，又曰'光复会'。"④

总之，日俄战争以及清政府的中立政策刺激了革命形势的发展，使反清革命论愈加高涨，成为促使清政府作出革新举措不可忽视的动力。

二　宪政思潮勃兴

日俄战争之前，立宪呼声已经颇具规模，日俄战争影响最著者为推动了宪

---

① 郑云山：《近代中国史事与人物：郑云山学术论文集》，浙江大学出版社 2009 年版，第 107 页。

② 刘谦：《宁调元先生事略》，丘权政、杜春和选编：《辛亥革命史料选辑续编》，湖南人民出版社 1983 年版，第 214 页。

③ 张继：《回忆录》，丘权政、杜春和选编：《辛亥革命史料选辑续编》，第 280 页。

④ 谢一彪：《陶成章两篇佚文钩沉》，《近代史资料》（第 118 号），中国社会科学出版社 2008 年版，第 19 页。

政思潮的勃兴。战争之初，立宪派即认识到这一战争实关中国全局之安危，如果应对不当，"即启瓜分之渐"，对国家主权安危充满忧虑。① 同时，立宪派普遍把日俄战争看作是黄种人和白种人之战、立宪国家和专制国家之战，断言中国"非立宪实不足以救之"②。此外，立宪派对清政府中立政策颇为不满，认为政府宜速派明于交涉之员为之周旋，以促日俄之和议，"庶东三省人民土地不致全属外人"③。

立宪派期望日本能够打败俄国，给予中国是否应当立宪一个侧面的肯定答案。日俄交战以后，俄国屡屡败仗使得人们颇为欢欣鼓舞，认为"胜负之数实寓政体之中"④。梁启超虽未指出俄国必败，但是预计日俄战争将对中国产生深远影响，"此次战役为专制国与自由国优劣之试验场，其刺激于顽固之眼帘者，未使不有力也"⑤。立宪派的预言是正确的，日胜俄负的结局极大地释放了原本就涌动于朝野的立宪诉求，使得人们主张立宪的理由更为充分，无不欢呼此乃"天意所示其趋向，引导中国宪政"⑥，开始利用这场战争大造舆论。他们指出，世界强国沙俄败于岛国日本，胜败违反常规，不能用国家大小、兵力强弱以及种族优劣去解释，而必须从政体异同上找原因，"非俄之败于日本，乃专制败于立宪耳"⑦。进而倡言当今世界实处于专制、立宪两政体嬗变之时代，"世界必同归于立宪而后已"⑧。寓居日本的海外立宪派的代表人物梁启超乘此时机极力敦促清政府改行宪政，他言道："二十世纪之国家终无容专制政体存在之余地，以顽强之俄罗斯，遂不能与自由神之威力抗。呜呼！举天下之恶魔，遂不能与自由神之威力抗。"⑨

日俄战争也引起了世界各国舆论的关注。在此，我们有必要就外国人对日俄战争以及中国前途的看法做一简单论述。以美国来华传教士林乐知为例，他

---

① 《中国现今大势论》，《大公报》1905 年 8 月 6 日。
② 《惟立宪而后可以救中国》，《大公报》1904 年 10 月 14 日。
③ 《各国宜调停日俄战事说》，《申报》1905 年 1 月 11 日。
④ 《振兴中国何者为当务之急》，《大公报》1905 年 4 月 13 日。
⑤ 梁启超：《俄罗斯革命之影响》，《饮冰室合集·文集之十九》（第 2 册），第 105 页。
⑥ 《论立宪为万事根本》《南方报》1905 年 8 月 23 日。
⑦ 《振兴中国何者为当务之急》，《大公报》1905 年 4 月 21 日。
⑧ 《振兴中国何者为当务之急》，《大公报》1905 年 4 月 13 日。
⑨ 中国之新民：《俄国立宪政治之动机》，《新民丛报》第 3 年第 10 号，光绪三十年十一月一日，第 72 页。

在日俄战争爆发之初即指出无论哪方获胜皆将有损中国主权，认为当此之际中国应奋起改革："非破除成格，有雷厉风行之改革，其何及乎?"① 又言机不可失："今中国之内政果从速维新矣乎，则其于外交上之辚辕，可以渐置不议，因各国保护之心尚未全乖也，若失此时会，则愈迁延，愈阢陧，必至无可措手而后已。"② 及至日俄和议之际，林乐知称"中国之险象渐露"："日本既得高丽、满洲，可以养其兵力，乘间以伺中国之隙，中国不属日本而又谁属耶?"其挽救之方只有一法，"即释放人民而已矣"③。隐约指出中国应当改行立宪政体。在《中国立宪之方针》一文中，林乐知对中国应当改行宪政进行了较为详细的阐释：

> 中国之病根何在? 自大而已。……夫立宪，名词也，韩昌黎所谓道与德为虚位也，虚位必求有物以实之，实之维何? 人人释放而得其自主而已，必自主之，基础植于此，而后立宪之效力成于彼也。是故中国今日诚能去其自大之心，而俯首以勉求释放自主之大道。立宪者，形势之粗迹；释放自主者，真实之精神也。④

林乐知自始至终对日俄战争密切关注，并指陈中国应当尽快、切实进行政体改革，实行立宪政体。比立宪派更胜一筹的是，林乐知强调改革不能流于形式，应当真正实现人人自主这一宪政"真实之精神"。无疑，这种论调与立宪派的主张相得益彰、渗透融合，共同营造了浓厚的舆论氛围。

总之，透过日俄战争的硝烟，国人愈加看到了推行立宪政治的迫切性，开始以更加饱满的热情呼吁宪政改革，体现出高度一致的价值取向，彰显出国人国家意识、民族意识的增强，宪政思潮也由此发展到新的高度。正如《纽约时报》所言："由于日俄战争以沙俄战败告终，在清国人民中激起了民族性的本能反应。这种民族思潮最典型的表述方式就是——中国乃我中国人之中国。"⑤

---

① 林乐知：《时局一览》，《万国公报》（第186册），一九〇四年六月，第24页。
② 林乐知：《战事调停之传闻》，《万国公报》（第190册），一九〇四年十月，第19页。
③ 林乐知：《日俄和议之谈资》，《万国公报》（第196册），一九〇五年四月，第21页。
④ 林乐知：《中国立宪之方针》，《万国公报》（第200册），一九〇五年八月，第22页。
⑤ 《觉醒的中国》，郑曦原编：《〈纽约时报〉晚清观察记》，当代中国出版社2007年版，第321页。

是以有论者将日俄战争视为对于中国民族主义思想的发展"具有关键性的重要事件"①。

三　江浙立宪派的策动活动②

立宪舆论的高涨只是日俄战争的影响之一，日俄战争还刺激了江浙立宪派走上政治活动的前台，探索立宪实践之道。江浙立宪派以张謇、汤寿潜、张美翊、赵凤昌等人为代表，他们虽然没有形成严格意义上的政治团体，然而从其言论及集体行动来看，实具政治社团特征。所谓政治社团，指的是"与国家权力机构和政党相区别，具有共同利益的人相聚而成的，通过有组织的政治活动，来影响、参与政府决策以实现自身利益的社会组织"③。

江浙立宪派在以文字启迪民智、宣扬立宪政治的基础上，敏锐地意识到只有和当权派产生联系，在权力体系中找到支撑，才能更好地实现自己的政治理想，因为将来即便是推行宪政改革也由这些人主持。《时报》曾发表论说，言及联合当权派的必要性：

> 下之有权力、有识见、有实心办事者，咸挺身而号于天下曰：我辈者，皆欲根本救治我中国者也，如有欲与我辈共谋根本救治我中国者其亦俱来。若是，则下之欲根本救治我中国者又聚矣，上下之欲根本救治我中国者聚矣，而救治之法亦因之而易。④

就自身条件而言，江浙立宪派既是社会立宪呼声的代表，又与官僚阶层有诸多联系，因此，江浙立宪派制定的方针即为通过政治参与，策动政府内部思想开明的官员，培育亲宪派的官僚集团。无疑，立宪派的这一策略吸收了戊戌变法的教训，避免了与反对派的直接冲突。具体来看，江浙立宪派的策动活动主要包括以下几方面。

---

①　李恩涵：《论清季中国的民族主义》，《近代中国史事研究论集》，台湾商务印书馆 1982 年版，第 59 页。

②　本小节对侯宜杰《20 世纪初中国政治改革风潮：清末立宪运动史》（第 46—54 页）多有借鉴，唯在资料使用及史实梳理上有所推进。特此说明。

③　梁素珍、吕建营主编：《政治学原理》，河北大学出版社 2003 年版，第 355 页。

④　《中国根本救治论》，《时报》1904 年 12 月 23 日。

其一，策动东南督抚。日俄战争刚刚爆发之时，张元济、张美翊、赵凤昌及时任奉天提学使的张鹤龄、盛宣怀的幕僚吕景端等人紧急磋商，为防止日后和议"涉及我疆域"，他们草拟了一份奏稿，提议政府应当遣使分赴各国声明我国在东三省的主权地位，并商定由盛宣怀、吕海寰"合电枢省"①，将两江总督魏光焘、湖北巡抚端方和署理两广总督岑春煊作为联络的对象。江浙立宪派之所以策动魏、端、岑三督抚是有所考虑的，首先是鉴于他们在政局中的地位，更为重要的是，三督抚皆对东三省局势热切关注。魏光焘曾于 1903 年 12 月致电外务部，称日俄争夺东三省"关系甚大"，"即求指示方略以便遵行"②。1904 年 2 月 8 日端方致信盛宣怀，表达了对局势的忧虑："战事一开势将掣动全局，中国今日情事，安能支乎？"③

1904 年 3 月 4 日，盛宣怀将草拟的奏稿分别呈送三督抚征求意见，其致端方电中称：

> 张道鹤龄来电，所拟奏稿，承公嘉许。鄙见惟有请派重臣，以考求新政为名，赴各国面递国书，以维均之势立说，东三省开通商埠，利益均沾为宗旨，乘其胜负未分，先站地步。伦贝子正将就道，如可兼办，尤无痕迹。弟拟电奏，若得一二疆臣会衔，更可动听。④

由电文可知，盛宣怀在此电之前已通过张鹤龄将奏稿呈送端方阅看，且端方持"嘉许"态度，由此盛才有此电，进一步争取端方会衔上奏。端方当日复电盛宣怀同意会衔，称奏稿"苏虑周密，甚佩"，并强调"此事我无终守局外之理"⑤。魏光焘亦于次日复电表示赞同。⑥

---

① 黄浚：《花随人圣庵摭忆》，上海古籍书店 1983 年版，第 325 页。

② 《江督魏光焘致外部日俄交涉势将决裂请示方略电》，王彦威、王亮：《清季外交史料》，书目文献出版社 1987 年版，第 2817 页。

③ 盛宣怀：《愚斋存稿》，沈云龙主编：《近代中国史料丛刊续编》第 13 辑（125），（台北）文海出版社 1974 年版，第 2041 页。

④ 王尔敏、吴伦霓霞：《清季外交因应函电资料》，（台北）"中研院"近代史研究所史料丛刊（18）1993 年版，第 475 页。

⑤ 盛宣怀：《愚斋存稿》，沈云龙主编：《近代中国史料丛刊续编》第 13 辑（125），第 2041 页。

⑥ 盛宣怀：《愚斋存稿》，沈云龙主编：《近代中国史料丛刊续编》第 13 辑（124），第 1382 页。

1904 年 3 月 7 日，商约大臣工部尚书吕海寰、署理两广总督岑春煊、两江总督魏光焘、湖北巡抚端方、商约大臣前工部左侍郎盛宣怀会衔陈奏。该折首先指陈日、俄无论哪方获胜皆对中国主权有极大侵害，"俄胜固明目张胆，不为我有"，即日胜，"于东省派兵代守，权力所至，何异虎去狼来"？他们提出宜乘美国宣布保全我国土地主权的机会，"迅速特简亲重大臣以考求新政为名，历聘欧美有约诸邦，面递国书，以维均之势立说，东三省开通商埠、利益均沾为宗旨，恳派使臣设会评议"。同时申明四点：第一，中国拥有东三省主权，不得误认东三省为中国已失之地；第二，日俄战争有损各国商务，请各国调停，以保和平。东三省人民遭日、俄军队蹂躏，应予抚恤；第三，以北京为各使会商之地；第四，战争结束后，中国允以东三省遍开商埠及厂栈路矿诸项利益以为酬劳，然必须以不能损害中国主权为前提。① 该折附件尤其强调了派遣大臣出国应当隐秘进行，并建言由参加美国赛会的溥伦顺道出访：

　　此次派使出洋，因应之方，辩难之策，在在关系紧要，自非寻常使节所可比伦。但目前遣派专使，未便遽着痕迹。除日俄两国外，有约各国自宜先从美国入手。今美国赛会正监督贝子溥伦正将就道，且闻先赴日本，系出彼国之意，似莫若周历欧洲，既免他国猜疑，尤于大局有益。并请明降谕旨，以考求新政、预备采法为言。②

总的来看，该折建言清政府应当趁日、俄胜负未分之际派使臣至欧美各国，陈说利益均沾之意，以达到委曲保全东三省权益的目的，然而该折并未被清廷采纳。3 月 27 日，在京道员杨文骏致电盛宣怀："连日探悉，会件留中。禧圣

　　① 吕海寰：《吕海寰奏稿》，沈云龙主编：《近代中国史料丛刊三编》第 58 辑（571），（台北）文海出版社 1990 年版，第 306—319 页；盛宣怀：《愚斋存稿》，沈云龙主编：《近代中国史料丛刊续编》第 13 辑（122），第 268—269 页。
　　② 吕海寰：《吕海寰奏稿》，沈云龙主编：《近代中国史料丛刊三编》第 58 辑（571），第 325—328 页；中国第一历史档案馆编：《光绪朝朱批奏折》（第 33 辑），中华书局 1995 年版，第 23 页。《愚斋存稿》不录该附件。溥伦于 1904 年 3 月 14 日起程赴美参加散鲁伊斯（现译圣路易）赛会，3 月 18 日抵日，3 月 30 日由横滨乘轮赴美。参见《清光绪朝中日交涉史料》，（台北）鼎文书局据 1932 年版故宫博物院本影印，第 1304 页。

颇以游说为然，邸以附件之人年轻，未克当此。曾商外部，俟战事稍有眉目再议。"①

其二，代拟立宪折稿。张謇为在籍状元，以开办实业、发展教育卓有成效而颇具人望，与政界有较为密切的联系，其地位的特殊性使得他在立宪运动中成为江浙立宪派的领袖。1903 年，张謇东游日本回国后开始注意研究立宪，与官员、友人所谈论，皆为立宪问题，他认为中国应当"谋师德、日之立宪"，在行动上亦是"上朝下野，奔走陈说，冀幸万有一成之日"②。1904 年，在日俄战争期间，张謇与汤寿潜、赵凤昌又代张之洞、魏光焘作了一篇拟请立宪的奏稿。该折提出颁行宪法有"理财练兵兴学其事易举"、"上下志通，官吏自无从锢蔽"、消弭革命等好处。其中援引日俄战争："观日俄近事，尤为明证，是宪法行，虽至小至弱之国，亦足以图存而自立。"显然，随着日俄战争的进行，他们的关注点由保全东三省主权，发展为既要保全主权，又要学习日本进行政体改革，其目的在于使中国臻于富强。在具体步骤上，他们建言政府"仿照日本明治变法，五誓先行，宣布天下，定为大清帝国宪法"，"一面派亲信有声望之王大臣游历各国，考察宪法"。他们同时认为："臣等悬揣（宪法）实行之期，已须数年以后，为目前救急计，但求速宣明谕，则政体先立。"③ 张謇等人代拟折稿虽未明言立宪期限，仅指出"须数年之后"，但明确提出先行颁布宪法以及立宪明谕的主张。即便如此，"因反对者多"，最终并未呈递，舆论界对此极为惋惜，"所言极为恳切，惜原折未能上达也"④。该折虽然没有上达，然而至少对张、魏二督的立宪态度产生了重要影响。从内容来看，这份奏章明确指出中国除改革政体外别无出路，并提出宪政改革的具体步骤。无疑，张謇等人的"遣使"主张较之张美翊等人保全东三省权益的"遣使"主张取意更高，与后来政府遣使出洋考察政治的决策有直接关联。

同时，张之洞劝告张謇应首先与袁世凯联络。袁世凯自 1901 年出任直隶总督兼北洋大臣，先后与荣禄、奕劻等深相结纳，成为在晚清政局中举足轻重的关键性人物。无疑，如果没有袁世凯的赞同，立宪改革很难启动。1904 年 5—6

---

①　盛宣怀：《愚斋存稿》，沈云龙主编：《近代中国史料丛刊续编》第 13 辑（124），第 1387 页。

②　章开沅等主编：《辛亥革命史资料新编》（第 2 卷），湖北人民出版社 2006 年版，第 46 页。

③　同上书，第 41—42 页。

④　《立宪折稿未上》，（天津）《大公报》1904 年 7 月 20 日。

月间，张謇开始与袁世凯通信，运动袁世凯支持立宪改革，但是此时袁没有弄清慈禧的真实意图，回复称"尚须缓以俟时"①。

其三，策动枢臣。除与地方督抚接洽外，江浙立宪派亦通过各种途径策动朝廷重臣外务部尚书、军机大臣瞿鸿禨。1904 年 6 月 3 日，张美翊、张元济等人与张謇、汤寿潜等人联合会商，由张美翊致函张劢熙、朱桂莘，请其转呈军机大臣兼外务部尚书瞿鸿禨，运动瞿支持立宪。② 1904 年 9 月 10 日，汤寿潜又致函章梫请其转呈瞿鸿禨向其献策：

> 对付日俄，即以对付各国，一或不当，弄巧反拙。发议之初，适伦贝子往美监督，可因其便，而假以为名游历各国，而捭阖于其间，以自展将来俄日议结之地位；今无可因之便，可假之名，劈空特派亲贵，又副以二大臣，未向来使节未有之盛，大声以色，人其窥之。万一各国有不接待者，转以启羞而召侮。今有一笔两用之策，莫妙于考求宪法为词。凡立宪各国，侈然以文明自负，我若有所输入，星轺所莅，无不全国欢迎；入手得势，暗中与商及俄日之局，彼更易于水乳。否则，如此专使游迹，不容独遗俄国，唯以宪法为名，彼中无可采访，不妨弃之如遗。③

汤寿潜提出的遣使主张与前此江浙立宪派提出的遣使主张紧密联系，前后相续，但是赋予了新的内容，即明确了"考求宪法"的主题，并强调只有以"考求宪法为词"，才能得到各立宪国的欢迎，而俄国非立宪国，不去访问也就理所当然了，这样可以避免外人怀疑清政府遣使的目的在于参与日俄和议。总之，该函不仅有效地拉拢了瞿鸿禨，亦将保全东三省主权的策略和呼吁宪政改革结合了起来，为政府制定遣使出洋考察决策提供了重要借鉴。

综观江浙立宪派对政府官员的策动活动，起因于日俄战争的刺激，就其行

---

① 张謇：《啬翁自订年谱》，上海书店据中华书局 1930 年版影印，第 56 页。

② 朱启钤字桂莘，瞿鸿禨为朱之姨夫。朱之外祖父为贵州傅寿彤，傅寿彤长女傅梦琼适朱庆墉，即朱启钤之父，三女幼琼适瞿鸿禨。参见朱启钤《蠖园文存》（卷下），沈云龙主编：《近代中国史料丛刊》第 23 辑（227），（台北）文海出版社 1974 年版，第 235、238 页。

③ 光绪三十年八月，《汤寿潜致章一山函》，《瞿鸿禨朋僚书牍》（四），中国社会科学院近代史研究所藏档案：甲 375—1。此函侯宜杰先生已有引用，参见侯宜杰《二十世纪初中国政治改革风潮：清末立宪运动史》，第 51 页。

动方式来看，为上书请愿；就其内容来看，为改革维新。展示了江浙立宪派对国运的强烈关怀。具体而言，他们的思想认识经历了一个较为明显的转化过程，最初的遣使主张没有涉及考求国外政治，而是为了保全东三省的领土主权，这一燃眉之急决定了江浙立宪派的策略取向。随着日俄战争的进行，他们的视野逐渐从保全东三省发展到挽救整个中国的危机，明确提出宪政改革的主张。与之相适应，江浙立宪派最初提出的以考求新政为名实则保全东三省主权的"遣使"主张，很自然地发展为希冀清廷考求国外宪法，以为推行宪政改革之准备的共同呼声。简言之，江浙立宪派从关注中国东三省主权，到关注日本立宪的步骤，再到建言清政府推行宪政改革，虽然皆提出"遣使"主张，然用意不一。为明晰起见，笔者将江浙立宪派的策动活动以表格的形式进行对比。

表 2 - 1　　　　　　　　江浙立宪派策动政府官员三策之对比

主导者	时间	途径	内容	主旨
张元济 张美翊 赵凤昌	1904 年 3 月 7 日	运动东南督抚	以考求政治为名，运动欧美各国，陈说利益均沾之意，以免日、俄独占东三省	侧重点在保全东三省主权，以解燃眉之急
张謇 汤寿潜 赵凤昌	1904 年	代拟立宪折稿	陈请政府明颁立宪上谕，并模仿日本先例，先派重臣游历各国以考察宪法	侧重点不仅仅是保全东三省主权，而是富民强民的根本之图，即推行宪政改革
汤寿潜	1904 年 9 月 10 日	运动瞿鸿機	以考察各国宪法为名派出考察团，既考察各国宪法，又暗中与欧美各国接洽	将保卫主权与推行立宪结合起来，为以上两策之融合

　　或许是受到江浙立宪派的影响，据《大公报》披露，清政府大约在1904年9月即"议派钦使前往各国，调查各国政治，归而变法"①，虽然最终没有作出什么决定，但是遣使出洋考察已经提上议事日程。无疑，江浙立宪派策动政府官员还不足以决定清政府的政策走向，政府决策的制定最终还是要取决于政府

①　《政府议派专使》，《大公报》1904 年 9 月 4 日。

官员尤其是地方实力派的建言，是以江浙立宪派在 1904 年提出的遣使主张，直到次年 7 月清政府才有遣使出洋考察之举。因此，我们应当充分重视涌动于清政府内部的因应日俄战争的各种对策。

四　政府官员关于日俄战争的大讨论

某些地方督抚鉴于东三省局势之危，在日俄开战之前即开始向政府建言。1903 年 12 月 27 日，直隶总督袁世凯即预计日俄如果开战，"不但中国立危，且恐牵动全球"①。1904 年 1 月 18 日，清政府颁布上谕："俄日相持益急，如竟决裂，势处两难，自当妥筹办法，除奉直边要各地方，应由北洋统筹布置，派兵严防外，所有沿海沿江沿边各口，务须加意扼防，慎固封守。"② 由于日俄尚未交战，此谕目的在于预筹防备之策。1 月 20 日，云贵总督丁振铎、云南巡抚林绍年即就东三省事联衔上奏。他们首先指出日俄一旦开战，中国势处两难，无论哪国获胜，"中国亦必被侵削"。由此，他们建言政府应当通告各国，"以中国自今以后，一切即尽行改革，期于悉符各国最善之政策而后已"。他们所谓的"最善之政策"就是模仿日本改行宪政，"非毅然决然如日本明治初年，则虽日言变法，亦必敷衍而终无成效"③。可以说，丁、林率先吹响了鼓吹立宪改革的号角。1904 年 5 月，孙宝琦即上书政务处，仿英、德、日本之制，定为立宪政体之国。1905 年 2 月 23 日，出使日本大臣杨枢陈奏中国与日本地属同洲，政体民情最为相近，若改行宪政，"似宜仿效日本"④。然而，日俄战争爆发之前，对立宪政治的鼓吹只限于极少数政府官员。

首先来看政府官员在日俄战争期间的讨论。这一时期，政府各类官员纷纷指陈对策，掀起了建言的高潮，推动了政府为应付内忧外困的局势采取具体措施的步伐。

---

① 《直督袁世凯致外部日俄开仗我应守局外祈核示电》，王彦威、王亮：《清季外交史料》，第 2817 页。

② 朱寿朋编，张静庐等校点：《光绪朝东华录》（5），中华书局 1958 年版，第 5132 页。

③ 《滇督抚丁振铎林绍年致枢垣日俄将战中国必受其殃请速变法以挽危局折》，王彦威、王亮：《清季外交史料》，第 2840 页。

④ 朱寿朋编，张静庐等校点：《光绪朝东华录》（5），第 5287 页。

表 2－2　　　　　　　　　日俄战争爆发后政府官员之建言

建言人及时间	建言内容	资料来源
翰林院侍讲学士杨捷三，1904 年 3 月 5 日	饬下外务部婉商英美各国使臣，并致国书于英美各国君主，公为日俄讲和。日俄自筹利害已熟，又由数大国以莅之，幸而见听，得保十数年和平之局，以养我民力，修我武备，庶几一日自强乎	《清光绪朝中日交涉史料》，第 1302 页
出使法、俄、英、比利时大臣孙宝琦、胡惟德、张德彝、杨兆鋆，1904 年 3 月 22 日	宜乘此俄日用兵，各国待时之际，一面恪守局外，一面痛自更新。……近年刘坤一、张之洞所奏三折暨中外大臣条议大纲已具，应请饬下政务处详细抉择，切实施行	杨兆鋆：《联衔请改政体疏》，《须圃出使奏议》，1911 年刊本，第 19—20 页；《孙宝琦胡惟德张德彝杨兆鋆致外部日俄用兵请速变法电》；王彦威、王亮：《清季外交史料》，第 2858 页
工科掌印给事中谢希铨，1904 年 5 月 18 日	宜特派重要更事之专使与各国使臣会议，不宜就中国驻扎各国之使臣传电往复，致失事机	《清光绪朝中日交涉史料》，第 1305 页
出使俄国大臣胡惟德，1904 年 8 月 11 日	战事未定前，先由内外臣公各抒己见，更由外务部聘请美或瑞士、瑞典等国之公使、专家，由该部王大臣与之日夕讨论。再由臣等驻外各使随时电闻各国公论、战国私论，以备参考。……惟目前预自筹画，自应加意慎密，务使外人闻知，更不宜令战国觉察①	《清光绪朝中日交涉史料》，第 1313 页
云南巡抚林绍年，1904 年 8 月	最要者则无如改专制为立宪法，实足以固人心而维国祚于无穷也	林绍年：《遵旨敬陈管见折》，《闽县林侍郎奏稿》，沈云龙主编：《近代中国史料丛刊正编》第 31 辑（301），（台北）文海出版社影印版，第 205 页

---

　　①　《清季外交史料》将此折记于 1903 年 12 月 11 日，误。《使俄胡惟德奏日俄战局迟速必出于和中国宜亟筹应付折》，王彦威、王亮：《清季外交史料》，第 2813 页。

续表

建言人及时间	建言内容	资料来源
出使俄国大臣胡惟德，大约在 1904 年 8 月	中国首策调停，正其时矣。其策虽何，应请即日简派素有声望而非现居要职之大员先赴日本……借考察商务为名，先行游览工厂，渐次与政府密谈。……而日本果露意允和，即行明降谕旨，分派日、俄二国各专使。……亦可兼邀英、美、德、法四大国①	《驻俄公使胡惟德奏议》，《近代史资料》（100 号），中国社会科学出版社 1999 年版，第 211 页
出使俄国大臣胡惟德，大约在 1904 年 8 月	拟行文日俄两国，请其停兵，并请各国调停，如无近效，继以专使，更继以催询，争主权，明公理，此为和平办法	《清光绪朝中日交涉史料》，第 1651 页
出使意大利大臣许珏，1904 年 12 月 2 日	宜乘此天寒地冻之际，商请两国暂时停战，以策转圜。……一，请召见两国使臣，以申息战……一，另议东省条款，以戢两国兵端一，商请美国调停，以全中立主义	许珏：《复庵遗集》（第 1 册），（台北）成文出版社 1970 年版，第 66 页
出使俄国大臣胡惟德，1905 年 1 月 5 日	旅顺势穷力竭，降款十一条二十七日订定，二十八日施行，是战局绝大关键，俄虽势成骑虎……宜先向日剀切密商，表并力共济之诚，申同种同洲之义，亦是正理	《清光绪朝中日交涉史料》，第 1557 页
直隶总督袁世凯，1905 年 2 月 22 日	日俄渐有厌战意，各国亦多欲调停，但仍须再有一二大战后始可置议，计大战之期似不甚远。届时我可照会两战国使，详述我民惨苦，嘱其电告本国劝请罢兵。并照会驻京首领公使约同各中立国使会议，设法各请本国调停②	《清光绪朝中日交涉史料》，第 1579 页

① 胡惟德该电颇得政府首肯，外务部于 1904 年 10 月 7 日将此电转发各驻外钦使，并称："究竟各国公论如何，有无调停之意，必须博访周咨，办理方有把握，希向外部详切讨论，务须得其意指，密电备酌，仍望作为闲谈，勿露本部电意。"《清光绪朝中日交涉史料》，第 1651 页。

② 该建言为清政府采纳，外务部接到袁世凯条陈的次日即电致出使美国大臣梁诚："闻日俄渐由厌战意，各国多欲调停，美尤实心望和，希即密商美廷，托其确探各国意向，讨论妥善办法，以资参考。"《清光绪朝中日交涉史料》，第 1664 页。

建言人及时间	建言内容	资料来源
商约大臣吕海寰，1905年4月2日	夏秋间（日俄）即可开议……我国亟应简派专使大臣乘此机会，将此次俄日开衅所损害于我东三省者，与夫西藏将来善后事宜，凡利害所关，皆宜统核规划，指授机宜，切实与商。况美廷素以和平开放为主，尤应与之竭意联络，预为收回主权张本	吕海寰：《吕海寰奏稿》，沈云龙主编：《近代中国史料丛刊三编》第58辑（571），第336页

综合上述建言，驻外使臣由于置身异域，更多地承担起了沟通中外之情的职责。由于日俄战争的局势并不是十分明朗，所以无论是驻外使臣，还是地方大吏皆不敢贸然进言。就建言内容而言，一方面在于加强改革的步伐，另一方面在于联络各国请其调停。需要指出的是，这些建言毫无例外地皆没有提及宪政改革的主张，较之于日俄战前丁振铎、林绍年的建言，反而有所保留。同时，这些建言亦过于笼统，如出使法、俄、英、比利时大臣的联衔陈奏，没有提出具体应对之策，仅仅强调政府应当依据张之洞等人所上的变法三折实行改革。另外不可忽视的是，这些建言普遍受到舆论界的影响，如吕海寰即坦言其建言为"采诸沪上中西舆论"的结果，其内容与1904年3月7日代递江浙立宪派拟定折稿具有一致性，无甚新意。

需要特别提及的是出使比利时大臣杨兆鋆于1904年4月13日的陈奏。在该折中，他首先分析了无论哪方获胜均于中国不利，"俄败则迁怒，日胜则索报"。在提到因应之策时，他提出遣使主张，"际兹此俄日用兵之时，特简亲贵重臣赍国书、具礼物，历聘有约诸国，善为辞令，默察意向"，"于无形之际通聘交欢，辑辞修好"，显然，其遣使用意在于联络邦交，了解国外政情。同时，杨兆鋆还提出了具体遣使方法和访问行程：

> 臣尝晤各国使臣及比外部大臣，金谓中国若早遣亲贵出游，既达外交，复裨内政，何致酿庚子之祸？日本之强以屡遣王公游学欧美，暹罗粗能自立以该王曾游欧洲，其世子又留学各国，用能联络英俄，引为同类，明效昭然。今拟请于亲贵重臣中遴选熟谙交涉、声望夙著一员，派充头等专使，先至欧洲，历聘驻使各国，并及日斯巴尼亚、和兰、丹麦、葡萄牙、挪威，

再由美洲以迄日本。如以骤而遣使，显涉形迹，动人疑议，则贝子溥伦方奉使美邦，俟赛会事毕，先至墨西哥、古巴，泛大西洋而履欧洲，言归绕道日本。以上国之羽仪秉天朝之使节，张旜而出，成礼而还，似于大局隐有裨益。①

显然，杨兆鋆遣使主张的目的并非直接参与日俄和议，而在联络邦交，以求对外交、内政有所裨益，与汤寿潜运动瞿鸿禨的策略具有一致性。同时，杨兆鋆列举日本之强、暹罗之能自立无不得益于对各国政治的考察，因此，其遣使主张亦有考察国外政治的目的。以往研究很少注意到杨兆鋆此折，实际上该折直接影响了清政府的决策，清政府遣使举措无疑从中得到启示，时人即称，清政府"简五大臣考察各国政治，萌蘖于此"②。

再来看政府官员在日俄战争结束后的讨论。1905 年日俄战争局势发生了重大变化。虽然日军于同年 3 月 5 日陷旅顺，五天后陷奉天，但是交战双方皆伤亡惨重，俄军形势大坏不能再战，日军亦无力再进，议和之声随起。③ 日、俄接受美国调停，将在朴茨茅斯议和。日俄战争结束后政府官员的各类建言呈现出两个层次，一是讨论政府是否应当参与日俄和议，目标指向是东三省主权如何维护；一是讨论中国是否应当推行立宪政治，目标指向是中国如何摆脱内忧外患的困境。

当时舆论界颇具影响力的论调是中国应当参与日俄和议，主权之国不能与闻满洲之事，"有齿寒之惧"④。《申报》刊登专文阐述此义："办理交涉必须着着争先，况兹事关系极为重大，既不明言参与，万一日俄两国所议或有亏损中国之处，虽知其事，其能出而干涉，与之力争？是宜照会两战国，并布告各友邦，声明中国特遣使臣至美与闻和议，两战国若不允许，必须力与友邦争持，政府之力不足，则宜合十八省民人同心合力起而力持，必达其目的而后止。"⑤
而《时报》转载《泰晤士报》论说，则强调中国不能参与日俄和议："中国如

---

① 杨兆鋆：《请遣使历聘以维大局疏》，《须圃出使奏议》，第 23—24 页；《出使比国大臣杨兆鋆奏中立无援亟宜简派专使历聘有约各国以重邦交折》，《清光绪朝中日交涉史料》，第 1305—1306 页。

② 杨兆鋆：《须圃出使奏议》"卷首顾赐书序"。

③ 王芸生：《六十年来中国与日本》（第 4 卷），生活·读书·新知三联书店 1980 年版，第 194 页。

④ 《论中国与闻和局》，《新闻报》1905 年 7 月 17 日。

⑤ 《中国宜力争参与日俄和议说》，《申报》1905 年 8 月 5 日。

派代表人将来结果必成一万国大会，恐多周折。……前次满洲之事因有他国干预，致成今日之战，岂可再蹈覆辙?"①

6月23日，清政府谕各省督抚及各出使大臣，就日俄和议中国如何因应征询意见。②政府中对于是否参与日俄和议有两种截然相反的意见，以外务部会办大臣那桐为代表，"必欲中国与议"，且曾"亲至英日俄各公使馆详述其意，并请转电各该国政府，准许中国派员与议日俄和局"③。然居于主导地位的意见则为中国不应参与日俄和议，应当从长计议。湖广总督张之洞于7月24日上奏，指出日本"视其兵威之所极以为和约之范围，然则日之要索于俄究竟能至如何分际，此时日人亦不能预定"，"日之待俄不能定，则其待我亦不能定，故此时即中国有员与议亦无益，况彼不允乎"?于此之际，"惟有俟其与俄定议后，我方能与之开议，大抵抱定日本宣布许我之完全主权为定盘针"④。外务部在致出使俄国大臣胡惟德的函电中亦言，日俄议和不容他国干预，"我若派员前往，其势亦难挽入"⑤。庆亲王奕劻、直隶总督袁世凯等皆持此意见，是以有报道称，"日俄和议之事，中国政府势难干预，尚须从长计议，再做区处"⑥。另外，驻外使节负有打探各国动向之责，他们亦倾向政府不应参与日俄和议，出使意大利大臣许珏认为，两国和议"必有出于我所不及料，且为我所万不能认者，届时拒之则敌衅必开，从之则主权全失"。因此，中国只有别遣使臣与两国另议接收东三省之约。⑦

---

① 《西报述中国对俄政策》（录《泰晤士报》），《时报》1905年8月4日。
② 《谕各督抚及各使日俄议和中国应如何因应着各抒所见电》，王彦威、王亮：《清季外交史料》，第2960页。
③ 《那尚书力主干预议和》，《申报》1905年8月3日。
④ 《鄂督张之洞致枢垣议覆日俄直接议和因应办法电》，王彦威、王亮：《清季外交史料》，第2964页。所言日本不允我国参与和议，张之洞阐释道："我若与议，则彼所欲得之，我使臣必矜慎顾惜，多烦辩论。彼所让还者，中国视为力争收回，不见彼之人情。且恐中国与闻，西国亦必干预，则日本所得利益无几矣。"张之洞认为战败国俄国愿意中国与闻和议，"欲借中国地主为题，从中阻拦，免使日本将东三省权力多占"，同时俄国也可对中国"乘机窥伺"。资料来源同上。
⑤ 《外部致胡惟德日俄直接议和望密探电闻电》，王彦威、王亮：《清季外交史料》，第2963页。
⑥ 《那尚书力主干预议和》，《申报》1905年8月3日。《大陆》1905年第12号刊发《政府对于日俄议和问题之纷议》，指出奕劻等人实受袁世凯影响："庆邸意见屡拟遣派大员参预和局事宜，并拟恩请英、美保护。而王相拟请联络德、法，求其与英、美约明，共申保全中国大局之约。嗣接袁宫保电，以为德、法与俄、日同盟，万不可令该二国干预东三省问题，以免又蹈甲午中日之役之覆辙。"
⑦ 许珏：《复庵遗集》（第1册），第73—74页。

　　然而，对中国不能参与日俄和议的原因以及究竟如何从长计议，真正拿出具体对策的还要属湖南巡抚端方和江苏巡抚陆元鼎的联衔奏折。他们指出，虽然我国派使与日、俄两国定夺满洲问题固属合情合理，但是如果参与日俄和议，"日、俄两国或藉词要挟，反受其害"，至于请列国保全东省之议，又不免"蹈甲午中日战后之覆辙"。他们提出的外交对策是，饬令驻美公使"就近听议，因时制宜之"，同时饬令驻日公使与日本政府密商善后办法，"冀得保全东省利权，亲密中日邦交"。同时解释了维护中日邦交的重要性："盖此次战事为环球列强所注目，目为亚洲全局之关系，若一有错误，世界各国乘隙群起，离开中日邦交，逞封豕长蛇之欲，我国或从此启瓜分之祸。"进而，他们提出六项"皆一日不可缓之急务"：一、议定撤兵限期，期满之后，选派重兵分驻险要以预防俄军南侵；二、议定限期，撤退日本军政局；三、议开东省沿海各口岸为通商公埠；四、议定东清铁路章程，将该铁路让与日本；五、磋商从前租与俄国各地；六、议定新政实力奉行。此外，如设督抚、选牧令、救恤难民、肃清马贼。①

　　前文述及，江浙立宪派曾策动端方等人代递折稿，折稿中未提出直接参与日俄和议，而是以考求政治为名运动欧美各国，陈说利益均沾之意，以免日、俄独占东三省。端方当时强调对于日俄战争，"我无终守局外之理"，其意并非参与日俄和议，而是政府不能消极等待，应积极谋求应对之策，在日俄战后的大讨论中，端方详尽地阐释了自己的策略。端、陆之建言赢得了国人的高度评价，称他们老成谋国，所言"语语中肯，字字血诚"，"最为顾全大局，洞达国际"，外人闻之亦对二人"深致异常之尊重"②。同时，"督抚中大率皆同此意"③。有报道称，端方能够入选考政大臣即在于日俄战后关于东三省的条陈颇得清廷赏识：

　　　　日前政务处电饬各直省督抚，略谓，日俄议和我国如何因应及接收东

　　①　《端陆两中丞对于东省善后之意见》，《华字汇报》（录《楚报》）1905年7月15日；《端陆两中丞对于东省善后之意见》，《申报》1905年7月22日；《端陆两中丞对于东省善后之意见》，《时报》1905年7月22日。《时报》又于同年8月6日以《端陆两抚东省善后之条奏》为题再次报道。显然，舆论界对端方、陆元鼎之建言普遍给予高度重视。

　　②　《外人尊重疆帅》，《大公报》1905年7月20日。

　　③　《再评政府对于日俄和议之举动》，《新民丛报》第68号。

三省善后事宜直各抒己见，筹议覆奏。端尚书接电后随即电奏，谓：日俄讲和发自美国，我国必当遣使预议，以表同情，如彼不甚欢迎，亦当藉名他事前往，徐图预议。电文甚长，约两千余字。……此次上谕各大员分赴东西洋考察政治，中丞亦膺简命，盖以前奏甚为朝廷嘉许也。①

清政府最终放弃参与日俄和议。同时，政府对于江浙立宪派以及不少政府官员提出的遣使主张并没有完全忽视，开始考虑赋予其考察国外政治的目的。

随着讨论的深入，更多的政府官员开始思考如何使中国摆脱内忧外患的困境，视野普遍转向立宪政体。早在 1904 年 5 月 20 日，《警钟日报》刊登《论各省督抚议请立宪事》一文，预言各省督抚在日俄战争结束之际必将会奏立宪，"吾将决其必有是事"。该文分析道："今日日俄之役，既明明示以立宪之利、专制之害，苟中国之人心犹未尽死，则其翻然悔悟，固不必待上智神圣之生，此各省督抚所以有议立宪政之举也。"② 确如其议，不少督抚、驻外使臣在日俄战争结束后纷纷指陈改行宪政的必要性。关于东三省善后，直督总督袁世凯提出界地方官特权、更改旧制等十条方略。③ 同时又奏，"欲图自强，宜考求各国宪法，变通施行"④。接替魏光焘出任两江总督的周馥于 1905 年 6 月 27 日上奏，指出政府应当重申"不得侵我主权"之义，提出"改行省、添州县、变刑章、订税则"等主张，通过"仿欧美设立法、执法、行政三项官之意"，"预立地方自治之基"⑤。显然其对三权分立的政治体制是认同的。同年 7 月 2 日，袁世

---

① 《端中丞出使之原因》，《申报》1905 年 7 月 31 日。据赵凤昌回忆，由于日俄在朴茨茅斯合议，牵涉中国领土主权，建议中国应出而干预，恰逢贝子溥伦赴美参加博览会，愿膺斯任，但因与庆亲王奕劻不合而未果，"枢意拟遣端，先电我驻美使臣向美政府言之，竟不允中国预闻。其时已调端入京，事不容已，即改为派五大臣出洋考查宪政"。赵凤昌：《惜阴堂笔记——中国欲闻日俄泊资模斯议约未允》，转引自李细珠《地方督抚与清末新政》，社会科学文献出版社 2012 年版，第 152 页。李著据此指出："端方被派出洋考政，未免有点偶然。"来源同上。实际上，很多人包括端方已指出公开派员参与日俄和议之弊，清廷亦倾向不参与日俄和议，因此，政府电召端方赴京的最初目的似乎并非如赵凤昌所言。

② 《论各省督抚议请立宪事》，《警钟日报》1904 年 5 月 20 日。

③ 《直督之满洲善后策》，《时报》1905 年 7 月 26 日。

④ 《电报一》，《时报》1905 年 7 月 22 日。

⑤ 周馥：《秋浦周尚书（玉山）全集》，沈云龙主编：《近代中国史料丛刊正编》第 9 辑（82），（台北）文海出版社 1964 年版，第 694—696 页。

凯、张之洞、周馥联衔奏请于十二年后实行立宪政体。① 深受立宪派影响的瞿鸿禨亦认识到必须"博采中西诸国之所长，而详考中外异同之故"，自请出国考察。② 此后，"枢臣懿亲亦稍稍有持其说者"③。各出使大臣亦纷纷指陈立宪改革的紧迫性。

任何一种思想观念的流播绝非偶然，必然受到国内外情势的多重影响，加以融合种种特殊际遇，逐步酝酿而成。日俄战争爆发前宪政思潮已经萌发，但只是流行于思想界的一种政治理想，并未引起政府官员的普遍关注。受日俄战争的推动，立宪思潮日益勃兴，不仅起到了开导社会风气、启迪国民心智的作用，对于政府官员的影响亦颇为显著。以日俄战争为纽带，宪政思潮实现了从萌发于野到萌动于朝的演进，开始由民间话语转为官方话语，所谓舆论所趋，风气所向，"舆论既盛，朝议亦不能不与为转移"④，"在十年以前目为邪说"⑤的立宪、民权等言论，在日俄战争后，"外之使臣、疆吏，内之枢府、部臣，下之民间舆论，咸以立宪为请"⑥。而到清政府颁布派遣考察团出洋考察的谕旨前后，立宪之说成为弥漫于朝野的强势政治话语，"立宪之说在今日几为全部舆论之所同"⑦。无疑，宪政思潮向政府内部的渗透，意味着社会舆论趋向逐渐在权力体系中找到了支撑，并最终转化为决定政府行为的关键因素。正如有论者所言："源自社会舆论的同声共振，虽然可以营造出必要的社会环境，但政体改革的启动最终还必须依赖于权力体系本身的行为。"⑧

综观日俄战争引发的政府官员大讨论，既涉及如何东北危局，避免丧失更多的国家权益，更涉及如何使整个国家走上富强之道，这是一个自然递进的过程，也是一个逐步和立宪舆论相互融合的过程。结果是主张立宪的官员占据主导。主张立宪的官员主要为督抚、驻外使节以及少数王公大臣，然而大部分王

① 《中国大事月表》，《新民丛报》第 69 号。

② 《瞿鸿禨奏稿选录》，《近代史资料》（第 83 号），中国社会科学出版社 1993 年版，第 40 页。

③ 《立宪纪闻·中国立宪之起原》，《东方杂志》临时增刊《宪政初纲》，一九○六年十二月，第 1 页。

④ 别士：《刊印宪政初纲缘起》，《东方杂志》临时增刊《宪政初纲》，一九○六年十二月，第 1 页。

⑤ 《论今年之新希望》，《申报》1906 年 1 月 28 日。

⑥ 《论我国与俄国立宪之比较》，《时报》1905 年 11 月 5 日。

⑦ 《论国家将简修宪大臣》，《南方报》1905 年 8 月 28 日。

⑧ 王先明：《清王朝的崩溃：公元 1911 年中国实录》，天津人民出版社 2007 年版，第 66 页。

公大臣对于改革政体这样事关国家命运的大事并没有多少认知，只能通过审时度势地估量各种政治力量的对比和政治演化，来决定一己取向，慈禧即是如此。慈禧作为清王朝事实上的最高统治者，对于政府重大举措负总责，没有她的首肯，政治改革是搞不起来的。有报道称，当军机大臣言及俄国罢工时，"慈禧深为感慨，一似有动于中"①。张謇亦称："铁良、徐世昌辈于宪法亦粗有讨论，端方入朝召见时，又反覆言之，载振又为之助，太后意颇觉悟。"② 从慈禧自身经历看，正如日人大隈重信所言，八国联军侵华，"才把见识逼出来了，也知道世界大势，维新起来，讲究变法自强，才有这回派人考查政治的举动"③。可以说，慈禧对宪政的认识有限，其唯一目的是如何探求最行之有效的统治手段。但值得肯定的是，在国内外局势的刺激下，慈禧无疑意识到了宪政不仅是世界发展大势，也是中国发展的必然趋向，由此，面对日渐高涨的朝野立宪呼声，她采取了附和的态度。

第二节　派遣考察团出洋考察上谕之颁布

一　袁世凯之奏请

派遣大臣出洋考察政治以为政府宪政改革之准备的言论可追溯到梁启超、李盛铎、朱福诜等人那里，他们的主张与清政府遣使出洋考察的上谕最为接近。日俄战争期间，江浙立宪派亦提出遣使主张。随着日俄战争的结束，政府官员普遍指陈改行宪政的重要性，宪政思潮成为弥漫朝野的主导思想潮流，推行宪政改革势在必行。当时朝野的普遍看法是，中国要立宪就要学习日本，在具体步骤上，也要模仿日本宪政改革之初派遣大臣出洋求宪法的成例。由此，清政府派遣大臣出洋考察就成了不可避免的事情，然而，这一举措的颁行还有待朝中重臣奏请，"国有大事，得重臣一言而震之"④。不少资料记载奏请的重臣为袁世凯，以《时报》的报道最为详尽："派大臣出洋考查之举系五月二十六

① 《太后闻俄乱之感情》，《申报》1905 年 3 月 13 日。
② 张謇：《啬翁自订年谱》，第 58 页。
③ 《大隈伯爵演说中国创设宪政论》（5 续），《盛京时报》1906 年 10 月 30 日。
④ 《论袁宫保密陈管见十条》，《盛京时报》1907 年 9 月 26 日。

日北洋所奏请。原奏系分六国，每国各派二大臣，以一大臣就各国政治之专长详细考查，以一大臣副之，作为游历员，部分门类，普通考察。"①

表 2 - 3　认为清政府遣使举措直接动因于袁世凯之奏请的其他各种记载

各种记载	资料来源
乙巳六月，直督袁制军世凯奏请简派亲贵，分赴各国，考察政治，以为改政张本	《立宪纪闻·中国立宪之起原》，《东方杂志》临时增刊《宪政初纲》，上海商务印书馆 1906 年 12 月版，第 1 页
袁督复奏请考求各国宪法	《议行立宪之原始》，《宪政杂志》第 1 卷第 1 号，1906 年 12 月 16 日
（1905 年）六月中，君（袁世凯）复奏请考求各国宪法，于是有五大臣出洋之命	陆保璇辑：《满清稗史·当代名人事略》，沈云龙主编：《近代中国史料丛刊》第 53 辑（525），（台北）文海出版社影印版，第 776 页
北洋追念戊戌往事，知孝钦宴驾之后，必不容于德宗。因内结奕劻，外煽新党，思藉立宪之命，剥夺君权，尽归内阁。乙巳派五大臣出洋，丙午大更官制，皆一人之谋也	胡思敬：《退庐全集·审国病书》，沈云龙主编：《近代中国史料丛刊正编》第 45 辑（445），（台北）文海出版社影印版，第 1269—1270 页
日以立宪而胜，俄以专制而败。立宪之说，始昌言于全国。寻俄亦议行立宪。于是驻法使臣孙宝琦，首告清政府，详述立宪之益。未几，袁世凯、张之洞等复有十二年实行立宪之请。逾月，袁督复请派人考求各国宪法	《清代兴亡史》，《清代野史》（第 1 辑），巴蜀书社 1987 年版，第 70 页
废科举，试特科，引用留学生……复派五大臣出洋考察宪政，以新外人耳目。凡此诸端，胥由张之洞、袁世凯合折奏请，或赞同办理	刘禺生：《世载堂杂忆》，中华书局 1960 年版，第 109 页
袁陛见入都，两宫问袁抑制革命风潮之策，袁乃陈各国宪政之善，当此时会，非行宪政不能免革命之风潮。故其时有五大臣考察列邦宪政之命	[日] 佐藤铁治郎著，孔祥吉、[日] 村田雄二郎整理：《一个日本记者笔下的袁世凯》，第 98—99 页

① 《京师政界近信》，《时报》1905 年 9 月 19 日。在此之前，《时报》亦曾有零星报道，如 7 月 26 日以《记钦派大员游历各国事》为题报道："此次钦派大员出国游历，本系直督袁宫保所请。" 8 月 4 日又以《特派出洋大臣始末》为题报道："此次四大臣出洋，主动者袁慰帅。"

　　然而，笔者并未发现袁世凯这一奏折。虽然如此，笔者认为袁世凯极有可能充当了这一角色。早在1901年，袁世凯提出"崇实学"的主张，通过翻译外国书籍、招聘洋教习等途径培养学生，"殆所学渐有门径，再分别资遣出洋，以资历练"①。虽然派遣大臣出洋考察政治与派遣留学生有异，然皆基于认识到学习外国的重要性。1905年6月，日本议员平冈浩太郎作为日本政府代表来到中国，探测中国内政，袁世凯对此极为不满。7月1日，他在致张之洞电中亦曾言及派员出国考察政治的重要性：

　　　　鄙意自庚子以来，外人咸盼我变法自强，朝廷亦屡诏行新政，而起视京外，实效寥寥，外人因益疑我轻我。现筹办法宜对症下药，亟需雷厉风行，革弊兴利，以实心行实效，举庚子后各项新政谕旨逐一考询内外臣工，已否实力奉行，有无明效。并饬王公大臣分班出洋游历，又遣专员分赴各国考察各项专门政治，以资采访而减阻力，使外人咸晓然知我发愤修政，非从前粉饰敷衍可比，庶有以阴服其心而杜其藉口。②

　　时论亦称平冈来华之行对袁世凯刺激颇深，促成袁奏请清政府派遣大臣出国考察：

　　　　项城于平冈等去后，语人云：日本之于波罗的海舰队不数十分钟而尽歼之，其强如此，中国与之为邻，若不自振，其可得安乎？因有请简大臣出洋考求政治之奏。此折实拜发于五月二十六日，其大旨系请派大臣四人分往英法德俄美日六国，以一人游历两国，各考该国之所专长，而别以一大臣遍游各国，泛览博咨。③

　　1905年5月10日，上海商务总会号召全国商埠及海外华侨不用美货，得到各处响应，抵制美货运动由此展开，至翌年底方告平息，这是中国历史上第一

---

①　廖一中、罗真容整理：《袁世凯奏议》（上），天津古籍出版社1983年版，第270—271页。

②　苑书义等主编：《张之洞全集》（第11册），河北人民出版社1998年版，第9341页。

③　《论五大臣奉使出洋原起》，《南方报》1905年10月21日。

次全国性的抵制外货运动，"抵制运动将民族觉醒载负而前，民众认识到了自己的力量，增加了信心，更积极的对内争取有关国是的发言权，对外争取国族的独立平等"①。有论者即指出，"立宪运动显然从抵制美货运动中汲取了力量"②。立宪派领袖张謇即曾为抵制美货事致函袁世凯，除劝说袁不要禁止抵制美货外，主要敦促袁世凯带头奏请立宪："万几决于公论，此对外之正锋，立宪之首要。……公但执牛耳一呼，各省殆无不响应者；安上全下，不朽盛业，公独无意乎？"③ 张謇此函得到了袁世凯的回复。由于立宪运动已在全国范围蓬勃发展，清廷又有利用立宪以安抚国民的意向，所以袁世凯的态度发生转变。他回信恭维张謇说："各国立宪之初，必有英绝领袖者作为学说，倡导国民。公夙学高，才义无多让。鄙人不敏，愿为前驱。"④ 在遣使谕旨颁布不久，7月20日袁世凯奏请新选官员到任以前先赴日本，"参观行政、司法各署及学校实业大概情形"，然后赴任。⑤

显然，在政府颁布派遣考察团出洋考察谕旨的前后，袁世凯的确具有遣派官员出洋考察政治的思想主张。由此推断，袁世凯很有可能曾经奏请派遣大臣出洋考察政治。尽管如此，我们也不能对袁世凯的奏请之功过高估量，因为出洋考察政治这一途径，很多人也已经考虑到了。前文述及，1904年5—6月间，张謇运动袁世凯支持立宪时，袁世凯由于没有弄清政府的真实意图，答复"尚须缓以俟时"。显然，袁世凯奏派大臣出洋考察在很大程度上是一种审时度势的政治投机行为。正如《纽约时报》所言，日俄战争后袁注意到了社会舆论的发展趋势，"他在审慎地估量着这股新生力量的强弱和走向，并给自己设想了一个可能发挥领袖作用的合适位子"⑥。

---

① 张存武：《光绪卅一年中美公约风潮》，（台北）"中研院"近代史研究所专刊（13）1966年版，第243页。

② 章开沅：《张謇传》，中华工商联合出版社2000年版，第191页。

③ 南通市图书馆、张謇研究中心编：《为抵制美货事致袁直督函》，《张謇全集》（第1卷），第89—90页。

④ 张一麐：《拟复张季直殿撰》，《心太平室集》（卷7），沈云龙主编：《近代中国史料丛刊正编》第1辑（8），（台北）文海出版社1964年版，第372页。

⑤ 廖一中、罗真容整理：《袁世凯奏议》（下），第1162页。

⑥ 《日俄战争对大清国的影响》，郑曦原编：《〈纽约时报〉晚清观察记》，第140页。

二 选定考政大臣

据荣庆记载，派遣大臣出洋考察于 7 月 4 日动议，至 7 月 9 日有了初步人选，且荣庆在人选之内。[①] 荣庆时为户部尚书、军机大臣，无疑参与了考察团的筹划经过，这一记录当为实情。然而，荣庆的记载过于简略，没有透露考政大臣的选拔细节。舆论界对于考政大臣的选拔给予了密切关注，揆诸各类报道，我们可以对考政大臣的选拔过程有一个较为详尽的了解。

清政府最初动议考政大臣应从宗亲、枢臣、户部堂官、督抚各选一人。[②] 宗室派贝子载振，枢臣派荣庆，户部堂官派户部尚书张百熙，督抚派湖南巡抚端方。然而，荣庆不愿前往，又改派军机大臣、外务部尚书瞿鸿禨，瞿鸿禨亦以"赴西洋道路遥远，面恳某邸代为奏明"，乃改派徐世昌，"徐此日未知消息，忽然而旨意已下，不能不应命"[③]。户部尚书张百熙以"户部整顿需人"，又以"头晕时发"不能渡海为辞，而据报道，其真实原因则在于"其早晚入政府，故不愿离京"，遂保荐户部右侍郎戴鸿慈。[④] 黄绍箕亦称"徐以资浅得之，戴则临时拉入者"[⑤]。另有报道，载振、瞿鸿禨、张百熙"以权位太重，恐外人疑我借此干预和局"，故改令载泽、端方等权位稍次者前往。[⑥] 由此，载泽、戴鸿慈、徐世昌、端方最终被确定为考政大臣。

然而，报刊的介绍仅就考政大臣选拔过程言之。据李宗侗记载，考政大臣的选拔实为政府内争的结果：

> 其内幕，只是由于军机中的内争而起，或者简单的说起来，是其中的庆亲王奕劻与瞿子玖丈鸿禨的暗斗。在军机中，奕劻专政，受贿巨万，子玖不太听他的话，所以对子玖极不满，必欲去之而后快，乃商与袁慰庭世凯，中间奔走者是徐菊人丈世昌。于是袁徐商妥为预备立宪，必须先派大员往各国

---

① 谢兴尧整理：《荣庆日记》，第 83—85 页。

② 《徐军机钦使出洋之故》，《时报》1905 年 8 月 6 日。

③ 《出洋大臣初议》，《大公报》1905 年 7 月 22 日。

④ 《记钦派大员游历各国事》，《时报》1905 年 7 月 26 日。

⑤ 《乙巳六月十四、十八日京黄学士来电》，《张之洞存各处来电稿》（第 1 函），中国社会科学院近代史研究所藏档案：甲 182—438。

⑥ 《再志钦派大臣赴各国求政治事》，《时报》1905 年 7 月 30 日。

考察其立宪的方法以为根据，目的所派大员中有瞿子玖，以便借题目挤他出军机。当时子玖兼外务部尚书，自辛丑以后就办理外交，所以派他去是顺理成章的。这种意见由徐菊人在军机中提出，奕劻已先说妥，当然赞同，但子玖亦心知其用意在于排挤他，就说：吾老了，不能远涉重洋，这当由年轻的人去作。徐菊人既提出这意见，而在军机中又最年轻，不得不告奋勇请行，这就是五大臣出洋的内幕，清廷又何尝存立宪的诚意！①

李宗侗为五大臣出洋考察团随员李焜瀛之子（李焜瀛为李鸿藻之子），他的这一记载由其父告知，李宗侗一再强调其父记忆力极强，所说不会有误。

另据余肇康致瞿鸿禨函透露，出洋考察实为"双刃剑"：

> 皇华持节，本为壮犹，以公当国任重，出而考究外政，以劻相我中夏，自尤为第一功名；惟政躬未甚健胜，而此次骍征，关系大局，必难办到恰好地位，与其殚究元神，而转不为天下所谅，何如朝夕辅德，犹可遇事补苴，以支危局。②

上述资料对于我们认识当时政府中枢机构对待政治改革的态度至为重要，从中可以看出，不少枢机重臣对于出洋考察缺乏热情，患得患失，某些人甚至将选拔大臣出洋当作排斥异己的手段。笼统而言，他们作为统治集团的人物，其根本利益具有一致性，然而由于追逐个人权势的目的使然，在他们看来，"最具威胁的政敌往往并非在野的反对派，而是同朝为官的竞争对手"③。显然，自选拔考政大臣起，政府内争即已显现，中枢机构并没有形成一个强有力的推行政治改革的领导核心。

下面，我们对四位考政大臣予以简单介绍。

载泽，字荫坪，爱新觉罗氏，康熙帝第十五子允禑五世孙，1868 年生，

---

① 李宗侗：《五大臣出洋与北京第一颗炸弹》，《传记文学》编辑委员会：《传记文学》（第 4 卷第 4 期），传记文学杂志社 1964 年发行，第 37 页。

② 光绪三十一年六月十六日，《余肇康致瞿止公函》，《瞿鸿禨朋僚书牍》（五），中国社会科学院近代史研究所藏档案：甲 375—1。

③ 桑兵：《庚子勤王与晚清政局》，北京大学出版社 2004 年版，第 274 页。

1877 年封辅国公，1894 年晋镇国公，1901 年任正蓝旗副督统。载泽之妻为慈禧太后二弟桂祥的长女静荣，静荣的妹妹静芬是光绪帝皇后，即隆裕太后。载泽在宗室中以年少有为、通达时务著称。魏元旷称载泽"年虽少，独无亲贵习气"①。汪大燮称载泽"端正"，"其人心地稍好，而无习气，皇族中人稍知外事见局面"②。当时各大报纸对载泽亦曾专门予以介绍："泽公为仁宗睿皇帝（雍正）曾孙，为今上再从堂弟，字荫坪，为高京卿赓恩弟子，戊戌曾上条陈，久蒙皇上特赏，泽公之福晋为皇太后内侄女，此次派往外洋亦因系贵胄中最达时务之人。"③ 载泽选为考政大臣时只有 37 岁，为考政大臣中最年轻者。

徐世昌，字卜五，号菊人，直隶天津县人，1855 年生，1886 年中进士，朝考一等，授翰林院庶吉士。1879 年与袁世凯结盟，此后官运亨通，自国子监司业改商部左丞，旋署兵部左侍郎。1905 年 6 月 30 日，徐世昌以署兵部左侍郎在军机大臣上学习行走，并与户部右侍郎铁良会办练兵事宜。次日，又充督办政务处大臣。④

戴鸿慈，字光孺，号少怀，广东南海人，1856 年生，1876 年中进士，"入翰林，每试差辄与选"，"谨饬和厚，生平未尝迕人"⑤。《南海县志》记载："鸿慈以文学受知，屡掌文衡，小心称得士；遭遇时变，抗疏自诤，弹劾不避权贵，随事献纳多谠论，凛凛有古大臣风。其于中外大势，善败得失，洞若观火，而以纲常礼教为我国万世不易之大防。"⑥ 早在八国联军攻陷北京时，时任刑部侍郎的戴鸿慈即赶赴西安，上奏请建两都，分六镇，以总督兼经略大臣。⑦《新闻报》较为详细地报道了戴鸿慈入选的原因："重大政治由政务处会集廷臣共议，发端于戴鸿慈侍郎，盖隐为设立上议院之楔形也。戴侍郎深知立宪之可以

---

① 魏元旷：《光宣金载》，铅印本，第 6 页。

② 上海图书馆编：《汪康年师友书札》（第 1 册），第 870、883 页。

③ 《泽公履历详志》，《大公报》1905 年 7 月 20 日。

④ 章开沅主编：《清通鉴》，岳麓书社 2000 年版，第 1019 页。

⑤ 沃丘仲子：《近代名人小传》，中国书店 1988 年版，第 127—128 页。

⑥ 桂坫等纂：《南海县志》（5），（台北）成文出版社 1974 年版，第 1490 页。戴鸿慈中进士后入选翰林院庶吉士，1877 年散馆授编修，历充山东学政、云南学政、顺天乡试同考官、侍讲学士、福建学政、詹事府少詹事、内阁学士、阅卷大臣、会试副考官等职，是以《南海县志》称其"屡掌文衡"。参见俞勇嫔《戴鸿慈研究》，中山大学 2007 年博士论文，第 17—18 页。

⑦ "戴鸿慈"，《清史稿》（列传·卷226）。

救亡，在京竭力运动，故此次有奉派出洋之命。"①《华字汇报》亦报道，端方、戴鸿慈入选考政大臣，"因两大臣均条陈立宪之事"②。

端方，字午桥，号匋斋，满洲正白旗人，托忒克氏，世居直隶丰润，1861年生。1882年顺天乡试中举。由科举入仕，这在清末八旗子弟中不多见。朱彭寿在《旧典备征》中记载清代旗人以科举入仕，官居二品以上者，二百余年来尚不足四百人，光绪朝仅列九人，端方即为其一。③ 戊戌变法期间，端方督理农工商总局，戊戌政变后出任地方大吏，历任陕西布政使、湖北巡抚、江苏巡抚、湖南巡抚，端方在各任上颇有作为，"抚鄂、苏，卓有政声"④。《南方报》称："此次政府决意立宪，固由于内外臣工之奏请，而尤以端中丞之力居多。"⑤ 张謇亦称端方："宪政平常，此公隽语。"⑥

确定考政大臣人选后，1905年7月16日，清政府颁布遣使出洋考察政治的上谕：

> 方今时局艰难，百端待理，朝廷屡下明诏，力图变法，锐意振兴，数年以来，规模虽具，而实效未彰，总由承办人员向无讲求，未能洞达原委，似此因循敷衍，何由起衰弱而救颠危？兹特简载泽、戴鸿慈、徐世昌、端方等随带人员，分赴东西洋各国，考求一切政治，以期择善而从，嗣后再行选派，分班前往。其各随事诹询，悉心体察，用备甄采，毋负委任。所有各员经费如何拨给，着外务部、户部议奏。⑦

清政府以"考求一切政治"为名派出考察团，很大程度上顺应了社会舆论的要求，有利于巩固其统治合法性。然而，清政府以"考求一切政治"为名，并未以"考察宪政"为名，实际上借鉴了袁世凯"可有立宪之实，不可有立宪

---

① 《派大员出洋之由》，《新闻报》1905年7月18日。
② 《派戴端出洋原因》（录《顺天时报》），《华字汇报》1905年7月21日。
③ 朱彭寿：《旧典备征》，中华书局1982年版，第120页。
④ 《调任湘抚受篆》，《大公报》1905年2月25日。
⑤ 《详志端中丞力请立宪》，《南方报》1905年9月17日。
⑥ 许全胜：《沈曾植年谱长编》，中华书局2007年版，第313页。
⑦ 中国第一历史档案馆编：《光绪宣统两朝上谕档》（第31册），广西师范大学出版社1996年版，第90页。

之名"的策略。^① 据端方、戴鸿慈考察团随员陈毅称,慈禧"恶闻立宪之名",一般满族王公大臣也对立宪抱有反感,清政府在名义上避重就轻,不能打出考察宪政的旗号,只能以"考察政治"为名出洋。^② 另有记载:"西太后语曰:'立宪一事,可使我满洲朝基础永久确固,而在外革命党亦可因此消灭,俟调查结束后,若果无妨害,则必决意实行。'"^③ 9 月 17 日,考察政治大臣请训时,慈禧将这种目的取向表达得更加淋漓尽致,她言道:"各国政治均应择要考察,如宪法一事,现在虽不能宣露,亦应考察各国办法如何,以备采择。"^④ 显然,以慈禧为首的清政府对改行宪政是否会影响自己权力的认识是模糊的,因此采取了先行参考各国成例,调查以后再行决断的策略,是以 7 月 16 日谕旨没有露出"宪"字,其目的就是给政府决策留有后路。从政治学的角度看,清政府采取的是渐进政策决策模式,其主要特点是"考虑到条件的复杂性和信息的不完整性,认为可以在确定清晰的目标特别是具体目标之前,先制定出一个大致的方案,即可进入实施阶段。渐进政策只要求有一个大致的方向,根据环境的变化,灵活地调整政策"^⑤。

遣使谕旨颁布不久,载泽奏请添派绍英随同出洋。绍英为满洲镶黄旗人,字越千,马佳氏,时任商部右丞、高等实业学堂监督。^⑥ 7 月 27 日,清廷谕军机处,著派绍英随同出洋考察各国政治。^⑦ 绍英此前并不知晓,闻命之后"惶悚莫名",随即至承泽园庆亲王奕劻处打探,奕劻告知其入选原因:"泽公因未

① 上海图书馆编:《汪康年师友书札》(第 1 册),第 837 页。

② 陶菊隐:《筹安会"六君子"传》,中华书局 1981 年版,第 22 页。

③ 陈旭麓主编:《宋教仁集》(上册),中华书局 1981 年版,第 16 页。

④ 绍英:《绍英日记》,国家图书馆出版社 2009 年影印版,第 600—601 页。《绍英日记》为手写稿,"以备采择"一语为修改后的句子,原句被圈抹,仍可辨,为"以为择善而从之资"。显然,原句较为明确地表达出了清政府欲改行宪政的意思,而修改后的句子则语义变得模糊,当为绍英有意掩饰。

⑤ 梁素珍、吕建营主编:《政治学原理》,第 440 页。

⑥ 马士良:《记五大臣出洋事》,北京市政协文史资料委员会选编:《世纪风云》,北京出版社 2000 年版,第 23 页。

⑦ 中国第一历史档案馆编:《光绪宣统两朝上谕档》(第 31 册),第 96 页。戴鸿慈记载为六月二十六日,误,戴鸿慈:《出使九国日记》,钟叔河主编:《走向世界丛书》(第 1 辑),岳麓书社 1986 年版,第 311 页;《光绪朝东华录》记载时间为七月十四日,亦误,见朱寿朋编,张静庐等校点《光绪朝东华录》(5),第 5382 页。

曾出洋，请添派一人同往，因是军机处请旨派往，故有此交片。"① 绍英又于当晚拜访载泽，"略谈日本立宪大意"②。

时论认为，绍英初为载泽副手，以尽辅助之责，地位在钦差、随员之间，所有奏折并不列衔。③ 后则改为正使，如《北华捷报》即言："绍英起初是作为高级随员以承担考察团顾问之责，由领衔考察政治大臣载泽选调。现在已被提升为正式考察政治大臣，将与其他四位考政大臣具有同等的上奏权限，考察团所上的条陈，绍英亦得署名。"④ 此种认识实有偏颇。8 月 7 日，绍英面见奕劻谈及出洋考察事，"请示奏事列衔否"，奕劻答道："应一同请训，应列衔，因同是钦派，不过前派四位已经明降谕旨，不便再明发，故由军机处交片。"⑤ 显然，绍英与前派之四位考政大臣平行。

政治学理论认为，"政策不是分析的结果，而是互动的结果"，"政治决策实际上是政治斗争或阶级斗争和各种阶级关系相互作用的结果"⑥。就派遣五大臣出洋考察而言，我们不能忽视政治决策者的作用，亦不能忽视影响决策者决策行为的各种因素和变项。具体而言，派遣大臣出洋考察政治之举实为多种因素促成的，既有外因又有内因。外因即由于日俄战争的刺激和民族危机的加剧，在外患日益加剧的逼迫下，清政府意识到新政改革运动不足于救亡图存，只有顺应世界资本主义发展的历史潮流，从政治改革入手，推行立宪政治，才能够稳固自己的统治，进而实现国富民强，因此，清政府对改革活动就越来越认真了。正如有论者所言："如果没有日俄战争日胜俄败的活生生事实，没有 1905 年俄国发生的革命，没有沙皇在革命的压力下被迫宣布立宪，统治集团中的部分亲贵大臣就很难在这个时候突破'中学为体，西学为用'的思想桎梏，认识

---

① 　绍英：《绍英日记》，第 586 页。添派绍英随同出洋由载泽奏请并非隐秘，《时报》曾报道，慈禧鉴于载泽年少，批准了载泽的奏请，"续派绍英为之副"。见《五大臣分带随员数目》，《时报》一九〇五年八月二十八日（9 月 26 日）。

② 　绍英：《绍英日记》，第 586—587 页。由于绍英兼任高等实业学堂监督，当他被选派随同出洋考察后，商部即奏请派该员"就便将各国工业学校规则，详细调查，俟回京时，再行参酌，拟订章程，以期周备"。朱寿朋编，张静庐等校点：《光绪朝东华录》(5)，第 5387 页。

③ 　《绍右丞奉派出洋之故》，《时报》1905 年 8 月 9 日。《大公报》称绍英为"副使"，而非专使。《出洋经费增加》，《大公报》1905 年 8 月 5 日。

④ 　"Commissioners Five", September 8, 1905, *North China Herald*, p. 555.

⑤ 　绍英：《绍英日记》，第 591 页。

⑥ 　俞可平：《权利政治与公益政治》，社会科学文献出版社 2005 年版，第 97、92 页。

到立宪比专制优越，从而就难分化出一个统治集团内部立宪派。"① 内因则为革命运动的高涨、立宪派的呼吁和策动以及政府官员的普遍陈请。由此说，清政府颁布遣使谕旨是顺应社会历史进程，接纳朝野立宪诉求的必然选择，展示出清政府在思想上意识到西方政治有优越之处。因此，认为清政府派遣考察团出洋考察政治不过是"政治骗局"的观点，忽视了那些真诚主张宪政的立宪派和政府官员渴望建立宪政中国的理想，忽视了弥漫于朝野的立宪呼声对政府决策的巨大影响，关于这一点，还是《时报》讲得深刻。该报在1909年刊发的一篇论说中回顾了中国宪政思潮的发展，从世界历史发展趋势的角度论述了中国宪政思潮的发展实为势所必然：

> 吾国之宪政论，十年来已倡之于野，五年来已倡之于朝，至如两年以来，则无论智愚贤否，若反对立宪即不齿于社会。各省伸之言论、著作鼓吹此事者书不胜书，或条陈于政府、或宣布于报章，日月经天，光芒万丈。此世界大势使然，国运人心使然，不能归美于一二人，尤不能因一二人之进退，遂谓世界大势、国运人心能负之以俱逝也。②

理所当然，日益强势的宪政思潮对政治系统的冲击无疑会促使政府做出顺应这一思想潮流的政治举措，其首个举措即是派遣王公大臣出洋考察政治。

从清政府政治改革步骤的角度来看，清政府将派遣考察团出国考察作为推行政体改革的前奏，标志着清政府迈出了推行政体改革的重要一步，为"预备立宪"的起点。自此，中国由封建专制政体向资产阶级民主政体过渡的序幕真正拉开了，正如《南方报》所言："诸大臣未行以前，立宪问题殆犹在议论时代，及其将行，则已由议论时代转而入预备时代矣。"③

第三节　清政府遣使举措引发的国内外舆论反应

探讨派遣大臣出洋考察引发的舆论反应，是研究五大臣出洋考察的应有之

---

① 郑大华：《清末预备立宪动因新探》，《求索》1987年第6期。
② 《论袁氏开缺与立宪前途有益无损》，《时报》1909年1月14日。
③ 《论考政大臣回国之关系》，《南方报》1905年7月29日。

义。笔者主要依据报刊资料，试图对当时的社会舆论进行全面细致的梳理，以期展示清政府推行宪政改革的社会背景。本节所论就时段而言，限于六月十四日（7月16日）谕旨颁布至考察团出行之前；就内容而言，集中论述清政府遣使举措引发的一般舆论反应，而诸如选拔随从人员、筹措经费等引发的舆论反应，笔者将在专门章节中附带论述。

一　国内舆论

20世纪初，活跃在中国政治舞台上的一为立宪派，希望清政府将君宪制度移植到中国；另一为革命派，决心推翻清王朝统治，实现民主政治。可以说，两派的论争决定了清末乃至民初的政治走向，探讨清政府遣使举措引发的舆论反应，主要即是立宪、革命两派的反应。革命派在1905年11月26日同盟会机关报《民报》创刊之前对考察团并无多少评论，大规模的评论是在《民报》成立后掀起的。由此，遣使谕旨颁布之后的数月内，居于主导地位的社会舆论展示的主要是立宪派的政治倾向。另外，不可忽视的是一般国民的反应，他们对清政府遣使举措的反应颇为积极，清晰地展示出了对政治革新的热情。

其一，对谕旨内容的评析。《大公报》指出遣使谕旨中"考求一切政治"所指并不明确，"题目太大，不易着手"①。《中外日报》首先肯定了遣使之举为"我国之渐有转机"的表征，同时鉴于以往学习西方无不流于枝节之弊，针对上谕中"择善而从"一语，强调考察团应该力避此弊："我国家向来之视西法则不以为机器，而以为古玩，惟其视为古玩，可以随心所好，取其一二，聊以陈设，而于大体无伤耳。是所望于诸大臣之力矫其弊也！"②

无疑，遣使谕旨措辞当决定了考察任务所在，但措辞过于笼统、模糊，对于考察团则是一道无形障碍。就现有资料看，从颁布遣使谕旨到考察团出行，政府上下及考政大臣忙于筹措经费、选拔随员以及协商如何分途，而忽视了考察团考察任务的设定，似乎"考求一切政治"已经无所不包了。可以说，舆论界之忧虑不无道理。

①　《不明出洋宗旨》，《大公报》1905年7月29日。
②　《读十四日上谕谨注》（录《中外日报》），《华字汇报》1905年7月25日。

此外，舆论界对遣使上谕中"嗣后再行选派，分班前往"一语也表达了不满情绪。有报道称，简派亲贵出洋考察政治非为一时一事之计，此次四大臣考察回国后尚须续派出洋，故外务部、户部及各省筹划出洋经费均以年计，并非只筹一次。① 揆诸史料，清政府确曾筹划在第一个考察团出洋后续派考察团。《时报》报道："官场人云，政府有议欲将曾钦使（即出使朝鲜大臣曾广铨，笔者注）改为续派出洋考查政治之大臣。"②《大公报》亦披露："北京官场传说，续派出洋已定局者一人，系丁忧山东臬司尚会臣廉访其亨。政府议办此事甚为秘密，是以外间不易得其详情，惟闻无甚大之官爵者。"③ 然而，"续派大臣之议虽已派定，一时尚不能明发"④。人们对此不无忧虑："派四大臣出洋既系为将来立宪起见，倘真若此来彼往，循环无已，正不知何日方能立宪！"⑤ 吴樾炸弹案后，徐世昌、绍英不再出行，而曾广铨一时成为顶替考政大臣的热门人选，尚其亨更是选为考政大臣。⑥

其二，将此次遣使视为政府改行宪政的标志。依情势而论，当时社会上立宪呼声浓厚，在期待宪政的国人眼里，考察政治无疑等同于考察宪政。因此，舆论界普遍将遣使之举视为政府推行宪政的标志，强烈表达了对宪政的诉求，正如江苏学政唐景崇所言："薄海内外罔不欢欣鼓舞，佥谓将举行宪政，握富强之本原，以臻文明之极则。"⑦

先来看政府官员的评论及回应。御史赵炳麟称五大臣为"至各国考察宪政"⑧。翰林院学士朱福诜所言更为明确："五大臣考察政治实为立宪而发，仰见朝廷旁稽政典，附顺舆情，锐意维新之至意。"⑨ 反对宪政改革的胡思敬亦

---

① 《岁筹出洋经费》，《新闻报》1905 年 8 月 14 日。

② 《裁撤驻韩公使之说》，《时报》1905 年 9 月 9 日。

③ 《东臬亦将出洋》，《大公报》1905 年 8 月 3 日。

④ 《考查政治纪要》，《大公报》1905 年 8 月 1 日。

⑤ 《考查政治常例》，《大公报》1905 年 8 月 3 日。

⑥ 详见第四章。

⑦ 《江苏学政唐景崇奏预筹立宪大要四条折》，故宫博物院明清档案部编：《清末筹备立宪档案史料》（上册），第 113 页。

⑧ 赵炳麟：《赵柏严集·光绪大事汇鉴》，沈云龙主编：《近代中国史料丛刊正编》第 31 辑（303），（台北）文海出版社影印版，第 609 页。

⑨ 《摘录海盐朱学使福诜乙巳夏上枢府书》，《时报》1906 年 2 月 26 日。

言："五大臣联翩出使，宪法亦将举行。"① 同时，遣使谕旨的颁布推动少数政府官员更加积极地奏请立宪，如出使法国大臣孙宝琦上奏：

> 恭读上谕，派载泽等分赴各国考察政治等因，宵旰忧勤，思艰图治。薄海同钦，窃维今日急务在通上下之情意，振全国之精神，上年宝琦曾上书军机处，请立宪法以维邦本，近闻内外臣工亦多陈议及之，非此不足扶持危局，吁恳早颁名谕，定为帝国立宪政体，慰天下人民之望，饬该大臣等专心考查各国宪法，期在必行。②

再来看各大报纸的评论。遣使上谕甫颁，《大公报》即认为此举表明政府"知立宪为组织国家政治上完全无缺之要道"，为"中国立宪先声"③。并从世界发展大势的角度指出，"地球上专制政体只剩吾老大帝国"的历史将一去不复返，"吾民其享平和之福当不远矣"④。同时，舆论意识到欧美国家之立宪普遍经过革命流血得来，而清政府推行宪政改革并非如此，因言"中国之立宪皆可欣可喜之象，无可惊可怖之象，将来富如英，强如德，崛兴如日本，均可拭目以俟！"⑤《大公报》甚至在五大臣出行之前即披露："近日政府于立宪一事业已定议，无可犹疑，惟俟考求政治之大臣回后即可明降谕旨。"⑥

需要特别指出的是《时报》在遣使谕旨颁布后第二天刊发的《读十四日上谕书后》，大篇幅论述了此次遣使之举其利有三：一为"可以定变法维新之国是"。中国变法三十年，但对于外国"立国之本原、立国之精义、行政之条理

---

① 胡思敬：《退庐全集·退庐笺牍》，沈云龙主编：《近代中国史料丛刊正编》第45辑（444），（台北）文海出版社影印版，第443页。

② 《驻法孙钦使呈外务部电》（录《中外日报》），《华字汇报》1905年10月7日。孙宝琦该电颇受舆论重视，除《华字汇报》外，亦有多家报纸刊登：《驻法孙钦使电达外部陈情立宪》，《大公报》1905年10月6日；《孙星使请定为帝国立宪政体原电》，《申报》1905年10月9日；《驻法孙钦使致外部电》，《时报》1905年10月14日。

③ 《中国立宪先声》，《大公报》1905年7月18日。

④ 《俄皇批准立宪》，《大公报》1905年8月18日。

⑤ 《论立宪》，《大公报》1905年10月9日。时人康继祖亦称："外洋立宪皆由商民百端要挟，费尽千辛万苦而始得之，今我等不费丝毫之力竟能躬逢其盛，诚我辈无穷之幸福。"康继祖：《预备立宪意见书》（前编上·中国立宪原起），第3页。

⑥ 《立宪之意已决》，《大公报》1905年9月12日。

茫然非有真知"，只能徒袭皮毛，此次考察团由"政界据大势力者"领衔，"一切良法美制皆直接于耳目之前，而法制之孰优孰劣、孰宜孰否，皆可身亲目观，博考精思"，通过中外对比，考政大臣无疑会更加明了"今日形势舍变法更无以立国"之义，归国后国是可以大定；一为"可养大臣政治之常识"。"囊日肄业之所未及者，皆可以见闻阅历，以补其缺，而西国所谓立国之本原，立法之精意，行政之条理，皆可身历目睹，得起大意而观其会通"；另一为"可振臣民望治之精神"。自戊戌变法以至新政改革的改革举措收效不大，广大国民对政府渐失信心，对于此次遣使，"人人意中皆若有大希望之在前，以为年月之间必将有大改革以随其后，人心思奋，则气象一新"①。该文虽没有直言遣使之举为政府宪政改革之标志，然而，其详细论述了历次改革之所以失败的原因在于国是不定，进而一再强调考察团要深入考察各国"立国之本原，立法之精意，行政之条理"，归国后以为政府改革张本，实际上将此次遣使视为清政府宪政改革的开端。

出版界的反应也相当热情，它们紧紧抓住遣使谕旨颁布后愈来愈浓的立宪舆论氛围，加大出版法政类书籍的力度。如上海广智书局广告词中即称"中国今日非立宪无以自强，其为理亦既彰彰明白矣"，派遣重臣出洋考察的目的在于"预备立宪"，"海内喁喁皆以为中国立宪计日可待，而学士大夫研求宪法以备国家采用者，亦当刻不容缓"②。显然，其出版法政书籍在于迎合当时的社会需求。

可以说，将遣使之举视为政府推行宪政的标志无疑是正确和合理的。这类论说延续了日俄战争前后的立宪呼声，并使之趋于浓厚，为政府改革营造了良好的社会舆论氛围。

其三，对考政大臣的评论及期望。舆论普遍对考政大臣寄予厚望，认为中国前途之或兴或衰、或强或弱，全在此次考察之能尽职与不能尽职。③《新闻报》认为四位考政大臣的选拔"乃创格也"，"皆一时国家之桢干也"，载泽作为宗室贵胄，"留心时事，素号开通"；戴鸿慈"久历部寺，颇讲新政，实倡会议政务处之举"；徐世昌"文武兼资，有胆有识"；端方"坐镇兼圻，学问优，

---

① 《读十四日上谕书后》，《时报》1905 年 7 月 18 日、19 日。
② 《研求政治者鉴》，《时报》1905 年 8 月 14 日。
③ 《论预备欢迎考察政治五大臣事》，《时报》1905 年 9 月 25 日。

资格具，奋发有为，于内政外交尤有心得"。由此，他们定能考察各国强国富民之善政，并展示中国的改革新面貌，"向来鄙薄中国之心将一变而易为尊重矣"①。《大陆》通过回溯此前出洋考察中存在的弊端，指陈五大臣应当尽心考求，其言："所谓出洋之钦领，不过与彼国之士大夫酬酢往还，待归国后之保举而已，盖其初志本不在考求而在功名。间有一二膺考察之重任者，亦不过游历一周，归国后请一二知名之士或撰游记日记等，托之以己名，藉为塞责于上官，邀誉于社会而已，盖其初志本在虚名而不在实际。"②

在表达期望的同时，舆论界对考政大臣能否考有所得不无忧虑。某国公使指出考政大臣均不通外文，一经辗转通译，不免蹈隔膜之弊，"宜再添派精通各国方言之大员数人，方得实济"③。英敛之亦"虑所遣之非人，未必能探取各国政治之精义"，他认为必须是精通西学的人才能承担起考察政治之任，并列举"深通西文，利器在抱，负天下重望"的严复、马相伯、何启、胡礼垣，如果这四人能假以事权，必能有大建树。作者进而言道："国家者，本有求于贤才，非贤才有求于国家也。若夫善贡谀媚、揣摩迎合者流，虽吮痈舐痔苟可以得富贵而亦甘为之；虽奴颜卑膝苟可以保禄位而亦乐就之。"④ 英敛之借考政大臣人选问题抒发心中感慨，矛头直指官场之陋弊，以为警钟之响，议论独具一格。

此外，《申报》曾刊文从立宪国与专制国的差异入手，指陈考政大臣应当从更广阔的范围内选拔，此亦是立宪国精神。作者阐释道，专制国"一切庶政只取决于上，而下不得参与其间"，立宪国则"一切庶政上与下皆有权参与"，而考政大臣选拔范围过于狭窄，体现出政府"不肯决然舍弃数千年专制之政体改为立宪，而徒欲造就二三王公大臣以肩起衰救亡之重任"，难免"于振兴之道仍不尽有望"⑤。

---

① 《恭注十四日上谕》，《新闻报》1905 年 7 月 18 日。

② 顽：《论五大臣出洋事》，《大陆》第 3 年第 10 号，"时事评论"，光绪三十一年六月十日，第 1—2 页。注：清政府光绪三十一年六月十四日颁布遣使谕旨，此处所引《大陆》第 3 年第 10 号以及下文所引《大陆》第 3 年第 9 号（光绪三十一年五月二十五日）刊发的《中国人才消乏之一斑》一文，发行日期皆在遣使谕旨颁布之前，然都是关于五大臣出洋考察的论说。不知何故。

③ 《某公使条陈钦派大臣出洋之缺点》，《时报》1905 年 7 月 31 日。

④ 英敛之：《论出洋求政治要在得人》，《也是集》，大公报馆 1907 年刊印，第 26—28 页；《论出洋求政治要在得人》，《大公报》1905 年 8 月 10 日。

⑤ 《论特简重臣分赴东西洋各国考求政治》，《申报》1905 年 7 月 18 日。

　　综上，舆论界对于考政大臣的人选给予了热切关注，在表达期望的同时，也表示了一定的担忧。虽然舆论界的评论并没有能够改变政府决策，但对于考政大臣无疑起到了警示作用。

　　其四，对考察团考察重点的讨论。一是推测考察团的使命所在。有报道称："朝廷派遣之宗旨系注重考查德日两国宪法，盖以德日亦系君主之国改为立宪，中国大可采用其法，若英国之半主，则与中国不合。"① 由于遣使谕旨颁布于日俄和议之际，不少人认为此次遣使的目的在于参与日俄议和、往探各国对于中国的态度，而舆论界则更希望清政府遣使之举并非参与日俄和议，而是为推行宪政改革做准备，由此称上述观点为"妄为臆度"，只有那些有识者才能认识到政府此举为"立宪之先声"②。

　　一是为考察团建言，是为主要方面。舆论界普遍认为考政大臣应"究明列邦政教之得失，以为我日后立宪之张本"③。具体来说，他们应当深入探求各立宪国宪政精神之所在。《时报》即指出欧美立宪诸国"制度之疏密，官司之多寡，法律之繁简，与夫中央集权、地方自治之畸轻畸重，国各殊异其制"。又言，"外国文化日进，政治亦日以繁赜，且任举一端，皆无不与他端互有关系，而各有精意存于其间，举一遗一则良法亦弊，非从容稽考则必不足见其内容之真相"，作为立国根本的宪法的制定亦各"视其立国之元气，制治之精神以为之根"，由此，考察团不能仅仅对各国宪法条文"貌袭摹取"：

　　　　立宪云者，固非谓采掇欧美诸国百数十条之宪法移而布之，吾国即可改易政体，而享欧美诸国之幸福也。必先有立国之元气，制治之精神，然后其用乃神，其治乃效。……既负考求政务之重任，则固当务其远者、大者，深求泰西立国之本原，吸收文明之精髓，归输吾国，以立政治不拔之基，而后可以报我国家，而此行庶几不负，否则徒眩于西政之形式，掇拾一二以塞责，昔之一误者今且再误，我国前途将遂不可问也。④

① 《简派重臣出洋意在考查德日宪法》，《申报》1905 年 7 月 25 日。
② 《中国简派大臣出洋随带人员之问题》，《大公报》1905 年 7 月 24 日。
③ 《论中国今日宜亟图自强》（录《中外日报》），《时事采新汇选》1906 年 2 月 27 日。
④ 《读十四日上谕书后》，《时报》1905 年 7 月 21 日。

稍后,《时报》又以英国为例再次强调此义:"英国宪法之完成,宪政之坚固,实由英人富于自治之能力,习于政治之思想,故足以保维宪法于不弊,故英国之宪政深植于国民之肺腑,而不在成文法典之间。"由此,考政大臣不能仅仅"取成文法典以涂垩之",应当重点考求"立宪之精神"①。可以说,这种言论有着极强的先见之明。

在此,我们要特别关注罗振玉撰写的《调查政治管见》一文,该文为考察团提出十点建议。其一,考察团要广泛敦请国外的明通宪法的专家开讲演会、咨询会,通过这种形式,明了中国与外国的差异,进而明了"宪法当如何规定"。其二,"宪法必详询日本"。日本宪法模仿欧美而成,"调查欧美宪法,以究其根元;调查日本宪法,以观其则效"。中国国体民俗多同于日本,异于欧美,应对日本宪法加以研究。其三,"当考究政治上之精神及国与民所以联合之故"。所谓政治之精神,即"上下相感乎之道是也,民与国何以有极坚固之爱力"。其四,"当考查政治上之组织",认为这是除宪法之外最应当考察的要务,包括中央政府的构成、职责划分、如何使官员各尽其力而无牵掣之弊等内容,另外还要详细考察地方组织。其五,"定立宪期"。考察团归国后,清政府应预定立宪之期,建言以三年为预备期,三年后定立宪法。由于时势所迫,期限不能过长,像日本那样下诏十余年后才定立宪法,"万不能行之于今日之中国"。其六,"一意见"。由于此次考察团分为两路,调查完毕之后,必共同协议,互陈所得,以商定折中至当之办法,"万不可有歧异之处"。除此之外,罗振玉还提出设立法制局,在三年预备期中,考究东西洋各国一切法制;法制局附设译书处,翻译各国政书,以备参考;宪法起草后要博访通人;慎用人。②显然,罗振玉的建言具体、详细,与一般舆论热情欢呼有余、具体建言不足形成了鲜明对比。从考察团出洋考察的实际情况来看,罗振玉这些建议几乎全部为考察团所采纳。

综上,清政府遣使谕旨引发了舆论的热烈反应,涉及各个层面,以欢呼、建言为主流,亦不乏指陈人员选拔上的缺失,反映了人们对于立宪政治的迫切

①　《论我国内政外交失败之原因》,《时报》1905年9月22日。

②　《调查政治管见》,《时报》1905年9月27日;《调查政治管见》,《大公报》1905年10月8日。罗振玉与端方关系甚笃,二人的交往集中于古物收藏、鉴赏以及教育事业方面。参见拙文《清末新政时期政、学关系初探——以端方、罗振玉交往为中心的考察》,《长春工业大学学报》2008年第6期。

愿望，这样的舆论氛围无疑有利于清政府推行宪政改革。

二　国外舆论

近代以来，外国势力逐渐渗入中国，在中国获得种种特殊利益，中国政治局势的任何动向皆与外国在华利益息息相关。日俄战争爆发后，中国即吸引了世界的目光，日俄战争之后的清政府遣使之举，更是"最为外人瞩目"①。

各国普遍将清政府遣使举措视为中国"梦醒之一证"②。以美国为例，军机大臣、总理外务部事务奕劻在 8 月 3 日将遣使消息通告美国驻华公使柔克义。③然而，美国驻华公使显然提前得知了这一消息。早在 7 月 19 日，遣使谕旨颁布后的第三天，柔克义即把遣使谕旨进行了全文翻译，作为中国的重大政策动向报告给美国国务院，称其目的在于"学习国外的政府管理方法，以满足国内改革的需要"④。德国著名汉学家福兰阁在《科隆日报》上发表《中国访问团学习外国的国家管理》，除翻译了遣使谕旨、介绍了考政大臣的情况外，强调此次考察具有重大意义："他们此次出洋是为了学习日本、美国和重要的欧洲国家的宪法、政治制度和经济体系，特别是有着极大的可能，将西方的宪法、政治制度和经济体系结合中国的情况移植到中国去。"⑤法国《亚洲殖民会报》认为清政府"鉴于日本之勃兴，今欲图谋振作，故派大臣来欧调查制度"，其目的在于"洗旧日积弊"，预言"诸大臣来欧调查法制，归国改良后，清国必成强国"⑥。英国各大报纸纷纷发表专题文章，掀起了评论高潮。《司葛司门报》指出中国

---

① 《论中国之改革》"记者按语"，《外交报》1905 年第 31 号，1905 年 12 月 21 日。
② 《论中国改革之弊》（译日本明治 39 年 1 月 24 日《国民新闻》），《外交报》1906 年第 4 号，1906 年 3 月 19 日。
③ 广西师范大学出版社编：《美国政府解密档案（中国关系）：中美往来照会集（1864—1931）》（第 10 册），广西师范大学出版社 2006 年版，第 327 页。
④ *July19，1905，Minister Rockhill to the Secretary of State，Papers Relating to the Foreign Relations of the United States，With the Annual Message of the President Transmitted to Congress，December 5，1905，Washing-ton：Government Printing Office，1906，pp.178—179.*
⑤ 转引自鸽子《隐藏的宫廷档案：1906 年光绪派大臣考察西方政治纪实》，第 90 页。福兰阁（1863—1946），德国著名汉学家，曾长期在德国驻华使馆工作，1911 年出版《东亚新貌》，是作者在华期间为《科隆日报》所写的时事报道和评论的结集，该书可以说是一部"清末社会政治变迁目击记"。转引自张国刚《德国的汉学研究》，中华书局 1994 年版，第 50—53 页。
⑥ 《端戴二大臣至德情形及各国之舆论》（录《岭东日报》），《华字汇报》1906 年 5 月 24 日。

派遣考察团出洋考察是具有世界意义的重大事件："今世界之要事不在日俄之和成，而在中国之简派大僚前往各国，盖将考察宪政，归而创立议院，实为非常意外之举。……使节此行必有所获，吾知一千九百零六之新年必为黄人新时代肇端之日矣！"该文认为考察团先赴日本甚为得当，"中国果能效法日本，则改革之事不独切合其本国，且有关于列邦之政治、商务也"。同时，该报指出宪政改革之难，中国学界应配合政府举措。①《纽加斯路报》指出，清政府派大员考察西方政治，"其宗旨乃欲设立议院耳"②。《摩宁普士报》认为考察团必然会大有收获，及其归国，"当有成效之可见"。该文同时指出中国倘若骤行改革，必将使"顽固守旧、不愿改革、以帖括文字为性命者……生计断绝"，遭到他们的强烈反对。③《泰晤士报》认为考察团的目的就是要考察各国宪政制度。④ 该报还以《中国的改革》为题，阐述了中国改革事业面临的巨大困难，而改革能否成功取决于这些困难的解决程度：

中国近来已开始步履维艰的改革之路，有消息说，皇太后尽管已经七十岁高龄，将在新年颁布 12 年的预备立宪期，她的这一重大决定促成了现在的这个使团。据说除研究宪政外，使团还将致力于研究经济问题，同时他们还希望了解他国的道德和风俗习惯等等，通过适当途径引入中国以提高国民道德素养。……对于这些试图获得文明之光的努力，我们除了表示同情和赞成，不可能会有其它想法。出国考察是日本人的做法，他们通过模仿欧洲，将一个更新的文明嫁接到自己古老的文明之上。中国希望通过模仿日本获得相似的结果，这是有可能的。……然而改革牵涉问题太多，中国幅员辽阔、政治管理松散，国家体制的改组不会像一个人换衣服那样简单。这种变化最终只能通过缓慢且有可能是痛苦的过程才能到来。⑤

---

① 《论中国派遣大臣考察外国政治》（译英国 1905 年 8 月 30 日《司葛司门报》），《外交报》1905 年第 25 号，1905 年 10 月 23 日。

② 《论中国派遣大臣考察外国政治》（译英国 1905 年 10 月 16 日《纽加斯路报》），张元济主编：《外交报汇编》（第四册），国家图书馆出版社 2009 年版，第 313 页。

③ 《论中国之改革》（译英国 1905 年 10 月 2 日《摩宁普士报》），《外交报》1905 年第 31 号，1905 年 12 月 21 日。

④ "Proposed Parliament for the China", August 30, 1905, *The Times*.

⑤ "China and Reform", September 26, 1905, *The Times*.

英国人在上海创办的《北华捷报》对考政大臣的介绍、评论甚至详于国内舆论。该报对素与外国友善的端方给予特别关注，① 曾多次以较大篇幅予以介绍：

> 端方在江苏巡抚任上对匪徒、盐贩、赌徒等进行了严厉打击，而此前的官员对此则置若罔闻。……中国正在经历最关键的阶段，为掌控国家命运尤其是控制长江流域的局势，具有自由主义思想的强硬派官员是极为需要的，而端方即具备完成上述使命的所有政治素养。以端方的才能，如果能够出任两江总督，他完全可以为国家作出比出任考察政治大臣更大的贡献。就目前来说，端方在国内任职远比出洋考察更为需要。②

又言：

> 四位考政大臣中端方最得慈禧及中枢机构信任。慈禧近日称，端方廷见时表现出的智慧和坚定给自己留下了深刻印象，使她相信端方能够承担考政大臣之责，而徐世昌在智慧和精明方面则稍逊端方一筹。慈禧在最近一次召见端方时，对他表示了充分的信任，通过长时间谈话，试图使端方相信自己以及皇帝将考察成功的希望寄托在了他身上，并且告诉他将来国家是否推行立宪政治将取决于考察团归国后的报告以及考政大臣的建言。据称，端方之所以没有指派领衔考察团，在于其职衔相对较低且没有皇室血统。③

同时，该报亦对考察团提出建议：

---

① 如辜鸿铭曾言："谁都知道，他（端方）通过炫耀与外国人的友谊，受命到欧美各国考察宪政，是同行五大臣之一。"黄兴涛等译：《辜鸿铭文集》（上），海南出版社1996年版，第354页。虽然辜鸿铭所言不无偏颇，但是我们从中可以对端方与外国的关系略窥一斑。

② "The Bomb Outrage", November 10, 1905, *North China Herald*, pp. 343 – 344.

③ "H. E. Tuan Fang", September 15, 1905, *North China Herald*, p. 640.

端方和徐世昌皆精力充沛且富于改革精神。我们对年轻的载泽了解较少，希望他不要重蹈溥伦的覆辙，溥伦在 1904 年参加散鲁伊斯赛会时，其态度是"不屑一顾"，归国后不得不临时看一些书籍，以应付廷见时的答问。较之于上述几人，戴鸿慈则失之于保守。我们希望他们通过出洋考察开阔视野，认识到中国已经落后于世界各国，不要再认为中国是世界的"中心"。①

需要特别指出的是日本的反应。义和团运动后，日本对华政策正如东亚同文会的宗方小太郎所说的那样："于不强不弱之间保持支那之存在，常使之畏我，使之敬我，而不能相背，此乃我帝国之至计。"② 在这一目的支配下，大约自 1900 年革命派发动惠州起义之后，日本朝野对中国革命渐失同情之心，原因之一为清政府的宪政改革逐渐展开，日本是实行君主立宪的国家，自然希望中国也实行君主立宪，③ 达到"使之畏我，使之敬我"的目的。由此，日本各界普遍对清政府的遣使之举表示欢迎，对中国改革的新气象表达了赞美之情，《外交时报》称："今日中国力行新政，竟至派遣大臣出洋考察，回溯曩昔之酣睡未醒，殊非意料所及，前后相交，变化实甚。"进而分析了清政府遣使之举实基于日俄战争以及俄国改行宪政的刺激，"往者中国上下顽然无知，政治学业守旧不改，及远东事变日亟，国事日非，在朝诸臣咸知变法之宜亟"。同时鉴于俄国内乱，"立宪之意益决"，遂有遣使出洋考察的决策。④《每日新闻》分析了考政大臣的身份，既有军机大臣，又有一省之巡抚，均为"在要津之人"，"在本官而游历各国，乃属于破格之特例"，断言"中国朝廷之深自奋起即此可知"⑤。

同时，不少日本人对清政府能否真心改革表达了一定的怀疑，并提出改革

---

① "A New Departure", July 21, 1905, *North China Herald*, p. 143.

② 东亚同文会编：《对支回顾录》（下卷），第 388 页。转引自郑匡民《西学的中介：清末民初的中日文化交流》，四川人民出版社 2008 年版，第 164 页。1903 年第 1 期《江苏》刊发《黄祸预测》一文，转述日本《早稻田学报》刊登的一段文字："彼（中国）近日国家思想颇形发达，倡言'中国者中国人之中国也'之言，假令此等思想浸淫于彼等全国国民之脑中，此岂我文明诸国之利耶？"所论与《对支回顾录》颇相一致。

③ 张玉法：《清季的革命团体》，第 122 页。

④《论中国派遣大臣考察各国政治》（译日本明治 39 年 4 月 10 日《外交时报》），《外交报》1906 年第 12 号，1906 年 6 月 6 日。

⑤《人员游历之目的》（译大阪《每日新闻》），《申报》1905 年 8 月 4 日。

建言。大隈重信言道："中国做事自来就没有准儿，今天说了，明天就许不算，今天说极慎重的，明天就许不照那样做。"① 言下之意在于中国应当下定改革的决心。日本人在上海创办的《同文沪报》建言考察团能否力避"因循敷衍"这一"中国官吏腐败之由"，将直接决定考察成效。② 日本东亚同文会也非常关注清政府的遣使举措，该会对清政府立宪改革前景较为乐观，认为"立宪运动得到朝野支持，将使中国的面貌一新"③。同时，该会调查部主任根岸佶指出中国能否改行宪政取决于三方面因素：第一，中国能否放弃传统的保守主义政治；第二，中国实行宪政的社会基础是否具备；第三，清政府能否接受宪政。④《大公报》曾转引某日本人对中国改革事业的建言，称中国积弱的原因一在于国民无爱国思想，一在于无尚武精神。日本所以一跃而强，即在于先将此二大国是宣布全国，"使印入人人脑中，故内而百政维新，外而战胜强俄，盖有佳因必得佳果"⑤。显然，其意在于提醒清政府不能忽视对国民国家意识的培养。

另外，清政府颁布遣使上谕之际，日俄和议正在进行，日本舆论界不乏怀疑清政府遣使的真正目的在于参与日俄和议者。《每日新闻》专文予以探讨，其言："中国近日最重要之事为研究满洲善后政策、参与日俄两国之和议及简派宗室重臣于东西诸国等事，此三者必其相关之政策所发现者乎？非因不安于满洲善后乃希望参与和议，因竣拒参与和议乃为此简派大员之举乎？"文章进而将清政府遣使之举和日本的岩仓使节团进行对比，建言考察团无论负有何种职责，都应在国外实心考求，对国家走上富强之路有所裨益：

> 当岩仓大使持条约之议而至于美国也，忽悟修内政、强国势之为急务也，及入于欧洲，不复提及条约改正之事，专心视察各国之文物制度，讲求所以适用于我国，以开今日兴隆之基。今希望中国简派大员亦觉悟亦如我邦之岩仓大使，岂非吾人之欢迎者乎？……是宜不问其目的之如何而欢

---

① 《大隈伯爵演说中国创设宪政论》，《盛京时报》1905 年 10 月 18 日。
② 《六月十四日谕旨赘言》（录《同文沪报》），《华字汇报》1905 年 7 月 29 日。
③ 转引自翟新《近代以来日本民间涉外活动研究》，中国社会科学出版社 2006 年版，第 164 页。
④ 根岸佶：《清國諮議局ノ經過卜立憲政治ノ前途》（上），東亞同文會编：《東亞同文會報告》（第 122 回），第 3—9 页。
⑤ 《日员忠告之言》，《大公报》1905 年 9 月 22 日。

迎之，俾其虚而来实而归。①

　　显然，该文论调颇为中肯，甚得国人欢迎，《申报》记者即称："以岩仓大使望我游历之各员，诚他山忠告之言也。"②

　　近代以来，中国国势渐趋衰落，外人普遍对中国持漠视态度，然而自新政改革启动以来，当外国人体察到中国人民正在焕发出来的民族精神，看到清政府做出的种种改革努力，一改过去对中国的漠视态度，转而以较高的热情对中国的改革事业建言献策。显然，清政府求治之决心是赢得他国关注甚至是尊重的前提，清政府遣使举措得到各国普遍欢迎即是明证。总的来看，国外舆论侧重于探究清政府遣使的目的，并对考察事宜以及中国的改革事业提出建议，其中不乏真知灼见，颇有借鉴意义。

---

　　①　《人员游历之目的》（译大阪《每日新闻》），《申报》1905 年 8 月 4 日。
　　②　同上。实际上，与清政府的出洋考察团不同，岩仓使节团在出行之前即明确了任务：第一，"借政体更新，为笃友好亲善而修聘问之礼"；第二，"借修改条约，向各国政府阐明并洽商我国政府之目的与期望"；第三，"实地考察欧亚各洲最开化昌盛之国家体制、各种法律规章等是否适于处理实际事务，探寻公法中适宜之良法，以求行之于我国国民之方略"。大久保利谦：《岩仓使节研究》，（日本）宗高书房 1976 年版，第 161—165 页。转引自安宝《清末五大臣与岩仓使节团出访的比较研究》，东北师范大学 2007 年硕士学位论文，第 11 页。

第 三 章
考察团出行前的筹备

考察团出行前的筹备活动主要包括选拔考察团随从人员、筹措考察经费以及确定考察国别等方面。到 9 月 24 日考察团出行，清政府用了两个多月的时间基本完成了上述工作。

第一节　选拔随从人员

由于考政大臣不通外文，舆论甚至言此次考察"惟藉一二译员之力"，"吾人于此事当注意于其所带之译员，而不当注意于五大臣"①。关于随从人员人选，舆论普遍认为不能仅从归国留学生中选任。《大公报》指出归国留学生各有司职，或有未愿，应从京师大学堂仕学馆学习政治、法律等专业的学生中选拔，考政大臣不仅可以"随事谘询"，他们也可得到历练。②《大陆》也认为单纯选拔留学生并非良策。首先，留学生学力程度不足，不少仅相当于日本大学选科或私立专门学校的毕业生；其次，留学生人数有限且被多方延揽，"朝南暮北席不暇暖，身心尚不获安定，况于办事能获效果乎"③？最终入选者不仅有归国留学生，亦有接受国内新式教育、出身科举者，舆论建言实为考政大臣采纳。

随从人员的选拔借鉴了使馆属员"由钦差大臣指派"之例。④ 考政大臣负

---

① 顽：《论五大臣出洋事》，《大陆》第 3 年第 10 号，"时事评论"，光绪三十一年六月十日，第 2 页。

② 《中国简派大臣出洋随带人员之问题》，天津《大公报》1905 年 7 月 24 日第 1 版。

③ 百：《中国人才消乏之一斑》，《大陆》第 3 年第 9 号，光绪三十一年五月二十五日，第 6—7 页。

④ 施肇基：《施肇基早年回忆录》，（台北）传记文学出版社 1985 年版，第 20 页。

责选拔各自的随从人员，随从人员亦分隶各考政大臣，所谓"所调随员各以人系"①。但考政大臣之间亦经会商，他们普遍意识到随从人员素质直接关乎考察成效，以往出国考察团之所以"难言实济"正在于"任事者绝少专门"，因此考政大臣注重延揽具有外文、交涉等各类专门知识的人才，且要"心地纯正、识见开通"②，以达到"带一人即收一人之效"，"决不似出使各国随意奏调"③。具体而言，考政大臣尤其注意"今年新贵之卒业留学生"，"有亲临其寓邀请再四始得之者"④。各部院中"年强才优，且无嗜好之员"亦为重点选拔对象。⑤ 考政大臣在选拔过程中亦颇为用心，不惜用强迫手段，如长沙知府刘若曾"本不欲往"，端方"用强迫手段已将长沙府委人署理，则刘太守不容辞矣"⑥。

　除考政大臣选拔外，各界亦纷纷保荐随从人员。考政大臣专门会商，对于他人保荐者须详慎斟酌，不可碍于情面，"无分优劣遽然带往"⑦，"非素有政学资格之员不能滥竽请托"⑧。如直隶总督袁世凯受政府委托"荐人随行"，推荐"精通英法日三国文"的长子袁克定。⑨ 盛京将军赵尔巽1905年奏请戊戌政变后革职的熊希龄开复原官，并推荐他加入考察团。⑩ 端方亦对熊希龄"力张荐剡"，熊遂加入考察团。⑪ 学务大臣张百熙推荐陆宗舆加入戴、端考察团。据陆自称，他在留学生考试中朝考第三，然由于某军机有意压制仅授举人出身，在这种情况下陆欣然加入考察团，"以赴欧美为得计"⑫。著名立宪派领袖张謇曾

① 《五大臣考察各国政治》，《宪政杂志》第1卷第1号，光绪三十二年十一月一日，第156页。

② 端方：《考查政治调员差委片》，《端忠敏公奏稿》，沈云龙主编：《近代中国史料丛刊正编》第10辑（94），（台北）文海出版社影印版，第636—637页。

③ 《议带随员近闻》，《大公报》1905年7月22日。

④ 百：《中国人才消乏之一斑》，《大陆》第3卷第9号，光绪三十一年五月二十五日，第6页。

⑤ 《议带随员近闻》，《大公报》1905年7月22日。

⑥ 《强迫调用随员》，《大公报》1905年8月16日。

⑦ 《会议慎选出洋随员》，《申报》1905年8月13日。

⑧ 《徐大军机调员》，《大公报》1905年7月30日。

⑨ 《特派出洋大臣始末》，《时报》1905年8月4日。

⑩ 张大椿：《随清朝出洋考察五大臣赴美考察纪事》，沈祖炜主编：《辛亥革命亲历记》，中西书局2011年版，第359页。

⑪ 卞孝萱、唐文权编：《辛亥人物碑传集》，团结出版社1991年版，第361页。

⑫ 陆宗舆：《五十自述记》，《北京日报》承印，不著出版年，第3页。

向端方保荐沈曾植、黄绍箕、瑞良、张元济、夏曾佑。① 总的来看，由他人保荐入选者很少，从一个侧面反映出随从人员选拔之严格。亦有通过关系入选者，如李焜瀛，为晚清大吏李鸿藻次子，据李焜瀛之子李宗侗称，其父"早就想出洋一行，这次是一个好机会"，由李鸿藻门生徐世昌选入考察团。② 另外还有自请随同考察者。如商部实业学堂教习王兼善、姚履亨，日本高等商业学校留学生王璟芳、张鸿藻、权量，但皆未获准。③ 与此同时，选拔过程也遇到一些阻碍，如大学堂监督张燮钧鉴于大学堂不少教习为考政大臣调取，专折奏请不得调取，"免致牵动全局"④。

关于随从人员数量。有报道称，政府最初允准每位考政大臣随带四人，一警官，一文案兼收支，其二则翻译、随员。⑤ 然而五位考政大臣选拔的随从人员远超此数。每位随从人员仅可带家人等数名以节经费，夏曾佑即随带其妻及仆人、厨子出洋。⑥ 关于随从人员待遇。随从人员薪俸从考政大臣薪俸内优予拨给。⑦ 更重要的是，考察团初欲援引使馆之例。按例，使馆工作人员任满后往往得异常保举，"清廷制度升迁严格，保举难得，（使馆）随任人员有专为异常保举而来者"⑧。与之相类，亦不乏钻营谋入考察团者。实际上，遣使谕旨颁布不久，《大陆》即指出考政大臣应力避"初志本不在考求而在功名"之人。⑨ 当传出经费有限随从人员均不能多给薪水且限于定章亦不能优予褒奖之信后，

---

① 许全胜：《沈曾植年谱长编》，中华书局 2007 年版，第 312 页。此五人中只有沈曾植入选考政大臣第一次奏调名单，然沈曾植最终亦未随行。吴樾炸弹案后，夏曾佑则由新选考政大臣李盛铎选为随从人员。详见下文。

② 李宗侗：《五大臣出洋与北京第一颗炸弹》，《传记文学》编辑委员会：《传记文学》第 4 卷第 4 期，第 37 页。

③ 参见《实业学堂王姚二教习随同绍大臣出洋》，《申报》1905 年 9 月 11 日；《鄂督电覆商业卒业生暂缓出洋》，《申报》1905 年 10 月 11 日。

④ 《请饬出洋大臣不得调取学堂助教》，《时报》1905 年 8 月 23 日。

⑤ 《考查政治纪要》，《大公报》1905 年 8 月 1 日。又有每位考政大臣随带 6 名之说。《本馆访事员来函》，《华字汇报》1905 年 8 月 7 日。

⑥ 夏丽莲整理：《钱塘夏曾佑穗卿先生纪念文集》，（台北）文景书局 1998 年版，第 12 页。据报道，随从人员鉴于"出洋事务繁赜"，亦打算各带随从人员，但未实现。《出洋随员又调小随员同行》，《申报》1905 年 9 月 9 日。

⑦ 《考查政治纪要》，《大公报》1905 年 8 月 1 日。

⑧ 施肇基：《施肇基早年回忆录》，第 20 页。

⑨ 顽：《论五大臣出洋事》，《大陆》第 3 年第 10 号，"时事评论"，光绪三十一年六月十日，第 1 页。

不少意欲前往者托故退出。舆论对此不无感慨，认为"有此风传或于此行有所裨益"①。当然，考政大臣为免除随从人员后顾之忧也采取了一些措施，奏请随从人员"候选者免其投供，仍应照章办理"②，且一律免扣资俸，并将详细履历交由吏部、户部存案。③

经过一个多月的选拔，8月28日，考政大臣会同奏调随从人员40名，同日奉旨依议。④ 名单见下表：

表 3 - 1　　　　　考政大臣 8 月 28 日奏调 40 名随从人员名单

京官（20 人）	外官（17 人）	军事人员（3 人）
周树模、刘彭年、邓邦述、关冕钧、唐宝锷、熊希龄、麦鸿钧、杨道霖、柏锐、钱承锬、王伊、龙建章、关赓麟、李焜瀛、陆宗舆、章宗祥、陆长儁、田步蟾、萨荫图、段书云	王丰镐、温秉忠、刘若曾、施肇基、伍光建、关景贤、曹复赓、陈琪、岳昭燏、田吴炤、刘恩源、朱宝奎、姚锡光、金还、袁克定、沈曾植、丁士源	姚广顺、舒清阿、程璧光

资料来源：端方：《考查政治调员差委折》、《调员随同考察片》，《端忠敏公奏稿》，第 638—641 页。标下划线的 12 人因故退出，详见下文。

舆论对素有名誉者选入考察团至为欢欣。《大陆》称，此次奏调"几乎将京内外知名之士搜索一空"⑤。《大公报》称关赓麟、陆宗舆"均研究政法有素，此次调往考查各国政治必可收实效"⑥。《华字汇报》重点报道了戴鸿慈所选拔的伍光建、王丰镐、陆宗舆、萨荫图：伍光建"中西学问皆精博，久负时名"，戴"数电往请"而得；"王丰镐前为薛叔芸星使之翻译，学问亦佳；陆为日本留学生；萨荫图通俄文，系户部司员中之好手"，该报颇为"戴侍郎贺得人之喜也"⑦。同时，有论者对不少留日生入选表达了不满情绪：留日生大多学力有

---

① 《钻营家大失所望》，《大公报》，1905 年 8 月 10 日。

② 端方：《考查政治调员差委折》，《端忠敏公奏稿》，第 637 页。

③ 《出洋大臣奏请随员免扣资俸并启程确期》，《申报》1905 年 9 月 14 日。

④ 中国第一历史档案馆编：《光绪宣统两朝上谕档》第 31 册，第 111 页。

⑤ 百：《中国人才消乏之一斑》，《大陆》第 3 年第 9 号，"时事评论"，光绪三十一年五月二十五日，第 6 页。

⑥ 《大臣调员再志》，《大公报》，1905 年 7 月 31 日。

⑦ 《戴侍郎有得人之喜》（录《北京报》），《华字汇报》1905 年 8 月 7 日。

限，归国后仍被争相延揽，考政大臣尤其如此，作者喟叹中国的宪政改革面临严重的人才缺失："如此时代，如此人才，而盈廷盈野争言立宪，无怪西士以'发大声之小儿'六字评中国人矣！"① 需要注意的是，这 40 人中留欧、留美、留日生皆有，该论无疑有专门指摘留日生之意。

稍后，考政大臣又陆续咨调 8 人：光裕、潘睦先、朱纶、陈毅、罗良鉴、恒晋、金焕章、唐文源（原调北洋医官萧杞楠因病不能行，由唐代之）。② 所谓咨调，与专折奏调有异，即非通过正式奏折形式，而是通过自身关系网络选拔。该 8 人全部加入戴、端考察团。

清政府遣使举措亦引起若干省份地方大吏的密切关注，纷纷派遣人员随同考察。如湖广总督张之洞即言："此次亲贵出洋考察政治，甚有关系，敝处拟分派数员随同诸星使前往考察。若星使所询考之事，外国必肯指引详告，较之寻常游历，益处甚多。"③ 此外，奉天、广东、江西、湖南也有随同考察人员。然而直到考察团出行时，江苏仍没有委派随同考察人员，舆论颇感意外："五大臣出洋考察政治，两湖、两广皆派随员同往，惟两江尚付阙如。"后两江总督周馥保荐刘荔荪为考察团随从人员，并称"万一人多，即作为南洋随员"，然刘最终未能成行。④ 各省随同考察人员共 12 人，随同载泽考察团 6 人：湖北 2 人，喜源、郑葆琛；江西 2 人，周光荣、文廷楷；湖南 2 人，苏舆、周开璧。随同戴、端考察团 6 人：湖北 2 人，金鼎、蔡琦；广东 2 人，高而谦、魏子京；奉天 2 人，周宏业、张大椿。各省随同考察人员亦经精心筛选。如金鼎历任湖北黄州、襄阳府知府，"大见赏于张督、端抚"⑤。高而谦为首批官费留欧生，曾在法国律例大书院学习法文和万国公法。⑥ 周宏业毕业于日本早稻田大学，张

　① 百：《中国人才消乏之一斑》，《大陆》第 3 年第 9 号，"时事评论"，光绪三十一年五月二十五日，第 7 页。

　② 戴鸿慈：《出使九国日记》，第 313 页。

　③ 《致荆州清将军、荆宜道陈道台、喜观察源》，苑书义、孙华锋、李秉新主编：《张之洞全集》（第 11 册），第 9366 页。

　④ 《江督派员随同五大臣出洋》，上海《时报》1905 年 12 月 17 日。

　⑤ 《金鼎出洋之原因》，上海《申报》1905 年 6 月 14 日。

　⑥ 《三届出洋学生学成并襄办肄业各员出力分别奖励折》，裴荫森编：《船政奏议汇编》（卷 41），福州船政局 1888 年刻本，第 9 页。

大椿毕业于复旦公学。① 就职责而言，随同考察人员主要担负各省委派的考察任务。如文廷楷经江西巡抚胡廷干委令，专门考察"铁路、银行事务"②。张之洞特令金鼎、蔡琦"于选机访价各事须为留心"③。考察过程中，他们亦并非完全随同出洋考察团，往往根据考察任务自行安排考察行程。

表3-2　　　　　　　　　各省派往随同考察人员

随同载泽一路出洋考察人员	随同端方、戴鸿慈一路出洋考察人员
湖北：喜源、郑葆琛	湖北：金鼎、蔡琦、陈永海
江西：周光荣、文廷楷	奉天：张大椿、周宏业
湖南：苏舆、周开璧	广东：高而谦、魏子京（先至日本）

资料来源：端方：《端忠敏公奏稿》；载泽：《考察政治日记》。

各省随同考察人员亦经过了精心选拔。如高而谦为中国第一批留欧学生，曾在法国律例大书院学习法文和万国公法。④ 如金鼎历任署黄州府知府、襄阳府知府。⑤ 有报道称其"大见赏于张督、端抚，选充要差"⑥。另如奉天将军赵尔巽拟派留学生嵇镜随同出洋考察，然而该生已经直隶总督袁世凯再三敦促至直隶开办法政学堂。由此，袁世凯专门致函考政大臣请勿奏调。⑦

就各省随同考察人员的职责来看，他们担负着各省委派的考察任务。如江西巡抚胡廷干委令文廷楷专门考察铁路、银行。⑧ 如湖广总督张之洞委令金鼎、蔡琦"于选机访价各事须为留心考究"⑨。同时，他们兼具考政大臣随员的身份，如《履历档》介绍金鼎时称，"经前湖广总督张之洞奏派随同出使各国考

① 张大椿：《随清朝出洋考察五大臣赴美考察纪事》，沈祖炜主编：《辛亥革命亲历记》，第357页。
② 秦国经主编：《清代官员履历档案全编》（第8册），第578页。
③ 蔡琦：《随使随笔》，铅印本，不著出版年，第21页。
④ 李喜所：《中国近代第一批留欧学生》，《南开学报》1981年第2期。
⑤ 秦国经主编：《清代官员履历档案全编》（第8册），华东师范大学出版社1997年版，第358—359页。
⑥ 《金鼎出洋之原因》，《申报》1905年6月14日。
⑦ 张一麐：《拟复考察各国政治五大臣》，《心太平室集》（卷7），第391页。
⑧ 秦国经主编：《清代官员履历档案全编》（第8册），第578页。
⑨ 蔡琦：《随使随笔》，第21页。

察政治大臣戴鸿慈、端方充当随员，前赴美、德、俄、意、奥各国考察政治"①。

第二节　筹措考察经费

筹措考察经费是考察团出行前的另一项重要准备工作。舆论界异常关注经费筹措的进展情况，强调出洋考察必须有充裕的财力作保障，《时报》发表专文阐述此义："我国出使大臣每苦于经费不整，应酬无所取资，而外交遂致拙滞，甚者乃以损失国体，是非计之得也。今以重臣游历考求政治，则凡其国之名公巨卿与夫一切通儒硕学，苟有富于政略、达于学理者，必当延揽结纳、诹咨博访，叩其政见以供采择之资。而一入其交际社会之中，则应酬之费必多，而不能过于陋俭，是则当宽筹经费。"②

考察经费的筹措分为两个阶段，第一个阶段为各省认解考察经费。遣使上谕明确指出"所有各员经费如何拨给，着外务部、户部议奏"，然而当时中央财政极度匮乏，户部库款仅存三百万金，尚需分拨东北要需，"一时碍难提拨"③。户部遂行文外务部，请其在海关项下提款，而外务部亦无款可提。④ 政府财政匮乏直接延缓了出洋行程，"一切年限、章程及随员人数，一时俱难预定"⑤。由此，户部、外务部将目光投向地方，商定考察经费由各省分任筹措。

关于此次考察所需经费数额，政府官员议论纷纷，有云需三十余万者，有云需五六十万者。⑥ 而考政大臣对于考察经费亦缺乏足够认识，如端方面奏时称此次出洋考察"不过察其近情如何"，至于其中细情，"则宜全购各国史记政治及各专门书籍译出查考较为确切"，因此一年之后即可覆命，"经费只数万金已足敷用，请多筹款项，以备购书译印之费为妙"⑦。户部最初奉旨筹给考察团

---

① 秦国经主编：《清代官员履历档案全编》（第8册），第358—359页。
② 《读十四日上谕书后》，《时报》1905年7月21日。
③ 《出洋经费无着》，《大公报》1905年8月1日。
④ 《记外户两部筹办考查各国政治大臣经费事》，《时报》1905年8月6日。
⑤ 《拟带随员再志》，《大公报》1905年7月27日。
⑥ 《再志钦派大臣游历各国事》，《时报》1905年8月2日。
⑦ 《四大臣出洋消息汇闻》（录《新闻报》），《华字汇报》1905年8月5日。

经费 50 万两，① 但此数随即招致舆论"政府议发帑甚啬"的指责，鉴于此，袁世凯建议 80 万两之数，得到张百熙赞成，遂确定为考察经费的最终数目。② 80 万两之数亦有所据，按照四位考政大臣每人 20 万两计算。③ 舆论界认为 80 万两之数亦难以敷用："若限以财力草草毕事，欲少留则费用已尽，欲不少留而调查各项政治又未能尽扼其要，吾知四大臣必有扼腕兴嗟者。"④

在确定考察经费数额及由各省分任筹措后，外务部、户部于 7 月 23 日首先致电直隶总督袁世凯、两江总督周馥及湖广总督张之洞，请其在经费筹措中发挥表率作用，并强调此项经费为按年认解的常年经费：

> 此项经费岁需甚巨，刻尤急需。惟部库已极支绌，而出使经费亦鲜存储，非各省合力难期共济。公皆素顾大局，肯任其难，望先迅筹巨款，以资提倡。并祈转商各省、关，同抒公忠，每年各认解经费若干，先行电复。⑤

就行政体制而言，直隶、两江、湖广三督并无此项职责，但由于近代以来政治格局的演化，形成了他们特殊的人望，在清朝地方行政体制内实具领袖地位。实际上，不光是政府倚重该三总督，考政大臣也将他们视为请教的对象。如徐世昌在受命为考政大臣后，曾致电张之洞请教"如何分项考察"⑥，并赴天津就随带人员问题与袁世凯面商。⑦ 无疑，徐世昌向张、袁请教，固有出于个人私谊的考虑，而根本原因则在于张、袁在地方行政体制内的领袖地位。

直隶、两江、湖广三总督接到电文的次日即相互通电商议。两江总督周馥致电张之洞，询问"尊处拟先筹若干？每年认解若干？"袁世凯亦致电张之洞，

---

① 《电报一》，《时报》1905 年 7 月 28 日。

② 《特派出洋大臣始末》，《时报》1905 年 8 月 4 日。

③ 《本馆访事员来函》，《华字汇报》1905 年 8 月 7 日。

④ 《论出洋经费太薄》，《新闻报》1905 年 8 月 9 日。

⑤ 苑书义等主编：《张之洞全集》（第 11 册），第 9352 页。

⑥ 《乙巳八月初五日京徐侍郎来电》，《张之洞存各处来电》（第 74 函），中国社会科学院近代史研究所藏档案：甲 182—176。

⑦ 《徐军机将赴津》，《新闻报》1905 年 7 月 26 日。

表示直隶拟按年认解十万两。① 经过商议,三省各认解经费十万两,以为各省表率。其他各省亦普遍对政府遣使之举持支持态度,称国家"自强鸿业实基于此"②,"新政发轫莫大于此,认定款项极为踊跃"③。由于大部分省份认解积极,到 8 月中旬,各省认筹数额已达 53 万两,另有福建、广东、浙江等省尚未覆电,舆论界普遍认为"八十万之数可以如愿以偿"④。福建、浙江等省认解迟缓,即遭到政府电催,"务望赶紧设法筹措,并将应解数目先行电知,事关重要,万勿延缓"⑤。可见,此项经费名为由各省"认解",然实具硬性摊派之性质。

各省认解数额经过了督抚的协商才最终确定,如两江总督周馥曾就此事电商江西巡抚胡廷干:"此次派员出洋考求政治所有经费应由各省摊派。直隶、湖北、江苏等省各派银十万两,江西拟派银四万两,在地丁、统税、膏捐等款内筹拨,能否如数照解,请即电覆。"⑥ 由国家图书馆根据馆藏文献编辑的《清代(未刊)上谕奏疏公牍电文汇编》一书,收录了户部、外务部汇报各省认解此项经费情况的奏折,详细记录了各省认解经费的数额。此折为手写稿,无日期,钤有"北平图书馆珍藏"章,当为清宫档案流出者。从现有资料看,我们不能判定政府是否规定了各省应解经费数额,然其总数实与八十万两之数暗合。

表 3-3　　　　　　　各省及电报局认解出洋考察经费数额　　　单位:万两

湖北	江苏	直隶	广东	浙江	四川	河南	江西	山东	湖南	安徽	山西	陕西	云南	福建	甘肃	广西	新疆	贵州	电报局	总计
10	10	10	6	5	5	5	4	4	4	3	3	2	2	2	2	2	1	1	2.79	83.79

资料来源:《各省认解专使经费银两清单》,国家图书馆编:《清代(未刊)上谕奏疏公牍电文汇编》(第 37 册),全国图书馆文献缩微复制中心 2005 年印制,总第 17513—17515 页。该资料称安徽认解 2 万两,误,应为 3 万两,详见后文。

① 《乙巳六月二十二日江宁周制台、天津袁宫保来电》,《张之洞存各处来电》(第 73 函),中国社会科学院近代史研究所藏档案:甲 182—175。
② 中国第一历史档案馆编《光绪朝朱批奏折》(第 112 辑),中华书局 1996 年版,第 866 页。
③ 《五大臣分带随员数目》,《时报》1905 年 9 月 26 日。
④ 《各省认筹亲贵大臣出洋经费记数》,《时报》1905 年 8 月 14 日。
⑤ 《电催各省速筹出洋经费》,《大公报》1905 年 8 月 10 日。
⑥ 《电商摊派出洋经费》,《申报》1905 年 9 月 10 日。

关于该折的时间。考察团第一次出行日期为 9 月 24 日，各省在此之前理应已经将认解之数电告政府，是以考察团能够成行，由此推测该折上奏时间当在第一次出行日期之前。该折除单列各省认解经费数额外，亦对此次经费筹措情况做了总结：

> 此次出洋需款尤急，旧拨出使经费项下既无余款可提，臣部又无的款可指，当经电商南北洋大臣暨湖广总督并令转电各省关每年量力认解，嗣据袁世凯、周馥、张之洞先后电覆每年各认解十万，力任其难，允堪为各省倡率。现在各省亦陆续电覆认解之数，多寡不同，先后亦异，除将细数分别清单外，统计共有八十余万两，是皆各省督抚等公抒公忠勉力认解凑有此数，以专备特简出使之用，将来每年开销经费有余则拨入下年备用，倘有不足，再由臣部会同外务部筹补。惟此款既系各省自认筹解，但不得于额支正项有碍。①

综上，清政府在筹措考察经费的过程中有以下两点值得注意：首先，舆论界对于经费筹措密切关注，较为充分地发挥了舆论督导政府行为的职能，其一致要求增加经费数额的呼声形成强有力的同声共振，在一定程度上影响了政府决策。舆论界如此热心关注政府改革，实源于望治之心切。其次，此项经费虽由各省分任筹措，然实具硬性摊派的性质，是以全国各省皆有认解。此外，此项经费原本专为五大臣出洋而设，而政府却借机以"专使经费"之名引为常年经费，清末巧立经费名目之风由此可见一斑。

第二个阶段为各省汇解考察经费。各省将认解经费汇解之后，才意味着考察经费最终落实，汇解经费时的态度无疑是判定督抚筹措此项经费积极与否的最终标准。

外务部、户部议定，各地将所筹五大臣出洋经费汇存上海，由上海道袁树

---

① 国家图书馆编：《清代（未刊）上谕奏疏公牍电文汇编》（第 37 册），总第 17510—17511 页。

勋负责将银两兑换为金镑，以便各大臣携带外洋应用。① 该项经费从 1905 年下半年算起，按年认解。五大臣出洋考察团第一次出行由于遭遇炸弹袭击而被迫缓行，第二次分两路出行，由上海放洋时间分别为 1905 年 12 月 19 日和 1906 年 1 月 14 日，然而直至考察团出洋之时，大多省份并未将认解经费汇交沪上。如湖北省至十月份才将 1905 年下半年应解经费 5 万两汇交沪道，而被人们寄予厚望的直隶总督袁世凯则直到 1906 年 1 月 9 日才将所认解的经费 10 万两汇解。

　　由于各省汇解迟缓，考察团第一次出行时，随员、翻译等人的整装银，每人 1000 两至 1500 两不等，"统由外务部银库支放"②。据《光绪朝朱批奏折》所录若干省份汇解此项经费的奏折看，各省对于按年认解不无难色，虽然这些奏折大多未标明上奏时间，然而被政府树为表率的湖北、直隶尚且汇解迟缓，其他各省汇解亦不会太速。可以确定，考察团第一次出行甚至是第二次出行时，由于各省汇解之款有限，其所携经费有相当部分由外务部、户部垫支。《申报》报道，由于经费认解颇为迟缓，使得热衷改革的端方亦志气稍逊："经费虽有数省允筹的款，究竟能否如数按期解到，尚未可必至。某大臣使某国、调查为某事，议论纷纷，迄无定见。日前端午帅致函某省僚属云：鄙人进退维谷，大为失计。"③

表 3-4　　　　　　　　若干省份及电报局汇解出洋考察经费情况

省份	经费来源及汇解情况
湖北	湖广总督张之洞 1905 年 8 月 21 日致电外务部、户部："亲贵出洋经费鄂认解十万两，原因要政所需，勉副尊命，以顾大局，其实款从何出尚无着落。兹督饬司道详加筹商，拟即在江汉关税项下设法腾挪拨解。原电系每岁认解十万，自应按季分解。本年应从秋季起算，七月内必解二万五千，十月内必解二万五千，本年共解足五万，汇交沪道存储备拨。" 资料来源：苑书义等主编：《张之洞全集》（第 11 册），河北人民出版社 1998 年版，第 9364—9365 页。

① 《电查金镑价值》，《时报》1905 年 11 月 7 日。胡思敬曾记载，袁树勋任上海道时吞没五大臣出洋经费 4 万，又言"度支部尚书载泽知之"。胡思敬：《退庐全集·退庐疏稿》，沈云龙主编：《近代中国史料丛刊正编》第 45 辑（444），（台北）文海出版社 1964 年版，第 816 页。关于此事，笔者尚未发现其他相关史料，存疑。

② 《钦派大臣出洋行期》，《新闻报》1905 年 8 月 22 日。

③ 《端午帅不快意于出洋》，《申报》1905 年 8 月 29 日。

续表

省份	经费来源及汇解情况
直隶	直隶总督袁世凯 1906 年 1 月 9 日上奏："直隶财用万分窘迫，频年筹备饷项实已悉索，敝赋不遗余力。第以此项查政治经费关系大局，不得不设法罗掘以应急需，当由关内外铁路余利项下挪拨银十万两解京应用。" 资料来源：台北故宫博物院故宫文献编辑委员会编：《袁世凯奏折专辑》（第 8 册），（台北）广文书局有限公司 1970 年版，第 2150 页。
广东	两广总督岑春煊在 1905 年 9 月 6 日上奏："拟由藩、运、善后、厘务四库每年各认解银一万两，共银四万两，并粤海关库每年认解银二万两，统共粤省岁认解银六万两。" 资料来源：中国第一历史档案馆编：《光绪朝朱批奏折》（第 112 辑），第 866 页。 "一九〇五年九月初一日共筹足库平纹银六万两，备具文批，发交商号源丰润领汇，限于九月二十日解赴江海关道兑收，转解备用。" 资料来源：中国第一历史档案馆编：《光绪朝朱批奏折》（第 90 辑），中华书局 1996 年版，第 283 页。
安徽	安徽巡抚诚勋 1905 年 10 月 30 日上奏："铜圆余利项下认解银三万两……查铜圆余利皖省新机虽已告成，出圆仍属无多，且市价逐渐跌减，余利更为微薄，一时骤难集数。现由司设法腾挪，在于库存附储杂款项下先行借拨库平银三万两，发交号商领汇解赴江海关道兑收汇付。所有借拨银两俟铜圆余利项下收存有银再行归还造报。" 资料来源：中国第一历史档案馆编：《光绪朝朱批奏折》（第 90 辑），第 304 页。
浙江	"藩库勉于一九〇五年地丁款内动支银四万两，并由杭关道移解认筹银一万两，共合银五万两，发交号商义善源汇解江海关道兑收备用，所需汇费应请作正开销。" 资料来源：中国第一历史档案馆编：《光绪朝朱批奏折》（第 90 辑），第 294 页。
江西	"江西勉任银四万两，惟江库入不敷出，所短甚巨，能否按年筹解尚无把握。……于一九〇五年地丁项下动放银一万两，又于厘金项下动放汇费银八十两，由官银号汇交江海关道兑收，作为江西省认解一九〇五年分第一批出洋经费，余容续筹。" 资料来源：中国第一历史档案馆编：《光绪朝朱批奏折》（第 90 辑），第 282 页；《赣抚奏江西认解三十一年第一批出洋经费折片》，《时报》1905 年 11 月 30 日。 1906 年 1 月 7 日《时报》报道："兹经藩台动放库银三万两，又汇费二百四十两，汇解江海关衙门交纳。" 资料来源：《汇解出使经费》，《时报》1906 年 1 月 7 日。
山西	"晋省库款入不敷出，本形支绌，兹于耗羡项下移缓就急腾挪提动银三万两，作为本年认解出洋经费，发交商号汇解上海道交纳，另存候拨。此后常年能否照解，届时再行察看情形，尽力办理。" 资料来源：中国第一历史档案馆编：《光绪朝朱批奏折》（第 33 辑），第 24 页。

续表

省份	经费来源及汇解情况
山东	"先在工赈捐款内借拨银四万两，由上海义善源商号解交上海道兑收，作为山东认解一九〇五年分专使经费。兹由藩库在酌提钱粮盈余项下筹银一万两，运库历年积存尾款项下筹银一万两，东海关洋税六成及商局税二成项下筹银一万二千两，洋税四成项下筹银八千两，解交工赈局归款。" 资料来源：中国第一历史档案馆编：《光绪朝朱批奏折》（第 33 辑），第 24 页。
甘肃	以三年为期。
贵州	常年能否照拨尚无把握。
广西	常年经费请勿再派。
四川	俟军务平定，按年认解。
电报局	按年呈解，数目多寡不定。

资料来源：国家图书馆编：《清代（未刊）上谕奏疏公牍电文汇编》（第 37 册），总第 17515 页。

　　对于专使出洋，外务部并没有经费如何应用的明确规章，"历次专使人员情事不能一律，所需经费碍难预定限制，向系实用实销"，因此，出洋经费由考政大臣"参酌出使章程樽节动用，差竣后分别造册报销，以昭核实"①。五大臣出洋考察所用经费仅限于各省第一年的汇解款项，由于是常年经费，五大臣出洋考察事毕后，各省亦应按照原认数额陆续汇解，但此时各省汇解颇不积极，只有少数省份做到了按年汇解，且该项专使经费被多方挪用。②

第三节　确定考察国别

　　遣使谕旨中指出由载泽等四人随带人员"分赴东西洋各国，考求一切政

---

　　①　国家图书馆编：《清代（未刊）上谕奏疏公牍电文汇编》（第 37 册），总第 17511—17512 页。

　　②　由于各省对于该项专使经费欠额甚巨，度支部于 1909 年 10 月 21 日请旨严催，而该年只有广东一省解清，"其余各省统计解到五万五千两，不过年额十分之一"。同时，该项专使经费已成为各种开支的来源，度支部在奏折中言："历年提学使出洋旅费、翰林院游历川资、政治馆开办官报、宪政编查馆预算常年经费，均据学部等衙门先后奏咨动用此款。而内阁等七衙门办公经费与法部审判厅常年经费两项共银五十二万两，臣部奏准自三十三年秋季起暂由此项动支，已成年例，支款比年。侍郎汪大燮等考察宪政，唐绍仪之考察财政，靡不于此动用。名为各省认解，实则均由臣部垫支。近日贝勒载洵奏准出洋考察事宜，需费银十六万两，复经臣部电饬江海关道照数提交，虽沪关结存此款尚余银九万两，而部库垫放甚巨，供应为难。"《度支部奏各省专使经费欠解甚巨请旨严催折》，《时报》1909 年 11 月 14 日。

治"，并没有明确考政大臣如何分途以及考察国别，对此，政府官员亦是颇有争执。直到 8 月 8 日，这些问题才得到解决。

清政府颁布遣使谕旨之际，不少外论疑中国有干预和局之意。外人有这样的疑虑也是情理之中的事，早在日俄开始和议之前，清政府于 7 月 6 日照会日俄两国："此次失和，曾在中国疆土用武，现在议和条款内倘有牵涉中国事件，凡此次未经与中国商定者，一概不能承认。"① 然而，俄国代表在事前未获清政府任何许诺的情况下，将辽东半岛的既得权益转让给日本，清政府遣使谕旨正是在这样的国际环境下颁布的。因此，作为当事国的日本、俄国、美国更是有这种怀疑。如日本驻华公使内田康哉在 7 月 22 日致政府报告中提道："（清政府遣使出洋）近来往往被人臆测为假调查政务之名而实为赴各国游说满洲问题"②，并对此"颇有微辞"③。国内舆论对于考察团是否应往日、俄、美三国考察也是议论纷纷，颇有主张不往该三国考察的论调，如《南方报》即称："俄尚专制，美主共和，其情形亦似不适于中国，故无所用其参考。至于日本则相距既近，随时可游，亦未必定以此时前往也。"④

考政大臣如何分途由考政大臣协商。端方为考政大臣中唯一的外官，须俟其到京后"公同商议，方能定局"⑤。我们先来描述一下端方晋京过程及其在京的主要活动。在遣使谕旨颁布之前，军机处于 7 月 14 日致电端方来京陛见。⑥端方于 7 月 19 日交卸抚篆，次日乘轮北上。⑦ 7 月 21 日抵达湖北，拜谒湖广总督张之洞，密谈至三时之久，张于次日往拜，"亦密谈良久"，在湖北小作停留

① 《致日俄两国照会》，1905 年 7 月 16 日，《清光绪朝中日交涉史料》，第 1324 页。

② 《政务调查员派遣ニ关シ报告ノ件》（机密第 129 号），明治三十八年七月二十二日，《政务视察ノ为メ清国大官ヲ各国ニ派遣一件》（外务省记录 B—1—6—1—244）。转引自福田忠之《清末五大臣出洋政治考察与明治日本》，浙江工商大学日本文化研究所《日本思想文化研究》编委会编：《日本思想文化研究》2007 年第 9 期，（日本）国际文化工房 2007 年版。以下引用该档案资料，均转引自该文，不再一一注明。

③ 《嘱四大臣勿言满洲事》（录《北京报》），《华字汇报》1905 年 8 月 9 日。

④ 《出洋四大臣定见不往日俄美》，《南方报》1905 年 8 月 31 日。

⑤ 《再志钦派大臣游历各国事》，《时报》1905 年 8 月 2 日。

⑥ 中国第一历史档案馆编：《清代军机处电报档汇编》（第 3 册），中国人民大学出版社 2005 年版，第 93 页。时人意识到清政府命端方入京必将有重大举措，如熊希龄 7 月 16 日致电端方："敬悉朝旨敦促入觐，必将任以艰巨，国之安危系于此行，无任引领。"熊希龄：《熊希龄先生遗稿》（第 1 册），上海书店出版社 1998 年版，第 2 页。

⑦ 《端午帅定期入都》，《大公报》1905 年 7 月 26 日。

后，端方于 7 月 24 日由汉口乘火车北上。① 端方在北上途中，袁世凯派津海关道梁敦彦前去迎接，护送端方晋京，端方于 7 月 30 日抵京。② 舆论在关注端方进京行程的同时，纷纷猜测考政大臣如何分途。早在端方北上途中，《大公报》即推测端方将要赴日本考察，原因在于"日本甚尊重端午帅，必当受异常之欢迎"③。稍后，《大公报》又推测载泽与戴鸿慈一路，徐世昌与端方一路。④ 揆诸以后考政大臣关于如何分途的协商，或许受到了舆论的影响。

端方至京后受到各界广泛欢迎，江苏籍京官以其在江苏任职时多送学生出洋，江西籍京官以其赞成自办铁路、盐斤加价，湖南京官以其锐意兴学，皆择日于各省会馆开欢迎会，"较诸寻常督抚到京时礼节较隆"⑤。8 月 2 日，端方会晤庆亲王奕劻，"谈及出洋事宜，拟考查一切政治之次第"⑥。端方还曾会晤军机大臣瞿鸿禨磋商出洋事宜，瞿鸿禨建议载泽及端方两位满族大臣先赴日本考察，徐、戴宜缓期启程前往欧美，端方对此"颇表同情"。据报道，政府大吏各执主见，均不相让，"未知出洋大臣前赴之地果否如斯定夺"⑦。8 月 4 日，端方蒙慈禧召见。⑧ 另据《新闻报》透露，端方到京后，"迭蒙召见，三次奏对均逾一点钟之久"⑨。在召对时，曾将所呈递的《立宪说略》"详细演说一过"，并详细陈说推行立宪政治的必要性，"两宫极为动听"。此外，端方还极力陈奏女学之利。⑩《南方报》对端方召对演说立宪事记载颇详：

> 端中丞召见时，于军机大臣退后又请叫起，详陈立宪之要。太后云：如果立宪，岂不于君权有碍？中丞谨对云：现在君权不专即因不立宪之故

---

① 《湘抚端中丞抵鄂》，《申报》1905 年 7 月 26 日。

② 《端帅晋京》，《大公报》1905 年 8 月 1 日。

③ 《端午帅定期入都》，《大公报》1905 年 7 月 26 日。

④ 《考查政治分途纪实》，《大公报》1905 年 7 月 30 日。

⑤ 《苏赣鄂三省京官欢迎端午帅》，《时报》1905 年 9 月 4 日。如端方曾受邀请为在京江苏籍学生发表演讲。《端午帅江苏馆观欣会演说文》，《大公报》1905 年 9 月 27 日。

⑥ 《宫门邸抄》，《大公报》1905 年 8 月 3 日。

⑦ 《端抚谒瞿尚书议出洋事》，《申报》1905 年 8 月 9 日。

⑧ 天津市历史博物馆藏：《北洋军阀史料·徐世昌卷》（第 1 册），天津古籍出版社 1996 年版，第 595 页。

⑨ 《迭蒙召见》，《新闻报》1905 年 8 月 9 日。

⑩ 《端午帅演说立宪并奏兴女学详志》，《时报》1905 年 9 月 17 日。

耳。又力陈各国立宪事及其条例，并将日本宪法天皇万世一系之义奏明。太后闻奏遂谓：汝等此去务当详细考查。①

同日，载泽、戴鸿慈、端方、绍英至徐世昌府邸"会商一切"，初步拟定了如何分途的问题：载泽、戴鸿慈、绍英为一路，考察日、美、奥、意、俄五国，徐世昌、端方为一路，考察英、法、德、比四国。随即五人至奕劻家中，通告分途决定。② 此一资料出自《绍英日记》，然而该日记颇为简略，我们不得而知会议的详情。揆诸当时报刊舆论，普遍关注考政大臣的此次会商，其报道可以弥补《绍英日记》记载之简略。《华字汇报》透露此次会议大致议定以"一满一汉为一路"③。《南方报》报道，这次会议的核心议题之一是考察团应否往日、俄、美三国考察。会商的结果是，鉴于日俄和议将成，"无所用其避讳"，确定至三国考察。④ 这一报道当属实，因为清廷曾通告考政大臣专为考察政治，"不必与报馆接交，于满洲事件尤万不可提"⑤，是以考政大臣专门会商是否往日、俄、美三国考察。由于此次会议事属机密，不少报道亦难免失真，如《申报》报道此次会议拟定载泽往日本、俄国考察，戴鸿慈往德国、法国考察，端方往英国、美国考察，徐世昌往意大利、奥地利考察。⑥

按照惯例，"一俟定准何人赴何国"，再行照会驻京各国公使。⑦ 初步确定分途问题后，考政大臣开始拜会考察国别的驻华公使。8 月 5 日，考政大臣往拜意、英、俄、美四国公使，美使因出外赴宴未见。次日，考政大臣往拜奥、

① 《详志端中丞力请立宪》，《南方报》1905 年 9 月 17 日；《端抚条陈立宪》，《大公报》1905 年 9 月 14 日。

② 绍英：《绍英日记》，第 588—589 页。熊希龄 8 月 5 日致端方电中有"钧座赴美，事体重大"之言，显然，此时熊希龄虽然得知了考政大臣分途的消息，然消息并不确切。熊希龄：《熊希龄先生遗稿》（第 1 册），第 5 页。吴敬修致张之洞函中亦言及考察团初步的分途决定，所言与绍英记载一致，称载泽、戴鸿慈为一路，考察日、美、俄、意、奥；徐世昌、端方为一路，考察英、法、德、比。《乙巳七月二十六日京吴太史来电》，《张之洞存各处来电稿》（第 2 函），中国社会科学院近代史研究所藏档案：甲 182—439。《时报》亦曾报道起初的分途安排为：载泽、戴鸿慈、绍英一路，游历日、俄、美、意、奥五国；徐世昌、端方一路，游历英、德、法、比四国。《五大臣分带随员数目》，《时报》1905 年 9 月 26 日。

③ 《本馆访事员来函》，《华字汇报》1905 年 8 月 7 日。

④ 《五大臣分赴各国详情》，《南方报》1905 年 9 月 13 日。

⑤ 《嘱四大臣勿言满洲事》（录《北京报》），《华字汇报》1905 年 8 月 9 日。

⑥ 《出使大臣会议之秘密》，《申报》1905 年 8 月 17 日。

⑦ 《电告钦使游历》，《大公报》1905 年 8 月 8 日。

比、法、德、日五国公使。①

8月8日，清政府派遣具有留日经历的陆宗舆（早稻田大学毕业）专门到日本公使馆与日方洽商考察事宜，陆宗舆转达了政府"期待日本政府对清朝考察大臣之赴日本者提供充分而切实之帮助"的意思，并明确指出："今日清国政府派遣大臣以求从外国引进制度之际，最为着重于日本，固属确实。"② 同时，奕劻授意端方就出洋考察事去征询直隶总督袁世凯的意见，端方于8月8日秘密至天津，据《新闻报》事后报道："未言定到津日期，忽于初八日午后，仅带随从二人，并未知会铁路局员预备专车，乃搭乘晚车来津。"③ 除出洋考察事外，二人会商的内容亦包括废除科举事。鉴于大操在即，徐世昌须年内回国前往阅操，改为赴日考察。④ 其他考政大臣的考察国别也做了适当调整，最终确定了考政大臣如何分途的问题。是以戴鸿慈在8月10日的日记中写道："泽公与徐、绍两大臣分往英、法、比、日本等国，余与端午帅分往美、俄、德、意、奥等国。"⑤

稍后，8月14日，那桐赴天津与袁世凯会商，8月16日，那桐、端方、张百熙、铁良又同赴天津，与袁世凯进一步协商出洋考察事宜。⑥ 8月15日，考政大臣等至外务部商定名片官衔，拟用"大清国钦差专使考察政治大臣"⑦。8月26日，外务部送来出使关防，文曰："钦差出使各国考察政治大臣"，于当日开用。⑧

---

① 绍英：《绍英日记》，第589—590页。8月7日，绍英面见奕劻，奕劻告以"再拜美使晤谈为要"，绍英遂于8月9日致函美国驻华公使，订于11日往拜。绍英：《绍英日记》，第592页。

② 《八月八日陆宗舆来谈四大臣外国派遣ニ关スル件》（高洲通讯官报），《政务视察ノ为メ清国大官ヲ各国ニ派遣一件》（外务省记录B—1—6—1—244）。

③ 《端午帅赴津详志》，《新闻报》1905年8月17日。

④ 《徐侍郎赴东洋》，《大公报》1905年8月22日。

⑤ 戴鸿慈：《出使九国日记》，第312页。

⑥ 《电报一》，《时报》1905年8月18日。

⑦ 绍英：《绍英日记》，第597页。

⑧ 端方：《开用关防片》，《端忠敏公奏稿》，第644页。关于考政大臣的身份，北洋洋务局纂辑的《光绪乙巳年交涉要览》一书，将考政大臣与驻外使臣同列，谓为"专使"，职任为"赴各国考察政治"。颜世清等编：《光绪乙巳年交涉要览》，沈云龙主编：《近代中国史料丛刊续编》第30辑（294），（台北）文海出版社1974年版，第949页。出使英国大臣汪大燮认为将考政大臣称为"专使"并不妥切："外国贵族显宦赴别国者甚多，大都作为游历，即有国书言事亦非作专使论。盖专使者必两国有关系之事方谓之使，非因一国有事，其来者皆谓之使。"上海图书馆编：《汪康年师友书札》（第1册），第840页。出使奥地利大臣李经迈亦言考政大臣的官阶"有大使之级"，而"所奉之命则非"。刘体仁：《异辞录》，《民国笔记小说大观》（第2辑），山西古籍出版社1995年版，第223页。

8 月 29 日，考政大臣具奏考求办法、分途情形。① 9 月 10 日，外务部送来出使
各国国书。② 至此，考察前的分途工作基本完成。

早在遣使谕旨颁布不久，外务部即致电各驻外钦使："该大臣等到时，务须
实力保护，并望先期转咨各该国政府，届时考察政治勿得阻挠。"③ 8 月 28 日，
清政府将两路考察团考察国别通告驻外钦使。④ 9 月 18 日，又电令驻外钦使：
"该大臣等每至一国，着各该驻使大臣会同博采，悉心考证，以资详密。"⑤

清政府于 8 月 25 日、庆亲王奕劻于 8 月 28 日分别宴请各国驻京公使，将
如何分途考察通告各国驻京公使，请电达各国政府沿途保护，并再次申明并无
干预日俄和议之意。⑥ 在各国驻华公使将清政府遣使之举报告政府后，各国很
快做出回复，如美国驻华公使柔克义于 8 月 30 日即复电清政府："本大臣兹已
转达本国政府，行饬该管官员优为接待矣。"⑦ 其余各国亦表示甚愿优待中国考
察团，"决不致有简慢"⑧。

俄、法、奥、英、日五国驻华公使于 8 月 15 日至外务部回拜。德、美、
意、比四国驻华公使于 8 月 20 日至外务部回拜。⑨ 同时，各国驻华公使亦纷纷
宴请考政大臣。8 月 23 日，比利时驻华公使宴请五大臣，商询何日到比，以便
比政府派员欢迎。⑩ 8 月 30 日，英国驻华使臣宴请五大臣。⑪ 9 月 5 日，日本驻
华公使内田康哉宴请五大臣。可以说，各国公使宴请考政大臣，既有联络邦交，
又有了解清政府遣使目的的意图。以内田康哉宴请五大臣为例，他在致辞中称
此举为中国富强之先声："此次出洋实为贵国富强之先声，将来回国诸多要政从

① 《出洋大臣封奏留中》，《南方报》1905 年 9 月 8 日。
② 戴鸿慈：《出使九国日记》，第 313 页。
③ 《照会保护考察政治大臣》，《申报》1905 年 8 月 3 日；《电告钦使游历》，《大公报》1905 年 8
月 8 日。
④ 中国第一历史档案馆编：《清代军机处电报档汇编》（第 26 册），第 216 页。
⑤ 中国第一历史档案馆编：《清代军机处电报档汇编》（第 3 册），第 99 页。
⑥ 《电报一》，《时报》1905 年 8 月 29 日。
⑦ 广西师范大学出版社：《美国政府解密档案（中国关系）：中美往来照会集（1864—1931）》
（第 10 册），第 250 页。
⑧ 《允为优待中国游历大臣》，《南方报》1905 年 9 月 15 日。
⑨ 绍英：《绍英日记》，第 596、598 页。
⑩ 《比使宴请出洋大臣》，《时报》1905 年 9 月 1 日。
⑪ 《那桐日记》，北京档案馆编：《北京档案史料》2002 年第 2 期，新华出版社 2002 年版，第 146
页。

此可面目一新，贵国威势蒸蒸日上，不待吾人之赘述也。敝国与贵国夙有善邻之谊，闻贵大臣等出洋考查政治颇表同情。"五大臣答词言道：

> 日本政治尽善尽美，虽初仿欧美，然其制度之完备迥过于欧美，我国将来如欲变法，自应仿照日本。……今日中国时事日棘，无论官民皆思变通，此次本大臣等出洋实为变法自强起见，故一经考察各国要政，择善而从，回国之时聊期报效，惟恐樗栎庸材，不堪此重任，特请贵大臣加意照料。[1]

与慈禧对待宪政改革的态度相一致，五大臣在表达对日本政治体制艳羡的同时，强调"我国将来如欲变法"、"出洋实为变法自强起见"，将清政府是否推行宪政改革定为未知之列。然而"自应仿照日本"一语则至为明显地透露出此处所言"变法自强"乃政治体制改革而非其他，因此，各国政治制度尤其是日本的君主立宪政体为考察团的重点考察对象，以便"择善而从"，既模糊又明确地表达了出洋考察的目的在于为宪政改革做准备的意思。进一步言，尽管考察政治大臣明确提出中国如欲进行政体改革应当效法日本，然而这只能代表他们的政治主张而已，并不能视为清政府已定之方针。因为，在实地考察各国宪政之前，考政大臣对各国宪政只是浅层次的认知，只有等实地考察之后，他们才能对各国政治模式有更深入的了解，其建言才能为清政府确定宪政改革的大政方针（包括应当效仿的对象）提供决策依据。

---

① 《纪内田日使宴出洋五星使事》，《时报》1905 年 9 月 13 日；《纪日使内田宴出洋五大臣事》，《申报》1905 年 9 月 14 日。

第 四 章
吴樾谋刺五大臣及其影响

　　清政府派遣亲贵大臣出洋考察赢得了多数国民尤其是立宪派的赞扬,然而对革命派则是巨大的威胁,革命派的最初反应就是吴樾不惜牺牲一己,在 9 月 24 日考察团出行之际谋炸五大臣。此次炸弹袭击对考察团产生了深远影响,不少随从人员心理发生了很大波动,对于出洋考察热情骤减甚至退出考察团。考政大臣徐世昌、绍英不再出行,以尚其亨、李盛铎代之。同时,吴樾案后,以驻外使臣和考政大臣为代表,纷纷奏请清政府设立编定宪法的机构、宣布立宪期限。

第一节　吴樾谋刺五大臣始末

一　筹划经过

　　吴樾为安徽桐城人,1903 年入保定高等学堂求学,入学不久就开始与陈独秀、潘进化等人建立通信联系,接受革命影响。是年暑假,他与同学马鸿亮等人南旋省亲时,还特意到西牢探访章太炎、邹容,并拜会陈独秀、张继等人,亲聆教诲,“排满思潮于以澎湃”。这一时期,吴樾阅读了章太炎的《訄书》、邹容的《革命军》、谭嗣同的《仁学》以及《嘉定屠城记》、《扬州十记》等书,反清思想愈加强烈。是年冬,吴樾联络旅保两江学友,组织两江公学,进行革命活动。后来,赵声至保定,吴樾予以接待,“与之倾谈数昼夜,志同道合”①。与赵声的接触,促使吴樾下定为革命事业牺牲的决心,他在致赵声函中

---

　　① 马鸿亮:《吴樾烈士传略》,《中华民国开国五十年文献》编纂委员会编纂:《中华民国开国五十年文献》(第 1 编・第 13 册),(台北)正中书局 1964 年版,第 581—582 页。

即言道"某为其易（指暗杀），君为其难（指革命）"①。赵声在离开保定时，又特地绕道北京，将杨毓麟介绍给吴樾。②

1904 年秋，杨毓麟至保定与吴樾等人会面，双方一见如故，在两江公学翠竹轩，杨亲自监督，吴樾、马鸿亮、杨积厚、金猷澍、侯景飞、庄以临六人刺血加入军国民教育会。③ 并成立保定支部，又称"北方暗杀团"，随即开始试制炸弹，以备刺杀清廷要员，然而当时土制的炸弹没有电器装置，引爆的线头又不能过长，点燃后来不及掷出就可能爆炸，投弹人就会首先牺牲。④ 吴樾加入军国民教育会后，与杨毓麟更是"时相过从，密与谋议"，筹划暗杀行动。当时吴樾常患失血症，但他仍慷慨地对马鸿亮说："丈夫不可病转床榻，使家人围泣送终，当烈烈有所为。吾同胞数千年来为暴君污吏所压抑，而满清以外夷入据，其专制之术尤精刻。……不有雷霆震撼之威，拔山盖世之气，乌足以旋乾转坤，而警觉吾同胞之梦也？吾志已决于是矣。"⑤ 吴樾决死之心由此可见一斑。

1904 年，王汉谋刺铁良未果对吴樾产生深刻影响，欲继王汉之后，他曾经写道："今予而不成王子之志，则王子前日之行不特无益，而且有害，诚以已未杀人而授人以杀之之名，危乎殆哉！我汉族之前途其有不堪设想矣。"⑥ 当得知五大臣出洋考察的消息后，吴樾决定改变行刺铁良为谋刺五大臣，慷慨言道："彼五大臣可击而杀之也。"杨毓麟考虑到自制炸弹不安全，"施者终不免于难，乃大不忍樾为之"，于是，马鸿亮等人去东北购买炸弹，"以日俄方战于辽，或可购得之"⑦。初步决定等购到性能好的炸弹后，在考察团由上海放洋时，"轮上狙击之"⑧。然而，购买武器最终无果，"樾不可耐"，遂决定用土制炸弹实施暗杀。⑨

---

① 章开沅等主编：《辛亥革命史资料新编》（第 1 卷），第 361 页。

② 马鸿亮：《吴樾烈士传略》，《中华民国开国五十年文献》（第 1 编・第 13 册），第 582 页。

③ 同上。

④ 成惠：《喋血京城的吴樾烈士》，全国政协文史资料委员会编：《中华文史资料文库》（第 9 卷），中国文史出版社 1996 年版，第 917 页。

⑤ 马鸿亮：《吴樾烈士传略》，《中华民国开国五十年文献》（第 1 编・第 13 册），第 583 页。

⑥ 吴樾：《吴樾遗书》，《民报》临时增刊《天讨》，一九〇七年四月，第 19 页。

⑦ 曹亚伯：《武昌革命真史》（上），上海书店出版社 1982 年版，第 373 页。

⑧ 丘权政、杜春和选编：《辛亥革命史料选辑》（上册），湖南人民出版社 1981 年版，第 277 页。

⑨ 此一过程参见曹亚伯《武昌革命真史》（上），第 371—373 页。

随后，吴樾撰写《意见书》，论述了刺杀五大臣的理由："彼族黠者遂因以欲增重于汉人奴隶之义务，以巩固其万世不替之皇基。于是考求政治、钦定宪法之谬说伛儇于朝野间。哀哉！我四万万同胞，稍有知识者相与俯首仰目，怀此无丝毫利益我汉族之要求，谬说流传，为患益剧。"同时，吴樾表达了决死之心："樾生平既自认为中华革命男子，绝不甘心拜服异种非驴非马之立宪国民也，故宁牺牲一己肉体，以剪除此考求宪政之五大臣也。"① 吴樾撰写完《意见书》后，只等五大臣出洋考察团出行那一天了。

二　车站惊弹

从颁布遣使谕旨到考察团出行，清政府用了两个多月的时间进行筹备。因为要选拔随从人员、筹措经费、确定考察国别，两个多月的时间并不算太长，然对于迫切希望考察团尽快出行的舆论界而言则过于漫长。各大报纸纷纷猜测考察团何时出行，如《时报》连续数日在同一专栏报道考政大臣的行期：8 月 31 日报道，"定于本月初六日请训，初十日起程"；9 月 1 日报道，"改期初九日请训，十六日起程"；9 月 5 日报道，"改期十三日请训，十九日启程"②。同时，《时报》对考察团迟迟不行的原因也是多方打探，称其原因为"太后之意拟令赍送密书于某某一二国，为此颇费踌躇，故致稽延时日"③；又报道，某御史奏日本之所以让地议和，恐将有向中国索取酬报之事，政府因令袁世凯及考政大臣调查此事，故考察团行期又复改延。④

清政府对五大臣出行日期并未采取保密措施，对一般官员出行亦缺乏保护措施，"除皇帝出行戒严外，京官素无戒严的办法"⑤。当人们得知考察团将于 9 月 24 日出行后，备受鼓舞。在北京，此信一出，不数日即将九城传遍，通都人

---

①　《烈士吴樾君意见书》，《民报》第 3 号，1906 年 4 月 5 日，第 1—2 页。

②　《电报一》，《时报》1905 年 8 月 31 日、9 月 1 日、9 月 5 日。另外，《申报》亦有类似报道："四大臣本定七月杪抵沪，旋又改于八月初三日出京。刻闻某大军机因政务纷繁，一时未能办理清楚，爰又展于八月初十日左右出京。"《四大臣出京改期》，《申报》1905 年 9 月 1 日。

③　《电报一》，《时报》1905 年 8 月 16 日。

④　《电报一》，《时报》1905 年 9 月 22 日。

⑤　李宗侗：《五大臣出洋与北京第一颗炸弹》，《传记文学》编辑委员会：《传记文学》（第 4 卷第 4 期），第 37 页。

士愈加兴高采烈。① 在上海,《时报》发表专题评论,言道,"在上者先有立宪之心,是在上者之仁也",因此,国民应当通过对考察团的热烈欢迎,其意一为"贺谢在上者之仁智",一为"表示在下者之渴望",其最终目的在于"助立宪之成,而勉五大臣以尽职者也"②。舆论界寄予此次考察团期望之高可见一斑。

据亲至车站送行的康继祖回忆,考察团出行当天,"天未破晓即闻金鼓喧天、欢声匝地,则军界排队来也;继则乐声、唱歌声,声调悠扬,亦向车站而去,询之则学界也"③。在车站,高等实业学堂学生及军乐队学生,测绘学堂学生、崇实学堂学生、识一小学堂学生均着操衣列队送行,内城工巡局巡捕及消防队列队守卫。外部、商部以及各部司员,京中各报馆访员均先时到车站,各国驻京公使亦来恭送,"中外人携器具拍照者、各报馆访事员,一时称盛"④。是日特加花车一辆,头等车三辆,二等、三等车各二辆,高插国旗,颇为荣耀。⑤ 当日车站并未戒严,"入站台者不禁,上车者人亦甚多"⑥。

考政大臣于九时许陆续到车站,大约十一时登车,载泽、徐世昌、绍英坐前车,戴鸿慈、端方坐后车,正在与送行者告别之际,炸弹轰炸于前车。⑦ 康继祖记载,炸弹爆炸时"惊天动地,石破城摇",车站随即乱成一团,"纷纷焉,攘攘焉,齐向站外而逃者,若似顾命之不遑,人喊马嘶,拥成一片,当争先恐后之际,亦不辨孰为钦使,孰为参随,孰为学界、军界、绅商界也"⑧。此次炸弹案使载泽眉际稍有破损,徐世昌略受灼伤,而绍英受伤较重,随即送往法国医院医治。送行者伍廷芳、随员萨荫图等受伤较重,受轻伤者不计其数。⑨

吴樾炸弹袭击的目标为考政大臣,结果是失败了,然而炸弹案爆发后,谣言迭起,再加上即将举行直隶秋操,一时间人心惶惶,"京师贸易者颇觉张皇,

---

① 康继祖:《预备立宪意见书》(前编上·中国立宪原起),第 3 页。

② 《论预备欢迎考察政治五大臣事》,《时报》1905 年 9 月 25 日。

③ 康继祖:《预备立宪意见书》(前编上·中国立宪原起),第 3 页。

④ 《五大臣车站遇变汇记》,《南方报》1905 年 10 月 3 日。

⑤ 《详纪出使大臣火车被炸情形》,《大公报》1905 年 9 月 25 日。

⑥ 李宗侗:《五大臣出洋与北京第一颗炸弹》,《传记文学》编辑委员会:《传记文学》(第 4 卷第 4 期),第 37 页。

⑦ 戴鸿慈:《出使九国日记》,第 313—314 页。

⑧ 康继祖:《预备立宪意见书》(前编上·中国立宪原起),第 3 页。

⑨ 戴鸿慈:《出使九国日记》,第 313—314 页。

多欲旋里，人心更为惶悚"①。我们从翰林院侍读学士恽毓鼎于 9 月 27 日所上《请停秋操折》中，颇能感受到当时弥漫于北京周围的恐慌氛围。该折言道，为准备北洋六镇秋操，河间、保定之间开辟操场四十里，"止农事，徙居民"，以致讹言四起，举国惶惶，"几疑庚子之变又见，甚有举全家而徙避者"，而炸弹案又加剧了人们的恐慌心理，"惶惶之心较前益甚，流闻近时匪党四布"②。案发后，清政府大为惊骇，政府官员普遍自危，考政大臣端方更是不断转移住所。③ 内廷、颐和园、军机处以及庆王府第均加强保卫，军机大臣散值亦由兵队护送回第。④ 同时，内廷及万寿山通御河水闸全部关闭，以防刺客随水流而入。⑤ 颐和园围墙也加高三尺。⑥ 此外，政府亦加强了北京内城的戒严力度，来往人等发给腰牌，出入详加查核。⑦ 针对当时人们的过度惊慌、妄自猜疑的心态，有人甚至用"杯弓蛇影"来形容。⑧

第二节　炸弹案引发的国内外舆论

炸弹案发生后，社会各界予以密切关注，"官场中人以及各国、各埠报馆访员并各随员之公私电报极多，一时甚为忙碌，关内外电局亦倍忙于寻常"⑨。社会各界纷纷打探消息使得这一事件得以广泛流播，更为重要的是，针对该事件的各种评论对政府调查案件及出洋考察团再次出行皆产生了不可忽视的影响。

一　立宪派舆论

炸弹案的发生使立宪派大为震惊，他们担心出洋考察会因此中辍，纷纷谴责这种行为。如张謇在案发当天即致电端方，"请奏布明诏，以消异志"⑩，表

---

① 《出洋五大臣车站遇险续报》，《时报》1905 年 10 月 4 日。
② 恽毓鼎著，史晓风整理：《恽毓鼎澄斋奏稿》，浙江古籍出版社 2007 年版，第 65 页。
③ 《端中丞移寝室》，《大公报》1905 年 10 月 6 日。
④ 《内廷加意戒严》，《大公报》1905 年 10 月 2 日。
⑤ 《御河水闸加严》，《大公报》1905 年 10 月 3 日。
⑥ 《修筑围墙以防不虞》，《大公报》1905 年 10 月 4 日。
⑦ 《内城出入甚严》，《大公报》1905 年 10 月 3 日。
⑧ 《祝速行》，《大公报》1905 年 11 月 13 日。
⑨ 《电局忙碌》，《大公报》1905 年 9 月 26 日。
⑩ 南通市图书馆、张謇研究中心编：《张謇全集》（第 6 卷），第 557 页。

达了此次考察不能因此中断的意思。倾向立宪的各大报纸对吴樾炸弹案展开了热烈讨论，将批判的矛头直指革命派，其核心趋向在于竭力劝说政府及考政大臣应当迎难而上，不为炸弹案所阻，展示出对清政府尽快改行宪政的迫切愿望。

其一，上海商、学、报界慰问五大臣。案发后，上海商界、学界、报界纷纷致电慰问考察政治五大臣，在国内影响颇大，是上海立宪派人士政治参与的一次重要行动。

首先是上海学界、实业界。包括江苏学会、上海教育研究会、群学会、南市商学会、沪学会、寰球中国学生会等组织，以及上海高等实业学校、龙门师范学校、复旦公学、南洋中学等三十二所学校，案发后第一时间联合致电慰问五大臣："闻考察政治五钦使受惊，同深感念，谨电请转达问安"。9月25日，五大臣纷纷回电，端方回电称："反对立宪，致有暴动，殊为嗟叹。一身原无足惜，惟中国前途为可虑耳。承电慰问，实深感谢。"徐世昌回电称："火车炸药暴发，幸得无恙，惟此等暴动于中国前途殊有关系，曷胜慨叹！辱慰问之至感。"① 稍后，上海各大报《时报》、《申报》、《南方报》纷纷致电考政大臣表达慰问："窃喜五大臣之无恙，可知圣主贤臣锐意立宪以救中国宜其为天所佑，而绝非凶徒暴力之所能阻抗也。"9月28日，端方回电称："电悉，转泽公、徐、戴、绍大臣矣。炸弹暴发，奸徒反对宪政意甚险恶，然益征立宪之不可缓也。"戴鸿慈回电称："顷由午帅处转来，公电敬悉。远劳慰问，实为感谢。"徐世昌回电称："二十六袭击，殊堪骇异，承电慰问，曷胜感激。"绍英回电称："炸伤极重，现在法医院施治，不日可愈。承念慰，极感。"②

其二，推测炸弹案为何人所为，对其进行强烈谴责，建言政府不能因此稍阻改革之初衷。炸弹案发后数日内，舆论界纷纷揣测为何人所为，有谓檀香山等处派人来京谋害反对抵制美货者，有谓长江会匪所为，有谓革命党所为。③又有报道称可能为以下人所为，与泽公有隙之人、士子因停止科举报复、仇视

---

① 《汇记沪上各团体发电慰问五大臣受惊事》，《时报》1905年9月26日；《出洋五大臣覆谢上海各学校慰问电》，《时报》1905年9月28日；《五大臣覆江苏各学会电详志》，《南方报》1905年9月28日；《大臣覆谢学校》，《大公报》1905年10月19日。

② 《五大臣覆本馆及〈南方报〉、〈申报〉馆电》，《时报》1905年9月29日；《五大臣电覆上海各报馆详志》，《南方报》1905年9月29日；《出洋五大臣电覆上海各报馆》，《大公报》1905年10月6日。

③ 《好事者纷言》，《大公报》1905年9月30日。

新政者、南方革命党，等等。① 众说纷纭，莫衷一是。

舆论界普遍认为，炸弹案无论是何人所为、出于何种目的，皆应受到强烈谴责。《时报》称："五大臣此次出洋考察政治以为立宪预备，其关系于中国前途最重且大，凡稍具爱国心者宜如何郑重其事而祝其行。乃今甫就道，而忽逢此绝大之惊险，虽五臣均幸无恙，然此等暴徒丧心病狂一至于此，其罪真不容于诛者哉！"②《新闻报》认为此次暗杀不利于中国立宪，也即"有利于中国之亡而不利于中国之不亡"，进而言道，"不问政治之美恶，不问宗旨之新旧，而惟暴动之是乐，国未有不因以亡者"③。因此，这一事件必然"为人人所唾骂，即人人得而诛之"④。政府应当"迎其机而速行改革，以绝彼党之望，宣布立宪以固其内力"⑤。

整体来看，舆论界在炸弹案爆发后数日内的各种评论无不将矛头指向革命党的倾向，然而多少有所隐讳。随着报道、评论的深入，舆论渐趋一致，普遍认为此次暗杀事件为革命党所为。各大报纸通过回顾以往的暗杀事件，认识到此次暗杀所异之处。《新闻报》称，暗杀自古有之，然舍刀剑而用炸弹，"则以本月二十六日之举为最初；暴徒之意欲举盈朝显要毙于一人之手，则亦以本月二十六日之举为最险"⑥。《大公报》将此次炸弹案和万福华谋刺王之春、王汉谋刺铁良联系起来，指出前两次行刺之人畏首畏尾，犹有自图苟免之意，而此次谋刺不以匕首、手枪、埋药，而是直接抛掷炸弹，不惜牺牲己身而期事之必就，"故知其发力之源必大于前数次"⑦。该报道将炸弹案和万福华、王汉谋刺事件联系起来，实际上已经视此案为革命派所为。明确、详细论述炸弹案为革命党所为以及炸弹案的原因、政府如何应对的专题文章当属《申报》刊登的《论五大臣遇险之关系》一文：

　　彼党之主义在于倾覆满洲政府，故日夜伺中国内乱之起，有机可乘则

① 《炸车之变有五说》，《大公报》1905 年 10 月 1 日。
② 《电报一》，《时报》1905 年 9 月 25 日。
③ 《本馆专电》，《新闻报》1905 年 9 月 25 日。
④ 《论车站炸弹》，《新闻报》1905 年 9 月 27 日。
⑤ 《论出洋五大臣临行遇险事》，《大公报》1905 年 9 月 26 日。
⑥ 《论车站炸弹》，《新闻报》1905 年 9 月 27 日。
⑦ 《车站行刺之可怪》，《大公报》1905 年 10 月 6 日。

举革命之旗以起事，其宗旨与立宪如水火之不相入……以为中国一立宪，则国民平日不靖之气将自兹消弭，皇帝神圣不可侵犯之尊将为全国民所同心公认，而爱新觉罗之统绪永无可以倾倒之机，若是则彼党之宗旨将全归失败，其必欲出死力以阻遏之也。

但是，上文作者并不认为考察团遭此阻力对于中国推行立宪政治来说是一件坏事，警示清政府推行立宪改革万不能缓：

> 凡物莫不有反动力，政府之欲摧锄民权也，而民权之说愈沸腾不可遏，其反动力使然也；民党之欲摧锄立宪也亦然，挠之愈力，而立宪之成立将愈速。……今日爆裂弹之一掷，实不啻以反对党之宗旨大声疾呼于政府，俾知立宪之有大利于皇室，而不可不竭力以达成之。①

确如其论，吴樾炸弹案引发了支持立宪的国人对革命更大的"反动力"，表现为国人希冀政府颁布立宪上谕之心愈迫，"内外人士多有以速发布立宪明诏以安人心为言者"②。同时，舆论普遍担心出洋考察中止，"改行宪政之望将尽失"③。因此，舆论界也表达了政府不能因考察团受阻而放弃推行立宪改革，否则将"适堕奸人之计"④。有报道还以俄国未行宪法招致内乱为例告诫清政府："（俄国）警察之法不得谓不严，而党祸之起时有所闻。推原其故，实因未行立宪之制耳。俄事未远，可为殷鉴。"⑤对于考政大臣，舆论界也纷纷提出期望。《时报》言："吾窃愿代我国民庆五大臣之幸得无恙，吾又信五大臣者公忠体国，决不因此稍稍之阻力，而致缓国家万世之大计也。"⑥《新闻报》指出考察

---

① 以上引文见《论五大臣遇险之关系》，《申报》1905 年 9 月 28 日。

② 《盛宣怀力阻立宪（中国前途之大罪人）》，《时报》1905 年 11 月 2 日。

③ 《论巡警部与立宪之联系》，《新闻报》1905 年 10 月 11 日。《大公报》亦曾报道："前据外部中人云，已有密电饬驻法孙钦使、驻韩曾钦使就近在法、日两国调查政治，故京中官场近日传说，五大臣有不复京之说。"《五大臣之行止》，《大公报》1905 年 10 月 25 日。这类报道虽多为推测之论，然反映出舆论界对此事的关注态度。

④ 《车站行刺之可怪》，《大公报》1905 年 10 月 6 日。

⑤ 《防患不如立宪》，《大公报》1905 年 11 月 7 日。

⑥ 《论预备欢迎考察政治五大臣事》"记者按语"，《时报》1905 年 9 月 25 日。

之举关乎中国存亡强弱，影响甚大，"万不能迟疑，万不能中止"，甚至言即便考政大臣不幸遇难，亦是"救国而死，泰山之重也"①。《南方报》亦指出凶徒所为有害于政治改良，考政大臣不能因此"自寒其改良政治之初心"，"辜全社会之望"②。

其三，指陈此次暗杀的外交影响。关于此次暗杀的外交影响，《外交报》专文指出此次暗杀对于外交大有阻碍，政府对于此等谋杀应坚决抵制。该文言称"列强注意中国，一则曰中国将大乱，一则曰吾人当防备中国之乱"，而五大臣被刺表明行刺者与立宪相抵触，是国家动乱的表征，必将影响中外正常交往，而转圜之策"惟有于立宪之事仍从速筹画，勿为所慑而游移"，同时，政府对于"行刺五大臣之党人必穷究其所以然，使其谋为天下所共见"，只有这样才能"释外人之疑，而国家亦将遂其和平进步之望"③。显然，该文从暗杀事件的外交影响着手，根本目的还在于吁请政府不能因此而动摇改行宪政的决心。

综上，较之于以往的暗杀事件，对出洋考察团寄予厚望的立宪派显然对吴樾案更为关注，他们在其掌握的各大报刊上从各个角度剖析该事件，以批判革命党、为政府推行宪政改革加油鼓劲为核心趋向，构成了当时社会舆论的主流。

二　革命派舆论

前文述及，由于缺少言论机关，革命派对清政府遣使之举并无多少回应。吴樾炸弹案后，面对舆论的强烈声讨，革命派不得不作出回应。据笔者所见，在1905年11月26日《民报》创刊之前，革命派对清政府遣使举措的最早公开回应当属《新闻报》接到署名"仇满人"的来函，揭露清政府并不能真正推行立宪政治，"此次出洋考察立宪政治为个人之立宪，与全体无关"，并谓个人若不立宪，四五年后国民即可自立。④

炸弹案后，面对社会舆论的强烈声讨，革命派由于缺乏言论机关，几乎处于失语状态，这种状况在《民报》创刊后才有所改观。在《民报》创刊号，有作者指出"（满洲）欲巩固其民族，仍不外乎巩固其政治上之势力，由是而有

---

① 《论以身命救国家》，《新闻报》1905年10月3日。
② 《时事短评》，《南方报》1905年9月26日。
③ 以上引文见《论五臣被刺有碍外交》，《外交报》1905年第23号，1905年10月3日。
④ 《禁暴篇》，《新闻报》1905年10月2日。

立宪之说"①；又言，"中国立宪难，能立宪者惟我汉人，汉人欲立宪则必革命，彼满洲即欲立宪，亦非其所能也。……民族之界限，满族不能立宪之本也"②。《怪哉上海各学堂各报馆之慰问出洋五大臣》一文专门评论了炸弹案，该文对上海各界慰问考政大臣之举大加驳斥，并对五大臣出洋考察团做了深刻剖析，正式拉开了革命派反对政府遣使之举的序幕。文章从满、汉对立的角度立论，认为学堂是汉族的学堂，报馆是汉族的报馆，因此，学堂、报馆对于考政大臣应"惜乎其不死也"，对于烈士的以身殉国，"宜大表哀敬之辞"，"宜如何表扬以为后者劝"，然而事实恰恰相反，"于烈士之死则目为病狂丧心，于满奴之幸免则慰之幸之"。值得注意的是，作者并不知道行使暗杀者为谁："烈士虽不知为谁何，要亦不失为轻生仗义之俦。此无论所抱持之主义与吾党同或与吾党立于正反对之地位，其敢死有足多者。"显然，吴樾谋刺考政大臣是个人行动，并非革命派有计划的行为。进而，文章揭露清政府派出考察团的目的在于加强对汉族的统治，国人应有清醒认识，断不能受其蒙蔽：

　　至于所谓五大臣者，满人居其三，其二亦完全之满奴也，假考察政治之名以掩天下之耳目。于其归也，粉饰一二新政以愚弄我汉人，我汉人为其所愚，忘其前日之大仇而真心恃之，彼乃一面保其私产，一面扶长满人之势力，收汉人之政权，袁世凯也、张之洞也、岑春煊也，五大臣回国之时即其投闲置散之日。不及十年，汉人之民气尽消，政权尽夺，满人尽据津要，然后宁以天下赠之朋友，不以与之家奴之实可见矣。③

　　在《民报》第 2 号中，著名革命党人宋教仁针对清政府设立巡警部发表评论："清政府因北京炸裂弹之发也，君臣上下，魂飞胆裂，口噤心悸，茫茫然无所为计，乃急设警部……整顿警察者，专制民贼最阴险毒辣之手段也。"④《民报》第 3 号对吴樾谋刺五大臣进行了更为详尽的宣传介绍，不仅刊发了吴樾的

---

① 精卫：《民族的国民》，《民报》第 2 号，1905 年 11 月 26 日，第 24 页。

② 蛰伸：《论满洲虽欲立宪而不能》，《民报》第 1 号，1905 年 11 月 26 日，第 31 页。

③ 思黄：《怪哉上海各学堂各报馆之慰问出洋五大臣》，《民报》第 1 号，1905 年 11 月 26 日，第 109 页。

④ 陈旭麓主编：《宋教仁集》（上册），第 22 页。

半身像，同时登载《烈士吴樾君意见书》一文。该报记者在按语中指出吴樾为继荆轲以后的第一人，"独能为民族流血以死"，"壮烈不可及"。然而同时指出："虏廷无识，以谓吴君为革命党使之，吴君则既实行革命矣。观其书，知其举动一支配于所素志之民族主义，而又谁使者？吴君死，媚虏者犹肆口为桀犬诋毁，不遗余力，不知其得见此书，尚作何语。"① 此时吴樾身份已经确定，然而革命党一再强调吴樾谋刺五大臣并非为革命党有计划的行动，仍从满、汉对立的角度，阐发蕴含于吴樾身上的民族主义思想。同一期《民报》还刊登汪精卫所作《希望满洲立宪者盍听诸》一文，矛头直指立宪派："自满政府使其大臣五人出洋考察政治，于是希望立宪者咸大欢悦，以为此天可汗之福我也。及其启行，烈士吴君樾投爆裂弹于车驿，五鼠震缩，伏不敢出，希望立宪者又大忧恐，以为是负吾望治之殷也。"可以说，汪精卫之论较为真实地反映了当时立宪派的心态。他接着写道："吴君一击足以寒满奴之胆、申志士之气，而不足以醒顽固者之梦，吾以其希望之诚，而未可猝以理喻也。"② 显然，汪精卫并不想就此与立宪派展开论战，与《民报》其他相关文章的倾向是一致的。③

总之，吴樾炸弹案发生后，清政府得到了舆论更多的同情和支持，国人也更加心系清政府的改革事业。对比之下，革命派则受到了舆论的强烈批判。总的来看，革命派的各种回应表现出先入为主的色彩，即清政府推行宪政改革在于巩固满族的统治，且由于这样的目标，清政府根本不可能真正推行立宪，中国只能走革命的道路。无疑，这种论调面对立宪派的各种言论居于劣势地位。值得注意的是，革命派有意回避来自舆论的批判，倾向于将吴樾炸弹案视为具有浓厚民族主义色彩的个人行动，并非不可或缺，不愿意因此次暗杀事件使革命派处于社会舆论的对立面。从这个角度说，吴樾谋炸五大臣展示的是少数革命派对清政府推行宪政改革的极端回应。

① 《烈士吴樾君意见书》"记者按语"，《民报》第 3 号，1906 年 4 月 5 日，第 1 页。
② 精卫：《希望满洲立宪者盍听诸》，《民报》第 3 号，1906 年 4 月 5 日，第 1 页。
③ 再往后，吴樾刺杀五大臣成为革命党阐释排满口号援引的样本，如章太炎曾言："吴樾所刺满人、汉人则相半，谁谓汉官之暴横者，吾侪当曲以相容乎？然而必以排满为名者，今之所排，既在满洲政府，虽诛夷汉吏，亦以其为满洲政府所用而诛夷之。"章太炎：《章太炎全集》（第 4 册），上海人民出版社 1985 年版，第 269 页。

三　国外舆论

炸弹案使得外国在华人士颇为自危。担任中国海关总税务司的赫德致金登干的函件中称炸弹案在中国引起"相当大的不安"，并言及自己的感受："我们又处在危险的边缘，下星期五将看到我们被消灭掉！我并不认为那谣言可靠，但它发生在炸弹事件之后，这就使一些人惊恐，并使大家都紧张起来。传说那些愚蠢的军队演习的根本或接近根本的原因是他们要把我们赶走。"① 与这种心态相一致，在华英文报纸《北华捷报》于 9 月 29 日刊登《北京的炸弹案》一文，从法律视角对炸弹案予以批判："暴徒在光天化日之下行使炸弹袭击，表明他们眼中毫无法律可言。罪犯如果被抓到，应当受到最严厉的惩处，以警告那些无视法律存在的人。"②

10 月 5 日，法国驻华使臣吕班向法国外交部长报告了炸弹案的调查进展情况，并言及："似乎所有的人都在担心被谋反者可能泄露的情况牵涉进去。最保守的人们认为，巡警部队的发现将危机他们期望的改革，而这种改革已经得到了朝廷的允诺。"③ 然而，炸弹案并未引起法国国内媒体的重视。1905 年 9 月 30 日，赫德接到巴黎友人来函，其言："虽然北京的炸弹事件一定会像您电告的那样，在那里引起'相当大的不安'，说也奇怪，它却并未引起这里报纸的注意。他们已习惯于在俄国、意大利及其他邻国发生的这种事件了。"④

再来看日本的反应。9 月 22 日，考察团出行的前两天，日本少佐佐藤安之助即与考察政治诸大臣晤谈，嘱由上海开船时先致电参谋本部以告知行程，以便提前安排接待事宜。⑤ 而炸弹案不仅打乱了日本政府的接待准备，也使日本政府颇感震惊，比较欧洲国家，日本朝野上下对炸弹案给予了更多关注。10 月

---

① 中国第二历史档案馆、中国社会科学院近代史研究所编：《中国海关密档：赫德、金登干函电汇编（1874—1907）》（第 7 卷），中华书局 1995 年版，第 870 页。赫德于 1863 年至 1908 年期间担任中国海关总税务司，金登干自 1862 年起在中国海关工作过四年，为赫德亲信，1873 年被赫德任命为中国海关驻伦敦代表。

② "The Bomb Outrage in Peking", September 29, 1905, *North China Herald*, p. 731.

③ 章开沅等编：《辛亥革命史资料新编》（第 7 卷），第 8 页。

④ 中国第二历史档案馆、中国社会科学院近代史研究所编：《中国海关密档：赫德、金登干函电汇编（1874—1907）》（第 7 卷），第 870 页。

⑤ 绍英：《绍英日记》，第 605 页。

13 日，日本内务大臣清浦奎吾向日本全国发布了一道训令："应立即严密侦察滞留本邦清国人之行动，如有与本事件预估相关之事项，详细报告本大臣并外务大臣。"① 日本官员友房在炸弹案爆发后致函直隶总督袁世凯，询问其子袁克定是否受伤，袁世凯在复函中声明考察团不会中止，只是暂缓其行，"将来观光贵邦，必令奉教于阁下之前，以增其智识"②。《东京朝日新闻》在炸弹案的次日即刊文简要介绍了炸弹案："在考察团乘坐汽车将要从停车场出发之际，从人群当中投来炸弹案，当即死亡三人，负伤十余人，考察政治大臣亦受伤，行期因此被迫拖延。"③ 另外，日本某报将此次炸弹案的发生归结于"守旧党或排袁派之所唆使"，对于这一"臆为揣测"之论，《南方报》专文予以批驳。④

总之，炸弹案引起了各国一定的关注，然远不如清政府遣使举措引发的反应强烈，原因在于暗杀行动思想基础之一的无政府主义正是西方的产物，国外舆论对于改革过程中遇到类似事件已经司空见惯。然而，吴樾炸弹案通过种种途径传播到国外，在一定程度上使得国外愈加关注清政府的改革事业。

第三节　清政府对炸弹案的调查

清政府对炸弹案的调查大致分为两个阶段，第一个阶段确定了车内死尸即为行刺之人，第二个阶段为确认行刺者身份以及追查此次暗杀的其他参与者。

一　初步调查

案发后，外务部会办大臣、步军统领那桐随即面见载泽等人了解情况，并严饬外城工巡局委员、南营参将等查明凶手、缉拿党羽，不使漏网。⑤ 案发当日，除受伤较重的绍英外，其他考政大臣载泽、戴鸿慈、徐世昌、端方前往练兵处起草折稿，并于当晚呈递。关于起草折稿的情形，《时报》有较为详细的记载：

---

① 日本内务大臣男爵清浦奎吾训令八〇一号，明治三十八年十月十三日，《政务视察ノ为〆清国大官ヲ各国ニ派遣一件》（外务省记录 B—1—6—1—244）。

② 张一麐：《拟复日本佐佐》，《心太平室集》（卷7），第 392 页。

③ 《北京の爆裂弾》，《东京朝日新闻》1905 年 9 月 25 日。

④ 《辨东报论五大臣遇险事》，《南方报》1905 年 10 月 6 日。

⑤ 故宫博物院明清档案部编：《清末筹备立宪档案史料》（上册），第 4 页。

端云此凶手必是革命党人所使，非奏明请旨严切拿办不可。据庆邸（庆亲王奕劻）意，此事只可奏闻，不必声张。而徐、端不以为然，据称，钦差五大臣出行竟在白昼遇刺，若不严行拿办，国法何在，且为外国所笑等语，那中堂（那桐）亦如此云。徐侍郎因即拟稿，仍会出洋五大臣衔名具奏，那中堂亦即具折入奏，均系连夜递上。

慈禧得知消息后，于当晚十点钟传旨命庆邸觐见，垂询车站情形，深为惊诧。案发次日，载泽、绍英请假，端方、戴鸿慈、徐世昌三人蒙慈禧召见，《时报》记载当时召见情形：

太后再三温谕，略言：汝等受惊，然尚算造化，此系革命党人所为，年来办事每多棘手，殊堪愤闷，言下颇为不怿。徐侍郎等奏对一切，并请明降谕旨，严拿凶手及余党，蒙恩允准，即日降旨云。①

可见，在对案件的处理上，端方、徐世昌、那桐主张严办，而庆亲王奕劻则主张尽量避免声张。9 月 25 日，清政府颁布上谕，采取了严办的方针："光天化日之下，竟有匪徒如此横行，实属目无法纪，着责成步军统领衙门、顺天府、工巡局、督办铁路大臣等，严切查拿，彻底根究，从重惩办，以儆凶顽。"②《大公报》较早对严办方针表示了疑虑："车站刺客一节虽未可置之不问，但操之过急，转念激成反对，更起风潮。……所损较炸弹尤烈。是有形之炸弹一发未中而政府且曲就之，更受其无形之炸弹。"③

案发后第三天，政府致电驻外使臣、上海道及旧金山领事通报此事，申明考察团不会因此中辍，"泽公、绍右丞微有碰伤，将息就痊，仍即起程"，并请上海道及旧金山领事分别转达德国领事及在美华商。针对日本谣传盛行，

---

① 以上引文见《追录五大臣遇险后情形》，《时报》1905 年 10 月 5 日。

② 中国第一历史档案馆编：《光绪宣统两朝上谕档》（第 31 册），第 131 页。《光绪朝东华录》将此谕记于八月戊辰，即八月二十八日，误。朱寿朋编，张静庐等校点：《光绪朝东华录》（5），第 5401 页。

③ 《廷寄催拿刺客余党》，《大公报》1905 年 10 月 11 日。

政府特专电驻日公使杨枢，称考察团"无不复东渡之说"，"谣传俱不足信"①。

　　再来看政府官员的反应。案发后，政府官员纷纷致电政府，普遍指陈出洋考察不能因炸弹案中辍。据报道："某某四督、某将军及前任驻法钦使均又电慰五大臣，并电致政府，大致谓此事必是革命党中人所为，盖恐政府力行新政，实行变法立宪，则彼革命伎俩将渐渐暗消，所以有此狂悖之举，以为阻止之计，当此之际，更宜考求各国政府，实行变法立宪，不可为之阻止。"② 出使日本大臣杨枢致电政府请饬五大臣出洋，"勿贻笑于中外"③。湖广总督张之洞也认为五大臣出洋考察"不可因小有惊恐之事，遽被阻挠中止，即宜速定行期以副朝廷之期望，而安臣民之心意"④。而反对立宪改革者则有不同论调。出使意大利大臣许珏于 11 月 27 日致电政府，以炸弹案为借口，断言中国改行宪政将"未得其利，先受其害"，同时指出各国政治头绪纷繁，与其研求西方政治，"虚冀未来之利"，"不如实祛已然之弊"⑤。许珏之言表面看来不无道理，然而实际上是为宪政改革泼冷水。另外，某些官员则明言宪政改革不利于国家，如曾奏请仿效德国、日本政体的盛宣怀一改前言，"力陈立宪不利于国家"⑥。可以说，少数反对派的阻挠是考察团再次出行一再推延的重要原因。

　　在案件的调查过程中，直隶总督袁世凯发挥了主导作用。案发当晚，袁世凯即派遣津海关道梁敦彦、天津巡警总办赵秉钧等人分带密探、医生等人往京查办。⑦ 次日，袁世凯电致政府请"严拿究办"⑧。同时，政府也邀请国外侦探

---

　　① 中国第一历史档案馆编：《清代军机处电报档汇编》（第 26 册），第 238 页。

　　② 《电致驻日钦使》，《大公报》1905 年 10 月 14 日；《出洋大臣壮行无畏》，《时报》1905 年 10 月 9 日。

　　③ 《出洋大臣消息》，《华字汇报》1905 年 10 月 2 日。

　　④ 《祝速行》，《大公报》1905 年 11 月 13 日。

　　⑤ 《请考察政治大臣进谒教主察陈又请备安折分由》，（台北）"中研院"近代史研究所档案馆藏外务部档案：02—12—036—04—022。

　　⑥ 《盛宣怀力阻立宪（中国前途之大罪人）》，《时报》1905 年 11 月 2 日。张謇于 10 月 2 日致函端方，询问炸弹案后的情形。10 月 28 日得到端方复函，当得知盛宣怀阻挠立宪后，他在日记中写道："宪事几为盛败，可恨。"南通市图书馆、张謇研究中心编：《张謇全集》（第 6 卷），第 559 页。

　　⑦ 台北故宫博物院故宫文献编辑委员会编：《袁世凯奏折专辑》（第 7 册），第 2021 页。

　　⑧ 《追录五大臣遇险后情形》，《时报》1905 年 10 月 5 日。

参与调查。① 经过短暂调查，案发后第三日，袁世凯、那桐、胡燏棻会奏案件调查情况，确定车内死尸即为凶手，并提出悬赏缉拿同党：

> 此项炸弹自非足踹，当是手掷，且炸力向外，亦非由外抛击，当系临时混入行凶。……该犯系装作仆丁，乘车上送行之人往来杂沓，混入车厢夹道，藏弹胯下，以双手取出，将欲抛掷，乃夹道窄小，适碰窗板，因而炸矣。……此案情节重大，恐有党伙，并悬重赏访缉，其京城地面暨芦汉、京榆各铁路以及由津开驶之轮船均分派员弁严密查探。②

此次调查之后，清政府已经确定炸弹案为革命党所为，接下来就是凶手身份的确认及缉捕同党。对此，清政府、铁路总办、工巡局以及直隶总督袁世凯皆悬赏破案。③ 据报道，当时清政府对于案件调查颇为大张旗鼓，有捕务之责者终日忙碌，"大有寝食俱废之势"④，他们深入到戏院、饭馆、茶馆、客栈严密访查谈论此事者，"是以北京近日无致谈及炸炮之事"⑤。同时，袁世凯命其幕僚张一麐撰写捉拿凶手同党的告示。据张称："项城命为文劝告革命党人，不为，则有人疑余为有连；为之，措词实难下笔。余乃为四六一篇，高悬于各火车站，粗通文义者不能读也。"同时，张一麐劝告袁世凯更换有"屠夫"之称的某道员，改由毛庆蕃负责查办此案。⑥ 显然，政府内部已有某些人主张宽办此案。

在调查的同时，清政府接连颁布一系列上谕。9 月 30 日颁布上谕："此等

---

① 《北华捷报》即称："一个外国侦探仔细检查了炸弹残骸，发现仅有五分之三爆炸。因此他认为，很有可能，刺客的胸部盖住了炸弹，当他在车厢内走动时，身体偶然碰到车厢门而引发爆炸，其本人当即毙命。" "General News", October 6, 1905, *North China Herald*, p. 43.

② 台北故宫博物院故宫文献编辑委员会编：《袁世凯奏折专辑》（第 7 册），第 2021—2022 页。

③ 《缉拿炸弹凶犯之赏格》，《申报》1905 年 10 月 3 日。

④ 《廷寄催拿刺客余党》，《大公报》1905 年 10 月 11 日。

⑤ 《北京暗查颇密》，《大公报》1905 年 10 月 5 日。

⑥ 张一麐：《心太平室集》（卷 8），第 466 页。汤谪青回忆："赵（秉钧）是有名的屠夫，如果由赵查办，恐怕我们和烈士一同办学办报的人，都不免牵连在内，不会有好下场。此案系由毛庆蕃查办。"汤谪青：《读章士钊〈书吴樾狙击五大臣事〉后》，北京市政协文史资料委员会选编：《世纪风云》，第 28 页。

凶顽不法，难保无党羽溷迹京师，暗图生事，巡警关系紧要，亟应认真办理"①；10 月 7 日颁布上谕："前锋护军统领督饬各门弁军认真守卫，不准冒充当差闲杂人等，任意出入"；10 月 8 日上谕设立巡警部，京城内外工巡事务均归其管理，以专责成。各省巡警亦由该部督饬办理。② 至此，北洋集团在直隶创立的治安模式最终移植到北京。③ 更重要的是，新任巡警部尚书徐世昌为袁之盟友，右侍郎赵秉钧为袁之属吏，随同戴鸿慈、端方出洋的陆宗舆即言巡警部之设为袁世凯"预闻内政之始"。④

二　深入调查

随着政府调查案件的进展，舆论界开始分析政府应当如何处理该案件，普遍指陈政府不宜深入追究，不应在案件调查上耗费太多精力。

针对政府悬赏捕拿，《大公报》认为在这种刺激下"必有贪夫"，捕风捉影之事在所难免，与其牵累无辜，"不如急求政治，克期立宪，以弥祸于无形，防患于未然"⑤。《大公报》在另外一篇报道中又将此义进行了更为详细的阐释，指陈政府对于此案件"不能穷究、不可穷究、不必穷究"。"不能穷究"，在于中国没有专门之巡捕；"不可穷究"，外国在华治外法权也限制了中国侦探的破案；"不必穷究"为作者着重论述。一在于刺客自古有之，未闻尽得而处治之；

---

① 中国第一历史档案馆编：《光绪宣统两朝上谕档》（第 31 册），第 134 页。
② 同上书，第 141 页。除设立巡警部外，清政府还颁行了《新订铁路专车巡警章程》、《山海关内外京津各铁路巡警稽查职守新订章程十八条》等章程。前者规定："嗣后中外大臣奉差乘坐专车者，以及随员、从役均发给执照"、"奉差大臣之眷属戚友迎送者，均先期领迎送票，查明放入，至月台止，不得上车"，等等。见《新订铁路专车巡警章程》，《大公报》1905 年 11 月 21 日。此外，清政府鉴于缺乏专门侦探，在工巡局添设侦探、警务二科，"督饬专心肆习"。见《工巡局拟设侦探研究二科》，《申报》1905 年 10 月 11 日。
③ 在巡警部创办前后，袁世凯还派遣巡警至京维持治安。1905 年 12 月 24 日，在华外国人埃·巴克斯曾这样写道："首都的警政大有改进。南城由袁从省会调来的一支兵力维持治安，他们控制的街头交通令人赞佩，各城门不再出现堵塞现象，人人都必须循序而行不准许向前猛冲猛撞，即便是由德国兵驾着的笨重四轮运货马车也不准破坏马路规章。"见骆惠敏编，刘桂梁等译《清末民初政情内幕》（上），知识出版社 1986 年版，第 431 页。
④ 陆宗舆：《五十自述记》，第 3 页。
⑤ 《恭读十月二十九日上谕不得株连无辜致滋扰累谨注》，《大公报》1905 年 11 月 28 日。

一在于刺客之所为在于反对立宪，如果政府坚持立宪宗旨，"彼党无从施其反动之力，自必久而涣散"，一在于案件爆发后，舆论界即纷纷扰扰，倘必获真正之党羽，"则株及连累亦无已时"，于此之际不如专意立宪。① 显然，舆论界着力强调政府当前要务在于推行政治改革，不能因暗杀事件受阻。在舆论影响下，清政府逐渐改变严办宗旨。

10 月 3 日，清政府侦探人员在北京保安寺抓获四人，该四人自认革命党人，并供认出吴樾姓名，然而政府并未全部逮捕，除张榕外一律释放。② 在张榕被捕后，三品衔分省补用道黄中慧即与张榕之同乡京官翰林侍读世荣、工部主事安海澜等禀请袁世凯将张榕释放。③ 10 月 30 日，黄中慧等六人又联名将此事公呈政府。④ 然而最终未果，张榕被判以永远监禁。此外，通过拍照走访工作也确定了吴樾的身份。⑤ 确定吴樾身份后，政府随即调查曾与吴樾同住的汪炘。调查工作由天津派来的侦探王、史二人负责，二人伪装为吴樾同党，称恐有函件遗留致遭拖累，汪信之，遂将底细说出。⑥ 汪炘为顺天候补县，被捕后由巡警部尚书徐世昌亲自密审，又经与铁良会商，"拟擢用之，以安反侧"⑦。此外，袁世凯委令倪嗣冲调查保定高等学堂，鉴于吴樾在学堂之时"貌似安份，

---

① 《炸弹破案汇志书后》，《大公报》1905 年 11 月 16 日。

② 《电保释放误拿之刺客党羽》，《申报》1905 年 10 月 18 日。

③ 《张榕改名之原因》，《大公报》1905 年 10 月 18 日。

④ 《联保炸弹冤案公呈》，《时报》1905 年 11 月 15 日。张榕原名张焕榕，字阴华，1884 年生于沈阳，1903 年至北京，在译学馆学习俄文。1904 年日俄战争发生后，张榕弃学回辽，目睹战争惨状，遂组织"关东独立自卫军"，以保卫国土。然此举为政府不容，被勒令解散。1905 年 7 月，张榕回到北京，开始创办秘密刊物，鼓吹革命，并与吴樾结成生死之交。吴樾案后，追查出张榕实与谋，将其逮捕。中国社会科学院近代史研究所中华民国史研究室编：《中华民国史资料丛稿·人物传记》（第 8 辑），中华书局 1980 年版，第 14—15 页。

⑤ 李宗邺、邹鲁皆指出吴樾照片为桐城会馆的相关人员所认出。卞孝萱、唐文权编：《辛亥人物碑传集》，团结出版社 1991 年版，第 95 页；邹鲁：《中国国民党史稿》，上海书店据商务印书馆 1947 年版影印，第 684 页。时为保定高等学堂学生的屠季和则回忆，吴樾照片由保定警局王缙之弟王景福认出，王景福为保定高等学堂学生。屠季和：《清廷查办吴樾炸弹案和天津学界请愿立宪见闻》，中国人民政治协商会议全国委员会文史资料研究委员会编：《辛亥革命回忆录》（6），文史资料出版社 1963 年版，第 586—587 页。

⑥ 《炸弹破案汇志》，《大公报》1905 年 11 月 15 日。

⑦ 《电报一》，《时报》1905 年 11 月 14 日；《南方报》亦报道：汪炘被捕后，庆亲王奕劻主张"宜澈究"，而慈禧以无确实证据，"不欲株连"。见《两宫不允株连汪某》，《南方报》1905 年 11 月 15 日。

并无异常举动"，学堂监督以及其他管理人员未能事先觉察"其情可原"①，监督王景禧因此仅记大过。② 介绍吴樾入住桐城会馆的吴樾同乡、户部主事金寿民亦未受重罚，"仅予诖误了事"③。至此，案件调查基本结束。

综观清政府对吴樾炸弹案的调查，经历了从"严办"到"宽办"的转化。在考政大臣遇刺之后，清政府为了维护统治权威，在案件调查之初确立了"严办"方针，试图以此展示政府对社会的控制力。然而，当时革命派力量与日俱增，清政府实无能力彻查此事。社会舆论强调彻查此事并无多大必要，普遍希冀清政府不为炸弹所阻，应当重整旗鼓，加快推进政治改革的步伐。无疑，这种舆论氛围被清政府所利用，在案件侦破上采取了不予深究的"宽办"策略。章士钊曾言："此案发后，政府内虽紧迫，外示从容。……办案程序，并不十分严厉。大抵清廷末造，恌怯成风，不敢滥兴大狱，以耸中外观听，理或然也。"④ 其言不为无由，但是我们也不能忽视清政府最终宽办此案的策略考量。

第四节　炸弹案之影响

一　考察团重组

吴樾谋炸五大臣不仅引起了清政府的极大恐慌，身历其事的考察团成员更是如此，心理大都产生了不小波动，"言及出洋直有谈虎色变之势"⑤。是以炸弹案后，考察团首先在人事上进行了调整。

其一，更换考政大臣。考政大臣中以载泽和绍英的伤势为重。载泽耳朵受震，于炸弹案后请假，慈禧之意由载振替换载泽，然而载振"殊不愿往"⑥。10

---

　① 《吴樾狙击五大臣后倪嗣冲等上袁世凯密禀》，《中华民国开国五十年文献》（第 1 编·第 13 册），第 588 页。

　② 《车站炸弹案之株累》，《申报》1906 年 2 月 27 日。

　③ 章士钊：《书吴樾狙击五大臣事》，中国人民政治协商会议全国委员会文史资料研究委员会编：《文史资料选辑》（第 10 辑），中华书局 1961 年版，第 153 页。

　④ 章士钊：《书吴樾狙击五大臣事》，中国人民政治协商会议全国委员会文史资料研究委员会编：《文史资料选辑》（第 10 辑），第 153 页。袁世凯的幕僚张一麐亦言政府之所以不予深究的原因在于"此时海外革命风潮正盛，雅不欲激成士气也"。张一麐：《心太平室集》（卷 8），第 466 页。

　⑤ 《祝速行》，《大公报》1905 年 11 月 13 日。

　⑥ 《改派出洋大臣消息》，《南方报》1905 年 10 月 8 日。

月10日，载泽假满后蒙两宫召见，慈禧言："汝等虽受惊，然考求政治益不容缓，万勿因噎废食，贻笑外人。"① 载泽在答语中亦表明了志在出洋的决心："幸庇慈佑，伤早告瘳，即当与端方等速商定出洋考察政治，以期报国。"② 由此，载泽仍然出行。绍英在考政大臣中伤势最重，有报道称，绍英受伤后，"力辞此任，然政府又未便取回成命，特即降旨，派其办理北京考察政治馆事宜"③，另外一位管理大臣为副都御使张仁黼。④ 其他考政大臣徐世昌、戴鸿慈、端方虽仅受惊吓，然而思想上所受冲击颇大，这从初选随从人员沈曾植致家人信函可以看出："经炸弹后有戒心而难明言，风传有换人之说。徐得警部已揭晓，端文部尚未揭晓，各有心事，行期遂阁起不谈。"⑤ 清政府在调查吴樾案的过程中成立巡警部，徐世昌出任尚书，且北洋秋操在即，也不再出行。

　　至此，原来的五位考政大臣变成三位，由于此前分途考察的安排已经确定，是以需要补充两位考政大臣以顶替徐世昌、绍英。前文述及，政府曾经筹划在第一个考察团出洋后，再续派考察团出洋，考政大臣包括出使朝鲜大臣曾广铨及丁忧山东布政使尚其亨，但这一决议并未明发。吴樾炸弹案之后，政府确有以曾广铨代替不能出洋的徐世昌的打算，据《时报》探得消息："初八日奉电旨，着派出使朝鲜国大臣曾广铨偕同载泽等出洋考察政治。"又称："命曾广铨代徐世昌出洋考察政治。"⑥《北华捷报》亦曾报道："没有阻碍的话，考察团将

---

① 《召见泽公要闻》，《南方报》1905 年 10 月 23 日。

② 《五钦使出发问题》，《时报》1905 年 10 月 18 日。

③ 《再纪政治馆》（录《天津日日新闻》），《华字汇报》1905 年 12 月 24 日。然有的报道则与此截然相反，如《时报》称，绍英受伤后，"亲友僚寅中有隐讽以伤重辞差者"，而绍英则不以为然，慷慨言道："越千一身何足惜，使我死后而宪法确立，则荣于生矣，况各国无不流血之宪法，或以此而后有平和之望。"见《车站炸弹案汇闻》，《时报》1905 年 10 月 16 日。笔者认为，这两则报道虽然截然相反，但可能皆为真实报道。《时报》的报道在考政大臣遇刺不久，是以绍英或能对同僚慷慨陈词。然《华字汇报》的报道或许更能反映绍英的真实心理状态。

④ 《杂俎·光绪三十一年十月中国事纪》，《东方杂志》1906 年第 1 期，光绪三十二年一月二十五日，第 6 页。

⑤ 上海图书馆历史文献研究所编：《历史文献》（第 6 辑），上海古籍出版社 2004 年版，第 193 页。《申报》亦称，政府筹设学部，初意以孙家鼐为尚书，孙家鼐固辞，又欲改任端方。《建设学部要闻二则》，《申报》1905 年 11 月 1 日。

⑥ 分别见《电报一》，《时报》1905 年 10 月 9 日、《电报一》，《时报》1905 年 10 月 12 日。类似报道又见《续派游历大臣》，《南方报》1905 年 9 月 29 日、《改派曾广铨代徐世昌出洋》，《申报》1905 年 10 月 11 日。

仍有五位考政大臣，他们是载泽、戴鸿慈、端方、李盛铎、曾广铨。曾广铨是前驻英大臣曾纪泽的侄子，后来成为其养子，他接受过很好的教育，能说流利的英语、法语，他毫无疑问将胜任这一使命。"① 然而，呼声很高的曾广铨最终落选。

关于李盛铎入选考政大臣，舆论界早有耳闻。9月24日，清政府任命李盛铎为出使比利时大臣。然而，各国普遍对此不以为然，"因其前驻日本声名太劣"，"素为外人所鄙笑"②。对于清政府这一出人意料的任命，国内舆论亦是议论纷纷，《大公报》即推测政府任命李盛铎为驻比公使的真实目的在于"继考查政治之绍大臣后者，未知确否"③。另有报道称，李盛铎系端方所保，尚其亨系徐世昌向庆亲王奕劻助力保。④ 同时，尚其亨与某邸为儿女亲家，也为他入选考政大臣增加了极有分量的砝码。⑤

10月26日，清政府颁布上谕，着尚其亨、李盛铎会同载泽、戴鸿慈、端方前往各国考察政治。⑥ 同时，清政府特电即将期满回国的驻外使臣"暂留本署"，俟考政大臣出洋后，随同各大臣一同考察。⑦

曾广铨未能入选考政大臣或许出于无人保荐，舆论界对此亦是深表惋惜，《北华捷报》即称："此前我们以为曾广铨会入选，这对中国来讲无疑是一个很好的选择。但是我们明白，如同曾广铨在伦敦被人们所知道的那样，在当下关头，他在朝鲜亦是必不可缺的人选。……尚其亨也许是一个不错的人选，但是他不懂外语，并且毫无与外国人打交道的经验。"⑧

现在我们来简单介绍一下尚其亨、李盛铎。尚其亨生于1859年，字惠丞，号会臣，镶蓝旗汉军尚其沣佐领下人，1877年捐候选同知，八月考取国史馆协修官。1885年中式顺天乡试举人，1887年经河道总督李鹤年奏调办理河工，因功保奖知府。1892年中进士，1894年选授山东武定府知府，次年调任曹州府知

① "The Travelling Commission", October 13, 1905, *North China Herald*, p. 106.

② 《各国不认李钦使》，《大公报》1905年10月3日。

③ 《李盛铎出使比国》，《大公报》1905年9月29日。

④ 《改简出洋大臣原因》，《申报》1905年11月5日。

⑤ 《尚孙二人之同梦》，《民立报》1905年11月15日。

⑥ 中国第一历史档案馆编：《光绪宣统两朝上谕档》（第31册），第171页。

⑦ 《电留满任各使以俟五大臣》，《时报》1905年11月20日。

⑧ "The New High Commissioners", November 3, 1905, *North China Herald*, p. 260.

府，受到山东两任巡抚李秉衡和张汝梅的褒奖。1898 年蒙恩召见，11 月 2 日简放山东督粮道。后由山东巡抚毓贤奏调办理河工；1902 年简放山东按察使，由于办理河工卓有成效，次年赏给头品顶戴；1904 年在署藩司任内护理山东巡抚，1905 年 1 月 11 日简放山东布政使，2 月 2 日丁忧回旗。①

李盛铎生于 1858 年，江西德化县人，字椒微，号木斋，出生于书宦之家，其曾祖李恕喜藏书，建藏书堂"木犀轩"，藏书 10 万多卷。1879 年，其父李明墀调补湖南巡抚，"生平好聚书，廉俸所余辄购置经籍，所藏多至数十万卷"②。李盛铎受家庭熏陶，醉心诗书，1879 年乡试中式，1889 年中进士，授翰林院编修，1891 年充江南乡试副考官，1894 年充会试同考官，1895 年奉旨以御史用，1898 年补江南道监察御史，后奉旨赏给三品卿衔，以四品京堂候补充出使日本国大臣。1900 年补授内阁侍读学士，同年十一月补授顺天府府丞。1902 年回京覆命，同年七月署理太常寺卿。③ 李盛铎思想比较先进，戊戌年间康有为组织保国会时，时任御史的李盛铎"乃就康谋，欲集各省公车开一大会，康然之，是为保国会议之初起"④，遍发传单，李盛铎为首先签名之发起人。⑤ 后见势头不好，李盛铎与御史潘庆澜、黄桂鋆对保国会"屡疏劾之"⑥。后因沈荩案"假借告密复官进级"⑦，得到慈禧信任。前文述及，早在 1901 年李盛铎即有改行宪政的奏陈，并将派遣官员出洋考察各国政治作为步骤之始。

综观载泽、戴鸿慈、端方、尚其亨、李盛铎五位考政大臣，正如革命派所言，他们不是"最亲爱之天潢"，就是"极老成之卿相"⑧。五人中只有李盛铎曾经出任出使日本大臣，与国外有过直接接触，其他人则皆未出过国门，对资本主义国家缺乏感性认识。然而，我们不得不说这是当时清政府所能派出的最佳人选。载泽年纪较轻，在宗室中以年少有为、通达时务著称。戴鸿慈在遣使谕旨颁布之前，提议重大政治由政务处会集廷臣共议，为设立上议院做准备，

① 秦国经主编：《清代官员履历档案全编》（第 7 册），第 765—766 页。
② 李盛铎等：《德化李大中丞行状》，铅印本。
③ 秦国经主编：《清代官员履历档案全编》（第 8 册），第 757 页。
④ 《戊戌政变记》，《饮冰室合集·专集之一》（第 6 册），第 74 页。
⑤ 刘禺生：《世载堂杂忆》，第 142 页。
⑥ 梁启超：《戊戌政变记》，《饮冰室合集·专集之一》（第 6 册），第 19 页。
⑦ 章士钊：《疏〈皇帝魂〉》，《辛亥革命回忆录》（1），第 292 页。
⑧ 章开沅等主编：《辛亥革命史资料新编》（第 5 卷），第 13 页。

亦颇得政府重视。端方是少壮派地方督抚，由于力行改革、倡导立宪政治而颇称时论，社会威信很高。唯有尚其亨入选考政大臣出乎人们意料，其在考察过程中的荒谬表现证明他不是适当人选。

其二，调整随行人员。吴樾炸弹案后，不少考察团随从人员从原来的争取出洋变为寻找借口推托出洋，是以炸弹案之前选拔的随从人员多有不行者。另外，随着考政大臣的更动，另有新调人员随同出洋。

前文述及，8 月 28 日考政大臣会同奏调随从人员 40 人，其中章宗祥、陆长佑、田步蟾、萨荫图、段书云、朱宝奎、姚锡光、金还、袁克定、沈曾植、丁士源、程璧光，共计 12 人，最终没有随同出洋考察，其原因不一，最重要的原因则为受到吴樾炸弹案的影响。有报道称商部主事田步蟾、章宗祥即属此类："嗣因车站遇变，各随员中咸有戒心，竭力运动中止。田、章二员刻已奉商部堂官咨请，仍留本部当差。并闻田君已奉委派往东三省考察商务，盖田系运动会中绝奸手段也。"① 另如袁克定、丁士源，大体亦属此类。② 另外有些随从人员看到巡警部新设，普遍萌生"与其冒险出洋，冀得功名显贵，不若谋新舍旧，亦可捷足先登"的心态。③ 从上述报道可以看出，舆论界对这些见风使舵者极为不满，予以曝光无疑是最强烈的谴责。其他如金还，江苏上元人，湖南候补道员，经端方奏调随同出洋，后因奉天将军赵尔巽奏调而不再出行。④ 如萨荫图，在吴樾炸弹袭击中受伤严重。⑤ 如朱宝奎、程璧光皆由徐世昌选拔，徐世昌滞行后，这些人亦不再出洋。⑥ 如沈曾植，端方令其在上海设立编译局，并主持事务。如段庆熙为段书云之子，或许是段书云保荐了段庆熙，而自己不再出行。⑦

---

① 《出洋随员运动留部》，《申报》1905 年 11 月 14 日。

② 《新闻报》报道称："随员等经此一番危险，亦多萌退志，托故辞委，以故从前所派之随员大有更动。闻观察袁克定及北洋陆军中军官丁士源均已辞退，不复随往。"《考察政治大臣行期》，《新闻报》1905 年 10 月 14 日。

③ 《出洋随员之变态》，《申报》1905 年 10 月 19 日。

④ 秦国经主编：《清代官员履历档案全编》（第 8 册），第 85 页。

⑤ 戴鸿慈：《出使九国日记》，第 313—314 页。

⑥ "The High Commissioners and their Suites", August 25, 1905, *North China Herald*, p. 467.

⑦ 报载："浙江候补知府段子敬太守庆熙于去岁禀到后，近方奉委承办牙厘局提调，现奉戴大臣电调随同出洋考察政治，因之克日即当起程。"《段太守奏调出洋》，《时报》1905 年 12 月 13 日。

因为尚其亨、李盛铎代替徐世昌、绍英，徐、绍的随从人员分别转随尚、李。[①] 此外，尚其亨、李盛铎又奏调数名随从人员。如李盛铎奏调戢翼翚，尚其亨奏调陈恩焘、姚鹏图。[②] 绍英也推荐了一些人员，如杨寿楠，据杨记载："绍左丞召余至医院，以泽公奉使重洋须得能员襄赞，再三劝驾，不能再辞。"[③]

11 月 23 日，五大臣又会同奏调 16 人：左秉隆、吴宗濂、严璩、陈恩焘、钱恂、冯国勋、段庆熙、戢翼翚、杨寿楠、夏曾佑、姚鹏图、刘钟琳、冯祥光、管尚平、世善、李经畬。[④] 又奏赵从蕃等随同一体供差，奉旨依议。[⑤] 其中世善、李经畬最终未行。[⑥] 除冯祥光、管尚平加入端方、戴鸿慈考察团外，其余 13 人全部加入载泽考察团。另外，不少随从人员未见于历次奏调、咨调名单，当为临时加入者。如关葆麟为第一次所奏调之关赓麟异母弟，1886 年生，1899 年考取上海英华书院，习英文。1902 年，入广肇学堂学习，1904 年，以最优等毕业，任广肇学堂教习。在关赓麟被奏调为随从人员后，被戴鸿慈、端方选拔为英文翻译。[⑦] 另如吴樾炸弹案后谋入考察团的革命党杨毓麟。

实际上，除吴樾炸弹案的阴影外，新调随从人员亦有其他顾虑。如夏曾佑为李盛铎所调，汪康年曾力劝其随同出洋，然而他对于是否出洋颇费考虑，其在 1905 年 11 月 28 日致汪康年函中曾列举所虑者数条：

> 一，近日贵人好为敷衍之举，言虽如此而意则如彼，若如其言而应之则转非彼意。弟前实不敢不虑及此，故未敢遽应。
>
> 一，大臣有五，同行者又数十人，真真不易对付。若有过节，弥缝不

---

① 《移交随员》，《华字汇报》1905 年 10 月 30 日。

② 参见《钦使又调随员》，《大公报》1905 年 11 月 7 日；《电调出洋随员》，《时报》1905 年 12 月 2 日；《调姚大令出洋》，《大公报》1905 年 12 月 31 日。

③ 杨寿楠：《觉花寮杂记》（卷 1），第 3 页，《云在山房类稿》（第 4 册），铅印本，不著出版年。

④ 戴鸿慈：《出使九国日记》，第 315 页。

⑤ 中国第一历史档案馆编：《光绪宣统两朝上谕档》（第 31 册），第 188 页。赵从蕃本为李盛铎奏调随同出使比利时参随，由于李被任命为考政大臣，赵亦变为考察团随员。《钦使奏调参随》，《大公报》1905 年 10 月 24 日。

⑥ 如世善为浙江嘉兴府知府，虽奉调出洋，"奈嘉郡防务紧要，未能交卸，业已禀辞作罢矣。"《段太守奏调出洋》，《时报》1905 年 12 月 13 日。

⑦ 关蔚煌：《慎独斋七十年谱》，北京图书馆编：《北京图书馆藏珍本年谱丛刊》（第 181 册），北京图书馆出版社 1999 年版，第 364—386 页。

易，而生平又最拙于为此，故尤不能不惧。

　　一，弟既不通外国语言文字，一失舌人，便成聋瞽，而此次舌人至少，为钦差用尚不敷，岂能旁及我辈。则其苦况，盖有难言者。

　　一，弟素无恒产，居者、行者，皆须为谋。……大约衣服等类非数百金不可。此等之事要之于人则不情，由之于己则无有，此亦一甚难之事。

　　由此，夏曾佑委托汪康年进一步打探考察团的情况，包括李盛铎的真实意图、出洋薪水以及出洋期间是否仍可补缺，等等。① 可以说，这种疑虑具有普遍性，并非仅体现在夏曾佑一人身上。

　　综观考政大臣所选拔之随从人员，皆为政府中人，决定了此次考察团纯粹政府考察团的性质。从人员素质上看，大抵为当时名流，或通外语、或擅交涉、或具其他专门知识，无疑，高质量的随从人员是决定能否考有实效的关键因素。

　　下面我们对两路考察团随从人员的身份做一分析。先来看载泽考察团。

表 4−1　　载泽、李盛铎、尚其亨一路考察团随从人员名单（共 43 名）②

姓名	籍贯	职务	年龄	功名	新式教育
左秉隆（子兴）	汉军旗	补用道	55		广东同文馆
周树模（少朴）	湖北天门	监察御史	41	进士	
刘彭年（惺庵）	直隶天津	监察御史	46	进士	
吴宗濂（挹清）	江苏嘉定	补用道	49	监生	京师同文馆
陈恩焘（幼庸）	福建长乐	候补道	44		福建船政学堂，留学英法

────────

　　①　上海图书馆编：《汪康年师友书札》（第 2 册），第 1394—1395 页。

　　②　《时报》记载，载泽考察团有护卫官 2 名，载泽《考察政治日记》不录，由于护卫官随同出洋，现补入。另据该资料，考察团亦有 3 人留沪办理文报（朱淑程、顾金寿、崔曾耀），由于他们没有随同出洋，编译书籍过程亦不见此三人，故不录。参见《泽尚李三大臣参随各员姓名录》，《时报》1906 年 1 月 12 日。

续表

姓名	籍贯	职务	年龄	功名	新式教育
钱恂 (念劬)	浙江归安	补用知府	51	贡生	
唐宝锷 (秀峰)	广东香山	检讨	27	进士 出身	日本早稻田大学
严璩 (伯玉)	福建侯官	候补道	31		留英
冯国勋 (孔怀)	广东番禺	补用知府	30		留日
柏锐 (峻山)	镶白旗	商部员外郎			京师同文馆、留英
黄瑞麒 (笋腴)	湖南善化	庶吉士	24	进士	
沈觐宸 (簧基)	福建侯官	检讨		进士 出身	京师大学堂、留比
夏曾佑 (穗卿)	浙江杭县	直隶州知州	44	进士	
段庆熙 (芝晋)	江苏萧县	补用知府	33	贡生	
关景贤 (竹朋)	广东番禺	补用知府	31		天津海军医学校
钱锡霖 (泽农)	浙江嘉兴	候选知府		监生	
尚久勤 (翘仲)	汉军镶蓝旗	候选知府		举人	
文澜 (小奇)	汉军正黄旗	知府衔			
葆椿 (伯宣)	镶红旗	候补知县		进士	
刘钟琳 (璞生)	江苏宝应	候补知县	39	举人	

续表

姓名	籍贯	职务	年龄	功名	新式教育
杨灿麟（子书）	江苏丹徒	候补知县			
姚鹏图（柳屏）	江苏镇洋	候补知县	34	举人	
韩宗瀛（莘儒）	安徽望江	候选知县		贡生	上海广方言馆、京师同文馆
徐世襄（君彦）	直隶天津	候选县丞	19		京师大学堂
曹复赓（云清）	江苏元和	县丞衔			日本关西学院
蒋履福（范五）	江苏吴县	同知衔	27		京师大学堂
刘恩源（文泉）	直隶河间	候选同知	28		天津武备学堂、留德
张允恺（季才）	直隶丰润	荫用通判	28		
李焜瀛（符曾）	直隶高阳	刑部员外郎	31		
杨道霖（仁山）	江苏无锡	商部员外郎	49	进士	
钱承锘（念慈）	浙江杭县	商部主事	23	进士出身	日本东京帝国大学
杨寿楠（味云）	江苏无锡	商部主事	37	举人	
戢翼翬（元丞）	湖北房县	外务部主事	27	进士出身	早稻田大学
赵从蕃（仲宣）	江西南丰	工部郎中	30	进士	
王慕陶（侃叔）	湖北宜昌	候选主事			

续表

姓名	籍贯	职务	年龄	功名	新式教育
德奎 （文伯）	镶黄旗	分部笔帖式		进士	
欧阳祺 （祉庭）	广东香山	归国留学生			哈佛大学
周蕴华 （子荣）	顺天府大兴	盐大使衔		进士	
杨守仁 （笃生）	湖南长沙	译学馆教习	33	举人	早稻田大学
赵葆泰 （儒楷）	江苏长洲	京师大学堂 检察官			
刘长礼 （冠廷）	顺天府宝坻	外务部翻译			
荣陞 （保庵）	旗人				
熙春 （厚安）	旗人				

资料来源：《考察政治大臣回华随员名单》，《申报》1906 年 7 月 17 日；《泽尚李三大臣参随各员姓名录》，《时报》1906 年 1 月 12 日。以及综合《端忠敏公奏稿》、《考察政治日记》、《最近官绅履历汇编》、《清末民初中国官绅人名录》、《清代官员履历档案全编》和相关近现代人物工具书整理而成。

载泽考察团主要考察日、英、法、比四国，该四国皆有参随人员专驻。

表 4 - 2　　　　　　　载泽一路考察团专驻各国人员名单

专驻英国	严璩、李焜瀛、张允恺、欧阳祺、徐世襄
专驻比利时	吴宗濂、杨灿麟、沈觐扆、蒋履福
专驻法国	段庆熙、赵葆泰
专驻日本	刘彭年、钱恂、唐宝锷、杨道霖、戢翼翚、钱承锧、夏曾佑、文澜、杨守仁

资料来源：《三大臣随员分驻各国》，《时报》1906 年 1 月 14 日；《泽尚李三大臣所至各国及参随各员名单》，《申报》1906 年 1 月 29 日；《泽尚李三大臣所至各国及参随各员之名单》，《满洲日报》1906 年 1 月 30 日。

以下是载泽考察团主要随从人员的简要介绍。

左秉隆，广州正黄旗，广东同文馆学生，汉军京城忠山佐领下翻译生员。1872 年由广东同文馆咨送到京师同文馆学习，习英文。① 1878 年出任驻英使署翻译官，1881 年至 1891 年任驻新加坡领事。② 任职期间，关心华侨疾苦，大力发展文教，"掀起华侨社会启蒙运动的热潮"，至其离任，新加坡侨民赠万民伞、上德政碑。③

周树模，湖北天门人，1885 年中举人，1889 年会试中式贡生，改庶吉士，次年散馆授职编修。1891 年充广东乡试副考官，1894 年充会试同考官，1902 年充江西道监察御史、顺天乡试同考官，次年充山西乡试副考官，1904 年截取知府，次年京察一等，由载泽奏请随同出洋考察政治。④

吴宗濂，1879 年由上海广方言馆咨送到京师同文馆学习，学习法文。⑤ 1882 年经总理衙门奏请为附贡生，1885 年充驻英使馆法文学生，1887 年充驻法使馆三等翻译官，1889 年加知府衔，1892 年加盐运使衔，1896 年以道员不论双单月遇缺即选，并加二品衔。1897 年充驻英二等翻译官，1902 年充驻法二等参赞，次年充驻日斯巴尼亚国（西班牙）代办使事。1905 年出使法国大臣孙宝琦奏保使才，奉旨交军机处存记。⑥ 据《申报》报道，孙宝琦在向商部保荐吴宗濂时称其"精通法律，办事勤能，又谙法国语言文字"⑦。俞钟颖称其"学识闳粹，足迹万里，曾三游欧洲，闻见弥博"⑧。据 1901 年出版的《寿萱室条议存稿》一书所载，此时吴宗濂已经编纂多部著作，已经印成的有《随轺笔记四种》、《德国陆军考》、《出洋通商举隅》、《商务返镜》；《武志说略》译竣待印；正在翻译之中的有《法国学校章程》、《法国史记提要》、《绘图法史问答》、

①　朱有瓛：《中国近代学制史料》（第 1 辑·上），华东师范大学出版社 1983 年版，第 278、27 页。

②　程光裕：《常溪集》，中国文化大学出版部 1996 年版，第 1939 页；中国第一历史档案馆等编：《清季中外使领年表》，中华书局 1985 年版，第 73 页。

③　参见程光裕《常溪集》，第 1939 页。

④　秦国经主编：《清代官员履历档案全编》（第 7 册），第 556—557 页。

⑤　朱有瓛：《中国近代学制史料》（第 1 辑·上），第 53、280 页。

⑥　秦国经主编：《清代官员履历档案全编》（第 8 册），第 291 页。

⑦　《星使保荐能员》，《申报》1905 年 3 月 22 日。

⑧　俞钟颖：《随轺笔记四种》"序"，沈云龙主编：《近代中国史料丛刊正编》第 59 辑（584），（台北）文海出版社影印版，第 5 页。

《绘图列国史略》、《中西启衅本末》、《德国海军及属地考》、《法外部章程》、
《法海军章程》。①

钱恂，由附贡生报捐县丞，1889 年经薛福成奏调出洋当差，1891 年经许景
澄奏调派驻德、俄两国，1893 年经龚照瑗奏调派驻法国。1895 年，张之洞在署
两江总督任上电调回华，后又跟随张至鄂，历充洋务文案，武备自强两学堂、
护军营、洋务局、枪炮局各提调。② 后历充出使英法德美比奥等国大臣参赞、
随员，日本留学生监督，第二次保和会公使。③

张允恺，曾任驻德公使馆三等通译官，二等秘书。④

严璩，严复子，1896 年经罗丰禄奏调随使英国，1901 年随使德国，充三等
翻译官，1902 年由管理大学堂事务大臣张百熙派入编译处办理编译事宜，同年
秋经孙宝琦奏调随使法国，充三等参赞官，1905 奏派到安南等地考察商情。⑤

杨道霖，1883 年，由薛福成介绍入天津道刘树堂幕，次年入宁绍台道薛福
成幕，1886 年撰成《光绪通商列表》。薛福成出任出使英国大臣后，杨入登莱
青道盛宣怀幕。1890 年撰成《光绪十五年海关贸易册》。1891 年，杨道霖与姚
文栋、李圭、钱恂、胡惟德诸人上书李鸿章请设商务公所，本年中顺天乡试，
次年会试中第 99 名进士，殿试三等第 63 名，赐同进士出身，朝考二等第 5 名。
同年，应张之洞之邀主讲自强书院，兼办理洋务文案。1895 年至京，任北档房
总办，1899 年兼办山海关内外铁路总文案。1903 年保送经济特科，以主事即
补，七月充保惠司掌印，十月补户部山西司主事，次年补商部保惠司员外郎。⑥

杨寿楠，早年与姚鹏图、唐文治、陆彤士等人共同就读于无锡娄东书院，
四人为知交。⑦ 1891 年应试顺天乡试，榜发第 72 名，以后屡次会试不中。1902
年，杨寿楠入孙家鼐幕办理章奏事。1903 年参加商部考试，取列第 17 名，次

---

① 吴宗濂：《寿萱室条议存稿》"附录"，1901 年刊本。

② 秦国经主编：《清代官员履历档案全编》（第 6 册），第 75—76 页。

③ 敷文社编：《最近官绅履历汇编》，沈云龙主编：《近代中国史料丛刊正编》第 45 辑（450），
（台北）文海出版社影印版，第 323 页。

④ 敷文社编：《最近官绅履历汇编》，第 229 页。

⑤ 秦国经主编：《清代官员履历档案全编》（第 8 册），第 194 页。

⑥ 杨曾勘：《柳州府君年谱》，沈云龙主编：《近代中国史料丛刊续编》第 17 辑（163），（台北）
文海出版社影印版，第 1—58 页。

⑦ 汪曾武：《外家纪闻》"卷末杨寿楠跋"，《云在山房丛书》（第 3 册），1928 年刊本。

年任商部保惠司行走，补保惠司主事。① 杨寿楠虽不是通过科举入仕，然其才华横溢，其同乡顾恩瀚称其"博涉文史，才藻冠时，爰自绮岁蜚声艺苑"②。同时，杨寿楠怀抱济世之志，并不满足于以"文人自命"，在广泛涉猎传统经籍的同时，自青年时期起即"一意讲经世学"③。

姚鹏图，1891 年中举，1898 年大挑外用，历官山东兰山知县等职。1903年至日本考察，撰成《扶桑百八吟》一书，以诗作形式描绘日本风物人情，杨寿楠在该书序言中称："君以骚雅之才，任辖轩之役，考山川，志风俗，纪游同，……乐府之新声也。"④ 其人文采为乡里称颂，"诗文灵警华美，不拘一格，久为里人所钦颂"，并好研究书画、碑帖、篆刻、歌曲等，生平著作付刊印者甚多。⑤

赵从蕃，1894 年中进士，奉旨以主事用，签分工部。1902 年，经前顺天府府尹陈璧奏保，由吏部带领引见，奉旨以本部员外郎即补，是年五月补授工部都水司员外郎。1904 年，充会试同考官。⑥

夏曾佑，1902 年中进士，以主事签分吏部，散馆后改归知县，原选山东蒙阴县知县，后改选安徽祁门县知县。⑦ 安徽巡抚冯煦称其"器局安详，学问淹博，于中西政术能观其通"⑧。

沈觐宸，福建船政制造学堂毕业，北京大学财政科毕业，财政学士，法政科进士，翰林院检讨。⑨

戢翼翚，为首批官费留日学生，在早稻田大学留学，被刘禺生誉为"留学日本第一人"⑩。在留日期间，戢翼翚倾向革命，"与孙总理往还最密"，留日学

① 杨寿楠：《苓泉居士自订年谱》，沈云龙主编：《近代中国史料丛刊续编》第 17 辑（164），（台北）文海出版社影印版，第 12、21—23 页。

② 顾恩瀚：《竹素园丛谈》，第 20 页，《云在山房丛书》（第 5 册）。

③ 杨景焄：《趋庭隅录》，沈云龙主编：《近代中国史料丛刊续编》第 17 辑（164），（台北）文海出版社影印版，第 233 页。

④ 姚鹏图：《扶桑百八吟》"卷首杨寿楠序"，《云在山房丛书》（第 9 册）。

⑤ 姚鹏图：《古凤诗词丛钞》，手抄本。

⑥ 秦国经主编：《清代官员履历档案全编》（第 8 册），第 258—259 页。

⑦ 秦国经主编：《清代官员履历档案全编》（第 28 册），第 368 页。

⑧ 冯煦：《蒿庵奏稿》，（台北）成文出版社 1968 年版，第 131 页。

⑨ 敷文社编：《最近官绅履历汇编》，第 147 页。

⑩ 刘禺生：《世载堂杂忆》，第 143 页。

界出版的《译书汇编》及《国民报》皆其主持之。1900年秋参加自立军，1901年，在上海发刊《新大陆》月刊，亦鼓吹革命，排斥保皇之论。①

杨守仁，原名毓麟，1897年中举，以知县分发广西，适逢湖南时务学堂成立，被聘为教习。1899年应时任江西学政的瞿鸿禨之聘，入其幕府，又入湘绅龙湛霖教馆，1902年赴日留学，先入宏文书院，继入早稻田大学。② 留日期间撰写数万言的《新湖南》一书，"为杨毓麟民主革命思想成熟的重要标志"③。1902年，《游学译编》在日本东京创刊，杨毓麟任主编。1903年参与拒俄运动，并开始试制炸药。1903年回长沙参加华兴会的筹备工作，并担任外围组织爱国协会会长。1904年11月，杨毓麟与黄兴、刘揆一、章士钊等40余人密谋决定发动起义，因万福华刺王之春事件受到牵连，遂遭到破坏，杨改名守仁，"乃变计溷迹政界，以为发难江海不如溃变中央之收效速也"，任译学馆教习，以此为掩护，策动暗杀活动，"会五大臣出洋，守仁谋充随员以行事"④。

陈恩焘，福建船政水师学堂毕业，为中国第一批留欧学生，1886年派出留学，先由英国海军部送上巡海练船周历东南西洋欧美亚澳各国，后入法国海军部海图衙门学习测绘、驾驶，1889年归国。⑤ 后曾经赴德、英监造海容、海天等舰，充任驻英使署翻译，又赴比利时会同二十六国议员商订江河行船公法。⑥

钱承锝，日本帝国大学法科毕业，商部商务司及商标司办事，朝考赐进士出身，以主事留部学习，保以员外郎即补。⑦

冯国勋，日本留学生，曾任驻日使署、金陵洋务局翻译，专使美国散鲁伊斯赛会正监督大臣随员，奉天警察局总办。⑧

唐宝锷，日本早稻田大学毕业，翰林院检讨，曾任驻日公使馆随员。⑨

---

① 冯自由：《革命逸史》（第3集），中华书局1981年版，第44页。

② 曹亚伯：《武昌革命真史》，第369页。

③ 饶怀民编：《杨毓麟集》"编者前言"，岳麓书社2001年版，第6页。

④ 曹亚伯：《武昌革命真史》（上），第369、371—372页。关于杨毓麟记载又见陶菊隐《筹安会"六君子"传》，第16页；冯自由：《革命逸史》（第3集），第77页。

⑤ 李喜所：《中国近代第一批留欧学生》，《中国近代社会与文化研究》，人民出版社2003年版，第646页。

⑥ 敷文社编：《最近官绅履历汇编》，第238页。

⑦ 同上书，第323页。

⑧ 同上书，第274页。

⑨ 同上书，第210页。

欧阳祺，美国纽约大学毕业，得法学学士、硕士学位。①

曹复赓，先后留学日本、美国、德国，安庆高等学校英文教师，上海、南京美国领事馆通译，川汉铁道通译，南京洋务局英文通译。②

刘恩源，天津武备学堂学生，德国留学生。③

再来看端方、戴鸿慈考察团的随从人员。

表4－3　　　　　　　端方、戴鸿慈一路随从人员（共33名）

姓名	籍贯	职务	年龄	功名	新式教育
陆宗舆（闰生）	浙江海宁	内阁中书	29	举人出身	早稻田大学
邓邦述（孝先）	江苏江宁	编修	37	进士	
关冕钧（耀芹）	广西苍梧	编修	31	进士	
熊希龄（秉三）	湖南凤凰	庶吉士	35	进士	
麦鸿钧（慰农）	广东三水	庶吉士	39	进士	
王伊（四民）	河南罗山	户部主事		进士	
龙建章（伯扬）	广东顺德	户部主事	33	进士	
关赓麟（颖人）	广东南海	兵部主事	25	进士	广雅书院、日本宏文书院、京师大学堂
光裕（容伯）	正红旗	兵部主事	40	监生	
冯祥光（玉潜）	广东番禺	道员	28	举人	留德

---

① 敷文社编：《最近官绅履历汇编》，第327页。
② 同上书，第213页。
③ 同上书，第309页。

续表

姓名	籍贯	职务	年龄	功名	新式教育
刘若曾（仲鲁）	直隶盐山	长沙府知府	46	进士	
管尚平（成夫）	江苏吴县	同知衔	26		京师同文馆、驻俄使馆留学生
罗良鉴（毅子）	湖南善化	震泽县知县			
温秉忠（荩臣）	广东新宁	道衔	44		留美
王丰镐（省山）	江苏上海	候选道	47	举人	京师同文馆、英国格林大学
施肇基（植之）	浙江杭县	候选知府	28	监生	圣约翰书院，美国华盛顿大学、康奈尔大学
伍光建（昭扆）	广东新会	候选知府	38		天津水师学堂、英国格林大学
潘睦先（季儒）	江苏吴县	候补同知	34	贡生	
陈琪（兰薰）	浙江青田	选用同知			江南陆师学堂
朱纶（伯言）	云南华宁	候选同知			
陈毅（尧甫）	四川成都	候补知州	28	贡生	
岳昭燏（鞠如）	浙江嘉兴	候选知县	26		驻俄使馆留学生
田吴炤（伏侯）	湖北江陵	选用知县	35	举人	两湖书院、日本成城学校
恒晋（康侯）	旗人	候补知县			
金焕章（文山）	浙江	候补知县			

续表

姓名	籍贯	职务	年龄	功名	新式教育
姚广顺 （镇山）	湖南	湖南 补用参将			
舒清阿 （质甫）	荆州 驻防旗人	湖南常备 军统带官	28		日本陆军士官学校
唐文源 （丽泉）	广东香山	盐大使			天津海军医学校
唐元湛 （露园）	广东香山	电报局总办	44		留美
关葆麟 （平孙）	广东南海	教习	19		英华书院、广肇学堂
吴勤训 （经畬）	江苏泰兴				震旦学堂、两江大学堂
谢学瀛 （吉士）	江苏无锡		24		
刘驹贤 （千里）	直隶盐山				

资料来源：端方：《端忠敏公奏稿》；戴鸿慈：《出使九国日记》；《出洋考查政治大臣奏调随员衔单》，《大公报》1905 年 9 月 2 日；敷文社编：《最近官绅履历汇编》。

以下是端方、戴鸿慈考察团主要随从人员的简要介绍。

邓邦述，1891 年由附生中式举人，戊戌科贡士，改翰林院庶吉士，1903 年散馆一等，授职编修，充国史馆协修，是年充顺天乡试同考官。[1]

关冕钧，"幼即歧嶷嗜读"，"癸巳、甲午联翩成进士"[2]。1893 年中举人，次年中进士，朝考一等，改翰林院庶吉士，次年散馆授职编修，1898 年充国史馆协修官，1902 年充编书处纂修官，次年充功勋馆纂修官。1904 年充恩试同考官，次年经掌院学士保送考南书房。[3] 时人称其"广交游、好谈宴，究心经世

---

① 秦国经主编：《清代官员履历档案全编》（第 8 册），第 273 页。
② 佚名：《苍梧关太守行述》，铅印本，不著出版年，第 2 页。
③ 秦国经主编：《清代官员履历档案全编》（第 7 册），第 654 页。

之略"，与当时京曹"多厌厌无生气"之态迥异。① 此外，关冕钧"于古器物书画精鉴别，收藏宏富"②。

刘若曾，1889 年由进士改庶吉士，次年散馆授职编修，历充国史馆协修、正黄旗官学考校官、会试同考官。1894 年充河南乡试正考官，1897 年充教习庶吉士、功臣馆撰修。1901 年充方略馆纂修，国史馆纂修，功臣馆总纂，1902 年充八旗学堂副总办。同年以道员用，充湖南辰州府知府。③ 端方于 1904 年 12 月调补湖南巡抚，上任之初即奏调刘若曾为长沙府知府，称其"性情淑均，治行卓著"④。刘若曾的确不负厚望，"所至皆有政绩，民至今思之不忘"⑤。

岳昭燏，驻俄公使馆附留学生，曾充湖北、江苏督抚衙门洋务文案。⑥

管尚平，1896 年入京师同文馆学习俄文。后充驻俄使馆学生、翻译官。⑦

王丰镐，1887 年由附生投考京师同文馆，学习英文。⑧ 1889 年由薛福成奏调出洋担任翻译及办理文案等事务，继入伦敦格林大学校。⑨ 1892 年报捐县丞，次年加同知衔。1895 年请假赴美考察农工商务，归国由盛宣怀奏调充洋务随员，办理铁路、矿务等。1901 年由蔡钧奏调出洋，充参赞，又署横滨总领事官。1902 年中举，经户部侍郎戴鸿慈奏保经济特科。⑩

陈琪，1896 年入江南陆师学堂，课余自学英语，在陆师学堂学习三年，历考优等，期满考取一等第一名毕业，由都察院都事保升同知。孙宝琦称其"品学均优，精娴武备内外功课，并熟谙英文英语，亦能乘马随同国君大阅操演"⑪。1901 年奉两江总督命赴日本考察军事，得见日本学习西方后崛起，于是

① 卞孝萱、唐文权编：《民国人物碑传集》，团结出版社 1995 年版，第 252 页。
② 同上书，第 252—253 页。
③ 秦国经主编：《清代官员履历档案全编》（第 7 册），第 137 页。
④ 端方：《调补省会知府折》，《端忠敏公奏稿》，第 551—552 页。
⑤ 卞孝萱、唐文权编：《辛亥人物碑传集》，团结出版社 1991 年版，第 764 页。
⑥ 敷文社编：《最近官绅履历汇编》，第 173 页。
⑦ 朱有瓛：《中国近代学制史料》（第 1 辑·上），第 290 页；敷文社编：《最近官绅履历汇编》，第 299 页。
⑧ 朱有瓛：《中国近代学制史料》（第 1 辑·上），第 290 页。
⑨ 《奏保候补道王丰镐等请破格擢用片》，《政治官报》1908 年 5 月 28 日第 209 号。
⑩ 秦国经主编：《清代官员履历档案全编》（第 7 册），第 733 页。
⑪ 《同知陈琪援案作为守备派充驻法武随员由》，（台北）"中研院"近代史研究所档案馆藏外务部档案：02—12—022—01—001。

蓄环游世界之志。1903 年湖南巡抚俞廉三调其到湘襄办武备，奉命再度赴日考察军事。1904 年，受湖南巡抚赵尔巽委派赴美参加万国博览会，负责陈设湖南赛品，并调查实业，会后赴德国考察陆军。此次出国，陈琪花一年时间，游历了日、美、英、法、德、俄、奥、意、葡、西、比、土等国，考察各国的山川风土、工商农矿、政教军事，归国后著有《环游日记》、《新大陆圣路易博览会游记》、《漫游纪实》。① 后任湖南武备学堂监督，端方出任湖南巡抚后，任命陈琪与常备新军标统舒清阿为湖南运动会副会长。②

　　龙建章，1893 年中举，报捐内阁中书，1898 年到阁行走，补授中书。1904年中进士，分户部学习。③

　　熊希龄，1891 年辛卯科乡试中举，次年中进士，1894 年恩科朝考一等，历充湖广营务处、湖南时务学堂、湖南西路师范学堂总办，1898 年戊戌政变后，革职永不叙用。1905 年由盛京将军赵尔巽奏请开复原官，调奉天差遣，充奉天农工商局局长兼地方自治局局长。④ 端方好新学，深重其人，"力张荐剡"，遂随五大臣出洋。⑤

　　姚广顺，端方为规划湖南营务，设置督练处，并训练新军一协，以姚广顺为协统，兼任督练处参议官及参谋处总办，端方称其"练习新操、治军严整"⑥。

　　唐文源，医学堂毕业，1902 年，袁世凯创立北洋军医学校，任监督。⑦

　　潘睦先，湖北试用县丞，因在顺直善后赈捐案内出力，奏保免补本班，以知县仍留原省补用。复因在江苏拿获苏松枭匪案内出力，奏保以同知仍留原省补用。⑧

　　陈毅，由副贡生报捐知县，分指湖北试用，后因缉匪有功，以知州仍留湖

　　① 陈琪：《环游日记》，湖南学务处 1905 年印行，第 1 页。转引自蔡克骄《近代中国博览业的先驱陈琪及其著述》，《近代史研究》2002 年第 1 期。
　　② 《湘抚端札委特用道俞举行运动会文》（录《楚报》），《华字汇报》1905 年 7 月 20 日。
　　③ 秦国经主编：《清代官员履历档案全编》（第 8 册），第 60 页。
　　④ 同上书，第 194 页。
　　⑤ 卞孝萱、唐文权编：《辛亥人物碑传集》，团结出版社 1991 年版，第 361 页。
　　⑥ 端方：《改练新军筹办情形折》，《端忠敏公奏稿》，第 588、599 页。
　　⑦ 敷文社编：《最近官绅履历汇编》，第 208 页。
　　⑧ 秦国经主编：《清代官员履历档案全编》（第 8 册），第 275—276 页。

北补用。1904 年，因广西股匪案内出力，以直隶州知州仍留原省补用。①

吴勤训，早年在震旦学堂学习法文，后卒业于南京两江大学堂，"以青年俊才入幕两江督署，长官咸折节下交，遂饮盛誉"②。

关赓麟，1898 年南海县试第一名，府试第六名，后送广雅书院学习。1901年，本省乡试第 14 名，次年由两广总督陶模选派，与胡汉民等 27 人一道往日本宏文书院学习速成师范，归国后在上海学习英文。1903 年应京师大学堂招考，入仕学馆肄业。1904 年中式第 49 名进士，以主事分发兵部。③

陆宗舆，戊戌政变后自费留学日本，由日本人犬养木堂介绍入早稻田大学，专政科，留学期间曾编译《财政四纲》一书。辛丑和议后，上书李鸿章请定宪法，张百熙出任管学大臣后，请改八旗官学为中小学，于大学堂内开师范、仕学两馆，专招旧学之成材者。④

施肇基，毕业于上海圣约翰书院，1892 年由监生派充驻美使馆学生，又充使馆随员，后毕业于康奈尔大学，获学士学位。⑤ 1902 年，施肇基归国，端方赏其才，委为抚署洋务文案。次年，端方委派施肇基为湖北省留美学生监督。至美后，施肇基的老师，康奈尔大学教授精琪被邀请赴华考察币制，研究改良计划，约施同行为翻译。施肇基回国后入张之洞幕。⑥

伍光建，早年就学于天津水师学堂，为中国第一批留欧学生，1886 年赴英国留学，学习兵船管轮机学，先入英国海军部格林书院肄业两年，学习三角、代数、水学、动力学等，后赴英国公司迈尼外耳和金士哥利士书院肄业一年，1889 年回国。⑦ 由候选知县保升道员，充出使日本大臣随员。⑧

田吴炤，由增贡生肄业两湖书院，1899 年由张之洞派往日本游学，1901 年毕业，续派在日本考察教育，1902 年回国充湖北学务处参议，兼署湖北南路高等小学堂监督并兼管初等小学堂事务。1903 年，湖广总督张之洞、湖北巡抚端

---

①　秦国经主编：《清代官员履历档案全编》（第 8 册），第 378 页。

②　吴勤训：《瀛槎集》，大丰制版印刷公司 1939 年版，第 1 页。

③　关蔚煌：《慎独斋七十年谱》，第 369—385 页。

④　陆宗舆：《五十自述记》，第 3 页。

⑤　敷文社编：《最近官绅履历汇编》，第 181 页。

⑥　施肇基：《施肇基早年回忆录》，第 44 页。

⑦　李喜所：《中国近代第一批留欧学生》，《中国近代社会与文化研究》，第 647 页。

⑧　敷文社编：《最近官绅履历汇编》，第 115 页。

方等会保经济特科，称其"经学、文学皆能讲求有得"，"学堂办法及一切教科书能译能读"①。1904 年，端方调任江苏巡抚后，奏调其赴苏办理学务。②

唐元湛、温秉忠，中国第二批留美幼童，1873 年派出。③ 唐出洋前任中国电报局总办。④

舒清阿，中国第二批日本陆军士官学校留学生，1901 年入日本陆军士官学校步兵科学习，次年卒业。⑤ 端方称其"志识远大，于兵学研求有素"，曾调其就任湖南第一标标统。⑥

总计，载泽考察团随从人员 43 人，戴、端考察团随从人员 33 人。下面我们对随从人员做一分析。

第一，随从人员的年龄。

在已确定年龄的随从人员中，载泽考察团中年龄最大者左秉隆，55 岁，最小者徐世襄，19 岁，大部分 25 岁至 40 岁之间。端考察团年龄最大者王丰镐，47 岁，最小者关葆麟，19 岁，大部分 25 岁至 40 岁之间。显然，两路考察团随从人员年龄结构大致相同。

第二，随从人员的籍贯。参见表4—4。

表 4 - 4　　　　　　　　　　随从人员籍贯分布统计表

考察团	省别	江苏	直隶	广东	浙江	湖北	福建	湖南	安徽	江西	广西	河南	四川	云南	旗籍	合计
载泽	人数（人）	10	7	4	4	3	3	2	1	1					8	43
	百分比（%）	23.3	16.3	9.3	9.3	6.98	6.98	4.65	2.33	2.33					18.6	100

① 端方：《遵保经济特科人才折》，《端忠敏公奏稿》，第225—226 页；苑书义等主编：《张之洞全集》（第2册），第1483 页。

② 秦国经主编：《清代官员履历档案全编》（第8册），第695 页。

③ 王远明主编：《风起伶仃洋》，广东人民出版社2006 年版，第134 页。

④ 敷文社编：《最近官绅履历汇编》，第209 页。

⑤ 郭荣生校补：《日本陆军士官学校中华民国留学生簿》，沈云龙主编：《近代中国史料丛刊续编》第37 辑（370），（台北）文海出版社影印版，第5 页；《日本陆军士官学校中国留学生名录》，《近代史资料》（第80 号），中国社会科学出版社1992 年版，第53 页。

⑥ 端方：《端忠敏公奏稿》，第554、588 页。

续表

考察团	省别	江苏	直隶	广东	浙江	湖北	福建	湖南	安徽	江西	广西	河南	四川	云南	旗籍	合计
戴、端	人数（人）	6	2	9	5	1		3			1	1	1	1	3	33
	百分比（％）	18.2	6.1	27.3	15.2	3.03		9.1			3.03	3.03	3.03	3.03	9.1	100

注：顺天府与直隶虽无行政隶属关系，然顺天府所辖区域在直隶范围内，故将两者合并。

表4—4显示，除旗籍外，随从人员散布全国13个省份，且两路考察团随从人员皆集中于江苏、直隶、广东、浙江、湖南、湖北等省，福建、安徽、江西、广西、河南、四川、云南等省亦有分布，新疆、甘肃、陕西、奉天、黑龙江等偏远省份则全无。随从人员分布的区域不平衡性，凸显的是中国科举教育以及新式教育发展的不平衡性。需要指出的是，随从人员中旗人只占很小的比例，载泽考察团8名（包括汉军旗1人），戴、端考察团3名，这样的满汉比例无疑可以有效避免革命派对清政府袒满排汉的攻击，对汉族官绅亦是很好的拉拢。

第三，随从人员的教育背景。

1. 留学教育背景

载泽考察团已确认具有留学背景者12人，占随从人员的27.91%。广东、福建各3人，江苏、直隶、浙江、湖北、湖南各1人，旗籍1人。戴、端考察团已确认具有留学教育背景者12人，占随从人员的36.36%。广东5人、浙江3人、江苏2人、湖北1人、旗籍1人。

显见，留学生随从人员地域分布大体一致，人数最多的是广东省。原因在于广东是中国留学教育发展最早的省份，早期留美幼童绝大部分是广东籍，当然与戴鸿慈为广东人亦不无关联。就选拔倾向而言，考政大臣注重选择早期留学生及新近授予功名的归国留学生。戴、端考察团的唐元湛、温秉忠为清政府1873年派出的第二批留美幼童。[1] 载泽考察团的陈恩焘、戴、端考察团的伍光

---

[1]　王远明主编：《风起伶仃洋》，广东人民出版社2006年版，第134页。

建为清政府 1886 年派出的首批官派留欧生。① 载泽考察团的戢翼翚、唐宝锷为清政府 1896 年派出的首批留日生。② 载泽考察团的柏锐为同文馆第二届留英生，1899 年派出。③ 遣使谕旨颁布前两天，清政府授予 14 名留学生科举出身，载泽考察团的唐宝锷、钱承锡、戢翼翚授予进士出身，戴、端考察团的陆宗舆授予举人出身。④ 另外，他们当中的不少人颇著时名。严璩为严复长子，曾赴英留学，当时"声名日益藉甚"⑤。欧阳祺毕业于哈佛大学，"长于公法"，舆论称"此次调查宪法必能展其所长，为祖国造无疆之福"⑥。施肇基在康奈尔大学"学习英法德三国文字、经济学、财政学、政治学、商务学、古今史记、公法等门，历经考取优等"⑦。

需要指出的是，革命党杨毓麟、戢翼翚加入载泽考察团，谋求从清廷内部发动"中央革命"。杨、戢皆为留日生，他们入选考察团彰显出革命思潮涌动的时代背景下官方对留学教育控制力的衰弱，以至于对具有革命思想的留学生辨识不清，也展示出革命派革命策略的丰富。

2. 国内新式学堂教育背景

国内新式学堂教育背景。载泽考察团已确认具有国内新式学堂教育背景者 10 人，其中 4 人同时具有留学背景。其中，广东同文馆 1 人，左秉隆；京师同文馆 2 人，吴宗濂、韩宗瀛；京师大学堂译学馆 1 人，徐世襄；天津海军医学校 1 人，关景贤。戴、端考察团已确认具有国内新式学堂教育背景者 10 名，其中 6 人同时具有留学背景。其中，江南陆师学堂 1 人，陈琪；天津海军医学校 1 人，唐文源；广肇学堂 1 人，关葆麟；两江大学堂 1 名，吴勤训。

很明显，具有国内新式教育背景者，约有一半甚至更多的人会选择出国留学。具有国内新式学堂教育背景者多来自外语学校，凸显出洋考察对外语人才

---

① 《三届出洋学生学成并襄办肄业各员出力分别奖励折》，裴荫森编：《船政奏议汇编》（卷41），第 8 页。

② ［日］实藤惠秀著，谭汝谦等译：《中国人留学日本史》，生活·读书·新知三联书店 1983 年版，第 1 页。

③ 转引自刘晓琴《中国近代留英教育史》，南开大学出版社 2005 年版，第 52 页。

④ 中国第一历史档案馆编：《光绪宣统两朝上谕档》第 31 册，第 89 页。

⑤ 王栻主编：《严复集》第 3 册，中华书局 1986 年版，第 781 页。

⑥ 《出洋大臣参赞欧阳祺之历史》（录《顺天时报》），《华字汇报》1905 年 8 月 23 日。

⑦ 中山市档案馆、中国第一历史档案馆编：《香山明清档案辑录》，上海古籍出版社 2006 年版，第 1120 页。

的特殊需求。

3. 科举出身

载泽考察团已确认具有科举功名者 19 人（不包括留学归国授予科举功名者），其中 2 人同时具有留学或国内新式学堂教育背景。戴、端考察团已确认具有科举功名者 15 人（不包括留学归国授予科举功名者），其中 5 人同时具有留学或国内新式学堂教育背景。

载泽考察团具有科举功名者明显更多，正如《时报》所言，载泽考察团"长中文者多，其意重在考察"，戴、端考察团"长于西文者多，其意重在游历"[1]。这些人虽多数无出国经历，但大多究心经世之学。载泽考察团的周树模、刘彭年，为考察团仅有的两名由监察御史入选者，"才识明通，均于泰西各国政治凤所究心"[2]。前文述及，杨寿楠、夏曾佑、关冕钧、刘若曾等人亦讲求经世之学。

综上，科举出身、具有新式教育背景者皆为考察团所重视，展示出当时中国新旧人才并立的格局。为明晰起见，根据上述数据分析列表如下：

表 4-5　　　　　　　　随从人员教育背景统计表

考察团	留学	国内新式学堂	科举	不明
载泽一路	12 人	10 人	19 人	9 人
	27.91%	23.26%	44.19%	20.93%
戴、端一路	12 人	10 人	15 人	7 人
	36.36%	30.30%	45.45%	21.21%

注：具有多种教育背景者则重复计算，因此各种教育背景者所占百分比相加超过百分之百。

第四，随从人员的出洋工作经历（不包括留学经历）。

载泽考察团确认 8 人曾在清政府驻外机构工作：左秉隆、吴宗濂、陈恩焘、钱恂、唐宝锷、严璩、冯国勋、张允恺，1 人具有出洋考察经历：姚鹏图，1 人曾任留学生监督：刘钟琳；戴、端考察团确认 4 人曾在清政府驻外机构工作：王丰镐、伍光建、管尚平、岳昭燏，1 人具有出洋考察经历：陈琪。

---

[1] 《五大臣分带随员数目》，《时报》1905 年 9 月 26 日。

[2] 端方：《调员随同考察片》，《端忠敏公奏稿》，第 641—642 页。

载泽考察团明显较戴、端考察团为多，且在驻外机构工作时间很长的老资格外交官更多，如左秉隆、吴宗濂、钱恂、严璩等皆是。具有出洋考察经历的姚鹏图、陈琪皆有考察著述问世。

第五，随从人员入选时的职任及加入考察团的心态。

已知身份的 71 名随从人员中，除两名学堂教习、1 名归国留学生外，余全部是政府官员，当中不乏高级官宦子弟，如邓邦述（邓廷桢之曾孙）、李焜瀛（李鸿藻之子）、沈觐宸（沈葆桢曾孙）、张允恺（张人骏之子）、徐世襄（徐世昌堂弟）、朱纶（朱家宝之子）。亦有兄弟（关赓麟、关葆麟）同行、父子（刘若曾、刘驹贤）同行者。具体而言，以候补、候选地方官员为主体，共有 34 人，实职官员仅 3 人，余者来自各部院（14 人）、翰林院（7 人）、监察御史（2 人）、军职（2 人）、学堂教习（2 人）、内阁（1 人）以及其他部门（11 人）。

前文述及，"随员各以人系"，端方作为考政大臣中的唯一督抚，尤其注意从幕僚、属吏中选拔随从人员。据前文表格显示，刘若曾、陈琪、邓邦述、舒清阿、田吴炤、施肇基、岳昭燏、姚广顺，皆为端方幕府中人。另据报载，潘睦先、陈毅、金焕章、罗良鉴亦为端方幕府中人。[1] 端方、邓邦述两家还有姻亲关系，邓邦述有姊妹三人，其中一人嫁给端方之弟端锦，两家关系之密可见一斑。[2] 这些人当中尤其是施肇基、刘若曾，颇为端方倚重，一为洋文参赞、一为中文参赞，"实为端方的左右手"[3]。因此，就考政大臣个人而言，"端大臣幕中贤才最多，次则泽公，次则戴侍郎，次则李府丞，唯尚氏之幕府最为减色。"[4]

我们再来看随从人员加入考察团的心态。当时官员出洋考察政治实为美差，王锡彤 1905 年写道："时风气既开，士大夫言出洋者踵相接，官以考察政治为名者，归辄得美迁。"[5] 尽管从所见史料中并未发现自告奋勇加入者，但可以推断大多数随从人员对加入考察团是非常乐意的，随从人员多候补、候选官员即

①　《端午帅并未携用德人》，《南方报》1905 年 9 月 10 日。

②　邓邦述等：《清封光禄大夫奉天巡警道先考季垂府君行述》，铅印本。

③　张大椿：《随清朝出洋考察五大臣赴美考察纪事》，沈祖炜主编：《辛亥革命亲历记》，第 358 页。

④　《调查出洋五大臣之随员》，《大公报》1906 年 6 月 9 日。

⑤　王锡彤著，郑永福、吕美颐点注：《抑斋自述》，河南大学出版社 2001 年版，第 120 页。

是明证，显然他们试图通过出洋考察谋求仕途。而实职地方官加入考察团者仅三人：湖南长沙府知府刘若曾由端方强拉入考察团，安徽直隶州知州夏曾佑由李盛铎选入考察团，江苏震泽县知县罗良鉴则为端方幕府人员。究其原因，其时革命风潮大盛，革命派统一机关同盟会亦在遣使谕旨颁布不久成立，吴樾炸弹案更是笼罩在官员心头的阴影，实职官员并不想通过冒险出洋作为进身之阶。以夏曾佑为例，1902 年出任安徽直隶州知州，然因母丧未就，1905 年 8 月丁忧期满亟待复职，逢五大臣出洋，由李盛铎选入考察团。前文述及夏对出洋考察患得患失，颇显顾虑，其在致汪康年私函中曾详细言及。然而，其所虑皆为琐屑之事且明言顾虑者笔者仅见此例，可以推断类似心态并不具有普遍性。

另外需要指出的是随从人员对于宪政的态度。多数随从人员学有专门且好经世之学，但仅有陆宗舆在 1901 年曾上书李鸿章请定宪法，并未发现其他人对宪政有过明确表态。实际上，直到五大臣出洋考察团成行之际，清政府对待宪政改革遵循的亦是袁世凯提出的"可有立宪之实，不可有立宪之名"① 策略，直到考察团归国后清政府才在考察团宪政建言推动下于 1906 年 9 月 1 日颁布"仿行宪政上谕"，明确将宪政改革确立为基本国策。在清政府未将宪政改革确立为国策之前，随从人员关于宪政改革少有建言也就不足为奇了。然而，随从人员在考察各国宪政制度过程中多所助力，尽管这是其职责所在，但亦在一定程度上展示出了他们对宪政的认同态度。

二　政府官员推进宪政改革之建言

受炸弹案刺激，政府官员尤其是驻外使臣和考政大臣对推行宪政改革的紧迫性有了更为深切的认知，基于推进宪政改革的考虑，以驻外使臣和考政大臣为主，皆分别奏请清政府宣布立宪期限以及设立编订宪法的机构，前者未被清政府采纳，后者被清政府采纳，于十月二十九日（11 月 25 日）谕设考察政治馆。

先来看政府官员对立宪期限的陈请。

自 1901 年梁启超在《立宪法议》一文中率先揭示宪政的意涵并提出 20 年宪政期成的方案以来，宪政期成在很长时间里并没有成为朝野论争的焦点。直

---

① 上海图书馆编：《汪康年师友书札》（第 1 册），第 837 页。

到日俄战争临近结束之际，在清政府颁布遣使谕旨之前，舆论界掀起了议论改宪期限的高潮。《大公报》指出："改立宪政原未有仓猝立办者，必须预为宣告，限若干年改立宪政，日本之前鉴未远也。以中国今日文明进步之速，不过十年国民之程度必已增高，朝廷如果从今日确定方针，期以十年颁行宪法，尚何有不能之虑乎？"①《东方杂志》通过回顾日本宪政改革的步骤，指出清政府应当先行颁布立宪期限："昔日本维新之初，福泽渝吉译卢梭《民约论》，播诸民间，于是自由平等之说喧嚣众口。伯爵大隈重信辈竞请立宪，处士浪夫亦附和其说。独加藤宏之以民智未开，程度太浅，遽行立宪，不见其利，特为渐进之说，而斥众说之非。厥后卒于十七年间颁布宪法，二十三年始设立议院，迄今日本宪法森然，蔚为强国，皆此六七年间大兴教育，广开民智，有以立之基也。"由此，中国应当仿效日本，"先颁布于国中，以六年为期实行立宪，庶全国人民皆得有所预备，而不致手足无措，此万全之策也"②。

同时，少数政府官员对此也有所奏请。出使俄国大臣胡惟德在日俄协议签订后亦奏请政府迅速立宪："今我国处孤立之地，日英同盟本不足恃，宜定立宪法，上下一心，讲求自立之策，以防俄国及各国之侵害。"③

需要特别指出的是各驻外使臣的联衔陈奏。1905 年 10 月间，由驻美大臣梁诚、驻英大臣汪大燮主导，联合其他各驻外使臣联衔上奏，他们指出中国国际形势日危，"东临强日，北界强俄，欧美诸邦，环伺逼处，岌岌然不可终日"，清政府应当尽快变法，以五年为限实行立宪，应先举行者三事：一为"宣示宗旨"，将朝廷立宪大纲公布于众，使国民奉公治事，"以宪法意义为宗，不得稍有悖逆"；一为"布地方自治之制"，择取各国地方自治制度之合宜者编订成册，颁发各省督抚照行，"限期蒇事"；一为定集会、言论、出版之律。④

在国内，以考政大臣为主导，包括一些政府官员，也纷纷奏请清政府宣布立宪期限。考政大臣端方建言清廷"先行颁告立宪期限，以昭示中外，然后出

---

① 《本馆附志》，《大公报》1905 年 4 月 26 日。

② 觉民：《论立宪与教育之关系》，《东方杂志》1905 年第 12 期，光绪三十一年十二月二十五日，第 246 页。

③ 《电报一》，《时报》1905 年 10 月 13 日；《胡钦使又请立宪》，《申报》1905 年 10 月 30 日。

④ 《出使各国大臣奏请宣布立宪折》，故宫博物院明清档案部编：《清末筹备立宪档案史料》（上册），第 112 页。

洋考察政治一切，以慰舆情而树风声"①。李盛铎被选为考政大臣后，也拟约同四大臣合词奏请，期以光绪三十五年（1909）元旦为实行立宪之期。② 另如云南巡抚林绍年在《速定政体以救颠危折》中建言："此时必先定政体预为宣示，使考察奉行者均有所依据，而民心之奋起，其收效必有百倍寻常者。拟恳皇太后、皇上立奋乾断，决定于某年起改行立宪之法，使天下臣民趁此数年各自考求。"③ 唐文治在《请立宪折》中亦提出宪政推行的若干办法，包括：明降谕旨改定立宪政体，以数年为施行之期；由政务处参考各国宪法，详悉编订。④

考政大臣经过会商，"拟会衔奏请两宫明降谕旨，宣布实行立宪"，拟定立宪期限以十五年为宜，在与袁世凯会商时，袁覆电未置可否，仅答以"表示同情"⑤。国内媒体皆对考政大臣调查各省将军、督抚对立宪期限的态度一事给予密切关注，《南方报》、《时报》、《大公报》纷纷予以报道：

> 立宪一事端中丞主之最力，前与袁慰帅商妥拟请先降谕旨，定以十五年为期实行宪政，目前先立宪法调查局一所，俟游历各大臣在外详考求各国宪法，随时函报该局斟酌情形、详慎编辑等因。闻此事并经端午帅电商各省将军、督抚。业经周玉帅、赵留守先后覆电附和；岑云帅并嫌十五年期限太久，拟更改速，惟于调查一节则不甚谓然；而张香帅电覆独谓，此时降旨立宪未免过早，其意以为中国虽宜立宪，然亦不可过急，总须教育普及之后，始能议行。目前办法宜由渐而入，不如俟五大臣游历归国，酌夺地方民情，再行妥议，云云。慰帅颇讯香帅此论为模棱，然立宪之事因此固不无稍梗。⑥

① 《请颁立宪期限》，《大公报》1905 年 11 月 4 日。
② 《李大臣拟合词奏请立宪》，《南方报》1905 年 11 月 6 日。
③ 林绍年：《速定政体以救颠危折》，《闽县林侍郎奏稿》，沈云龙主编：《近代中国史料丛刊正编》第 31 辑（301），第 483 页。
④ 唐文治：《茹经堂奏疏》，沈云龙主编：《近代中国史料丛刊正编》第 6 辑（56），（台北）文海出版社影印版，第 231、241 页。
⑤ 《电报一》，《时报》1905 年 11 月 4 日。
⑥ 《各省督抚对立宪之意见》，《南方报》1905 年 11 月 27 日；《各大员对于立宪意见》，《时报》1905 年 11 月 27 日；《立宪意见不同》，《大公报》1905 年 12 月 7 日。

虽然各省将军、督抚反应不一，考政大臣还是决定将这一主张上奏。受到俄国宣布立宪的刺激，慈禧对宣布立宪期限一事亦"颇以为然"，然而当"询诸各军机大臣，皆噤无一语奏对"①。由此，慈禧谕令庆亲王奕劻"从长计议"，奕劻随即召开会议，"拟派各省举贡诸绅出洋游历，调查地方自治之法，一面俟五大臣回国再行宣布定期，以昭慎重"②。同时，政务处致电各省督抚，强调中国与俄国推行立宪政治的情势迥不相同，要求各省加强对吏治、民情的考察：

> 俄国此次顿改专制、申民权，实非常举动，盖迫于众仇，非如此不能弭乱也。我朝深仁厚泽垂三百年，今日两宫远稽上古成谟，近考泰西良法，简派亲贵前往各国考求政治，为实行变法自强基础，一切举动较俄国此次办法迥然不同，忠义臣民无不欢欣鼓舞。惟各省之形势不同，务望贵大臣懔遵历次谕旨，将吏治、民情随地详加考察，为将来措施地步，幸勿忽于近安，致滋远虑，是为至要。③

政府官员奏请宣布立宪期限受到舆论界的广泛关注及欢迎，国民的立宪热情得到极大鼓舞。《大公报》称："宪法早立一日则利权早一日保全，国民早一日蒙福，若谓国民程度太低未合立宪资格，是犹因噎废食之见，恐必世百年终无立宪之一日也。"④然而，清廷没有同意宣布立宪期限，仅于1905年11月18日谕政务处王大臣等筹定立宪大纲。⑤

由驻外使臣、考政大臣主导的奏请政府颁布立宪期限，一方面因袭了梁启超的宪政改革主张，另一方面又受到政治局势变动的刺激，展示出部分官员对宪政改革的认识进一步深化，虽然最终不果，然而其影响是不可忽视的，那就是规划了清政府推行宪政改革的步骤，使得颁布立宪期限成为宪政改革不可或缺的一步。

再来看政府官员陈请设立编订宪法的机构。

---

① 《预备立宪尚未交议》，《新闻报》1905年11月12日。

② 《两宫注意立宪近闻》，《南方报》1905年11月22日；《两宫注意立宪》，《大公报》1905年12月6日。

③ 《政务处致各督抚电》，《时报》1905年11月18日。

④ 《立宪意见不同》，《大公报》1905年12月7日。

⑤ 朱寿朋编，张静庐等校点：《光绪朝东华录》(5)，第5434页。

　　驻外使臣在同一奏折里，亦提出"特简通达时事、公忠体国之亲贵大臣，开馆编辑大清帝国宪法，颁行天下"的主张。① 在国内，为配合出洋考察，以考政大臣为主导，亦奏请政府设立类似机构。驻外使臣与考政大臣内外配合，最终促使清政府采纳这一建言。

　　早在考察团第一次出行之前，端方、戴鸿慈即筹划设立编译局，委派奏调随从人员南昌知府沈曾植主持，作为专门编译各类书籍的机构。端、戴在致沈曾植电中称："出京在八月中旬，请不必赴京，在沪会晤，并拟在沪设立译局，非公莫属，至时再商。"② 同时调湖南候补道张鹤龄参与其事。③ 经历吴樾炸弹案后，考政大臣承庆亲王奕劻之意，④ 由端方主导，联合其他考政大臣，奏请政府设立宪法调查局，其目的在于"盖方议定立宪年期，不得不预为调查一切"⑤，宪法调查局即为此后设立的考察政治馆。⑥ 当时不少支持立宪的政府官员出于不同目的亦赞成设立考察政治馆，湖广总督张之洞就是其中之一。考察团出行之前，慈禧曾就立宪一事电询张之洞的意见，张答以"立宪万不容缓"，同时认为国民程度不够，立宪应当缓行，"拟请一面先行设立考察政治馆研究宪法，俾国民由娴习而具资格，一面迅饬考察政治诸臣起程分往各国，悉心调查，从速返国，克期实行较为把握"⑦。虽然端方等考政大臣与张之洞寄予考察政治馆不同的目的，然而，他们皆有此建言，推动了政府将其付诸实施。

　　11月23日，考政大臣请训，两天后清政府颁布设立考察政治馆的上谕，以为配合五大臣出洋考察措施："前经特简载泽等出洋考察各国政治，着即派政务处王大臣设立考察政治馆，延揽通才，悉心研究，择各国政法之与中国体治相宜者，斟酌损益，纂订成书，随时进呈，候旨裁定。"⑧ 据端方在出洋前夕致

---

　　① 《出使各国大臣奏请宣布立宪折》，故宫博物院明清档案部编：《清末筹备立宪档案史料》（上册），第112页。

　　② 《拟委沈太守改办译局述闻》，《申报》1905年9月14日。

　　③ 熊希龄：《熊希龄先生遗稿》（第1册），第9页。

　　④ 上海图书馆历史文献研究所编：《历史文献》（第6辑），第193页。

　　⑤ 《拟立宪法调查局》（录《津报》），《华字汇报》1905年12月7日。

　　⑥ 另有报道称，设立考察政治馆"系准端方、戴鸿慈、袁世凯、赵尔巽等所条奏"。《电报一》，《时报》1905年11月28日；又有报道称，设立考察政治馆系李盛铎所请奏。《上谕原因志闻》，《大公报》1905年11月28日。报道虽有差异，然皆强调了考政大臣的重要作用。

　　⑦ 《鄂省覆陈宪政》，《申报》1905年12月19日。

　　⑧ 中国第一历史档案馆编：《光绪宣统两朝上谕档》（第31册），第191页。

张之洞电透露，枢廷诸臣对于立宪问题歧见互出、矛盾重重，本来商定设立"考察宪政馆"，忽有人倡不露"宪"字之义，遂改为政治馆。①

同时，清政府决定在考察政治馆成立之前，先于上海设立编译所，"总其成，申送京师编定进呈"，仍由沈曾植为总办。② 由于政府欲在上海设立编译所，端方取消了在上海设立编译局的计划，奏请"毋须在沪别设译局，以省虚糜"③。同时，端方致函沈曾植通报此事，称编译局取消，改编译所，不奏设，不奏派，仍札委沈为编译总办，"销差仍须始终其事……编事可在南昌办。"④

沈曾植对于清政府设立编译机构甚为赞赏，他在1906年1月16日致吴庆坻函中言道："陶斋改局为所，饬弟回江仍司编纂之事，此为进步地步。私家著述固与官书不同，然亦宜略知馆中（指考察政治馆，笔者注）庶几有所准的。"同时又言："陶斋不谋而奏，遂使弟与性臣彼此两难，故俟开年再行接印。"⑤ 在五大臣出洋考察团出国之际，编译所以及考察政治馆皆未成立，前者于1906年5—6月间开办，承担了部分编译端、戴考察团考察报告的任务（详论见第七章）。后者直到1906年9月2日方奏准启用关防，9月10日考察政治馆提调宝熙、刘若曾到馆，会同纂译各员调查各国政治文件以及各衙门例案，以便厘定编纂，"是日为开办之期"⑥。

清政府谕设考察政治馆引发了国民更大的立宪热情，有论者指出这是政府垂意立宪政治的标志。⑦ 又有论者认为此举表明政府"已隐然以预备立宪之举动昭示于人民"，虽然没有明确宣布立宪之说，"未可谓其本无是心而姑以此掩饰天下之耳目也"，国民在欣喜之余，不能坐等垂成，将立宪之事委之于朝廷，自身亦应有所预备，作者指出今日亟宜设立宪法研究会。⑧ 显然，清政府这一举措赢得了舆论的广泛支持，也为考察团出行奠定了良好的舆论氛围。

---

① 《乙巳十一月十三日天津端星使来电》，《张之洞存各处来电稿》（第2函），中国社会科学院近代史研究所藏档案：甲182—439。

② 《考查政治馆之设立》（录《北京报》），《华字汇报》1905年12月12日。

③ 端方：《奏调知府饬令回省片》，《端忠敏公奏稿》，第661页。

④ 许全胜：《沈曾植年谱长编》，第314页。

⑤ 同上书，第315页。

⑥ 《政治馆现已开办》，《申报》1905年9月22日。

⑦ 《论近年之新希望》，《申报》1906年1月28日。

⑧ 《论今日宜亟设宪法研究会》，《时报》1906年1月15日。

综上，吴樾炸弹后，以驻外使臣和考政大臣为主导，内外呼应，皆奏请清政府设立考察政治馆及宣布立宪期限，二者有无互通声气不得而知。可以肯定的是，之所以出现如此高度一致的奏请，展示出二者面对吴樾炸弹后的社会紧张局势，皆认识到了推行立宪政治的紧迫性，其目的非常明确，一方面督促清政府下定推行宪政改革的决心，另一方面借政府明示政体改革决心之机，实现对革命派的有效抵制，为考察团再次出行争取良好的社会氛围。总的来看，虽然吴樾炸弹案延缓了考察团的出行日期，也造成了一定的社会恐慌，然而从社会舆论反应以及清政府的调查以及政府官员的因应来看，吴樾炸弹案并未对清政府的宪政改革起到阻挠作用，反而在一定程度上推动了清政府加快宪政改革的步伐，不少政府官员也愈加坚定了宪政改革的决心。

美国学者路康乐指出："吴樾的暗杀活动并没有对满汉关系造成任何直接影响。"① 其言不无商榷之处。实际上，吴樾暗杀事件后，清政府内部建言明颁立宪谕旨、加快宪政改革步伐的论说逐渐增多，尽管他们多未明确指出立宪具有化除满汉畛域的作用，但无疑有这样的倾向，驻外使臣阐释立宪"民间之利"即是明证。之所以含糊其词，其一在于满汉关系（既包括清廷内部的满汉之分，当然更包括革命派与满族政权的对立）与清朝统治息息相关，因此多讳言之。《东方杂志》即云："吾国宪政之不克成立，其原因至为复杂，而满汉之争不相下实为其莫大之总因。此其故人人能知之，而无一人为敢昌言之。"② 其二，亦展示出政府官员眼中的革命党形象。在他们看来，革命党不足为论，过多强调立宪化除满汉畛域的作用，则低估了改行宪政的作用，革命派只不过是政府推行立宪的促动因素而已。《盛京时报》即鲜明指出"立宪之原动力者则革命党是也"，但立宪的目的不仅仅是消弭革命派。该报进而将革命派和太平天国相较，认为革命派不足威胁王朝统治：洪秀全得中国之半，最终被曾、左镇压，"孙文以游说之伎俩，非有大势力以固其根本，纵服从者众，率皆市井无赖，即逞一时血气之勇，与国家为难，其不以以卵击石者几何哉？"③ 可以说，这种思想在政府官员中是较为普遍存在着的。我们亦不能忽视清廷宽办吴案具有通过

---

① 路康乐著，王琴、刘润堂译：《满与汉：清末民初的族群关系与政治权力（1861—1928）》，中国人民大学出版社 2010 年版，第 116 页。

② 《论消融满汉之政策》，《东方杂志》第 4 年第 7 期，1907 年 9 月 2 日，第 117 页。

③ 《论孙文不足危中国》，《盛京时报》1908 年 3 月 15 日。

立宪消弭革命的策略考量。在政府官员及立宪派舆论影响下，慈禧亦对立宪消弭革命颇以为然，据《华字汇报》透露："（慈禧）深以立宪为要着，即岑张端袁等大臣皆奏称此事，为消灭各种党派之无上佳策。"① 可以说，吴樾炸弹案前后清政府官员乃至最高决策者对立宪化除满汉畛域普遍有一定认知，标志着清政府通过立宪化除满汉畛域进而消除满汉冲突、消弭革命的倾向初露端倪。

---

① 《中国立宪之期渐近》，《华字汇报》1905 年 11 月 30 日。

第 五 章

五大臣出洋考察实录

遭遇吴樾炸弹袭击后，考察团再次出行的日期一拖再拖，从炸弹案到再次出行间隔达两个半月之久，舆论界对此予以密切关注。

舆论界首先关注的是考察团迟行原因及出行日期。《大公报》专门刊发《饯行文》，以质问政府的语气言道考察团迟迟不行"则又何说"？并进而分析原因，"或曰伤痕待愈也，随员待调也，待定立宪之期限而后出洋也"，原因虽不一，但是"旷废时日则一也"①。《南方报》谓因端方参与中日谈判，"庆邸等留端中丞等暂俟小村来京会议一二次始行"②。《北华捷报》分析迟行原因在于"慈禧对派遣考察团学习国外政府的组织形式，采用新的政治体制以解决满族统治的问题心存疑虑"③。此外，舆论亦纷纷推测五大臣出行日期，有报道称五钦使拟俟祝贺万寿后，于十四五日启程，不再准备花车，并有请训不明发上谕之说。④ 当得知有考察团的随从人员已经先期抵沪后，舆论界欢欣鼓舞，推测"五大臣之行期当不远矣"⑤。同时，各国驻华公使因考察团迟迟不行亦纷纷电询外务部："泽公、绍大臣谅已痊愈，五大臣现定何日出京起行，是否同日就道，抑系分期起程，务乞先行电示，以便预备迎迓。"⑥

---

① 《饯行文（饯五大臣第二次出发也）》，《大公报》1905 年 12 月 6 日。

② 《五大臣出洋现无定期》，《南方报》1905 年 11 月 23 日。日本于 1905 年 11 月 2 日任命外相小村寿太郎为全权大使前来北京同清政府会谈，清政府任命庆亲王奕劻、外务部尚书瞿鸿禨及直隶总督袁世凯为全权代表。双方经过近五个星期的谈判，于 12 月 22 日签订《中日会议东三省事宜正约》。

③ "The Much Delayed Mission Abroad", November 24, 1905, *North China Herald*, p. 428.

④ 《五钦使出洋日期》，《申报》1905 年 11 月 7 日。

⑤ 《随员陆续出京》，《大公报》1905 年 11 月 17 日。

⑥ 《各使电询五大臣行程》，《时报》1905 年 10 月 23 日。

失望与期望并存。舆论界在分析考察团迟行原因的基础上，强烈吁请考察团尽快出行，呼唤速行成为五大臣出洋前的主流舆论倾向，有论者即用"盈盈秋水，望眼欲穿"来形容人们的急切心情。① 代表性言论当属《大公报》刊发的《祝速行》一文，文章从几个方面论述了考察团应当速行：

> 一，时届履霜坚冰将至，若不作速首途，恐再耽延势须改岁，旷日持久无论，其将来实行政策何如，而今日开宗明义已委靡，而无政体之精神。
> 二，国民想象立宪如久旱之盼霖雨，大病之望良医，即以国民捐而论，凡学界商界之乐输恐后者，非必皆沽名钓誉之人也。
> 三，免遗外人之讥诮。外人论我中国，尝谓有空言而无实行，故一再施其强权之手段，而不虑我之反抗，以为华人无坚固不摇之定力，无百折不回之意气……逡巡不前以为他人所齿冷。
> 四，立定方针志在必行，以息余党之潜谋。②

这篇论说从此次考察团在国内、国外的影响着手，指陈无论有何原因，考察团之行期万不容缓，所言中肯，对清政府决策具有很强的借鉴价值。又有论者指出，立宪问题为我国生死存亡之所系，五大臣尽力主张立宪而为反对者所阻挠，则国人必归怨于反对者；如果五大臣虑反对者之阻挠而不敢尽力主张立宪，则国人将归怨于五大臣。因此，如果考察团不再出洋，"不特无以自达其目的，适足以张反对者之焰耳"③。

这种弥漫于社会的期待情绪作为考察团出行的社会背景，成为推动考察团尽快出行的重要因素。受舆论影响，慈禧亦主张考察团尽快出行。《时报》报道："日前军机大臣召见时，两宫谕及考察政治实为当今急务，应饬各大臣速即前往，不可任意延缓。"④ 因此，两路考察团急欲出行，除了议定明年夏间在瑞士相会商榷政见，以避免"彼此不相闻问，则将来报告一切难免参差"之弊

---

① 《出洋迟行原因》，《大公报》1905 年 11 月 11 日。
② 《祝速行》，《大公报》1905 年 11 月 13 日。
③ 《敬陈所望于考政大臣》，《时报》1906 年 7 月 6 日。
④ 《考察政治大臣出洋日期》，《时报》1905 年 10 月 27 日。

外,① 其他如考察宗旨、考察时间并未详细厘定。关于考察期限,有论者指出,此次出洋乃"随时随地以求其行法、司法之原,而探其上下所以相安之故,确有心得,然后返国,以改良中国之政治",由此,与以往之奉命出洋者不同,政府不能预定期限。② 如果说未定期限情有可原,考察宗旨在出国之前亦未厘定则实为缺失。可见,考察团的准备依旧不充分。据现有资料来看,清政府只是在考察团出行后,于 1906 年 1 月 19 日致电五大臣:"除考察政治外,其关系一切权利及财政等项事宜,均着毋庸与议。"③ 该电令虽大致明确了考察范围,所指亦不明确。

鉴于第一次出行遭遇谋刺,考察团再次出行异常小心谨慎,考政大臣和随从人员改为分期出京,所有随从人员先期至上海,且需随时做好出行准备,其行期并不先行宣布,"今晚知会,明晨即行",至于五大臣行期,则俟请训后再行择定。④

第一节 载泽、尚其亨、李盛铎考察团

一 出洋考察概况

载泽、尚其亨、李盛铎于 12 月 11 日乘车离京,同日抵达天津,驻中州会馆。⑤ 考察团可以由塘沽走水路至上海,或沿京汉铁路南下先至湖北,再转至上海。《大公报》披露,考察团绕道湖北拜见张之洞的目的在于面询立宪事宜。⑥ 湖北亦曾接到考察团将至湖北的电文,并准备接待。⑦ 然而,无论是慈禧还是直隶总督袁世凯皆认为乘火车过汉口不免冒险,不如乘坐兵轮直接至沪。虽然载泽认为"我国素日讲求警察,必不致害事"⑧,考察团最终没有取道湖

---

① 《五大臣约定避暑于瑞士商榷政见》,《南方报》1905 年 12 月 13 日;《五大臣约定避暑于瑞士商榷政见》,《申报》1905 年 12 月 18 日。

② 《五大臣出洋考察未定期限》,《南方报》1905 年 12 月 19 日。

③ 中国第一历史档案馆编:《清代军机处电报档汇编》(第 3 册),第 113 页。

④ 《志五大臣请训日期》,《申报》1905 年 11 月 27 日。

⑤ 《星轺先后莅津》,《大公报》1905 年 12 月 12 日。

⑥ 《面询立宪情形》,《大公报》1905 年 12 月 5 日。

⑦ 《预备馆出洋大臣于抚署》,《时报》1905 年 12 月 16 日。

⑧ 《慈禧以炸弹为忧》(录《中华报》),《华字汇报》1905 年 12 月 12 日。

北，而是沿水路至沪。

表面看来，袁世凯此议出于考察团安全的考虑，对于考察团道出湖北极力反对。然而，缘何湖广总督张之洞不持此论，而是欢迎甚至争取考察团至湖北呢？无疑，考察团取道湖北不仅可以彰显出张之洞的政治地位，亦为张联络考察团、洞察政府改革态度的重要途径。从这个角度看，无论是直隶总督还是湖广总督，对于考察团皆持欢迎态度，其意在于展示二者皆为政府砥柱之地位。

载泽考察团 12 月 17 日抵达吴淞口。出于安全考虑，政府希望考察团直接由吴淞口放洋，不必登岸，而载泽则极意至沪。两江总督周馥对载泽这一举动"极为慎重"，电告袁世凯，袁随即致电三大臣，申明在吴淞直接放洋之意。①苏松太道袁树勋亦在迎接载泽时"述政府来电劝勿登岸之意"，载泽则对此颇不以为然："吾只知有国家不知有性命，自亲临炸弹之后，更已视险如夷，若竟不登岸，其如外人观听何？且此去沿途如香港、西贡等处，能不登岸乎？……吾当另电政府，明告以登岸之故。"②

12 月 20 日，载泽一行接到外务部电，告以适值日本新年，宫内省事忙，恐接待不周，请暂缓起程，并称西历一月到日本最为相宜。③ 实际上，当时中国的留日学生因日本政府取缔事大起风潮，"颇不安静"，当为载泽考察团长期勾留上海的主要原因，考察团甚至一度打算先往英、德各国考察，回国时再往日本。④

考察团在上海停留达 28 日之久，期间与各国驻沪领事广泛接洽。考察团于 1906 年 1 月 14 日放洋，两天后抵达日本神户，和先期抵日的唐宝锷、戴翼翚等人会合，日本派宫内省及日本外务省派员自东京来迎。唐、戴等人提前至日本做了一系列准备工作，如戴翼翚早在 11 月 26 日抵达长崎，日本长崎县知事荒川义太郎写给外务大臣的报告中对其活动有较为详细的记载：

（戴翼翚）此番东渡之使命乃为下月中旬出洋考察各国政治拟首抵日

① 《泽尚李三大臣仍在吴淞换船放洋》，《南方报》1905 年 12 月 17 日。
② 《五大臣抵沪情形详志》，《南方报》1905 年 12 月 18 日；《五大臣抵沪情形详志》（录《顺天时报》），《华字汇报》1905 年 12 月 28 日。
③ 《发上海察政大臣载泽等电》，1905 年 12 月 20 日，《清光绪朝中日交涉史料》，第 1327 页。
④ 《纪出洋五大臣之行踪》，《大公报》1905 年 12 月 31 日。《南方报》亦称："外务部电令泽尚李三大臣暂缓东渡，闻因留学界交涉事。"《电令泽尚李三大臣暂缓东渡》，《南方报》1905 年 12 月 16 日。

本之五大臣，预先做好选定馆舍及其它准备工作。……行前五大臣密嘱戢氏：因我国现况几乎处于革命时代，由于党派及其它种种关系，发生密派刺客以妨害考察活动等事亦未可知，并告戢氏对此深怀杞忧。本知事正告戢氏：日本乃文明国家，警察对治安的督察至为严厉，安全问题不足以担忧。戢氏恳切要求五大臣抵达后务必给予充分保护。①

1月22日，考察团抵达东京，日本海军大将军乡平八郎、外务省次官、宫内省次官、警事总监、东京知事、东京市长皆迎于车站，旋由宫内省官员接至芝离宫居住，"款待礼仪颇为殷渥"，并与日本外务部商定觐见日皇日期。② 除日本政界官员外，中国官绅、学生二百余名均赴车站迎接。同时，载泽一行也引起了日本普通民众的广泛关注，赴车站欲见三大臣之行装者有数百名之多，"实极一时之盛"③。

对于载泽考察团，日本政府按照正式访问的外国皇族的礼仪规格予以接待，其事前拟订的《清国镇国公载泽殿下来航接待次第》规定接待程式如下：

> 一、皇族享受帝室贵宾之待遇；二、附以接伴员二名；三、以芝离宫充为旅馆；四、接伴员须至港口迎接皇族，但出入国之港口的县知事及市长于便宜场所迎接；五、皇族入京离京之际，宫内次官、外务次官、外事课长、警视总监、东京府知事、东京市长皆至新桥停车场迎送；六、皇族入京离京时，警部三骑前后分卫，途中及暂停之际须巡查警备；七、皇族入京离京之当日，迎送及关系人员着常服，警察官着制式服装；八、安排适当日期时间，拜访皇居，与陛下会面并共同进餐，参拜大内之次第由式部职官取调后安排；九、在芝离宫内各所配置皇宫警员承担警备事宜；十、于适当日期时间，安排访问我在京之皇族。④

---

① 《清国人二关スル件》，外务大臣伯爵桂太郎宛长埼县知事荒川太郎书简，明治三十八年十一月二十八日，《政务视察ノ为メ清国大官ヲ各国二派遣一件》（外务省记录 B—1—6—1—244）。
② 《考察政治大臣载泽奏报行抵日本呈递国书日期折》，《清光绪朝中日交涉史料》，第1328页。
③ 《日本欢迎泽钦使详情》，《满洲日报》1906年2月9日。
④ 《清国镇国公澤殿下来航接待次第》，《政务视察ノ为メ清国大官ヲ各国二派遣一件》（外务省记录 B—1—6—1—244）。

从这个接待程序可以看出，日本政府非常重视载泽考察团的来访，尤其注意保护考察团的安全，据宋教仁记载："日政府派有巡查三人守《民报》社，云因载泽来东，防掣革命党甚严密，故出此手段，并言余等出门亦尾之于后。"① 日本政府安排考察团在芝离宫居住，李盛铎、尚其亨因在芝离宫办事不便，于1月30日迁至麻布区山元町九番地，系租住之房屋，载泽及少数参随仍居芝离宫，日本宫内省拟接待至2月5日，"故在东京不必另居他处"②。

考察团抵达东京当天，载泽等即与日本协商，规划了在日本的考察行程，在日本的考察行程即依照此规划开展。《时报》对此进行了详细报道：

> 元旦：递国书；初二：东京市长招宴；初三：穗箕博士讲宪法，大藏省某局长讲财政；初四：鸭狩，打球，伊藤侯讲宪法；初五：近卫师团参观；初六：病院，赤十字会；初七：地方幼年学校，中央幼年学校，士官学校，振武学校；初八：帝国大学，炮兵工厂；初九：贵族院，众议院，警视厅；初十：邮便，正金银行；十一：东洋妇人会，劝工场，吴服点；十二：赴箱根；十四：回横滨；十七：横滨解缆赴美洲。③

载泽考察团在日本共计28天，主要采取邀请宪政名家演说的方法了解日本政治制度。考察团得到日本政府的热情接待及积极配合，诚如有论者所言："此次清朝赴日考察活动是在外务省、内务省及各县知事的紧密连携中得以推行的。"④ 需要提及的是，夏曾佑在日期间曾与梁启超、蒋智由会见。戊戌政变后，梁启超仓皇出逃，夏曾佑曾冒险至塘沽与之话别，这段友情令梁启超甚为感动。此时二人日本重逢，梁启超颇为兴奋，他曾这样记道："与穗卿一别八年，今春正月，君东游，访余于箱根环翠楼，诵杜诗'十觞亦不醉，感子故意

---

① 陈旭麓主编：《宋教仁集》（下册），第566页。

② 《泽尚李三大臣行程日记》，《时报》1906年2月10日。

③ 同上。

④ 福田忠之：《清末五大臣出洋政治考察与明治日本》，浙江工商大学日本文化研究所《日本思想文化研究》编委会编：《日本思想文化研究》2007年第9期，（日本）国际文化工房2007年版，第18页。

长’之句，不自觉其情之移也。"① 此外，夏曾佑还曾至东京会见蒋智由，亦有诗歌互答。②

2月13日，载泽考察团向美国进发，再由美赴欧，同时派参赞刘彭年、钱恂、唐宝锷，随员杨道霖、戢翼翚、钱承锸、夏曾佑、文澜、杨守仁继续留驻日本考察。③ 经过16天的航行，考察团于2月28日抵达美国，美国并非正式考察国别，考察团亦持续了为期两周的考察。考察团在美国受到了热情招待，美国总统及国务卿皆宴请考察团，美国国务卿并言及"近时中美两国互生异议者，坐彼我不详悉两国实情耳"④。康有为领导的保皇会对考察团也表示了欢迎，该会曾秉呈三大臣，"请主持立宪，并请归政。尤注重于平满汉之界，以销革命气焰"。同日晚，保皇会请考政大臣演说，载泽、李盛铎未至，命左秉隆代往，尚其亨亦到。当日，华人有六七百人、西人有四五百人往听，"华商极感动，有泣者"⑤。考察团在美国主要考察教育机构及工矿企业，并谒见了美国总统。

3月14日，考察团由美国向英国进发，3月22日抵达利物浦。早在1905年11月底，英国外务部在得知三大臣将要至英国考察后，致电中国驻英钦使汪大燮，"敝处有何可以为力之处，贵大臣如能随时赐示，必竭力效劳"，表达了欢迎之意。⑥ 在载泽考察团至英国之前，端方、戴鸿慈考察团曾至英国游历，然而行程至为匆忙，因此，"英政府每以如何考查为问，其意深虑走马看花、无裨实用，且疑我国办事专尚虚文"⑦。鉴于此，汪大燮为了使载泽考察团考有实效，提前与英国政府联络，拟定了考察行程，其致汪康年函中曾言及此事：

---

① 张海珊辑：《〈饮冰室诗话〉拾遗》，中国古代文学理论学会编：《古代文学理论研究丛刊》（第7辑），上海古籍出版社1982年版，第253页。

② 转引自陈业东《夏曾佑研究》，澳门近代文学学会2001年版，第58页。

③ 载泽：《考察政治日记》，钟叔河主编：《走向世界丛书》（第1辑），岳麓书社1986年版，第589页。

④ 《出洋大臣到美情形》，《满洲日报》1906年3月17日。

⑤ 《泽尚李三大臣行程日记》，《时报》1906年4月15日。

⑥ 《考察政治大臣何日放洋乘坐何船请先行电示俾得照请外部饬属照料由》，（台北）"中研院"近代史研究所档案馆藏外务部档案：02—12—011—01—145。

⑦ 《代拟考政办法国书可由英外部转递由》，（台北）"中研院"近代史研究所档案馆藏外务部档案：02—12—028—04—022。

兄已定见，将泽、尚、李到后应看应问各事排定一单，请其照行，延请政治各专门数人先讲一事，随即往看一事，以便稍有头绪。三公同行亦可，分班亦可，有不能亲到者，派员代往亦可，但必需看完，虽三公不愿，亦当强之。①

考察团在英国的考察即按照汪大燮的提前安排，先邀请政治名家至使馆讲解，次日所观即此前所讲解的内容，② 其目的在于"俾调查时有所引证"③。从考察团的考察行程来看，并非完全遵循先听演讲再实地观览的安排，不少时候则是顺序相反。由于英国国王适外出，汪大燮商之英外部，考察团先赴法国考察，结束后再至英国觐见英王。④ 考察团于 5 月 9 日重返英国，觐见了英王，呈递国书及中国皇帝御笔信。⑤ 此次转道至英，考察团又留驻 16 日之多，弥补了考察团第一次至英国时主要考察英国政治制度，无暇顾及其他方面的缺失，不仅考察了著名的伯明翰铁路车厂等工矿企业，并与各界人士进行广泛接触，载泽等考政大臣还接受了牛津大学、剑桥大学赠予的荣誉学位。

载泽一行在英国亦受到了英国政府的礼遇。据金登干致赫德电称："载泽公爵已偕同代表团其他成员返抵伦敦，国王昨天'非常亲切地'接待了他们。"⑥除受到英国国王的欢迎外，英国下议院代表政府设宴欢迎考察团，载泽称其为"通聘以来未有之盛举"⑦。考察团两次至英，考察时间共计 43 天。考察团在英国所采用的延请专家演讲与实地观览相结合的考察方法，为以后的考察所遵循。

4 月 18 日，载泽考察团抵达法国。早在 3 月 28 日，驻法公使刘式训即告知法国政府中国考察团将到法，法国政府得此消息甚为欣悦，允为优待，并准备派员照料游历各处。此外，法国政府拟定考察日程单送交刘式训，以便考察团抵达法国时，"得以预备专车按日接待"。其日程单共 20 天，规划甚为详细，一

① 上海图书馆编：《汪康年师友书札》（第 1 册），第 840—841 页。
② 《泽尚李三大臣行程日记》，《时报》1906 年 5 月 6 日。
③ 康继祖：《预备立宪意见书》（前编下·五臣行使记·在欧考察情形），第 5 页。
④ 同上。
⑤ 《考政大臣呈递御函》，《申报》1906 年 6 月 17 日。
⑥ 中国第二历史档案馆、中国社会科学院近代史研究所编：《中国海关密档：赫德、金登干函电汇编（1874—1907）》（第 7 卷），第 948 页。
⑦ 载泽：《考察政治日记》，第 659 页。

日往往分为上午、下午、晚上三部分，考察、宴会、观剧、住宿等无不包括在内。如第六日，晨赴威尔沙易阅穆利诺炮械厂，午后阅故宫及陆军学堂，归途绕毕都阅提昂汽车厂；第十九日，晨八点十五分钟由巴黎登车赴哈富，十一点钟到，阅诺尔蒙鱼雷船厂，阅克鲁苏炮厂，并赴海口阅操演炮位。① 考察团在法国共计 20 天，基本按照法国政府的日程安排进行考察。在结束比利时考察后，考察团又至法国考察三天，由法国乘船返国。

在载泽考察团第二次至英国时，5 月 13 日比利时驻英公使来见，"致彼政府跂望之意"②。5 月 20 日，比利时驻英公使通告考察团比利时国王将于闰四月初四日予以接见，载泽遂命李盛铎、参赞严璩先至比利时部署一切。③ 由于确定了觐见比利时国王的时间，载泽一行迅速结束了在英国的考察，于 5 月 25 日抵达比利时，比利时国王派代表飞费大佐迎接载泽一行，言道："中国皇帝派皇储来游比国，实不胜荣幸之至。今特奉王命来迎大使。"比利时民众对载泽一行的到来也给予了相当的热情，"观者拥挤，不可胜数，咸欲一睹泽公以为快"④。

比利时是考察团最后一站，受经费不足的影响，考察团在比利时的考察时间最短，仅 13 天，考察项目亦是四个正式考察国中最少的，涉及议会、教育机构、企业等，尤其详细考察了著称于世的比利时路政。⑤ 在比利时，出使比利时大臣杨兆鋆亦是积极接待、辅助考察，将译成之《比利时国志》、《比国宪法》赠给考察团，又向比外务部商借政治书籍二十余种以备考察团参考。考政大臣李盛铎于 6 月 15 日接篆，杨兆鋆即以是日交卸。⑥ 在载泽考察团将往比利时考察之际，出使荷兰大臣陆徵祥致电政府，以其行将游历比国，而比利时与荷兰相比邻，"请三大臣就便补游和国"⑦。由于端、戴考察团已至荷兰考察，此议未得政府同意。

载泽考察团从 1906 年 1 月 16 日抵达日本神户，到 6 月 9 日结束在法国的考察，在国外考察时间共计 145 天。

① 《补录预备考政大臣在法按日游览单》，《申报》1906 年 5 月 9 日。
② 载泽：《考察政治日记》，第 659 页。
③ 同上书，第 660 页。
④ 康继祖：《预备立宪意见书》（前编下·五臣行使记·比国欢迎），第 6—7 页。
⑤ 《泽公到比注意路政》，《南方报》1906 年 6 月 4 日。
⑥ 杨兆鋆：《恭报卸任启程日期疏》，《须圃出使奏议》，第 63 页。
⑦ 《陆使请三大臣游和》，《申报》1906 年 5 月 26 日。

6月10日，载泽考察团乘法国邮轮起程返国。或许是为了弥补考察过程中的不足，在归国途中，考察团对途经各地的华侨进行了较为详细的调查。如介绍新加坡的华侨人数及生活状况：新加坡华侨现有 28 万余，占当地人数的十分之八，然而无商会、无公司、无银行，一任外人勒索操纵。同时，由于得不到教育，华侨日益愚弱，这种状况使得考察团颇为感慨，载泽提出国家应在华侨聚集的地方多设领事官。①

由于载泽考察团早于端、戴考察团返国，载泽起初拟俟端、戴抵达上海后一同回京。② 后考虑到彼此相候必至延搁时日，最终决定"各理各事，以期可以迅速回京"③。出于安全考虑，政府之意希望载泽考察团直接进京，不主张考察团在上海停留。两江总督周馥即令苏松太道瑞澂先拨兵轮到吴淞口迎接，"迳送北洋尤为妥商"④。《北华捷报》亦称："政府给各省官员下达命令，采取措施迎接考察团回国，尤其是要保护好载泽的安全。同时，政府认为载泽及其随员应直接回京，不应在上海逗留，然而他们是否在上海停留，完全取决于载泽本人。"⑤ 实际上，考察团决定在上海停留，除去与上海各界联络外，更为重要的意图则是为了争得时间，将"游历所得足资参考者编纂成帙"⑥。

载泽考察团抵达上海之际，政府即电致江督妥为照料，以备不虞。⑦ 由此，苏松太道瑞澂甚至邀请各国派员保护考察团。⑧ 7月12日，载泽考察团抵达上海，引起了人们的广泛关注，上海一时颇为热闹，由于巡捕防备极为严密，"多有以未得一瞻颜色为憾者"⑨。7月19日，考察团由吴淞口向天津进发，7月21日抵大沽口，袁世凯派新军统制段芝贵、警察总稽查官杨以德来迎，次日抵达天津，驻中州会馆，直隶总督袁世凯来晤，并邀至使署请宴。⑩ 在天津，载泽考察团受到了学界的热烈欢迎，北洋大学堂、师范学堂、高等学堂、中学堂、

---

① 以上引文见载泽《考察政治日记》，第 681—682 页。

② 《泽尚两大臣到沪纪事》（录《北京报》），《华字汇报》1906 年 7 月 19 日。

③ 《五大臣并不会齐回京》，《华字汇报》1906 年 7 月 9 日。

④ 《江督密饬沪道保护出洋大臣》，《时报》1906 年 7 月 10 日。

⑤ "Apprehensions", July 13, 1906, *North China Herald*, p. 83.

⑥ 《泽尚两大臣暂行留沪》，《时报》1906 年 7 月 14 日。

⑦ 《泽尚两大臣回京消息》，《大公报》1906 年 7 月 14 日。

⑧ 《各领事允保考察政治大臣》，《时报》1906 年 7 月 12 日。

⑨ 《考政大臣行辕纪事》，《时报》1906 年 7 月 13 日。

⑩ 载泽：《考察政治日记》，第 685 页。

官立小学、中州旅学、客籍学堂、私立小学堂，各以旗帜标明校名，学生均着体操衣，极为整齐，且此次欢迎"实出于各学堂学生之本意，非有所强迫"①。载泽考察团于 7 月 23 日起程进京，袁世凯对于载泽等人的安全可谓费尽心思，先派员伪装二钦使，乘花车先行，稍后泽、尚始行，先至丰台车站，再绕路京汉铁路归京。②

二　日本之行

其一，对政治制度的考察。早在考察团出国之前，驻外使臣即联衔建言考政大臣应"与英、德、日本诸君主国宪政名家，详询博访，斟酌至当，合拟稿本，进呈御览"③，这一建言为载泽考察团所采纳。在日本，载泽考察团主要采取邀请政治名家演说的方法了解日本的各项政治制度。1 月 27 日，日本法学博士穗积八束来芝离宫演讲宪法，由唐宝锷口译，钱承锡记录。穗积八束首先强调了日本皇权在权力体系中的核心主体地位："以君主为统治权之总纲，故首列皇位为主权之主体，此数千年相承之治体，不因宪法而移。凡统治一国之权，皆隶属于皇位：此日本宪法之本原也。"④ 又介绍了日本的三权分立体制："统治权之作用有三，第一立法权，第二大权，第三司法权。如君主行立法权，则国会参与之；君主行大权，则国务大臣、枢密顾问辅弼之；君主行司法权，则有裁判所之审判。"尤其强调了君主大权之范围：

> 大权者，君主所独裁，不委任于他种权限之内，非如立法、司法之权必经议会裁判也。有宪法上之大权，如召集议会、解散议会，统帅海陆军等事，宪法书所载有，非议会所得参与者。此外皆行政之事。大权行动之形式有三：曰诏勅，必经国务大臣之副署；曰命令，有行政命令，大权命令，代法律之命令；曰条约，则国与国所定之约也。⑤

① 《泽尚两钦使晋京情形》，《时报》1906 年 7 月 30 日。
② 《泽尚两钦使回京情形》，《申报》1906 年 7 月 31 日。
③ 《出使各国大臣奏请宣布立宪折》，故宫博物院明清档案部编：《清末筹备立宪档案史料》（上册），第 112 页。
④ 载泽：《考察政治日记》，第 575 页。
⑤ 同上书，第 577 页。

1月28日，伊藤博文来演讲宪法，并将被誉为"日本宪政之根本"的个人著作《皇室典范义解》、《宪法义解》赠给考察团。是日演讲由柏锐口译、钱承锯笔录。其演讲主要涉及以下内容：第一，变法自强当以立宪为纲领。第二，中国数千年来为君主之国，主权在君而不在民，与日本相同，宜参用日本政体。第三，立宪不会影响君权，缘于宪法明确规定君权不可侵犯。日本宪法第三、第四条，即确定天皇为国家元首，神圣不可侵犯，总揽统治权。第四，君主立宪与专制的最大区别在于立宪国的法律必经议会协修，"法律之制定、改正、废止三者，必经议会之议决，呈君主裁可，然后公布。非如专制国之法律，以君主一人之意见而定也"。法律公布之后，"全国人民相率遵守，无一人不受治于法律之下，法律之效力及于全国，全国皆同一法律"。第五，对于君主对议会开闭、任命官吏、国际交涉中的宣战、讲和、定结条约等权进行了介绍。① 同时，伊藤博文从理论层面介绍了宪政改革的原则："政府必宣布一定之主意，一国方有所率从。若漫无秩序，朝令夕更，非徒无益，反失故步。甚或在下以私意窥度，朝廷既无实心，又无专学，徒事纷纭，反生内乱，更何望于自强耶？"②

对于中国这样一个专制制度延续两千余年的国家来说，推行宪政改革首先要解决君主权力如何保留的问题。日本实行君主立宪，考察团所邀请的日本法政专家穗积八束、伊藤博文无疑希望中国也像日本一样实行君主立宪。因此，他们在演讲中皆强调了君主立宪制下君主权力不可侵犯，并指出中国应当模仿日本政治模式，这种论调显然是考察团非常愿意听到和乐于接受的。

2月13日，考察团上《日本考察大略情形折》，集中展示了考察团在日本的政治考察所得。在介绍该折内容之前，我们有必要对该折之起草过程做一交代。载泽考察团成立了类似"文案组"的机构，杨寿楠深得载泽倚重，被委以"总办文案"，辅助办理文案者为随员赵从蕃、刘钟琳、姚鹏图、黄瑞麟四人。③其职责为起草各类奏折及编订考察报告等事务。考察团每考察完一国，即将考察行程及考察大略情形上奏，杨寿楠等办理文案人员之职责即为草拟奏折底稿。杨寿楠所著《藏盦幸草》一书，收录《考察日本政治大略》、《考察英国政治大

① 载泽：《考察政治日记》，第579页。
② 同上书，第582页。
③ 杨寿楠：《苓泉居士自订年谱》，第25页。

略》、《考察法国政治大略》三文。① 通过与载泽、尚其亨、李盛铎最终所上奏折之比较（由故宫博物院明清档案部编辑的《清末筹备立宪档案史料》一书对载泽等所上奏折皆有收录），该三文为奏折底稿。从原稿和奏稿的比较来看，杨寿楠等所撰《考察日本政治大略》、《考察英国政治大略》，内容几于载泽等所上奏折一致。《考察法国政治大略》与载泽所上奏稿虽有异，然实质内容亦同。

在《日本考察大概情形暨赴英日期折》中，考察团强调了日本之富强实赖于教育普及：

> 日本维新以来，一切政治取法欧洲，复斟酌于本国人情风俗之异同，以为措施之本。而章程、法律时有更改，头绪纷繁，非目睹情形，不易得其要领。……日本立国之方，公议共之臣民，政柄操之君上，民无不通之隐，君有独尊之权。其民俗有聪强勤朴之风，其治体有划一整齐之象，其富强之效，虽得力于改良法律，精练海陆军，奖励农工商各业，而其根本则尤在教育普及。自维新初，即行强迫教育之制，国中男女皆入学校，人人知纳税充兵之义务，人人有尚武爱国之精神，法律以学而精，教育以学而备，道德以学而进，军旅以学而强，货产以学而富，工业以学而巧，不耻效人，不轻舍己，故能合欧化汉学熔铸而成日本之特色。②

无疑，采行宪政后君权的变动是清廷最为担心的问题。通过宪政专家的演说，考察团意识到君权可以通过日本采行的二元制君主立宪制得到最大限度的保留，也就是说，日本宪政模式给既不愿丢弃礼义纲常这一立国之大本，又想引进宪政以收富强之效的清政府提供了现实的样本。由此，该折字里行间流露出对日本政治体制的艳羡，称其为"欧化"与"汉学"结合的典范，因为考察刚刚开始，该折没有明言模仿日本。但很显然，该折暗寓日本为中国宪政改革最好的借鉴对象，中国立宪不可不学日本，是以载泽归国后极力

---

① 杨寿楠：《藏盦幸草》，《云在山房类稿》（第 3 册）。

② 《出使各国考察政治大臣载泽等奏在日本考察大概情形暨赴英日期折》，故宫博物院明清档案部编：《清末筹备立宪档案史料》（上册），第 6 页；载泽：《考察政治日记》，第 587—588；《泽尚李三大臣奏在东考察大略情形折》，《时报》1906 年 4 月 4 日。介绍日本立国之策为折稿最核心部分，杨寿楠等文案组撰写的底稿缺"其民俗有聪强勤朴之风，其治体有划一整齐之象"句，其余一致。《考察日本政治大略》，杨寿楠：《藏盦幸草》，《云在山房类稿》（第 3 册）。

建言效仿日本。

其二，对其他方面的考察。在日本，载泽考察团除考察政治外，还着重考察了华人学校，包括同文学校、大同学校以及华族女学校等。神奈川知事对载泽一行在横滨的一日参观活动有详细记录，并以书面形式报告外务省，从中我们可以看到考察团在大同学校的细节："午后一时三十分昼餐会毕，殿下及随员一行光临清国民立之大同学校，于楼上享用茶果，同时观看该校男生冒雪之操枪表演，继而参观幼稚园并欣赏儿童之清国语歌唱，对此殿下似为感动，予以深情关注。随之，于楼上接受男女学生一同拜谒并通过公使与其交谈。看来，殿下所言似为赞赏之辞。"①

考察团还对日本各类学校进行了广泛的考察，包括高等小学校、高等中学堂、高等女学校，并参观了日本著名的帝国大学、早稻田大学，然仅仅浏览而已，并未细致考察。如在京都府立第一高等女学校，"循览各讲堂，及缝纫、烹饪各室。继观第一二学年生瑞典体操，第四学年生柔软体操"②。在参观帝国大学时，载泽邀请时在日本的马相伯同往，"因其为中国教育界中极有关系之人"，然由于时间仓促，仅阅看工科而已。③

载泽曾就发展留学教育向日本政要请教。大隈重信指陈中国留日学生存在的弊端在于"多所放任，致与彼国学生同卒业而程度迥殊"④。伊藤博文则强调，"必先慎择聪敏、端谨、英少之才，先教以普通之学及外国语言文字，使所学有足以径入外国专门大学之程度，派出留学，始有成就"⑤。

此外，考察团走入军营、炮兵工厂、旅游胜地箱根，还考察了议院及其他机构，然而行程大多至为匆忙。如2月2日，考察团用一天时间参观了裁判所、控诉院、大审院、贵族院、众议院、警视厅、陈列所、发电所、验疫分析所、消防署、验视厅等处。⑥

---

① 《清国皇族ノ来濱》秘第204号，外务大臣加藤高明宛神奈川县知事周布公平书简，明治三十九年二月九日，《政务视察ノ为〆清国大官ヲ各国二派遣一件》（外务省记录B—1—6—1—244）。

② 载泽：《考察政治日记》，第573页。

③ 《泽尚李三大臣行程日记》，《时报》1906年4月5日。

④ 载泽：《考察政治日记》，第586页。

⑤ 同上书，第582页。

⑥ 同上书，第584—585页。

三 英国、法国、比利时之行

其一，对英国政治制度的考察。英国在率先创建资本主义生产方式的同时，又率先创建了一套与之相适应的以议会为实质性部分的议会制，由此，英国议会被誉为"议会之母"，其他国家议会制度的建立或多或少受到了英国的影响。从 3 月 27 日至 4 月 2 日，除去 4 月 1 日英国政府请听乐歌外，考察团在 6 天时间里，邀请法政教师埃喜来作了一系列演讲，构成考察团了解英国君主立宪政体的主要来源，也构成了考察团在英国考察的主体部分。综合来看，埃喜来的演讲主要涉及以下几方面内容。

1. 宪法的制定应当依据一国之风俗习惯

埃喜来在首次演讲中即强调："英国宪法数百年来逐渐发达，以成今日之治。欲究其所以然，必于旧日习惯风俗求之。盖英之科律至繁，使非搜求夙昔之各种科律，欲以一科律中求宪法之全体，不可得也。"[1] 明确提出英国议会制度及宪法只能为中国提供借鉴，而非照仿的对象。

2. 英国下议院权限大于上议院

埃喜来指出英国议会"合君主、贵族、下议院议员三者组织而成"[2]，进而详细介绍了英国上下议院的议员数额、选举办法、开会规则及权限等内容。埃喜来对议会立法权的介绍最为详尽，他指出英国宪法之最要者"惟议院之无量权力"，"无论何律，惟议院能造之，且惟议院有节制政府之权力"[3]。关于两院之权限，下议院实具主导地位，"遇两议院意见不合，下议院所争执者，上议院不得不从。此虽无定例，然由来已久，为宪法所认可"，埃喜来以法律修订为例进一步阐释此义：

> 一切法律条例，两院皆可开议，惟少重要者，必由下议院主持。凡送呈核议之律，先由政府或议员引入，言所以当定之故，而后合院开议，占从违多寡之数。如从者多数，数日后再议。仍然，更数日，合院审核而后决。如众以为须更改，则更改之，以示原请议员。该员或坚持原议，不从，

---

① 载泽：《考察政治日记》，第 596 页。
② 同上书，第 611 页。
③ 同上书，第 596 页。

合院复详核议占。如从者仍多数，则送上议院。若有所更改，发回下议院。下议院不以为然居多数，上议院终必勉从。①

埃喜来指出下议院权力大于上议院之根本原因在于下议院议员为"庶民所公举"，"下议院员实代表通国人之意见"②。

3. 君主权力

君主为英国议会的组成部分，其权力如何呢？埃喜来言道："君主为一国至尊，法律必经批准而后颁布。各部院之行政者，奉君主之命而行也。裁判所所执之法，王法也。"并强调了君主无责任的原则："君主所为，由各执政大臣担负责任。何以故？凡行政，必有一大臣之责任，各大臣如不申请，君主固无所为也。"③ 同时，埃喜来指出英国君主实际处于虚位："君主之权在传议员聚议及举行开院典礼，于颂词中申明何项法律此次由政府请议院核议，并降谕闭院而已。虽议院议准法律，必经君主批准颁行，而君主但据政府大臣申请批准，无从批驳，相沿已二百年。"④

4. 行政权

英国推行责任内阁制，由首相及各部大臣组成，掌握行政权，埃喜来对于三权分立原则下的行政权进行了相当详细的介绍。埃喜来解释了英国责任内阁制的特点在于内阁全体成员对政府事务集体负责，"各大臣不独各任所司之事，即对于同寅各大臣之所为亦有责任"。同时，内阁实际上对议会负责，且内阁全体成员与首相在政治上共进退："下议院不以某部大臣之所为为然者居多数，或因内阁全体请退，或被劾之大臣独退。首相有节辖各大臣之权，如不以某大臣所为为然，则某大臣须更改己见或自请退，此皆政府之责任。"⑤ 此外，埃喜来就内务部、农渔部、户部、藩部、地方自治部、司法部、学部的规制进行了详细演说，不少内容对于中国来说当为初次接触。如埃喜来在讲解司法部规制时，较为详细地介绍了英国的律师制度："律师有大小二等。小律师办理涉于法律之

① 载泽：《考察政治日记》，第611—612页。
② 同上书，第597页。
③ 同上书，第596页。
④ 同上书，第611页。
⑤ 同上书，第597—598页。

事，预备法律文件及各案。凡欲为小律师者，须考得法律会文凭，并在律师办公处练习有年，方能承充。大律师之职，在指示小律师，并登堂辩护。除小裁判所及巡警裁判所外，小律师不得登堂辩护。故至高等裁判所诉讼者，必先延小律师预备案件，再由之请大律师临审辩护。伦敦大律学院四，欲为大律师，必须在一院卒业者，方能承充。"①

考察团在实地考察英国各部门时往往会晤该部官员，以求对其职责有详尽了解。如在内务部考察时即会晤了地方自治局监督，载泽等"举纲要数端译问"，后者赠予考察团有关地方自治组织的书籍。在学部考察时，有女总教习来见，考察团询问女学管理办法。在农部考察时，考察团会晤了监督喀林敦，询问医畜及农林学堂公会情形。② 需要提及的是，考察团的某些考察项目对中国产生了深远影响。③

5. 司法权

埃喜来特别强调了司法独立性，君主及各部大臣皆无从干预司法权，裁判各官由司法大臣奏任，不受政府节制，非经两议院的弹劾不得黜退，亦不为无形隐力所动摇，因此，"各裁判亦皆秉正不回，为国人所信服"④。

4月17日，考察团上《英国考察情形及赴法日期折》，该折首先简要言及英国三权分立的政治模式："立法操之议会，行政责之大臣，宪典掌之司法，君主裁成于上，以总核之。其兴革诸政，大都由上下两议院议妥，而后经枢密院呈于君主签押施行。"进而分析了其优越性：

> 故一事之兴，必经众人之讨论，无虑耳目之不周；一事之行，必由君主之决成，无虑事权之不一。事以分而易举，权以合而易行。所由百官承流于下，而有集思广益之休；君主垂拱于上，而有暇豫优游之乐。若夫外

---

① 载泽：《考察政治日记》，第616—617页。

② 以上引文见载泽《考察政治日记》，第601、606页。

③ 有论者通过系统梳理晚清使臣对国外农业的考察，指出载泽考察团作为政府考察团，其对英国农渔公会职权的考察，"更能影响后来我国农业主管部门的组织形式"。魏路苓、戴云：《晚清使臣视野中的西方农业管理机构、农业政策与农业教育》，《农业考古》2007年第4期。

④ 载泽：《考察政治日记》，第599页。

交、军政关于立国之要图，枢府间有特引之权衡，以相机宜之缓急。①

尽管有这些优越性，但是英国君主权力甚小，由世袭贵族组成的上议院不如由民主选举的下议院权力为大，决定了英国并非中国宪政改革理想的模仿对象。正如西里尔·珀尔所说，考察团"对英国宪法钦佩之至，但并不羡慕英国的君主政体"②。由此，该折最后委婉地表达了英国宪政模式并不适合中国："其设官分职，颇有复杂拘执之处，自非中国政体所宜，弃短用长，尚须抉择。"③

综上，埃喜来的演说侧重对英国立宪制度一般知识的介绍，较少宪政理论的阐释。直接受埃喜来演说的影响，载泽所上奏折与其说是考察团对英国议会制度特色及其优越性的描述，不如说是对宪政制度一般优越性的描述，而这类知识在中国早已有过介绍。梁启超于1901年发表的《立宪法议》一文即较为详尽地介绍了议会制度的一般知识，如介绍内阁对议院负责："大臣之进退，一由议院赞助之多寡，君主察民心之所向，然后授之……因国民之所欲，经议院之协赞，其有民所未喻者，则由大臣反覆宣布于议院，必求多数之共赞而后行。民间有疾苦之事，皆得提诉于议院，更张而利便之，而岂有民之怨其上者乎？故立宪政体者，永绝乱萌之政体也。"④ 梁启超所言与埃喜来的演讲并无区别，然而，我们不能据此判定埃喜来的演讲没有益处，考察团正是通过聆听埃喜来的演讲以及实地考察，了解到宪政制度的一般知识，他们关于宪政的陈奏的影响力远不是梁启超等宪政专家的论著可以比拟的。

其二，对法国、比利时政治制度的考察。与在英国的考察方法一致，考察

---

① 《出使各国考察政治大臣载泽等奏在英考察大概情形暨赴法日期折》，故宫博物院明清档案部编：《清末筹备立宪档案史料》（上册），第11页。

② ［澳］西里尔·珀尔、檀东锂、窦坤译：《北京的莫理循》，福建教育出版社2003年版，第260页。西里尔·珀尔又言："正像约翰·朱尔典爵士告诉莫里循的那样，爱德华国王不喜欢中国人，他在招待考察团成员时的表现非常清楚地说明这个问题。对此唐绍仪讲得更明确：'国王只接见镇国公，而且只有两分钟。毫不夸张地说，几位大臣都吃了闭门羹。'……莫里循评论道：'难怪考察团成员回来后都变得极度反英，尽管他们也获得一些殊荣，如授予大学学位并在市政厅进餐。'"资料来源同上书，第260—261页。将考察团未采纳英国的议会制度归结于英国政府接待稍欠热情，无疑是错误的。

③ 《出使各国考察政治大臣载泽等奏在英考察大概情形暨赴法日期折》，故宫博物院明清档案部编：《清末筹备立宪档案史料》（上册），第11页。

④ 梁启超：《立宪法议》，《饮冰室合集·文集之五》（第1册），第6页。

团在法国考察时，邀请宪政专家金雅士就法国政治制度作了一系列演讲。金雅士首先言及法国立宪之前的社会状况，指出自由思想发达是促成法国立宪的原动力："法国未立宪时，君主专制，贵族擅权，人民愁苦。当法王鲁易第十六时，有召集贵族、教士、民党三党代表聚议之举。时在下自由思想已渐发达，于是请国家立宪之议乃起。"① 显然，这种论调提示考察团法国立宪制度有其产生的特殊性。在考察团看来，法国的民主政体并不适合中国：

> 法兰西为欧洲民主之国，其建国规模非徒与东亚各国宜有异同，即比之英、德诸邦，亦不无差别。……其立国之体，虽有民主之称，统治权实与帝国相似。条规既整齐完备，精神尤固结流通，遗其粗而撷其精，可以甄采之处，良亦非鲜。②

由于有了考察英国议会制度的经历，考察团将英、法两国的议会制度进行了对比："英之下议院权重，法则两院相埒，而各有特别之权。如关系财政，则先归下议院核议；总统及大臣有违法律者，则归上议院审判。下议院员，由国民直接选举，为人民之代表；上议院员由郡邑见解选举，为土地之代表。皆以才望而升，无贵族平民之别。此与英异者也。"③ 这种认识彰显出考察团对议会制度的认识达到新的高度。

考察团对比利时的议会制度也有了大致了解。比利时上议院议员由间接选举产生，任期八年，下议院议员由全国直接选举，每四万人举一人。内阁共有八部组成，行使行政权。比利时君主权力很大，"比利时以君主立国，其宪法由议院公定，王室之权最尊，以诸法权由是而生。一切管辖国民之权限及人民之权限，均由国王核定，照宪政条例施行"。而行政权则授予执政大臣，执政大臣由国民公选，如果擅自行权、违背法律，"由议院公论其失矣，按照宪政条例施行"。律例修改权归诸下议院，必须有三分之二的议员参加始能开议，如下议院

---

① 载泽：《考察政治日记》，第631页。
② 《出使各国考察政治大臣载泽等奏在法考察大概情形并再赴英呈递国书折》，故宫博物院明清档案部编：《清末筹备立宪档案史料》（上册），第14页。
③ 载泽：《考察政治日记》，第636页。

以为未可，"即寝其说"①。在《介绍比利时考察大概情形一折》中，考察团认为比利时政治多有可以取法之处，尤其对其实业发达颇为赞赏：

> 比国行政之体，取则法国者为多，其分区自治，既有因地制宜之效，其枢府统一，复有居中驭外之规。经制虽不及法国之完全，民气实较法人为纯朴。至其立国之要，则在奖励工商农三业，以为致富之原。其铁路、矿物、制造诸工，早为欧洲各国所推许。因之货产骈阗，商务日盛。而其授田之法，复最均平；非若英法诸邦豪强坐拥膏腴，漫无限制。以故人自力耕，盖藏颇裕；种植树艺之术，尤复有名于时。②

其三，对地方自治制度的考察。载泽考察团对英、法、比三国的地方自治制度予以特别关注，其原因在于考察团意识到地方自治为宪政之起点。以伦敦为例，载泽言道："伦敦地方自治，为英国宪法之起点。英之立宪，先于各国。其地方自治，又为各国所推崇取法者。伦敦一都会，居民之多，商业之盛，久冠全球。其所以致此者，固有道矣。"③

通过埃喜来对英国地方自治制度的演讲，考察团了解了英国设有地方自治部，通过稽查官之调查，指导管理地方自治事务，其权限涉及恤贫、卫生、财政、统计以及其他庶务。如卫生事务，"其遵守法律与否，公会（即地方自治部）固有监视之权，如有所见，亦可发传单送各局，令其择行"；另如财政，"地方自治局办事借款，须公会批准而行，惟必先派稽查员先往查报定夺"④。而地方自治各项具体事务则皆由地方自治局办理，并且局员由居民公举，无俸给，亦间有给俸者，但从未由中央政府派员管理。⑤

埃喜来还以伦敦自治局为例，介绍了自治局的组织结构及办事规则："局员七日一聚，局中各事，局员自举专员分理报告。通局重要之事，则俟通局公议，允诺乃行"；就办理事务范围而言，所有关乎地方自治的事务无不由地方自治局

① 载泽：《考察政治日记》，第 671—672 页。
② 《出使各国考察政治大臣载泽等奏在比国考察大概情形折》，故宫博物院明清档案部编：《清末筹备立宪档案史料》（上册），第 19 页。
③ 载泽：《考察政治日记》，第 610 页。
④ 同上书，第 607 页。
⑤ 同上。

承担，包括地方各级各类学堂、疯人院、救火兵队、公车轨路、工人宿舍、道路、公园、桥梁、轮船、屠肆、牛乳厂、防兽疫、小戏院之检察、市肆之度量衡，等等，"不胜枚举，无不由局查核"①。

考察团考察了法国地方自治制度后，比较了英、法两国之异处。英国"人民先有自治之力，而后政府操其纲"，而法国则为"政府实有总制之规，而后人民贡其议，施之广土众民之国，自以大权集一为宜"②。对于比利时，载泽用较大篇幅介绍了该国的地方自治规制：

> 每省设省绅会、省自治局各一所。省会总行政之权者，职视中国巡抚，由政府委任。省绅会专考究一省自治之事，每岁七月举寻常会议以此，半月为期。巡抚有商请展期之权，惟不得逾四星期。若有特别会议，国王亦须莅会。每岁开会、闭会典礼，由巡抚举行，为国王代表。凡公议，国人皆可入听，密议则否。若选举降黜地方自治各员，率以密议行之。各省议员，止应议本省之事，或有越境干涉他省议会者，即以非法行事科罪。以事之轻重，定监禁半年至二年之罪，并限四年内不得复充议员。③

显然，本省议员只限于议论本省之事，严格遵循地方自治之义，不使他省人员干涉本省事务，这种认识对于亟待推行地方自治的中国而言无疑颇具借鉴意义。以上是考察团对地方自治规制的认识，那么，考察团对地方自治与宪政之间的关系有什么样的认识呢？

需要提及的是4月8日英国律师韩喀宴请考察团事，该日所论并非政治制度，而是言及中国鸦片之害。载泽对当日的讨论颇有所思："欲内申种罂粟之禁令及限制吸烟之人，使逐渐减少，必先有户口、田亩真数清册，立法使家自为禁，则非竭力创理地方自治不可。且地方自治成立，则立宪之根本已固，可渐图收回既失之国权。内外并营，则鸦片之害，二十年内可望尽绝。"通过思索禁绝鸦片之策，载泽深刻体悟到地方自治实为"立宪之根本"。显然，禁绝鸦片

---

① 载泽：《考察政治日记》，第609页。
② 《出使各国考察政治大臣载泽等奏在法考察大概情形并再赴英呈递国书折》，故宫博物院明清档案部编：《清末筹备立宪档案史料》（上册），第15页
③ 载泽：《考察政治日记》，第672页。

只是载泽思索的一个方面，在他看来，中国唯有建立立宪政体，才能逐步挽回利权，最终实现国家富强，是以言道："愿我国人同心奋力，以除此附骨之疽，而后言自强也。"① 在《英国考察情形及赴法日期折》中，载泽考察团系统地论述了地方自治为"立宪之根本"的原因所在：

> 其一国精神所在，虽在海军之强盛、商业之经营，而其特色实在地方自治之完密。全国之制，府分为乡，乡分为区，区有长，乡有正，府有官司，率由各地方自行举充，于风土民情，靡不周知熟计。凡地邑居民、沟渠道路、劝工兴学、救灾恤贫诸事，责其兴办，委曲详尽，纤细靡遗。以地方之人行地方之事，故条规严密，而民不嫌苛；以地方之财供地方之用，故征敛繁多，而民不生怨。而又层累曲折以隶于政府，得稽其贤否而奖督之，计其费用而补助之，厚民生而培民俗，深合周礼之遗制，实为内政之本原。②

其四，对社会公共事业的考察。在法国，考察团着重考察了金融、邮政、教育等社会公共事业。考察团邀请法国财政部官员乌波梯来使署，介绍了法兰西银行的组织结构、办事规程，对银行的功能记载尤为详细：

> 一曰以私家之资，行自由之业。故对于国际交涉，有应得保全产业不受侵侮之利益。如本国与外国交战，本银行所有财产，两国都不得干犯。二曰本银行独属本国主权，以本国疆域为限，外国及殖民地皆不设分行。三曰发行钞币之特权。既经国家允许，享此特权之利益，故对于国家有特别之义务。……所行钞币，必先范以规则，行有存金，以作纸币之实，方能保其真值，不致导于虚空危险。③

通过乌波梯的演讲，考察团了解到银行信用的重要性，保持信用度的最有

---

① 以上引文见载泽《考察政治日记》，第 626—627 页。
② 《英国考察情形及赴法日期折》，故宫博物院明清档案部编：《清末筹备立宪档案史料》（上册），第 11 页。
③ 载泽：《考察政治日记》，第 647 页。

效途径为严格控制钞币发行量："钞票之数，固日有所增，然必以存金与信贷之数增长，则钞乃可增，否则必有虚悬危险之机。盖由商业日盛，母财日增，必利用钞币以济。故钞币之数，必与本国实有之金数为比例。"①

此外，考察团还邀请渥脱演讲了邮政、铁路、电报。渥脱称邮政、铁路、电报"为一国之机关命脉，而便社会之交通，长人类之利益"，如果办理得法，"即为扩张地方之财政、工商之权舆"。进而，渥脱较为详尽地介绍了邮政规制："欲观三者之布置，必先知邮政之如何而设。盖传递书缄，如有遗失，例须赔偿。如一切零物及行栈之货物，民间及商家金银之汇划，皆归此局，其性质实与银行无二。又民间如有节省之银钱，存于邮局，无异存国家之库储。"② 显然，法国的邮政已经达到很高水平，兼有金融业务，与我们今天的邮政不无类似。

考察团对教育事业也给予一定关注。在法国沙勃旁士大学堂，考察团了解了该校学位授予的程序："凡得高等学位者，先将所著书呈于考官，到此面试。历举疑义问难，果所学卓然，始报文部，给予文凭。盖究其平日之心得，不徒校一日之短长也。"究其内容，与我们今天高等教育中申请硕士、博士学位的程序相类。在法国西尔陆军士官学校，考察团着重考察了该校作息制度，对其管理之严格颇为赞赏："学生课程，晨五时闻钟声皆起早餐，六时闻喇叭声入自修室温习，九时至讲堂授课，十时返自修室，十一时午膳，十二时十五分入卧室更衣、擦枪、扫地，一时十分入操场齐集听命令演擦，四时十五分会卧室换衣，三十分茶点，晚五时入自修室习预备课，七时三十分晚膳，九时归寝。每一星期习操练二次，分内外二门，每次须三小时。礼拜六习步伐，随军乐而行。"③ 可以说，如此详尽地介绍对于正在推行军事改革的中国来说大有裨益。

此外，考察团深有触动的是，即便是根据1831年《伦敦协约》守局外中立的比利时亦孜孜讲求军事教育，实行义务兵役制，国民二十岁以后皆征选入伍，严加训练。其军事教育亦相当可观，"其兵营及将卞学校，皆娴熟整齐，孳孳不

---

① 载泽：《考察政治日记》，第 650 页。
② 同上书，第 651 页。
③ 以上引文见载泽《考察政治日记》，第 653、656 页。

已"①。以武备学堂为例，习普通学二年，再分习炮、步、骑、工各科。考察团在参观陆军第一年工程科时，看到大量木刻炮垒、桥堑、沟渠的模型，教习于黑板绘图讲授筑垒、挖壕之法，并罗列各类岩石，研究其性质，对其军事教育之完备深有感触："比为局外中立国，犹汲汲武备若此，立国者谁能去兵欤!"②

其五，对工矿企业的考察。18 世纪 60 年代，英国率先开展工业革命，随后波及欧美主要国家，工业革命具有划时代的历史意义，为新生的资本主义制度奠定了坚实的物质基础。生产技术方面，机器生产代替了手工劳作，最早受到工业革命洗礼的英国利用工业化先发优势，确立了"世界工厂"的地位。作为老牌资本主义国家，英国机器工业发展程度之高给考察团留下了深刻印象。

在达灵顿，考察团参观了由"铁路机车之父"斯蒂芬孙于 1825 年发明的第一台火车，以及十五年后所造的第二辆机车时，二者对此，"初制为巧捷，较今制犹朴拙多矣"。显然，考察团通过实物对比观览，对科技发展的日新月异有了深刻认识。同时，考察团认识到工业科技的发展对生产力具有巨大推动作用。在"工厂林立，商业殷盛"的伯明翰，考察团参观了机器厂的水力动力设备："攻木厂以机运斤，削不爽毫厘，视人工优胜千百。"在参观达灵顿造桥厂时，看到造桥机器两百余种，以电力、水力、蒸汽力为动力，大大节约了劳动力。在汽车厂、钢铁厂、机器厂，电力亦是广泛应用，考察团不由发出了"此世纪中，必将为电世界"的慨叹。载泽总结该城市的形成原因时说道："因有数机器厂，而成巨镇。"在法国著名的重工业中心克鲁苏镇，考察团亦有类似认知："居民四万余，强半为工人。地无他商业，亦少农业，缘工厂煤烟四布，近地树艺不繁，是镇亦因工厂而成立也。"③ 显见，载泽用最简单的话表达出工业带动城镇发展的道理。

在法国官立军械厂，考察团对该厂分工之细颇为赞赏："分工已一千二百余次，工人各司其事，不相为谋。"在法国土伦地中海船厂，考察团了解了股份制管理模式："厂为商办，建设五十余年，初时股本十三兆佛朗，今赢至三十余兆。"考察团在该厂船坞看到正在修理的俄国鱼雷艇，订购于此而于归国途中碰

---

① 《出使各国考察政治大臣载泽等奏在比国考察大概情形折》，故宫博物院明清档案部编：《清末筹备立宪档案史料》（上册），第 18—19 页；

② 载泽：《考察政治日记》，第 667—668 页。

③ 以上引文见载泽《考察政治日记》，第 627、660、659、627—628、638 页。

损，载泽对此不无感慨："将卒之不习驾驶学，虽有利器不能用于平日，战时尚足恃耶？"在比利时铁道车厂，当考察团了解到越南、印度、意大利、西班牙以及中国多造车于此，颇生感慨："中国地大，铁道兴未及半，利权外溢者多，所当亟图自制。"① 显然，在考察工矿企业的过程中，载泽亦时刻注意思索国家发展、富强之道。

"五一国际劳动节"又称"国际示威游行日"，西方各国在这一天普遍进行游行活动。考察团在法国期间适逢 5 月 1 日，载泽在日记中写道："西五月一号，向为法工人停工聚议日。前二日谣传颇多，谓工人将聚众要挟，富室多有徙避者。是日法都闭市，各衢巷马步兵纷列，行人甚稀。又闻夜间工人与某所以石击毙二巡兵。"② 载泽在日记中虽然没有劳动节的字样，然了解到该日为工人游行日，当为中国人对国际劳动节的较早记载。在了解到西方各国的这一传统后，考察团在比利时廓克利铁厂考察时，特意深入工人孤子院，当了解到"工人殁于厂者，其子女之教养皆厂任之，及岁仍令为厂工"后，载泽不无感叹地言道："平日所以惠工者无不至，故从无罢工之举。"③

总之，工矿企业不是载泽考察团的考察重点。然而，即便是通过有限的考察，考察团开阔了视野、增长了见闻，对工业革命的巨大影响有了直观认知。

其六，牛津大学、剑桥大学授予考政大臣荣誉学位。考察团在英国期间，颇具社会影响力的一件事是牛津大学、剑桥大学授予考政大臣荣誉学位。

剑桥大学首先与中国驻英公使汪大燮联络，准备授予载泽等考政大臣荣誉学位。4 月 24 日，考察团在法国考察期间接到汪大燮函，称英国剑桥大学授予载泽法学博士学位，授予尚其亨、李盛铎文学博士学位，重返英国时举行颁授礼。④ 实际上，早在 4 月 2 日伦敦市长宴请载泽一行之时，剑桥大学的吉尔斯即前往拜见载泽一行，称"他们此行的目的试图对代议制政体有详尽的考察"⑤。可能在此时，剑桥大学表达了邀请考察团访问该校的意愿，然而当时考察团集中精力考察英国政治制度，未遑其他。

---

① 以上引文见载泽《考察政治日记》，第 639、642、644、667 页。
② 载泽：《考察政治日记》，第 646 页。
③ 同上书，第 664 页。
④ 《泽尚李三大臣奏报由英赴比呈递国书日期折》，《时报》1906 年 7 月 5 日。
⑤ Charles Aylmer, "The Memoirs of H. A. Giles'", *East Asian History*, No. 13 – 14 (1997), p. 86.

图 5—1　剑桥大学图书馆的中国书籍阅览室①

5 月 24 日，载泽、尚其亨及汪大燮（李盛铎已经先行至比预备一切，笔者注）来到剑桥大学考察，并接受荣誉学位。剑桥大学负责接待的除了吉尔斯外，还有该校副校长。由吉尔斯用中文致欢迎辞：

> 尊敬的大清国考察团，你们跋山涉水，考察世界各国的政府组织、法律、教育，你们的使命如此之重，为了不负大清国皇帝的重托，困难无疑将会充满你们的考察之途。……殿下率领考察团能够访问剑桥令我们的副校长倍感荣光，他刚才提议所有的人为殿下、汪公使及考察团所有成员的健康干杯。我们热切希望，从今以后，我们各自的国家，政府以及这些国家的人民，彼此之间可以和睦相处。

---

① 此图为剑桥大学图书馆中国典籍藏室，照片是由剑桥大学图书馆的 Mr W. F. Dunn 拍摄。载泽一行曾至此参观。黑板上书写的是中国诗句。右边为汉魏王粲《七哀诗》句：荆蛮非吾乡，何为久滞淫；左边为隋代薛道衡《人日思归》句：人归落雁后，思发在花前。载泽在日记中记载："所藏中国书一室，有七经、廿四史、诸子集之属，云为前驻华公使威妥玛所赠。"载泽：《考察政治日记》，第 661 页。

图 5—2   剑桥大学副校长 H. M. 巴特勒博士及其他人陪同载泽考察①

吉尔斯事后追忆："对于我来说，完全记住讲稿是有困难的，为慎重起见，我在口袋里装上中文文本。贺辞读完后，我得到了陪同考察团的白瑞南先生的低声祝贺，这令我的情绪变得放松。图书馆馆长告诉我，在我宣读完后，他曾询问考察团中的一名成员是否听明白了刚才的贺辞，令人惊喜的是这位成员给予了肯定回答。"②从中我们可以对剑桥大学欢迎考察团之慎重、热情略窥一斑。

牛津大学于 5 月 12 日邀请载泽一行往牛津大学参观，5 月 15 日，牛津大学转告载泽等人准备在他们参观牛津大学期间授予荣誉博士学位。5 月 18 日，载泽一行来到牛津大学接受荣誉学位。剑桥大学邀请在前，然而载泽一行却先至

① 1906 年 5 月 24 日，载泽（右）访问剑桥大学，图为剑桥大学副校长 H. M. 巴特勒博士及其他人陪同载泽考察。背景为常春藤缠绕的凯厄斯学院墙体（这幅图出自当地 J. P. Gray & Son 公司发行的明信片）。

② Charles Aylmer, "The Memoirs of H. A. Giles'", *East Asian History*, No. 13 – 14 (1997), pp. 86 – 87.

牛津大学。据剑桥大学的吉尔斯称："尽管剑桥大学在牛津大学之前向考察团发出邀请，但是牛津大学作出安排，考察团应先至牛津大学接受荣誉学位，这一安排带有明显的嫉妒心理。"①

综观载泽考察团整个考察行程，只有英国剑桥大学和牛津大学赠予载泽等考政大臣荣誉学位，载泽在日记中亦颇为激动地写道："谦伯里区（即剑桥大学——笔者注）为英最古之大学，'笃克罗'（即博士学位——笔者注）乃英最高之学位，非品学端粹，著述宏富，为士林推重者，不轻相假。他国人得此，尤为荣耀。名实不副，予滋愧矣。"② 国内各媒体对考政大臣被授予荣誉学位欢欣鼓舞，如《寰球中国学生报》即以《使臣之荣誉》报道了这一消息，称"接受典礼颇极一时之盛"③。《大公报》报道："五大臣之分赴各国考求政治，所在欢迎，或赠以宝星，或赠以法学博士、文学博士之学位，洵可谓增使节之光宠，极海外之荣誉也。"④ 时人康继祖亦言："学位，各国所重也。自通使以来，未闻该国以学位赠予外人者，今我钦使竟能得博士之名号，复蒙各大学校纷纷以学位见赠，该国君若民钦佩我公使也深矣。"⑤ 无疑，牛津大学、剑桥大学授予考政大臣荣誉学位成就了中英关系史上的一段佳话。

第二节 端方、戴鸿慈考察团

一 出洋考察概况

端方、戴鸿慈考察团出京极为秘密，12月7日突然有出京之信，车站及巡警局皆感失措，纷纷临时预备，是日十二点加车出京，内外城巡捕、巡警以及铁路巡警一千数百人持枪弹压，送行官员很少，只有那桐、胡燏棻等数人。⑥下午四点半至天津，寓中州会馆。⑦ 12月10日，端方、戴鸿慈由津乘专车至秦

① Charles Aylmer, "The Memoirs of H. A. Giles'", *East Asian History*, No. 13 – 14 (1997), p. 87.
② 载泽:《考察政治日记》，第654页。
③ 《使臣之荣誉》，《寰球中国学生报》第2期，1906年7月。
④ 《五大臣之优遇》，《大公报》1906年7月13日。
⑤ 康继祖:《预备立宪意见书》（前编下·五臣行使记·荣膺学位），第1页。
⑥ 《补志出京情形》，《大公报》1905年12月10日。
⑦ 《出洋大臣来津》，《大公报》1905年12月8日。

皇岛，同日换乘海圻号兵轮向吴淞口进发，16 日抵达。① 前文述及，载泽一路欲往湖北会晤张之洞而不果。端方、戴鸿慈一路亦欲由京汉铁路至鄂小作勾留，再往上海放洋。然而最终并未至鄂，而是直接沿水路赴沪。据报道，其原因在于张之洞于"速立宪法"并不满意，端方担心立宪政见与张不合，"来鄂晤商转生枝节"②。

　　上海是立宪派活动的中心之一。在遣使谕旨颁布不久，端方即告知张謇七月底至沪，期待与张会面。③ 然而，上海立宪派对清廷立宪的诚意不无怀疑。如在日俄战争之际策动端方等地方大吏的主角之一赵凤昌曾对端方言道："欲预闻日俄和议未成，而改派考查，朝廷于立宪仍为敷衍延宕之计，革命终不能免，可以早回，得南洋一席。"④ 在考察团出洋不久，张謇亦曾于日记中写道："宪政之果行与否，非我所敢知；而为中国计，则稍有人心者不可一日忘。此事将于明年秋冬之际卜之。"⑤ 另据赵凤昌回忆，上海商、学界曾就是否欢迎考察团在《时报》馆进行讨论："赴者二十八人。予与季直诸君在一品香，由狄君楚青往来传达。学界初均不欲欢送，坐中一人向楚青云，可问诸君曾走过桥否，楚青即去言之，立回复诸君已照允欢送矣。"⑥ 经过协商后，上海商、学界准备召开欢迎会。⑦ 获悉上海商、学界准备欢迎考察团之信后，考察团在出行前致函上海道袁树勋，请其转达商、学界"他日海外归来于考察诸端稍明梗概，再与诸君剧谈痛饮"之意。⑧ 据黄浚推测，考政大臣此电表面上在于推辞上海各界之欢迎，然而"其意盖在欢送"，希望上海商学界提前准备欢迎考察团，以

　　① 戴鸿慈：《出使九国日记》，第 316 页。

　　② 《端抚与鄂督政见不合》，《申报》1905 年 12 月 18 日。

　　③ 许全胜：《沈曾植年谱长编》，第 314 页。

　　④ 黄浚：《花随人圣庵摭忆》，第 326 页。

　　⑤ 南通市图书馆、张謇研究中心编：《张謇全集》（第 6 卷），第 564 页。

　　⑥ 黄浚：《花随人圣庵摭忆》，第 326 页。辛亥革命后，赵凤昌曾追忆当日"走过桥"一语："各省有咨议局人民始能团结，其后立时召集十七省合议，粗定改革之局，盖似以考查为'上桥'，而各省有会议之形式如'已过桥'矣。"黄浚亦称："以'走过桥否'叩学界，其用意甚深，盖谓改革国事者，欲达彼岸必先走过桥，不能厌惮跋涉也。"资料来源同上书，第 326—327 页。显然，"走过桥"之意在于五大臣出洋考察为改革之步骤，学界应欢迎之。

　　⑦ 《预备欢迎》，《新闻报》1905 年 10 月 15 日。

　　⑧ 《出洋五大臣致上海道电文》，《申报》1905 年 12 月 13 日。

壮声势。① 不过，考政大臣所言亦或多或少道出了他们当时的真实心境。后适逢上海发生"大闹公堂案"，整个上海纷纭扰乱，商学界亦"无暇以我国人之意贡于五大臣"②。由此，沪上商、学界致电五大臣，"俟钧节回华，届时共表献曝之忱"③。因此，考察团出国途经上海时，上海各界并没有举行较大规模的欢迎会。

端方、戴鸿慈考察团在上海逗留两天。端方 12 月 12 日致电张謇，告知到沪日期。张謇得知考察团 16 日抵沪后，随即约同诸人准备迎接考察团。④ 16 日考察团抵沪，沪上名流缪荃孙、万中立、葛健安、宝子和、王宗炎、沈曾植、徐乃昌、陈毅、江翰、夏瑞卿、张謇、赵凤昌、许鼎霖等人先后来见，其中不乏"晤谈竟夜"者。⑤ 这些会见不能简单地视为客套之举，展示出上海各界对考察团的关注。同时与苏松太道袁树勋接洽，接手由袁负责兑换的外国钱币。端、戴考察团出行时领款 26 万两，换算成外币计美币 3.9 万元、德币 13.625 万马克、奥币 7.9375 万勒尼、俄币 3.78 万卢布、意币 8.3125 万元。⑥

端、戴考察团所经国家分为三类，一是正式考察的国家，考察团带有"钦颁国书"，包括美国、德国、奥地利、俄国、意大利；二是游历国家，考察团临时得到该国邀请，不必递交国书，但一般觐见其元首，包括丹麦、挪威、瑞典、荷兰、比利时；三是过境国家，没有递交国书和觐见仪式，只是顺便参观浏览，包括日本、英国、法国、瑞士。

在上海停留两天后，端、戴考察团于 12 月 19 日乘美国"西比利亚"号邮船放洋，12 月 21 日抵达日本。日本非为正式考察国，然考察团用六天时间在长崎、神户、横滨考察，其目的并不在于考察日本政治，而在于调查华人学校、留学生及华商状况。考察团主要参观了神户高等女小学校及横滨正金银行，是

① 黄浚：《花随人圣庵摭忆》，第 326 页。

② 《为国人敬告出洋五大臣》，《时报》1906 年 1 月 12 日。"大闹公堂案"指 1905 年发生于上海的一件中外交涉案。参见丁日初《近代中国的现代化与资本家阶级》，云南人民出版社 1994 年版，第 285—286 页。

③ 《上海学商界复五大臣电文》，《申报》1905 年 12 月 13 日。

④ 南通市图书馆、张謇研究中心编：《张謇全集》（第 6 卷），第 562 页。

⑤ 戴鸿慈：《出使九国日记》，第 316 页；缪荃孙：《艺风老人日记》，北京大学出版社 1986 年影印版，第 1818 页。

⑥ 戴鸿慈：《出使九国日记》，第 317 页。

为出国后参观的第一所女学和第一所银行，初步展示了考察团的考察重点，此后的考察无不把女学及银行作为重点。

前文述及，五大臣出洋考察团的准备工作并不完备，如考察经费的使用即没有做出详尽规划。端、戴考察团离开日本之时，购备礼物、治装、薪水等项已耗银 9 万两，在未抵达正式考察国别之前耗银如此之巨，使得考察团颇显忧虑。12 月 28 日，即考察团由日本向美国进发的当天，戴鸿慈在日记中不无难处地写道："彼都旅处，用度殊奢。侈费固非所以体时艰，过简则亦无以尊国体，权衡丰啬，极费踌躇也。"由此，在向美国进发途中，端方、戴鸿慈令伍光建、施肇基、熊希龄、王丰镐等人"预算此后用度"。12 月 30 日，考察团就经费支出、各国考察日期、考察宗旨等事务召开会议，投票选举温秉忠、施肇基、伍光建为干事，"专任一切庶务"①。同时，规定考察团成员各就所长，分任调查之责，"或查学务，或查财政，或查裁判，分途并出，俾以短期而收速效焉"②。考政大臣亦负责不同方面，端方负责考察政治，戴鸿慈负责考察财政。③据考察团随从人员施肇基回忆，由于随行人员众多，为便于考察，考察团每至一国，"将旅行应酬等一切庶务皆委某员总理"，美国期间由施肇基负责，法国期间由岳昭燏负责，德国期间由温秉忠负责，俄国期间由管尚平负责。④ 确定每一考察国的具体负责人很可能亦为此次会议所定。

更为重要的是，此次会议拟定《敬事预约》，提纲挈领地规定了考察团的行事准则和工作要旨。《敬事预约》共六条，采用韵文形式，每一条格式均相同：题目三字，十四句，每句四字。其一为"立宗旨"，确定考察重点为各国"政体"、"宪法"、"财用兵制"等富强之道，而"其余庶政"不在考察团考察重点之列，"次第及之，在提其纲"而已；其二为"专责任"，要求考察团每一个成员都应各尽所长，恪守尽责，"或认专门，或兼数诣，或聚而谋，或分而纪"；其三为"定体例"，将重要的考察所得按照"国以类编，冠以通论"的体例写成文字，以能够"条分缕析，厘然秩然"为标准，而"若夫游览，风景山川，无关宏旨，概从缺焉"，明确指出此行并非游山玩水，而应以国是为重；

---

① 以上引文见戴鸿慈《出使九国日记》，第 332 页。
② 戴鸿慈：《出使九国日记》，第 349 页。
③ 康继祖：《预备立宪意见书》（前编下·五臣行使记·到旧金山事），第 12 页。
④ 施肇基：《施肇基早年回忆录》，第 47 页。

其四为"除意见"，要求考察团成员"通力合作，以讫成功"，"勿参成见，畛域胥融"；其五为"勤采访"，指出"著乃形式，藏乃精神，批隙导窾，周爰咨询"，"片言启牖，胜彼遗文"，由此，考察团尤其要重视对各国学者、官员的实地采访，"造门请益，务得其真"；其六为"广搜罗"，无论是"图籍"或是有关"政界学界"的资料，都要大量搜集，"多多益善"，然后整理加工，"以编以译，快睹成书"①。

《敬事预约》采用韵文形式，朗朗上口、易于记诵，此其优势。然而正是由于追求韵文的形式，各项内容过于简略，具体到考察实践中则难以贯彻，且仅涉及考察过程中应当注意的事项，缺乏相应的奖惩规定。

美国为考察团的第一个抵达的正式考察国。在日本的最后一天，即12月26日，端方、戴鸿慈致电驻美钦使梁诚，请其照会美国政府，饬海关格外照料。1906年1月2日，梁诚回电通告美国总统已电令檀香山总督优予接待，同时，梁诚问及考察团在美考察行程及考察期限，端、戴答以在美国共约四周，在华盛顿住两周。② 显然，考察团提前规划了在美国的考察时日，然并未拟定考察行程。考察团在美的考察行程由美国外务部拟定，"凡于议例、行政、司法及各省政府、地方自治、民生国计、学校、工艺，有关考察之事，均一一分期排定，以供观览"。同时，鉴于有无业商人"争欲照料专使游历，藉便私图，深恐有损邦交而碍声誉"，美外部大臣路提特请总统饬派财政专员精琦前赴旧金山迎接考察团。③ 当时，国内舆论纷传端、戴将建议政府聘请精琦为财政顾问，普遍对外人干涉中国财政表示了忧虑。④ 针对这一误解，有报道指出："精琦来迎系卢总统（指西奥多·罗斯福，1901—1909年任美国总统——笔者注）所拜，不过外交上照例接待之使者，并无他意，即精琦见面亦不过将命而已，并无有揽中国财政之意。"⑤

---

① 戴鸿慈：《出使九国日记》，第332—333页。
② 参见罗香林《梁诚的出使美国》，沈云龙主编：《近代中国史料丛刊续编》第68辑（674），第306—308页。
③ 《少怀午桥两专使抵美闻有无业商人意图照料专使藉便私图已设法派专员迎迓美政府招待颇周由》，（台北）"中研院"近代史研究所档案馆藏外务部档案：02—12—028—04—009。
④ 《户部拟聘精琦》，《大公报》1906年4月18日。
⑤ 《端戴两大臣请聘精琦事辨正》，《南方报》1906年5月20日。

1906 年 1 月 5 日，考察团抵达美国夏威夷州州府檀香山，1 月 12 日抵达美国西部海港城市旧金山，美国总统派精琦前来迎接，并密派侦探随时保护。① 此后，考察团开始了自西向东横越美国的考察，精琦则一直随同考察团至华盛顿。1 月 24 日，考察团在觐见美国总统时，端方、戴鸿慈特意告知此次使团的目的在于考察，"但求随时导观，藉资考镜，他事概不与闻"②，表达了与一切交涉事务无涉的意思。考察团在美国考察项目甚广，政治、教育、工业皆在考察之列，行程亦至为紧凑，有报道称："参赞、随员、翻译奔忙异常，日则赴各处调查考究政治，以及游览学堂工厂等事，夜则分门翻译章程、各种书籍。"③ 考察团在美国共计 41 天，除去从檀香山到旧金山之旅程花去 6 天时间，在美考察时间共计 35 天，比预算时间要长。值得一提的是，康有为在得知端方、戴鸿慈至美国考察后，表示了极大的热情，特致函谭张孝"以厚礼迎待"，并让其借此时机以"复辟立宪"之义"详晰造稿，印寄各埠"④。

考察团的下一站为德国，亦为正式考察国。在五大臣出国之前，驻沪德国领事向苏松太道袁树勋询问考政大臣行期，以便德国政府预备迎接。⑤ 2 月 23 日，考察团抵达法国北部港口城市瑟堡，拟由此转道德国。当日中国驻英公使汪大燮派员来迎，英国本不属考察团的考察国别，然受汪大燮的邀请，端方、戴鸿慈带领伍光建、刘若曾等参随 21 人由瑟堡登岸，先考察英国、法国，再至德国，其余参随则直接前往德国。⑥ 考察团在英国的考察得到曾在中国海关任职的金登干的帮助，金登干致赫德电中言及此事：

> 我拜会过了中国考察大员戴鸿慈和端方，是由中国汪公使引见的。在交谈中，他们中的一个人说他们打算在中国开办一家国家银行和国家造币厂。因此，我问他们是否愿意参观英格兰银行和皇家造币厂。他们答称那将使他们感到非常高兴。我为他们安排在上星期二去参观那两个地方。看

---

① 戴鸿慈：《出使九国日记》，第 339 页。
② 端方：《行抵美京情形折》，《端忠敏公奏稿》，第 662 页。
③ 《考政大臣在美考察略志》，《新闻报》1906 年 3 月 30 日。
④ 姜义华等编：《康有为全集》（第 8 集），中国人民大学出版社 2007 年版，第 141 页。
⑤ 《考察政治大臣到沪》，《新闻报》1905 年 12 月 17 日。
⑥ 戴鸿慈：《出使九国日记》，第 377 页。

见他们对见到的东西印象很深。①

　　考察团在英国、法国考察共计 9 天时间，再加上旅途所费时日，考察团于 3 月 7 日抵达德国首都柏林。在考察团看来，德国"一切政治颇资采择，须详细调查"②，清政府则专电考察团，令其详查该国军政，于演操之法细心参阅。③ 综观考察团在德国的考察，确实将军政列为考察重中之重。考察团在德国的考察分为两个阶段，第一阶段考察时间共计 40 天，自抵达柏林至 4 月 16 日离开，转道丹麦、瑞典、挪威三国游历；第二阶段为考察团结束三国游历后又重返德国，考察萨克森、巴伐利亚，历时共 8 天，其原因在于考察团了解到萨克森"开化既早，其士女闲雅纯静有法，政治率同他邦，而工艺、农学、医学最为特色。森林、矿产擅富国之资，而教育尤为发达"，由此，"考德国政治者必留意焉"④。考察团在德国的考察至为详细，对"政治界、学术界、经济界甚为留心访察"⑤。德国的陪同人员亦称："考察团顾不上疲劳，对所有的都表现出了浓厚的兴趣。"⑥ 考察团在德国共计 48 天，为考察时间最长的国家。

　　考察团考察丹麦、瑞典、挪威缘于其邀请，考察时间共计 14 天。考察团还在德国考察时，丹麦因端、戴考察团至欧洲考察，若不赴丹麦，"未免向隅"，托驻京俄使璞科弟向中国外务部致意，邀请考察团至本国考察。⑦ 3 月 23 日，考察团收到外务部令往丹麦游历的电文。⑧ 稍后，4 月 13 日，瑞典驻德公使与中国驻德公使荫昌联络，转达了瑞典政府欢迎考察团至瑞典考察之意："该大臣等既赴丹国，则瑞典相距甚近，倘中国政府肯令顺便前往，甚为荣幸，格外优

---

　　① 中国第二历史档案馆、中国社会科学院近代史研究所编：《中国海关密档：赫德、金登干函电汇编（1874—1907）》（第 7 卷），第 926 页。

　　② 《考政大臣来电》，《大公报》1906 年 3 月 22 日。

　　③ 《端戴两大臣奉命考察军政》，《申报》1905 年 10 月 4 日。

　　④ 戴鸿慈：《出使九国日记》，第 465—466 页。

　　⑤ 《端戴二大臣至德情形及各国之舆论》（录《岭东日报》），《华字汇报》1906 年 5 月 24 日。

　　⑥ 转引自夏白鸽《中国历史上第一次与图书馆事业有关的出洋考察》，《大学图书馆学报》1998 年第 1 期。

　　⑦ 《电知端戴两大臣游历丹国之原因》，《申报》1906 年 4 月 1 日。

　　⑧ 戴鸿慈：《出使九国日记》，第 405 页。

待自不待言。"① 挪威邀请考察团最晚，外务部 4 月 17 日曾收到戴、端电，电文言道："慈、方等于二十三日先赴丹、瑞两国游历，事毕回德，再赴奥、俄等国。"② 显然至此时，挪威并不在游历之列。在丹麦、瑞典邀请之后，挪威通过中国驻英公使汪大燮转达清政府，请考察团往挪威游历。③ 考察团是以又有挪威之行。三国的邀请对考察团的行程产生了影响，为避免正式考察国家难以详细考察，考察团分派若干参随先赴俄、奥调查，"俾得详加考访"④。丹麦、瑞典虽为游历国家，考察团皆拜谒了两国国王，并获赠宝星。⑤

因为在丹麦、瑞典、挪威三国耽搁了不少时日，再加上经费支绌，考察团此后的行程变得十分匆忙，每个国家的考察时间皆控制在 10 天以内。5 月 9 日，考察团抵达奥地利，在 7 天时间里主要考察了议院、学校及著名工矿企业。5 月 16 日，考察团来到匈牙利王国考察。匈牙利王国与奥地利帝国于 1867 年组成联盟，即奥匈帝国，其意在于争取维持原来的奥地利帝国，这只是一个折中解决方法，至第一次世界大战后解体。考察团在匈牙利首都布达佩斯的两天时间里，主要考察了枪炮厂和国家机器公司。

5 月 19 日，考察团抵达俄国首都圣彼得堡，前期抵达的参随陆宗舆、陈琪、恒晋以及驻俄使馆、俄国外交部工作人员皆来迎接。虽然俄国为最大的正式考察国，考察团只停留了 8 天，主要参观了博物院、水师学堂、国家船厂、国家瓷器厂、国家银行。尤其观摩了各军军操，给考察团留下了极为深刻的印象。此外，考察团在俄国的考察借鉴了载泽考察团的办法，在实地考察的基础上，就中国立宪问题向俄国政界要人请教，拜访了外部大臣依什瓦勒斯克及前首相维特。

考察团荷兰之行缘于驻荷使臣陆徵祥的奏准。考察团还在俄国之际，陆徵祥向外务部奏请："和都海牙向以公断公会著声欧美，河工亦素称盛。朝廷特别

---

① 《请端戴两大臣往瑞典一行由》，（台北）"中研院"近代史研究所档案馆藏，外务部档案：02—12—028—04—010；中国第一历史档案馆编：《清代军机处电报档汇编》（第 23 册），第 331 页。

② 《定期赴丹瑞游历事毕回德再赴奥俄由》，（台北）"中研院"近代史研究所档案馆藏，外务部档案：02—12—028—04—012。

③ 《英钦使代递国书》，《大公报》1906 年 4 月 29 日。

④ 《端戴两大臣行程日记》，《时报》1906 年 5 月 9 日。

⑤ 戴鸿慈：《出使九国日记》，第 447、453 页。

简使原期博访周咨，和于内政外交既有可采……应否奏请就便往游和国。"① 5
月 11 日，考察团接到政府游历荷兰的电报。② 当清政府批准端、戴考察团访问
荷兰后，荷兰驻华公使特意照会清政府，表达了欢迎之意，并建言考察团对学
堂、理财、河工等详加考察，因为这些部门"颇有专门名家，擅长一时"，"果
能逐细考察，于贵国不无补区区之意"③。

　　5 月 28 日，考察团来到荷兰西部重要城市海牙，荷兰首都为阿姆斯特丹，
而各国驻使、各部、议会皆设在海牙，实为中央政府所在地。考察团在荷兰进
行了为期 9 天的考察，主要考察了渔业、港口、议院以及机器制造业，并至设
于海牙的保和会参观。在荷兰期间，考察团于 6 月 2 日往比利时与正在该国考
察的载泽考察团会合。前文述及，两路考察团出国前即拟定在瑞士商议政见，
由于载泽考察团返国在即，无暇往瑞士，遂临时改在比利时首都布鲁塞尔会
合。④ 由此，端、戴考察团在比利时停留两天。考政大臣会商何事，由于载泽、
戴鸿慈日记记载颇为简略，不得其详。然而，从两路考察团的考察行程以及归
国后所上奏折来看，他们至少商定了归国日期以及归国后建言的次序。

　　结束荷兰的考察后，考察团向最后一个考察国别意大利进发。考察团取道
德国，于 6 月 8 日抵达瑞士。瑞士虽然只是途经国家，然考察团亦在该国停留 3
天，两次觐见瑞士总统，参观了巧克力公司、织布公司以及著名旅游胜地伯尔
尼雪山。虽然考察团明知"瑞士宪法最善，政治亦略有可观"，然而以时间仓
促，不能久驻，遂留张煜全等人调查一切。⑤ 6 月 11 日，考察团抵达文明古国
意大利，在意大利的 10 天时间里，除参观意大利上下议院外，考察团着重游览
了意大利的名胜古迹，包括斗兽场、圣彼得大教堂、罗马古城、庞贝古城，
等等。

　　端、戴考察团从 1905 年 12 月 21 日抵达日本，到 1906 年 6 月 20 日结束在
意大利的考察，考察团在国外的考察时间共计 178 天。

　　6 月 21 日，端、戴考察团由意大利返国。考察团至沪之际，苏松太道瑞澂

---

　　① 《考政大臣应否奏请就便往和国由》，（台北）"中研院"近代史研究所档案馆藏外务部档案：02—
12—028—04—020。
　　② 戴鸿慈：《出使九国日记》，第 473 页。
　　③ 转引自鸽子《隐藏的宫廷档案：1906 年光绪派大臣考察西方政治纪实》，第 6 页。
　　④ 《考察各国政治大臣游记》，《时报》1906 年 7 月 4 日。
　　⑤ 戴鸿慈：《出使九国日记》，第 501 页。

亦邀请驻沪领事派员保护。7月21日，端、戴考察团由吴淞口登岸，保护异常严密，中西捕探在码头左右驱逐闲人，不准窥探。① 8月3日，考察团由吴淞口向大沽口进发。与载泽考察团相比，端、戴考察团的行程更为隐秘，有报道称："端、戴已动身后，沪上行辕供张如旧，上轮船时甚秘密，行后数日人方知两大臣已北上也。"② 8月6日，考察团抵达天津。与欢迎载泽考察团一致，直隶学界对端、戴考察团的到来亦是热情欢迎，公递条陈，"请奏颁宪法、更定官制、重定法律、改良文字、统一语言"③，表现出较强的参政意识。《北华捷报》即称："这些数以万计的年轻人将是未来的政府官员、舆论界的领袖，他们的愿望对中国的政治前景具有极其重要的影响。这一事件所透露出的是中国民众的知识水准正在快速提升，变得愈有文明。无疑，忽视这一点是愚蠢的。"④ 8月10日，考察团抵达北京。

二　对政治制度的考察

由于行程的缘故，考察团最先对檀香山的自治权及立法权予以介绍："檀民之有自治权及立法权也，非完全之权，实有限制之权也。故美人皆有选举美总统权，而檀人无之也。各省可公举上下院议绅，而檀人不能也。"初观议会制，即看到了民主政体的美国亦存在不公平的现象，令戴鸿慈颇为疑惑，也颇为感慨："法既不平等若此，而犹干彼族之忌不顾，亦奈之何哉？"⑤ 考察团就是带着这样的疑惑开始了他们的考察之旅。

在美国议会大厦，考察团了解了美国参议院、众议院的选举规则、主要职责以及开会时间。考察团抵达时，上议院正在会议开河经费事，下议院正在会议出入口关税事，"仅至两议院坐听一刻而归"，考察并不细致。即便如此，美国议院中的和平纷争还是给考察团留下了深刻印象："文明国人，恒以正事抗议，裂眦抵掌，相持未下。及议毕出门，则执手欢然，无纤芥之嫌。盖由于其公私之界限甚明，故不此患也。"⑥ 这种议事态度与中国政界常常公私不分形成

---

① 《端戴两大臣莅沪志盛》，《时报》1906年7月22日。

② 《本馆访稿·端戴行踪神速》，《华字汇报》1906年8月8日。

③ 《直隶全省学生递呈考政大臣》，《申报》1906年8月28日。

④ "The Demand for Reform", August 17, 1906, *North China Herald*, p. 389.

⑤ 戴鸿慈：《出使九国日记》，第336页。

⑥ 同上书，第355页。

了鲜明对比。

在德国联邦议院，考察团仅仅旁听约一时许，仅对会议厅的结构有了大致了解。时隔数日，在参观德国下议院时，因"时非会期，故无可留观者"。正如戴鸿慈所言，考察团对德国议会制度考察，仅对议员数量、资格及选举办法等"议院组织之大略"有了初步了解。[1]

英、法两国系过境国家，考察团"无洞查政治之责任，故匆匆而过"[2]，对两国议会制度的考察浅尝辄止。考察团对英国上下议院的选举规则有了初步了解，下议院议员为有公民资格者以秘密投票法选之，任期为七年；上议院即贵族院，以世爵之家充之，人数少于下议院，任期有终身者，有七年者。在下议院，考察团对于两党在议会中的争辩印象颇深："议员分为政府党与非政府党两派。政府党与政府同意，非政府党则每事指驳，务使折衷至当，而彼此不得争执。诚所谓争公理、不争意气者，亦法之可贵者也。"关于两院之权力，就立法言之，两院之权力本相等，然以实际论，则下议院权力较大，"凡立一法，在下院议案已成者，贵族院对之虽有修正之权，而无反抗之力"[3]。然而，考察团并未指出两院权力有大小之别的原因，而载泽考察团对此则有详细考察，其原因一方面在于英国非为端、戴考察团的正式考察国，也反映出端、戴考察团的考察重点并不在议会制度。

在法国，考察团了解了法国参议院议员并非直接选举产生，而是先选出选举会，由选举会于各县中选举产生："年非四十以上者不得应选，任期凡九年。九年中，每三年改选其三分之一，与美国元老院之制、每二年改选三分之一者微异焉。"这样，避免了议员分布不均的弊端，使参议员议员能真正代表整个国家。此外，上议院的投票方式"投瓯法"引起了考察团的极大兴趣："瓯以铜为之，如巨腹瓶，然有盖可启闭。投者分白片、蓝片，凡赞成用白，反对用蓝，此前所未睹也。"[4] 他们认识到这种投票方式简单易行，且保证了投票的公平性，值得效仿。

在意大利，考察团实地参观了上下议院，对议院的合理布局深为赞赏："观

① 以上引文见戴鸿慈《出使九国日记》，第386—387、397页。
② 《端戴两大臣假道英法纪略》，《时报》1906年4月6日。
③ 以上引文见戴鸿慈《出使九国日记》，第379页。
④ 同上书，第383—384页。

议堂，议长中坐，议员三百人环向之。……观者席分为各阅，有外交官席，有眷属席，有女宾席，有报馆席，有亲王席，条理秩序，可以为法。别有憩室、饭室、书楼、阅报室、电话所、邮政所、办公所。"同时，考察团了解到任命大臣之权操诸国王，而大臣之不职者得由下议院控诉之，由上议院以裁判之，"欧洲诸国，政制相维，其法至善，胥此道也"。在参观议院的同时，考察团又邀请上议院绅卜第鄂讲解政治："言财政则主借债以兴庶务，而农业工商均推本于学堂、报馆，以开百姓智识为先。言宪政则以渐进为主义，若躐等强迫，则为害斯大。"在瑞典，考察团参观了上下议院，了解了瑞典上下议院的人员构成及选拔资格，议员分为三股，包括民法股、宪法股、国用股，"深得集思广益之法"，职责在于"按宪法办理全国之事"①。

西方司法的公正性也给考察团留下了深刻印象。在德国柏林法庭，考察团仔细考察了德国的司法设施及制度："观小法堂，上坐者五，中为正法官，次为陪法官二人，又次则书记官一人，政府所派检查官一人。旁一栏设有几，被告者坐之。面法官者，为辩护士位。其余四人，率司书记者也。廷丁往来传递案卷及伺候观客。室前即听审栏，入观者随意，惟严整勿哗而已。"②考察团还考察了德国的高等法堂，其管理制度至为完善："观各案卷所及检查旧案之法，虽以他邦之民，数年之久，是否再犯，有无积案，一查立辨。观其编次，井井有条不紊。"之所以能够如此，则在于"先编户口，岁列统计"③。

警察局、监狱是隶属于政府的行政职能部门，但同时行使一定的司法职权。考察团着意考察了德国警察局的户籍管理办法："所储户口册籍均极详细，凡初入境居住者，三日内必须报明，否则巡警士登门索之。其报明法有册纸填写，如姓名、原籍、生年月日、所为职业、所信宗教，皆详注之，以存册备查，故无奸宄潜迹之患。"通过考察，考察团更加明晰了"户口不清，万事无从下手"的道理。各国普遍重视狱政建设，其首要原则在于尊重监犯的人格平等。美国林肯市监狱，床、桌、电灯皆备，食物亦洁净，有牛羊肉、面包等。在埃尔迈拉改良所，考察团对该所开办各种工场授以监犯一技之长大加赞赏："所中工课，大抵教以工艺、商业，使其出所时有所倚以谋生。……所中规模宏敞，有

---

① 以上引文见戴鸿慈《出使九国日记》，第 507、510、457 页。
② 戴鸿慈：《出使九国日记》，第 390 页。
③ 同上书，第 391 页。

教室，有操场，有房舍凡千一百余间。有印字场，所中设报，印刷于斯焉。有木匠所，制几于此。有泥匠所，习盖屋。"不单改良所，柏林重罪监狱亦授以监犯德文、宗教、唱歌、实业及格致学等。同时，考察团对重罪监犯出入时佩戴面具极为赞同，认为其利有二，一可以"养其羞耻，保存其将来之名誉"，一可以"禁其互相谈语，则通谋越狱之事可免"。通过对各国监狱的考察，考察团对监狱功能的认知有了显著提升，意识到"监牢非以苦痛犯人也，束缚其自由而仍使之作工，故西人有改过所之称"，"皆可为吾国模范"①。

总的来看，端、戴考察团对各国政治制度的考察远不如载泽考察团深入，即便如此，考察团对各国政治制度有了大概的了解，并有了一定的取舍。美国"纯任民权，与中国政体本属不能强同"，"其一切措施难以骤相仿效"②。至于俄国，在日俄战争与1905年革命之后被迫实行宪政改革，中国应当从中吸取教训。而德国则是中国应当仿效的一个重要对象，因为德国是日本维新的典范："日本维新以来，事事取资于德，行之三十载，遂至勃兴。中国近多散羡日本之强，而不知溯始穷原，正当以德为借镜。"③

三　对教育事业的考察

其一，对高等学府的考察。考察团对高等学府考察数量之多、考察之详尽是前所未有的。

在高等教育处于世界领先地位的美国，考察团考察了世界闻名的斯坦福大学、加利福尼亚大学伯克利分校、哥伦比亚大学、康奈尔大学、哈佛大学、耶鲁大学。考察团花费一天的时间参观康奈尔大学，对植物园、兽医学室、化学教室、医学院、法律院、藏书楼、女学院、工程学院进行了详细考察。考察团对医学发展的最新成就颇为注意，如介绍医学院："有人身种种模型，有化学试验室、解剖室，生徒实行试验于此，陈药渍尸体甚多，每两星期一次云，并备列人身割截模型。"④ 在加利福尼亚大学伯克利分校，考察团详细参观了机器室、化学院、女学院、戏场。在耶鲁大学，考察团参观了大会堂、矿学院、藏

---

① 以上引文见戴鸿慈《出使九国日记》，第397、391、344、363—364、391—392、344页。
② 端方：《在美考查情形折》，《端忠敏公奏稿》，第664页。
③ 端方：《到德考查情形折》，《端忠敏公奏稿》，第670页。
④ 戴鸿慈：《出使九国日记》，第365页。

书楼、法律院、学生总会。① 在哈佛大学，考察团更是深入到学校食堂，与学生做近距离接触："观食堂，其前为纪念堂，南北之战从军战死之学生名氏，悉勒于壁，使生徒每饭不忘也。食堂容千四百余人，凡治饭膳，由学生公举数人为之，故从不以此启哄，亦管理学堂之一术也。"② 在哈佛大学曾发生一段有趣的小插曲，端、戴在与中国留学生相见时，留学生皆寂然不作声以为敬，使得外人甚为惊讶，以为学生毫无礼貌，无欢迎之意。③

在德国，考察团参观了该国最为著名的柏林大学和莱比锡大学。柏林大学作为德国现代文明的摇篮，倡导"学术自由"和"教学与研究相统一"，树立了现代大学的完美典范，人们称其为"现代大学之母"。考察团对该校的考察相当详尽，对其发展之速颇为赞叹："当一千八百十年，教员不过五十余人生徒亦三四千人而已。今则学生多至八千人，教员凡五百名，可见进步之速矣。"认为其原因在于"德皇威廉注意兴学"④，意识到高等教育的发展必须得到政府的支持。

值得一提的是，考察团在考察美国教育机构的过程中，端方、戴鸿慈"与各校长情谊极为款洽"⑤，遂和美国学校积极协商派遣留学生事宜，最终争取到美国大学的学额及资金资助，成就了中外教育交流史上的一段佳话。其中，耶鲁大学赠给学额 11 名，免收学费；康奈尔大学每年赠给学额 6 名；哈佛大学每年送美金 2 万元，连送三年。尤其值得称道的是，考察团还争取到了女子留学学额，威尔士利女学答应赠给中国学额 3 名，并且膳费、宿费、学费概免。端方对美国各校的慷慨赠予颇为赞赏，极言"为各国不多有之事"⑥。

此外，端方在考察耶鲁大学时，还曾与校方协商在其出洋前任职的湖南省设立学校，"以便中国学人就近附学"，达成一致后，耶鲁大学随即派遣教员数人赴长沙购地建设学舍，招生开学，该校特色在于"宗教一项听人自由，与教会所设书院之宗旨不同，并不强人作礼拜，其教法除普通外，以伦理、律例等

---

① 戴鸿慈：《出使九国日记》，第 373 页。
② 同上书，第 368—369 页。
③ 《戴鸿慈与学生》，《教育杂志》1909 年第 1 期。
④ 戴鸿慈：《出使九国日记》，第 395 页。
⑤ 《美国大学赠送学额》，《申报》1907 年 4 月 13 日。
⑥ 端方：《请褒美洋员片》，《端忠敏公奏稿》，第 844 页。

科学为先"①。实际上，耶鲁大学与长沙颇有渊源。早在 1901 年，耶鲁大学的一批毕业生成立雅礼会，其事业起步于中国长沙，该会于 1905 年成立湘雅医学院。1903 年，湖南境内 10 个基督教会的代表在长沙开会，议决邀请耶鲁大学将长沙作为发展教育事业的中心，端方至耶鲁考察时亦以此为请，推动了著名的长沙雅礼大学堂的建成。

其二，对其他各类学校的考察。考察团还考察了小学、中学、工业学堂、武备学堂、贫民学堂、农务学堂，等等，范围相当广泛。总的来看，有以下几方面使考察团感触颇深。

1. 贫民受教育权

各国普遍重视贫民的受教育权，以此作为教育普及的重要环节。如丹麦贫民学堂专为贫民而设，不收学费，且对于极贫至不能糊口者，国家则"设一小食以待"②。如瑞典贫民中学堂，男女同校，皆习缝纫。③ 考察团尤其对德国贫民小学堂的规制进行了非常详尽的考察："各教员教授地理、博物、国文等科，均循循善诱，浅近易解。观浴室，每星期一次，由教员率诸生澡浴。浴时，二童子一室，盖幼年未知卫生，虑其不能自洁也，故有强逼之一法。而不须浴资，又甚便于贫民，二美具焉。此学堂规模虽小，然分别男女，教法整齐。柏林城中似此者凡二百八十所，均出自地方关税，不收学费云。此外有藏书楼，专为贫家作工之人夜间来读者立，故日间不启，每日下午六时至九时乃启门，至礼拜日则终日客常满座矣。"④

2. 女子受教育权

20 世纪以来，中国的女子教育有了初步发展，为了取得借鉴之资，以在美国为例，考察团考察了包括加利福尼亚女学院、维尔士女学校、威尔士利女学校在内的多所女学校，如在"程度颇高，甚有名誉"的威尔士利女学校，遍阅公事室、饭厅、讲堂、书楼、阅书室、阅报室、客室。⑤ 尤值一提的是，端方、戴鸿慈在考察途次不时陈奏考察国外女学情形，直接推动了国内女子教育的发

---

① 《长沙拟分设耶鲁学校》，《寰球中国学生报》第 3 期，1906 年 9 月。
② 戴鸿慈：《出使九国日记》，第 446 页。
③ 同上书，第 453 页。
④ 同上书，第 403 页。
⑤ 同上书，第 371 页。

展。如《申报》即报道："考察政治端、戴两大臣日前有电到京，闻系陈明美国女学校之章程及一切内容最为完善，中国女学亟宜仿行等情。两宫览奏，颇为欣悦。现已发内帑十万两，派肃王之姊葆淑舫夫人先行组织师范女学一所。"①

尽管中国女子教育有了初步发展，然而男女同校则长期不能实现，而国外学校普遍男女同校。斯坦福大学男女学生凡数千人，加利福尼亚大学伯克利分校男生 2500 人，女生千余人，哥伦比亚大学男女学生 4000 人，且女子体操与男子无异。瑞典某学堂，学生 300 人，女生占到了 2/3，而女教习占半数以上，"盖以见其循循善诱，亦可觇其风俗之趋向焉"。考察团耳目所见，意识到男女同校的优势在于男女学生之间"藏修游息，互相友爱，极切磨讲习之益"②。

端方在归国后曾言及美国男女同校之制："美国女学男女合堂并教，大小一致，其发达在欧西各国之上，故其小学教员概系女子，中学则男女教员参用，至高等学业，男女同校讲求几有并驾齐驱之势。"③ 虽然端方对美国男女合校的教育模式满是艳羡，然而其在发展女子教育时仍然难以突破"男女礼教之防"，如端方规定："女学生管理教习自应延聘女师，……实难其人须用男员，则学生年龄必限定在十二岁以内方为合格。"也就是说，女学生"至十二岁而不退学，于有男教员之女校堂即违法也"④。

3. 德国学校教育中推行军事化管理

德国重视发展军事力量，教育亦推行军事化管理，即便是普通中学堂亦严格仿照军中之制，"生徒卧室，室或十人，或十二人，均止陈一榻，他无长物"。这给考察团留下了深刻印象，戴鸿慈记道："德国学理至为精深，而武备一门尤其立国之本，观此一斑，亦足知其强盛之有自来矣。"同时，戴鸿慈很自然地联想到日本中学堂皆习武备，卧室悉如军中之制，亦仿效德制。⑤ 显然，通过对德国教育的考察，戴鸿慈笔端无意之中揭示出了德国、日本军国主义潜滋暗长的一个表征。

---

① 《两宫发内帑兴办女学》，《申报》1906 年 5 月 4 日。
② 戴鸿慈：《出使九国日记》，第 341 页。
③ 端方：《改办女学及幼稚园折》，《端忠敏公奏稿》，第 1470 页。
④ 《江督批崇明文生倪庆和禀书后》，《申报》1907 年 1 月 22 日。
⑤ 戴鸿慈：《出使九国日记》，第 402—403 页。

总之，通过对国外教育机构的考察，考察团深切意识到教育为国家强盛的本源，基于此，考察团归国后专门上《考察学务择要上陈折》，就中国教育发展提出了一系列建议。

四　对工矿企业的考察

中国人对工矿企业为国家富强之本有相当的认知，洋务运动时期，中国即开办了不少工矿企业，奠定了中国工业发展的初基。考察团在以工矿企业富国之典范的美国、德国两国，对其著名工矿企业进行了详细考察，涉及范围相当广泛，包括钢铁厂、军工厂、瓷器制造厂、石油公司、煤矿、电气公司、船厂，等等。德国重工业发达，考察团在德国的考察即侧重于此，考察地区集中在德国西部鲁尔重工业区，包括柏林、杜塞尔多夫、多特蒙德、埃森、梅彭、汉堡等地。而在美国，考察团则侧重对民用企业的考察。综观考察团对工矿企业的考察，主要涉及以下几方面内容。

其一，具体生产之法。斯普林菲尔德市为美国马萨诸塞州重要工业城市，1794 年建国家兵工厂，以制造步枪闻名于世，考察团对枪炮生产流程进行了详细考察："其机器皆以一真枪为式，两边齐运机，以便尺寸丝毫不误，善法也。……次观制铁管法，每铁管必经数十人之手乃成。制成后，以盐汤沃之，使除去水气，继涂以药水，而后永不至锈。"[1] 考察团在参观美国美孚石油公司时，详尽地考察了煤油制造之法："第一次，用巨铁罐贮矿油，用火熬之。久之，油受热化为气，渐升上，由管出。此管度冷水间，使复受冷而凝为流质，于是油渐清而渣滓存矣。然犹未能燃，未适于用也。第二次，乃用铜质提去其硫黄，油乃纯然，无恶劣气味。由是再次使杂质提尽，煤油乃成。"考察团对煤油制造分工之细颇为赞叹，称"运思若此，其精细洵可惊也"[2]。

其二，军工企业。考察团着重考察了与中国有密切联系的大型军工企业，了解了武器装备的最新发展状况。

考察团考察最详细者当属德国克虏伯公司。该公司总部位于埃森市，早在19 世纪中叶已驰名欧洲，分厂众多，包括熔铸厂、钢厂、炮场、机械部、钢炉、锤铁机、熔钢厂，等等，"非旦夕所能毕事"，然由于该公司闻名世界，且

---

① 戴鸿慈：《出使九国日记》，第 371—372 页。
② 同上书，第 360 页。

与中国有十分密切的贸易往来，考察团连续三天分日查勘。在了解其组织、生产情况等基础内容后，考察团着重考察了该厂领先世界的炼钢之法："克厂之所以得名者，以炼钢之独得妙法。而炼钢之所以独步，则其制钢之质料坚好，而能提出杂质，使之净尽也。"考察团对该公司股份制也有所介绍："公司股票凡十六万股，每股一千马克，计一万六千万马克。"此外，考察团深入工人居住区，实地考察职工生活情况，当看到专为工人而设的浴室、医院、饭厅、游戏室、阅报处，戴鸿慈不无感慨地言道："其待工人可谓至矣！"① 此外，考察团还考察了与中国颇有渊源的德国伏尔铿船厂。李鸿章筹建北洋海军时，曾于伏尔铿订购两艘铁甲舰，即"定远"和"镇远"号。

为深入了解新式武器装备的性能，考察团往往亲至试验场观览武器演试，甚至亲自试放，构成考察军工企业的一个显著特点。如考察团曾往克虏伯试演场观览试炮，采取近距离观看的方式，或在炮旁，或在靶旁，对于各炮性能及差异一目了然。戴鸿慈在日记中通过列表的形式详细记录了各类炮型的口径、身长、子弹种类、火药种类、速率、射程等参数，对于中国在此厂购买的七生的五过山炮，更是"拆视其一"②。正是由于考察团了解了武器装备的最新进展，意识到中国以往从国外采购的军火，"亦常购此窳货而去"③。

值得一提的是，考察团还和某些军工厂订立购买合同。考察团在参观爱尔克枪炮厂后，详细调查各种炮位子弹，当即订购七生脱五过山新式快炮一尊，并子弹六百枚，急速运华。④ 在挪威，考察团对该国所产自动炮极为赞赏，与厂家签订购买事宜，有报道即预测此炮以后将推行各处。同时，考察团鉴于挪威"军事极为讲求"，聘定武员多人至中国任事。⑤

其三，科学技术在生产中的应用。"科学技术是第一生产力"的观念对于生活在今天的人们来说，无不视为至理名言。然而在一百多年前的 20 世纪初，相当数量的中国人将科学技术视为"奇技淫巧"而加以排斥。

端、戴考察团亲至国外各大工矿企业实地考察，耳濡目染之处无不感受到

---

① 以上引文见戴鸿慈《出使九国日记》，第 413—415 页。
② 戴鸿慈：《出使九国日记》，第 421 页。
③ 同上书，第 372 页。
④ 《纪考政大臣在德之游历》，《大公报》1906 年 5 月 29 日。
⑤ 《出洋大臣聘用那威武员》，《时报》1906 年 6 月 28 日。

科学技术对生产的巨大推动作用。斯普林菲尔德市专门制造各种小件铁器的某企业，即全部采用以水力为动力的机器。又如麦饼公司，一切皆以机器，不沾人手，最为洁净。美国烟叶公司的卷烟之法基本上以机器为动力，最速之机每日可出烟卷 18 万支。不少报馆亦采用了写字机器及印书机器，极大提高了报纸的产销量，如德国官报馆即由于广泛采用机器生产，日报每天销 3.6 万余份，月报亦销 20 余万份。

生产中引用机器在中国并不少见，然而考察团通过实地观览不同机器效率之高下，获得了一个崭新认知，那就是深切体悟到引入最新式机器的重要性。如德国电气联营公司发电机新旧兼有，然其效率相差很远，旧式机每秒钟仅转数百次而已，而新式机每秒钟可转 3000 次。如在德国参观颜料厂，由于采用最先进工艺，该厂所有颜色不下 3000 种。同时，考察团亦深刻体悟到科技发明及应用离不开科技人才；以颜料厂为例，之所以有如此多的产品种类，与该厂有一大批工程师有密切联系，该厂工人 5000 余名，工程师则达到 1000 余名，又有化学教师百余人，"故能研究日精，无美不备也"①。

同时，考察团对科学技术的发展前景充满了信心。为了更好地认识德国科技发展的最新成就，考察团还特意来到展示科技新成果的化学馆，当他们看到用化学物质制成的咖啡精及茶精，达到了与真品几无二致的地步，可以代饮，能增长精神，不由发出"化学之功用不可限量"的慨叹。在德国德累斯顿，考察团亲自用显微镜观各种病虫，皆纤毫毕现，对医学之发展有了更深体悟。在参观无线电试演时，介绍了英国科学家麦克斯韦于 1864 年建立的电磁波理论："电气接通之际，阴阳两线，间其两端，相近或数寸、或数十寸，电力必互相牵引，其电气即能飞渡阴阳线端。电运行极速，故虽一瞬之闪光，实已往复于阴阳线数十万次。缘是之故，与空气相激而闪发火星焉，此即悟出无线电报之原理也。"由于电磁波理论是新近发现，"其法未经完备"，然现在达到的成就足令考察团对科学前景充满信心："今电学之事日新月异，穷学者之能力研究不懈，将必有臻于完备之日，可拭目而俟之矣。"②

其四，自然资源的开发。自然界蕴涵着巨大能量，合理有效地开发、利用能极大地便利人们的生产、生活。考察团主要考察了各国对水资源的开发利用，

①　戴鸿慈：《出使九国日记》，第 426 页。
②　同上书，第 396 页。

获得了崭新的认识。

1. 利用水力发电

考察团曾参观德国罗尔河水力发电厂，该河支流四达，借以生电之处甚多，"欲求马力若干，即视水之压力大小而定焉"。美国尼亚加拉大瀑布电力制造公司也是以水力发电，而本埠电灯、电车以及一切电气机器，皆取电于此，考察团不禁发出"水之为用，可谓伟矣"① 的赞叹。总之，考察团较为充分地认识到了水力发电既可节省经费，又可节约人力。而中国则水利不兴，对比之下，戴鸿慈不无感慨地言道："吾国水道贯注，可倚为用之处甚多。两粤云贵，山泉废弃尤为不鲜。然愚人未知用电之理，非惟观望不前，而农田水利往往一渠之水数家分之，以上下流之故启争不已，况以一公司之权截水流而擅其利，能不兴讼否耶？"②

2. 开发水运

考察团在参观多特蒙德河时，归纳出水运优越之处有三：第一，水运承载能力强；第二，铁路费巨；第三，水运开发费用较铁路为省。此外，考察团详细介绍了运河水闸法："此河于高低最悬绝之处，设铁闸两重，断之为二。……每一船至，放甲闸纳之。其旁有螺旋机，用力下压，使船渐于下流平，乃始放乙闸，而船出矣。其登上流者，则注水使桶浮，令船得与上流近，而后启甲闸放之。"③

通过实地考察，考察团对中外工矿企业发展上的差异有了明确的认知。在此基础上，考察团由彼及己，针对中国工矿企业发展中存在的问题，提出了一系列发展对策。

首先，重视产品质量，适应国际市场需求。在德国国家瓷器制造厂考察时，考察团了解到绘画由专门受过美术教育者负责，"非目不识丁之拙工所冀"，瓷器制成后必须经过严格检验，稍有瑕疵者，"毁勿用"④。斯普林菲尔德市的美

---

① 戴鸿慈：《出使九国日记》，第 424、367 页。

② 戴鸿慈：《出使九国日记》，第 425 页。稍后，载泽一行来到美国亦特地参观了尼亚加拉大瀑布电力制造公司，与戴鸿慈有类似感受，他在日记中也写道："中国长江、黄河、西江三流域，既多天然湍激，可引为生电之用；其他之滩河瀑布，不可缕指。而未闻利用此者，良可叹息。"载泽：《考察政治日记》，第 594 页。

③ 以上引文见戴鸿慈《出使九国日记》，第 409—411 页。

④ 戴鸿慈：《出使九国日记》，第 387 页。

国国家兵工厂，更是将产品质量的检验作为一个重要的生产步骤："每件成时，有数人专任检查之役，逐一对比对其孔眼之大小，以所持尺寸较之，虽差二千分之一，犹不可用。其制造量表时，尤为加谨，盖此表一差，即全枪无用也。又前后两准头须使一线，必须膛心一直线相距不差，故又必以显微镜检视之，此尤其至要者也。"① 在德国瓷器公司考察时，考察团看到德国瓷器虽然"不足以胜吾国"，却因制造精巧，具有很强的竞争力，戴鸿慈由此指陈："若吾国业是者益求工，以投外人之好，值廉物美，未始不足夺彼利权也。"② 显然，其思索展示出与外国商业竞争的取向。

其次，合理利用女工优势，实现男女同厂作工。国外大多工矿企业皆为男女同厂，如德国最大的电气公司德国电气联营公司，工人凡 7650 人，女工有 800 人。瑞典爱立信电话公司，电话交换概用女工，其意在于取其心细手敏，工值亦廉。奥地利枪炮子弹厂，工人凡 2200 名，十之九为女工，取女工心较细密之长。然而，戴鸿慈对于机器制造厂使用女工并不赞同："盖机器学于身体，劳苦最甚，苟非体魄强实，未有不伤者也。"显然，相比之下，卷烟厂许多琐碎的生产流程，"若切烟、制匣、印商标等诸事则以女工司之"③，戴鸿慈则认为很好地利用了女工作工细致的优势，持赞同态度。

再次，聘用专业人才管理工矿企业，实行专家治厂，改变过去工矿企业中"用人疑忌太多，无从办事"的弊端。④ 中国以往开办的各类企业皆委之一人主持，"无论各有专门，即勉强令其肩任"，以一人之力终始撑持，这样难免诸多滞碍。⑤ 考察团认识到各种具体事务应委托专人管理，而由一人"握全厂之最高权"，其人必须"具吞吐万象之能，学问、阅历两不可缺，更资群策群力相佐为理"⑥。即选之后则要畀以全权，"盖用人之道首在知人，其人于此事而果能胜任愉快者，必畀以全权，实加信用，方足以大展所长。若有顾虑之心，即难收指臂之效。"⑦ 无疑，考察团建言专家治厂触及到了工矿企业管理体制的改

---

① 戴鸿慈：《出使九国日记》，第 372 页。
② 同上书，第 437 页。
③ 同上书，第 357 页。
④ 蔡琦：《随使随笔》，第 14 页。
⑤ 同上书，第 25—26 页。
⑥ 同上书，第 41 页。
⑦ 同上书，第 19 页。

革问题，不得不谓为心得之见。

最后，仿效美国设立专利局。通过对美国专利局的考察，湖北随同考察人员蔡琦了解到，凡能自出心裁创制新件及发明新理者皆可向专利局申请专利，而专利局陈设各种新件模型，人们得以在此基础上不断改进，使得"民智蒸蒸日上"，商业"愈形发达"①。

五　对公共事业的考察

一般而言，社会公共事业以服务民众为目的，包括商业金融、文化娱乐、体育、医疗卫生、教育科研、社会福利、交通设施，等等。考察团对各国公共事业进行了广泛考察，除已经论述的教育事业外，主要涉及以下几个方面。

其一，图书馆。20 世纪初，图书馆在中国属于新事物。早在出洋考察之前，端方即对图书馆的功能深有体悟，在各地方任上无不尽心筹办。1904 年春，端方在《湖北学堂筹建完备折》即有创办图书馆的规划，"专庋古今中外有用书籍、图画之属，以备学者浏览"②。他在湖南巡抚任上又为湖南图书馆的建成奠定了基础。③ 湖南图书馆未及开办，端方由于出任考察政治大臣而离湘，但他始终对图书馆事业念念不忘，在出洋过程中特别注意考察各国图书馆管理之法。

考察团对图书馆的考察侧重对其借书之法的了解。在美国国会图书馆，考察团在赞叹其"雕甍作瓦"建筑宏伟之象的同时，详细考察了借书之法："观书之时，先取观书目，有所欲取，即按号数录投铁筐中，主者即以书仍由筐递至，来往间计时不过一分三十秒而已。……有时议事不决，须验之书者，亦四分三十秒可送至，便何如也。"④ 考察团在德国考察了柏林大学图书馆，亦详细考察了取书之法："司礼检查传递者五十许人。阅者均取票一，自注姓名及著述

①　蔡琦：《随使随笔》，第 10—11 页。

②　端方：《学堂筹建完备折》，《端忠敏公奏稿》，第 372 页。

③　《时报》对此事报道较为详尽："抚宪端中承以学务方兴，所有各种科书及东西各国图籍、仪器，亟宜建设一馆，购置藏储，以备各学堂随时调阅。爰饬将城内定王台旧有之图书馆归并办理。又以开创伊始，购建各物费用甚大，已饬厘金、善后局筹集万金为开办之资。其常年经费则饬厘金局按月筹拨一百元，饬解学务处备用。并委江浦县教谕陈文庆充年为监督"。《拨款建设图书馆》，《时报》1905 年 4 月 2 日。

④　戴鸿慈：《出使九国日记》，第 354 页。

人姓名、所生地、著述年月于其上，乃投筒中，即可按书检出。定例，取出之书可至三星期，逾时仍不还，则令巡警索还之。其书籍之面，皆由本楼重新钉装，故皆有门类、号数，细目注明，一望瞭然，检查甚便。"①

其二，博物馆。考察团初到檀香山之时，即欲往檀香山博物院考察，由于时间所限，并未成行。在美国斯普林菲尔德市博物院，由于时近傍晚，亦未遍观。在文物古迹众多的巴黎，考察团参观了巴黎卢浮宫和巴黎亚洲艺术博物馆，前者由于时间原因未能详细参观，后者由于以陈列亚洲器物为重点，在考察团看来亦无足观者。直到抵达德国柏林，考察团才用两天时间详尽考察了该市的博物院。

农务博物院陈列新旧式农具、作物种类、土质样本等，"为农事计者无微不至"；动物博物院，所陈动物标本亦多至不可胜计，大至鲸、象、狮、虎，小至虫、鸟。考察团对此赞叹不已："西人于博物一科悉心研究，而虫、鱼各类，又分为无数专门，故能考之如此其精详。"考察团还参观了古器博物院和人类博物院。古器博物院多存古物及各国器具，大抵十六七世纪之物为多；人类博物院陈列各国古今器物，如上古之针，以石、骨为之，粗如柳枝，且不知穿孔；久始知缚绳以引线；又久之，始能凿孔。通过这些考察，考察团意识到博物院具有展示"用物智巧之变迁"、"进化之沿革"，"觇人民进化之程度"的功能，人们通过博物院不仅可以一窥一国之风貌，还足以使人们了解过去、正视自己。由此，当考察团看到人类博物院陈列中国婚丧嫁娶、官府仪从、神佛迷信等"穷形尽相"的各类物品时，不禁发出"可知吾国内地人民进化之缓矣"的慨叹。在不来梅博物院看到劣等的中国瓷器、书画，以及"弓鞋、烟具、神像之属"时，考察团亦是甚为恼火："以吾国之出售恶货于外人者，非奸商、小人莫为也"，"以扬祖国之污点而为代表全国之物品，可痛也已"！然而奸商输出只是表面原因，根本原因则为国力的衰弱："吾民生活程度日以退减，即一器物，莫不受其影响。当今日而求康乾间古瓷不可多得者，岂非以其时物力充足，取精用宏故耶？"感慨于国力之盛衰，载泽进而提出商务兴盛之一策在于将各种物产致送各国博物院陈列："吾意中国各行省产物之富，不可胜数。欲使商务兴盛，莫如明诏各省，令输其地所出物若干，分致各国博物院，以为通商之助，

---

① 戴鸿慈：《出使九国日记》，第394页。

而雪前此之诬，亦计之得者也。"①

　　同时，考察团意识到博物馆应当真实、全面地展示一国历史。在俄国参观冬宫时，看到内部所绘壁画皆为本国历史上有名誉之战役，以昭示子孙，而最近发生的日俄战争则没有涉及。戴鸿慈认识到其弊端，明确指出博物馆不能仅仅记载文治武功，历史上的耻辱巨痛更应当记忆："余意为俄策者，方当仿法国故事，绘远东屡次失败之象，以铭国耻而励士气。"由彼及己，"欲愧励国民无忘滹沱，则甲午、庚子以来创深痛巨，又恶可以无记也？入人之易，感人之深，无有如图画者。他日而有图书馆、博物院之设，此其尤当着意者矣"②。

　　其三，动物园。动物园亦为考察团所关注，在伦敦动物园，凡鸟兽、水族、虫豸之属，分室豢养，无奇不备。在德国，考察团参观了柏林动物园，"游人甚众，列坐呼酒或啜茗为乐"。在汉堡动物园，"所畜珍禽奇兽以及鳞介各种甚众，兼可代购发售"③。正是在这些动物园，端方预购了不少动物，从端方归国后写给民政部及农工商部的咨文中可以看出此次购买纯属个人行为。1907 年 3 月 12 日《中国日报》刊登《咨请订购各种野兽禽鸟清单备案》一文，详细描述了所预购动物的种类及数量：

　　　　本大臣前在德国曾订购野兽及禽鸟各种，备中国动物院之用。计：美洲麟一对，印度母象一只（高五六尺，能做杂剧），美洲小象一只，虎纹马一对，美洲大鹿一对，白鹿一对，黑鹿一对，美洲大野牛一对，印度、美洲、非洲麋大小共三对，跳鹿大小三对，小青猴子一对，大黑猴一对，大黄猴一对，爱奴婢猴一对，各种猴二十只，猿一对，各种猿八只，公狮一对，印度虎一对，水银色狮一对，带纹狈一对，带点狈一对，水熊一对，黄熊一对，美洲、澳洲、非洲鸵鸟共三对，各色鹭鹚三对，黑天鹅五对，白天鹅四对，美洲大鹅四对，黄绿各色水鸟三对，各色大鹦鹉四对，共计款六万马克，约于本年三月内由德国运沪，兹闻大部现办农工试验场，拟附设动物院，所有此项野兽禽鸟，俟到沪时自应令其转运至京，送交大部，以为办理动物院之需。至此项款项届时当先由江宁拨付，俟有解部之款再

────────────

① 以上引文见戴鸿慈《出使九国日记》，第 399、401、378、436、461 页。
② 戴鸿慈：《出使九国日记》，第 483 页。
③ 以上引文见戴鸿慈《出使九国日记》，第 377—378、437、435 页。

行拨还。运送水脚及押送人川费，并有专司牧养之人当年工食，将来统请由部筹给，相应将华洋文价单咨送。

与农工商部商洽好之后，端方开始与德国联络。据1907年6月5日《大公报》报道："前出使各国考察政治大臣端午帅曾在外洋养兽园选购各种禽兽，刻已运至塘沽，闻于二十五日换装火车直赴北京新设养兽园内豢养，共计五十九笼。"① 如此大规模地从国外引进动物，在中国历史上是第一次，端方购买的这批动物促成了北京动物园前身——京师万牲园的成立。

端方、戴鸿慈归国后曾上《敬陈各国导民善法折》，提出图书馆、博物院、万牲园、公园为"中国所宜行者"，之所以有此陈奏，无疑是看到了这些公共设施开化民智的功能。

其四，交通设施。考察团对于国外交通设施之发达颇为赞叹，介绍最新式的单轨铁路、轻轨以及地铁交通，这在中国当属首次。在德国山城武珀塔尔市，考察团专门抽出半天时间考察了单轨铁路。1820年，英国伦敦建成世界上最早的用于货运的单轨铁路。1901年，武珀塔尔市建造了用于客运的单轨铁路，由于运行安全，该市被誉为"悬车之城"。戴鸿慈认为其优势在于"占地较省而无震喧之声，盖尤胜焉。……其法无他，但在筑桥，桥成而行车甚易矣。"②

在纽约，考察团特意乘坐"天桥汽车出，而由地道汽车返"，其意在于亲身感受轻轨、地铁这两种新式交通设施。戴鸿慈这样描述轻轨："驾铁桥于空际，高与楼齐，行车其上，数轨并驰；又凿隧道，营车轨，亦如是。"同时，他们认识到城市的繁荣推动了交通的发展，交通发展作为衡量城市繁荣的重要标志，反过来对于城市发展亦有促进作用："纽约人口繁盛，往来之众，孔道不足以容，且市地辽阔而人惜寸阴，利在速达也。"③

其五，医疗卫生事业。医疗卫生事业是衡量一个国家发展水平及文明程度的重要指标，考察团不惜花费时日考察了各国的医疗卫生事业。如考察丹麦治疗皮肤病之法至为详细："院有电光杀虫之法，凡皮肤之病，悉由霉菌展转传染，均可以光愈之，不必服药，虽溃烂蔓延，均可医治。其法以铜管摄取电光

---

① 《选购禽兽装运入京》，《大公报》1907年6月5日。
② 戴鸿慈：《出使九国日记》，第422页。
③ 以上引文见戴鸿慈《出使九国日记》，第357页。

于内，光由管射出，管口为玻璃，引手就光，良久，即灼热不可耐。施治时，病者卧其侧，以管就患处射之，而别以镜盛水障其光，使不至苦痛也。光射入肤内、血中，一切疫毒即渐渐杀尽，每次约照七十分之久，乃令稍息。"①

考察团对精神病院、肺结核医院等专科医院进行了详细考察，其管理的科学化、人性化给考察团留下了深刻印象。如瑞典某精神病院，病房、餐厅及游息室皆清洁整齐，并备有三轮藤椅，以便利老疾瘫痪者使用。美国芝加哥精神病院分别男女及病之轻重而各异其院，男院管理皆男役，女院管理皆女役。管理上亦至为精细，"侍者服侍周至，地亦精洁明爽"②。

此外，各国普遍建立公共浴室，受到考察团的关注。考察团在慕尼黑参观了公立浴室，感慨系之，戴鸿慈写道："洁净之道，关于卫生甚大，故各国学堂有强迫儿童入浴者。其公众之地，则有地方特设之澡堂，不惜糜巨费以建之。"由彼及己，"吾国澡堂虽多，而器具屋宇概不修洁，积垢污人。欲谋公众卫生，此亦宜改良之一事矣"。居民污水处理是关乎公共卫生的重要一环，考察团在丹麦专门考察了规制完备的污水处理工程，感触良多："此事工程极大，而于人民卫生所益非鲜，都市繁盛之区，尤不可缓。倡地方自治者，尚其谋诸？"③

其六，剧院。考察团到达的第一所剧院为纽约市立大剧场，首先引起考察团惊叹的是建筑之恢宏、设备之先进："座位凡三层，是夜观者尤圜溢，殆万余人。院中男女优伶共四百名。剧场宽广，每二百许人同时并处，电光闪烁，羽衣翩跹。西剧之长在画图点缀，楼台深邃，顷刻即成。且天气阴晴，细微毕达。令观者若身历其境，疑非人间，叹观止矣。"④ 在英国、法国，考察团观看了《灰姑娘》、《罗密欧与朱丽叶》等西方经典戏剧，由于是初次接触西方戏剧，考察团表现出了浓厚的兴趣，戴鸿慈也不惜笔墨以较大篇幅介绍了这些剧目的情节，成为近代介绍西方文艺的重要一笔。然而，戴鸿慈此时对戏剧重要性的认知有限，仅意识到通过观览戏剧，"以知彼国之风俗焉"⑤。

考察团通过在英国、法国观剧，初步意识到了戏剧的重要性。到德国以后，

① 戴鸿慈：《出使九国日记》，第444页。
② 以上引文见戴鸿慈《出使九国日记》，第456—457、345页。
③ 同上书，第467、441页。
④ 戴鸿慈：《出使九国日记》，第358页。
⑤ 同上书，第380页。

观剧的次数明显增加，如考察团在柏林共有六晚上到剧院观看各类演出，对戏剧的功能有了更为深刻的体悟。如考察团观看印度故事剧，戴鸿慈从中读出了亡国的悲痛："观英将之威恣与印度君臣悚息之状，使人生无限之感。呜呼！亡国之祸，可畏也哉！"① 他进而言道中国戏剧应当仿效西方进行改良，以充分发挥教化功能：

> 吾国戏本未经改良，至不足道，然寻思欧美戏剧所以妙绝人世者，岂有他巧？盖由彼人知戏曲为教育普及之根原，而业此者又不惜投大资本、竭心思耳目以图之故。我国所卑贱之优伶，彼则名博士也，大教育家也；媟词俚语，彼则不刊之著述也，学堂之课本也。如此，又安怪彼之日新而月异，而我乃瞠乎其后耶！今之倡言改良者抑有人矣，顾程度甚相远，骤语以高深微眇之雅乐，固知闻者之惟恐卧，必也。但革其闭塞民智者，稍稍变焉，以易民之观听，其庶几可行欤？②

其七，其他方面。金融机构亦为考察团"所宜措意者"，在费城铸币局，考察团详细参观了切片机、印花机、磨边机等24种机器。在著名的金融中心纽约，考察团参观了万国宝通银行，还来到著名的曼哈顿股票交易所，交易所的繁忙给考察团留下了深刻印象："局中人极拥挤，盖每日银市价格涨落，皆于此定之。一日之中，电报来往至数千金。"考察团在纽约曾经参观救火会，然而并不详细，在德国又特地参观救火会，对救火的设施、火中救人法着重进行了详尽介绍，如介绍救火法："一人穿火衣，衣以厚呢为之，以药制成，可以御火。头戴救火冠，前面嵌四玻璃，可以视物，有通气管以吸空气，顶上有孔激水以凉身。……此人直入火中，毫无伤损，不惟可以救火，尤可以救人，诚善法也。"③

考察团随员陆宗舆受徐世昌委托侧重对市政建设的考察。考察团结束英国的考察后，陆宗舆并未随同考察团离开，而是由于受徐世昌之托，"以留考察警

---

① 戴鸿慈：《出使九国日记》，第388页。
② 同上书，第389页。
③ 以上引文见戴鸿慈《出使九国日记》，第361、356、402页。

务，独迟往"①，继续留在伦敦考察。陆宗舆自称：

> 端、戴两专使先赴德国，舆则只身游伦敦半月，考察市政与裁判制度，驻使为汪公大燮，因即寓于使署。伦敦、巴黎相距只一海峡之遥，故又由英而法，刘君伯襄正留学法京，依以为导，巴黎繁华藉得寓目。②

陆宗舆在考察途次不时将考察所得向徐世昌汇报，3 月 27 日致徐世昌信件中即言及此次单独留在伦敦考察的情形："英伦警政及都市自治制度著名世界，适以伯棠（即驻英公使汪大燮——笔者注）星使旧识之便，特逗留半月，在伦敦警厅考察五天，在市参事会考察路政、财政、消防、卫生、教育等六天，外看监狱、法堂等三天，一切较为详细。"在同一信件中，亦言道："纽约住半月，专考察巡警、卫生、监狱、法堂及财政等项，颇得大略。""柏林市政情形已阅大概，今日正阅看警察。德国巡捕皆挑自退役之兵，令习警察，六月卒业，始当巡捕。此法将来似可仿办。"同时比较了英国、美国、德国的警政，"三国比较，其整肃真实之精神，以英国为最，德犹在次，而美则近纵矣，此实本乎国体及民情而来，断非朝夕之故。"③ 在《五十自述记》中，陆宗舆亦曾总结了对各国的观感：荷兰国虽小，而监狱制度足为各国模范，其沿河柳塘，长林深院，颇似我江南风景；瑞士山水宛似西湖，因以旅馆为营业之大宗；意大利人情风尚虽稍逊于英美，而天气明爽，其财政之整理大有足多之处，而古迹之伟观，令人不可思议；若埃及以古物为市，开口辄五千年……望金字塔之斜阳，徒增荒漠无涯之凄感耳。④

二月十三日，考察团一行抵达柏林，考察团一行曾至街市一游，戴鸿慈几乎未著笔，而湖北随同考察人员蔡琦则有详细描写："街道异常整洁，四望巡警甚少，而能事事井然，其教育公益之理，平日必融贯于四民心目之间，方能至此。"进而推说："此国为君主，而事实下，君非专制，而人皆有尊君亲上之心，

---

① 戴鸿慈：《出使九国日记》，第 381 页。
② 陆宗舆：《五十自述记》，第 4 页。
③ 天津市历史博物馆编：《北洋军阀史料·徐世昌》（卷二），天津古籍出版社 1996 年版，第 67—70 页。
④ 陆宗舆：《五十自述记》，第 5 页。

图5—3 考察团在美国芝加哥考察屠宰场

图5—4 考察团一行在芝加哥

果如此，则宪法之立，丝毫无弊矣。"又援引英国实例，有卖花女子将花扔入英王车中，伤英王，"英皇不但赦之，乃更嘉之，其君民爱力有如此者。"① 具体而形象地介绍了立宪政体下君民一致之义。

此外，为了更加深入细致地了解考察国别的方方面面，考察团还来到"鱼肉、蔬果、饼饵之属分别陈列"的菜市场、来到"百物皆备，各标价目，游人如织"的芝加哥百货大楼、来到"贫人子女之所托"② 的居留院，来到"异常整洁"、"事事井然"③ 的柏林街道，等等。

可以说，考察团考察之精细是令人惊讶的。"细微之处见精神"，一个国家的发展及文明程度，往往通过一些细微且不为人瞩目的地方体现出来，正是考察团精细入微的考察，保证了他们对欧美各国社会公共事业有了较全面的了解，也对中外差距有了更深刻的体悟。

六　与留学生接洽

首先，我们来对 20 世纪初期的留学生发展状况做一简单梳理。顾维钧回忆："从 1905 到 1911 年，在中国历史上是一个有意思的时期。……尽管中山博士领导的同盟会有一项推翻满清，恢复中华的明确纲领，学生团体却从未公开提出过这个问题。"④ 曹汝霖留日期间曾与张继就是否采用君主立宪政体发生争议，曹汝霖言："我们主见虽然不同，为国都是一样，无论君主立宪，排满革命，手段不同，要改革中国政治之意则同。将来不论走哪条路，若能成功，总是异途同归，何必在此作无谓的举动。"⑤ 以留日学生为例，有论者指出："留日学生怀抱救国救民之志，身临其境，目睹了明治维新给日本社会带来的巨大变化，他们羡慕日本的发展，不少人坚信中国应当以日本为榜样，走改革道路。"⑥

可以肯定，五大臣出洋考察之际，留学生对于革命、立宪皆有同情之人，清政府和革命派相争的一项重要内容就是如何赢得留学生的支持。考察团出洋

---

① 蔡琦：《随使随笔》，第 25 页。
② 以上引文见戴鸿慈《出使九国日记》，第 428、348、346 页。
③ 蔡琦：《随使随笔》，第 25 页。
④ 顾维钧：《顾维钧回忆录》（第 1 分册），中华书局 1983 年版，第 66 页。
⑤ 曹汝霖：《一生之回忆》，（香港）春秋杂志社 1966 年版，第 23 页。
⑥ 尚小明：《留日学生与清末新政》"绪论"。

之前，政府即与考政大臣议定此次考察必须注意延揽留学生，"所有现在西洋之留学生，可择其品学兼优者酌带回国，以备将来襄办一切新政之用"①。湖广总督张之洞亦委托湖北随同考察人员金鼎、蔡琦赏给留学生笔墨、食品四大箱。②综观考察团与留学生的接洽活动，主要涉及以下内容。

其一，调查留日学生取缔风潮事。1905 年，日本政府颁布《取缔规则》，引发中国留日学生风潮。由此，清政府特电嘱端方、戴鸿慈至日本后查办留学生休课退学事，并向日本政府妥商调处。③ 考察团于 1905 年 12 月 21 日抵达日本西部港口城市长崎，端方、戴鸿慈以"为时匆促"为由并未登岸，对于日本新闻界、警界人士亦以"事冗未见"，而首先以"留学生散学事"询问驻长崎领事卞绖昌。④ 考察团在横滨期间，东京的中国留学生更是以日本文部取缔规则事，公举代表曾鲲化、李钟奇、胡英、韩尔康等人至横滨面见端方、戴鸿慈，递理由书，请设法维持。端、戴遂就此事致函西园寺侯爵，并派熊希龄、刘若曾两人前往面说，又面托长冈子爵、小田切两人。⑤

其二，端方、戴鸿慈对留学生训以忠君之义。为避免留学生沾染革命思想，端方、戴鸿慈在各国考察期间广泛召见留学生，训以忠君之义。在美国，端方以"师生"名义召见其在湖北任时所派留学生，对他们进行笼络，尤其对刘成禺任主笔的《大同日报》宣扬"排满论"予以制止。端方在召见刘成禺时言："你讲出口的那些话，你也明白，我也明白，从今以后，都不要讲了。同是中国人，一致对外，此次考察回国，必有大办法。"⑥ 革命派曾在《民报》刊发《考察政治五清臣之怪状》一文，详细记录了戴鸿慈、端方在德国柏林对留学生的演讲，戴鸿慈"忠君爱国、立志向学之名词，不绝如贯"；而端方更是明确指

① 《政府注意西洋留学生》，《申报》1905 年 12 月 9 日。
② 蔡琦：《随使随笔》，第 25 页。
③ 《电报一》，《时报》1906 年 1 月 1 日。
④ 戴鸿慈：《出使九国日记》，第 323、324 页。
⑤ 《记戴端两大臣至横滨事》，《时报》1906 年 1 月 7 日。
⑥ 刘禺生：《世载堂杂忆》，第 102 页。刘成禺，字禺生，武昌两湖书院及东京成城学校学生。1902 年冬，与李书城、程明超等创办《湖北学生界》，为留日学生以本省名义创办杂志之先河。1903 年元旦，刘因在留学生会馆演说排满被清公使蔡钧取消官费，另由时任鄂督的端方给银 2000 两，令其以自费名义往美国。陈楚楠电请孙中山聘刘担任旧金山《大同日报》主笔，该报时有排满言论。见朱和中《欧洲同盟会纪实》，中国人民政治协商会议全国委员会文史资料研究委员会编：《辛亥革命回忆录》(6)，第 5 页。

陈留学生不能为革命排满之说所诱惑，"今日中国内地及东西洋留学生往往有倡革命者，此辈非大逆，即下愚也"。其依据在于今日国家政权操诸满族之手，即便革命军起，满人断不致任革命军取夺，"政府必临以重兵，纵使革命军奋身力战，互相胜负，我知持之又久，革命家断不能敌政府之兵力也"。但是长此以往，"果满汉拼争，中国之亡可坐而致"①。端方通过阐释革命排满足以亡国来论证革命论调的荒谬，其拉拢留学生的目的显而易见。

其三，留学生为考察团建言。倾向立宪政治的留学生对于五大臣出洋考察欢呼异常，表现出了极高的热情，如留日学生得此消息，"谓系祖国特别举动，因会商举行迎接钦使式"②，其他各国留学生亦大致如此。在俄国，留俄学生柏山、魏渤、严式超、魏立功来见；在美国，端方、戴鸿慈曾大宴留美学生；在英国、法国，端方、戴鸿慈曾出席留学生公宴；在德国，端方、戴鸿慈亦曾赴留德学生学会，并发表演讲，以"保存国粹、力求实用为嘱"。留学生在与考政大臣会见的同时，极力献言献策。如在美国，留美学生章宗元曾呈上所译书籍三种。③ 留法学生周纬亦上书考政大臣，对考政大臣寄予厚望，认为其任"重于泰山，大于东海"，提出速除满汉之界、改良学务、重兴海军、收抚各地殖民等建言。④ 另外，载泽在法国考察期间，曾受留法学生邀请至中华会馆，留学生中即有上万言条陈者。⑤

其四，端方、戴鸿慈延揽留学生加入考察团。端方在出洋前曾任湖北、江苏、湖南等省巡抚，派遣了大量人员出国留学，较之载泽考察团，端方、戴鸿慈考察团更重视调查、延揽留学生。据被端方派往德国留学的朱和中回忆："端以所派留学生既多，其中满人不少，出洋一切可仗学生。……我此时以端督所派不能不理，乃亦以请施行兵役改革军制一策上之。端乃传见嘉勉。马德润、

---

① 去非：《考察政治五清臣之怪状》，《民报》第7号，1906年9月5日，第3—4页。
② 《留学生议拟迎接出洋大臣》，《大公报》1905年8月29日。
③ 以上引文见戴鸿慈《出使九国日记》，第481、359、379、382、393、340页。
④ 《留法学生上出洋大臣书》，《时报》1906年6月21—24日。
⑤ 《记泽尚李三大臣近事》，《时报》1906年6月16日。其上书分为十二部分，涉及社会改革的各个方面，包括尊君、爱国、结民心、兴学务、修制度、修国防、便交通、开利源、收国权、除大害、求人才、祛旧习。又分小项，如"结民心"又分为"行选举之法，立国会、府会、省会、县会、乡会，暂不废旧官"、"下昌言之令"、"改州县之制"、"融满汉之见"、"删仪节之繁"、"布预算之表"诸小项，共约数万言。

善明、宾步程等日侍左右，为之奔走。"① 考察团在美国、德国考察期间，延揽了一批学有所成的留学生加入考察团，以协助考察，其中即有端方所派出者。

表5－1　　　　　　　　端、戴考察团所延揽留学生

姓名	个人情况及咨调缘由	资料来源
王建祖	1906年1月12日，留学生王建祖、章宗元、稽荟孙、濮登青来见，章宗元呈所译书三种，"皆考据详细"。王建祖毕业于伯克利大学，"留令随同调查宪法"。	戴鸿慈：《出使九国日记》，第340页。
张煜全	先后在日本、美国、德国留学。1906年1月13日，考察团电饬留学生张煜全到芝加哥等候。及端方、戴鸿慈考察团抵达芝加哥后，张煜全即来见，留学美国华盛顿的端方长子继先亦来见。	同上。
陈锦涛	毕业于耶鲁大学，两广学务委员，1906年1月24日来见，"询知将归，因留令暂助数句"。	同上书，第349页。
王宠佑	哥伦比亚大学毕业，地质专业。1906年2月28日，在伦敦遇见，"招同行焉"。	同上书，第381页。
马德润	早年在自强学堂学习，1903年由时任湖北巡抚的端方派往德国留学，入柏林大学。1906年3月8日，由驻德钦使荫昌遣派，"赞助一切"。	同上书，第386页。
善明	1906年3月8日，由荫昌遣派，"赞助一切"。	同上。
王继曾 陈箓	留法学生，1906年3月6日，考察团携二人前往柏林。至6月20日"襄理事讫"。	同上书，第385、515页。
柏山	留俄学生，考察团结束俄国的考察后，跟随考察团往荷兰考察。	同上书，第488页。
袁策	考察团在伦敦时，留英学生兼使馆随员袁体乾及其妻袁策来见，"因端钦使奉旨调查女学堂，以英国规则为谨严，女学生袁策自愿任调查之责，翻译章程及办法，端钦使已札委其夫妇专任此事"。	《端戴两大臣假道英法纪略》，《时报》1906年4月6日。
刘伯襄	留学法国巴黎，协助陆宗舆在巴黎考察。	陆宗舆：《五十自述记》，第4页。

---

① 朱和中：《欧洲同盟会纪实》，中国人民政治协商会议全国委员会文史资料研究委员会编：《辛亥革命回忆录》（6），第16—17页。

除袁体乾、袁策为自愿加入考察团外，其余留学生皆为考察团选拔或由驻外钦使派送。考察团并非不加甄别地选拔留学生加入考察团，他们选拔的皆是留学生中的佼佼者，且与革命党保持一定的距离。如张煜全，字永云，广东南海县人，北洋大学堂肄业后，赴日本、美国留学，习法律，得学士、博士学位，后赴德国留学。① 作为留学生中的佼佼者，北京译学馆曾于1905年初致电梁诚，请代聘张煜全教授英文、法律，然最终未成。② 如善明、马德润，于1903年由时任湖北巡抚的端方派往德国留学。③ 二人留学期间皆与端方保持了较为密切的联系，时有函件来往。王继祖为留美学生，1905年曾联合其他湖南籍留美学生致函端方，陈述发展女学的重要性。④ 另外，马德润对于革命党的宗旨存有疑义。据宾敏陔回忆，孙中山1905年曾至德国，召集留欧学生十余人，在其寓所内签字摩指加入同盟会，马德润因对五权宪法不甚认同而临时退会。⑤

端方、戴鸿慈在考察过程中与留学生接洽、延揽留学生既出于拉拢的目的，也是为考察顺利进行提供人才保障，戴鸿慈即言："此行需才甚亟，凡从前留学诸生，苟可相助为理者，必令为一臂之援，固夙志也。"⑥ 正是由于大量留学生协助参与了调查事务，端方、戴鸿慈在结束考察后，奏保各国留学生30余人，其中有28人堪资任使。⑦

七　宣慰华侨

各国华侨出于望治之心，对端、戴考察团的到来普遍给予热烈欢迎。在日本长崎，华侨备筵鼓乐以表欢迎之意。⑧ 在美国檀香山，华商、各学堂学生约二百余人在码头奏军乐欢迎，并悬挂大幅对联，横批为"宪法万岁"，联曰：

---

① 敷文社编：《最近官绅履历汇编》，第227页。

② 罗香林：《梁诚的出使美国》，沈云龙主编：《近代中国史料丛刊续编》第68辑（674），第286页。

③ 端方：《选派学生游学折》，《端忠敏公奏稿》，第284页。

④ 中国第一历史档案馆编：《清代档案史料选编》（第14辑），中华书局1990年版，第396页。

⑤ 丘权政、杜春和选编：《辛亥革命史料选辑》（上册），第87页；朱和中在《欧洲同盟会纪实》中亦回忆，马德润对于五权宪法不甚赞成，没有加入欧洲同盟会。中国人民政治协商会议全国委员会文史资料研究委员会编：《辛亥革命回忆录》（6），第9页；

⑥ 戴鸿慈：《出使九国日记》，第349页。

⑦ 《五月中外大事表》，《时报》1906年7月21日。

⑧ 《端戴二大臣至长崎神户各情形》，《申报》1905年12月30日。

"立宪除专制"、"平权享自有"。沿途观者约数万人，所持旗帜亦写满宪法字样，并高呼"皇上万岁"、"宪法万岁"①。对此，戴鸿慈不无感慨地写道："其希望立宪之热诚，溢于言色，亦足见海外人心矣。"②

考察团每至一处，皆与华侨积极接洽，传达政府推行宪政改革之意、调查华侨状况，构成考察团出洋期间的一项重要考察内容。以接见檀香山华侨为例，端方在演讲中除宣扬圣意外，更重要的是，端方明确表达此行目的在于为推行宪政改革做准备：

> 此次本大臣陛辞日，皇太后、皇上谆谆谕以如见海外华商、华工，务宣朝廷之意，优加存问。且以现在地球各国均已改立宪法，我国尤以此为急务。海外士民旅居已久，深知外国政策及所以待我中国商工之法，故望我朝廷实行立宪之意尤殷且切。本大臣睹此情形，必尽心事事考察，归献朝廷，实行其事，以慰我华侨之望。嗣后但愿我海外工商所得之利益与外国旅美诸商相等且能守公共之法律，俾工商实业日益发达。③

考察团还较为详细地调查了各国华侨的人数、生存状况、华侨发展中存在的问题。考察团抵达日本长崎的当天，即详细询问了长崎华侨的生存状况，了解到长崎的华侨主要靠转运外国货物为营生手段，"而于输出己国之天然物，扩张其流通之势力，志未逮也"。美国檀香山亦是华侨的重要聚集地，最早来到檀香山的华人为广东人，且人数最多，他们为檀香山的发展作出了不可磨灭的贡献。然而，檀香山自1898年归属美国后，华人生活境遇每况愈下，"向所为筚路蓝缕、胼手胝足之主人翁，今仅图一夕安寝而已幸矣"，这使得身为广东人的戴鸿慈颇多感触。考察团认识到华人之间的离散是导致华人如此境遇的重要原因，以旧金山为例："华人居此者将三万人，大都皆下流社会也。无赖之徒，恒以赌为业，甚或聚赌而科敛其头钱，与衙役朋比为左右手。"除此之外，各种团体各立堂号，"往往睚眦相杀，互为仇雠，争竞无已时"。显然，考察团之意在于呼吁加强华人之间的团结及联合。在新加坡，考察团了解到侨民"无权利之

---

①　《端戴两大臣之行踪》，《时报》1906年1月28日。

②　戴鸿慈：《出使九国日记》，第336页。

③　康继祖：《预备立宪意见书》（前编下·五臣行使记·到檀香山情形），第10页。

可言久矣"，分析其原因在于"商力绵薄，团体涣散"，致使各国银行不肯借贷，导致物产不能传输。考察团总结道，设立领事、银行、公司，为改善华侨生活状况、争取利权的不二途径。①

考察团还广泛考察了各国的华侨学校，嘉勉学生矢志向学，并赠以学费。在神户同文学校，考察团赠学费 500 元，且以 30 元为冬季奖学金。② 在横滨大同学校，戴鸿慈、端方皆以演说勉励之，尤其对女学生嘉勉有加，称北京拟兴办女学堂，诸生学成后"必沐特殊之宠待"，亦资助该校五百元经费。③ 同时，考察团鉴于各国华侨普遍存在"无自立之学校，国文之不讲"④ 的现象，在各国考察期间无不劝勉华侨就地兴办学堂，培养子弟，并戒勿染外洋习气、分立党派，同时建议政府通告驻各国钦使竭力保护。⑤ 考察团意识到，华侨子弟的教育权应当掌握在华侨手里，不能由他国掌控，否则弊害丛生。如美国曾建立学校专教华侨之子弟，即"程度愈降，教法敷衍"，更为严重的是，"阴即以沮吾人之入彼学"，是以考察团呼吁华侨"宜急建自立之校，广开研究国文之会"⑥。

正是看到华侨教育的缺失，端方回国后在南京设立针对华侨的专门学堂，其目的在于"宣慰南洋侨胞"，以"声暨南教"之义，命名为暨南学堂。⑦

八　端方与中外艺术交流

值得一提的是，两路考察团皆不乏在考察途次搜罗各类文物、书籍者。载泽考察团随员夏曾佑曾在日本搜罗中国失传佛经，其子夏元瑜称："他发现了不少在中国失传的佛经，尚流传于日本，他买了十大箱日本版的佛经带回来。"⑧而素好收藏的端方更是将此次出洋视为搜罗各国古物的难得机会，同时将随身携带的中国古物分赠各国友人。施肇基曾这样描述出洋期间的端方："精力饱

---

① 以上引文见戴鸿慈《出使九国日记》，第 323—324、335、341、524—525 页。
② 戴鸿慈：《出使九国日记》，第 326 页。
③ 同上书，第 331 页。
④ 同上书，第 342 页。
⑤ 端方：《接见各华商片》，《端忠敏公奏稿》，第 667 页。
⑥ 戴鸿慈：《出使九国日记》，第 342 页。
⑦ 钟叔河、朱纯编：《过去的学校》，湖南教育出版社 1982 年版，第 327 页。
⑧ 夏丽莲整理：《钱塘夏曾佑穗卿先生纪念文集》，（台北）文景书局 1998 年版，第 12—13 页。

满，兴趣广泛，酬应游览，皆所喜爱。此行遍访各国，拜客览胜，日夜
不倦。"①

以戴鸿慈、端方考察团为例，考察团曾多次参观器物店、购买各类器物。4
月14日，考察团在德国柏林参观玻璃店，并选购大小器数十种；5月5日，考
察团在莱比锡大学博物馆参观了埃及古像、碑碣之属。② 据上海道瑞澂，端方
购买的衣、书、油画至少有12箱。③ 同时，端方还将随身携带的中国字画送给
各国友人，如4月3日，考察团参观万国油画学会，到者200余人，端方以宋
代画家马远所绘山水画为赠。④

除购买西方各类制器外，端方搜罗最力的还是各类文物，主要包括以下两
类：第一类，中国流失国外的文物。端方带回在欧洲拓片的"凉王大且渠安周
造像修寺碑"墨本拓本，此碑原立新疆，后被德人掠去，"字体方劲如爨宝子，
嵩高灵庙"⑤。郑孝胥记载，1907年3月28日，"观午帅自柏林拓得凉王且渠安
周造像刻石，文凡二十二行，碑首断缺二字，跋者杨守敬、况周仪、黄少箕，
题者张之洞、柯逢时、俞廉三、梁鼎芬"⑥；第二类，在埃及、意大利搜罗大量
古器物。据褚德彝记载："（端方）奉使欧美时，特至埃及、意大利搜得石刻造
像及陶俑、瓶缶、印记等百余品，拓其文字，集为一编。"⑦ 《陶斋所藏石刻》
一书对此有所记载，该书为手抄本，不著出版年，末尾附有"埃及等国运来各
种石刻古象等件"，包括：埃及石刻三十六种、希腊古陶器七种、意大利古料器
七种（又古磨画一种）、埃及小人十二件（又小印十四件，又瓦石等器二十四

---

① 施肇基：《施肇基早年回忆录》，第48页。

② 以上引文见戴鸿慈《出使九国日记》，第437、466页。

③ 罗香林：《梁诚的出使美国》，沈云龙主编：《近代中国史料丛刊续编》第68辑（674），第324
页。

④ 戴鸿慈：《出使九国日记》，第430页。

⑤ 甘㷍：《永丰乡人行年录》，江苏人民出版社1980年版，第31页。端方死后，该拓本归李介如，
其孙李章汉于1976年捐赠给中国历史博物馆。蒋文光：《谈清拓孤本〈北凉且渠安周造佛寺碑〉》，《社
会科学战线》1979年第4期。

⑥ 劳祖德整理：《郑孝胥日记》（第2册），中华书局1993年版，第1082页。

⑦ 褚德彝：《金石学录续补》（卷上），余杭褚氏石画楼1955年印，第26页。其所言集为一编，笔
者未见。据承宁、沈林称："在出洋考察期间，他（端方）还收集了古埃及的文物，著有《泰西各国金
币拓本》。"承宁、沈林：《晚清端方与我国近代文化教育》，《纵横》2009年第2期。端方所带回国外古
物，种类甚多，该著或为其中一部分之汇编。关于端方的古物收藏和藏品著述可参见拙文《清末端方的
古物收藏及藏品著述》，《中国国家博物馆馆刊》2011年第7期。

件），共计一百零一件。①

端方在国外搜罗各类古物引起了国内文化界的关注。如郑孝胥在 1906 年的日记中写道："午帅遗潮州扇，拓所得埃及造像，甚妙。"② 陈三立亦为端方宝华庵的常客，多有与端方唱和之作，其《题陶斋尚书〈陶公亭雪夜评碑图〉》一诗言道："尚书笼万有，嗜异甘饕餮。东搜扶桑制，西摹埃及碣。"③ 说的就是端方在国外搜罗文物事。

无疑，端方的这种偏好或多或少地对考察事务造成了一定影响，然而其益处亦很明显，不仅有利于与各国人士的交谊，也向世界各国展示了中国的文化底蕴，将考察宪政与展览中国文物结合了起来，赋予此次考察浓厚的中外艺术交流的特色。

---

① 佚名：《陶斋所藏石刻》，手抄本。
② 劳祖德整理：《郑孝胥日记》（第 2 册），第 1051 页。
③ 陈三立著，李开军校点：《散原精舍诗文集》（上），上海古籍出版社 2003 年版，第 207 页。

第 六 章
五大臣出洋考察期间国内政局演化

以往关于五大臣出洋考察的研究，大多将这一时段的历史简化为五大臣出洋考察以及考察团归国后的政局变动两部分，忽略了考察团出洋考察期间的国内政局演进及国内反应。事实是，考察团出行引发更多的政府官员倾向于立宪政治，关于立宪的陈奏与日俱增，使得政府内部立宪氛围趋于浓厚，为考政大臣归国陈奏宪政奠定了良好基础。另外，在五大臣出洋考察期间，不断发展的立宪派、革命派处于不同目的，对五大臣出洋考察给予了截然不同的评论，然而，五大臣出洋考察并未成为两派论争的焦点。

第一节　政府内部立宪氛围趋于浓厚

一　清政府对宪政改革之预备

我们先来看考察团出行后慈禧对待宪政改革的态度。1905 年 11 月 23 日，考政大臣请训陛辞，据端方致张之洞函透露，慈禧当日"殷殷以考察各国宪政为属，冀归来后施行，是此事尚有成立之望"①。端方、戴鸿慈离京当天，慈禧即向奕劻询问立宪宗旨，奕劻称中国"宜用君主立宪政体，由君主操权，而商民凡有一切公约，参酌行之，当可有益无弊"，慈禧对此颇为认同。② 五大臣考察期间，慈禧对于立宪一事更加关注，有报道称："日前两宫面谕，现以时局艰

---

① 《乙巳十一月十三日天津端星使来电》，《张之洞存各处来电稿》（第 2 函），中国社会科学院近代史研究所藏档案：甲 182—439。
② 《垂询立宪宗旨》，《申报》1905 年 12 月 20 日。

难,力图变法,虽经拣派大臣出洋考求政治,究恐缓不济急,尔大臣等务当细心讨论,可先定其大略,俟出洋大臣回国后再行参酌,择善而从。"① 显然,慈禧对立宪的态度变得十分热心,倾向于认可宪政改革。

同时,清政府对宪政改革亦有所预备,然而无不俟考察团归国后再行决断,仅据报刊所载略举数端。沈家本奏陈推行地方自治事宜,政务处议准先由直隶举办,"其详细自治各章须俟五大臣考查政治回国后方拟订施行"②;清政府有开办公法衙门之议,先略订规模,"俟考求政治大臣回国后即行开办"③;清政府提议变服色一事,大约俟考察政治大臣归国后即可议决;④ 清政府俟考察政治大臣回国,拟将都察院改为议院。⑤ 显然,清政府政治改革的不少举措动议于考察团归国之前,而决定则待考察团归国之后,一方面展示出政府对于考察团的重视,但另一方面也暴露出清政府事事坐等考察团归国再行决断,改革步伐不免失之因循拖延。对此,有论者表达了不满情绪:"我朝廷之上或议改良一新政,必曰有待于五大臣之回国也,或议创行一新法亦必曰有待于五大臣之回国也,国家之所责望于五大臣者又何若是其重且大耶!"然而,舆论对此并未失望,相反对考政大臣的期望值更高了:"五大臣负国家之重寄,若此其所以起我中国,甦我中国,强我中国,富我中国者,果能探其秘诀,握其胜算而与之俱归耶? 归国之后,果能一展其鸿图,能以得之东西文明国者输入于我中国,仿而行之,得驯至于强大之地位而与世界列强抗驾耶?"⑥

二　政府官员倡导宪政的热情趋于高涨

前文述及,日俄战争后,清政府主张改行宪政的官员主要为督抚、驻外使节以及少数王公大臣。五大臣出国考察期间,倡导立宪的政府官员之范围虽没

---

① 《两宫注重立宪》,《大公报》1905 年 11 月 8 日。《时报》亦有类似报道:"立宪一节,两宫颇极注重,虽经拣派大臣出洋考察,仍恐缓不济急,故日前特面谕军机大臣,就现行法制参合讨论,先定大纲,俟五大臣考察回国后,再行择善而从,以求完美。"《谕饬先定立宪大纲》,《时报》1905 年 11 月 18 日。

② 《地方自治先声》,《大公报》1905 年 9 月 2 日。

③ 《议设公法衙门》,《大公报》1905 年 11 月 24 日。

④ 《提议改变服色》,《大公报》1906 年 1 月 7 日。

⑤ 《都察院有改议院消息》,《大公报》1906 年 5 月 4 日。

⑥ 《论国民对于五大臣回国之希望》(录《顺天时报》),《时事采新汇选》1906 年 8 月 11 日。

有发生太大变化，然而这并不等于统治集团的立宪倾向没有增进。受五大臣出洋考察的影响、刺激，政府官员倡导宪政的热情进一步高涨。《宪政杂志》对此曾予以总结：

> 五大臣出洋后，国中盼望立宪之情宜切。使臣则有驻俄胡使因俄布立宪而奏请仿行；驻美梁使则因华侨请求立宪而奏请速定宗旨；驻英汪氏则因各国盼望立宪而奏请速定办法；驻扎钦差各使又联名电请外部代奏速布宪法。京官则有唐景崇、张百熙等之奏请立宪，外官则有岑春煊、林绍年之奏请立宪，而各地士夫之研究立宪问题亦纷纷以起。盖自去年七月派五大臣出洋，以迄今年六月返国，其间我国上下希望政府宣布立宪者其势已勃勃若此。①

具体而言，政府官员普遍指陈应以日本为政体改革模仿的对象。1906 年 6 月 7 日，工部左侍郎、江苏学政唐景崇奏请我国改行宪政"当仿日本为宜"："各国宪法不同，得失未免参半。臣维日本宪法，其宏纲要旨，无非上保皇室之尊荣，下予人民以幸福，施之我国，至为合宜。"② 另外，模仿日本政治体制也为当时舆论界所普遍认同，《申报》言："夫中国立宪宜效法日本，此天下所公认者。出洋大臣固宜于日本考之独详，以为取法之资，其余诸国或可稍略。"③

可见，中国要立宪，而且要仿效日本实行立宪，一时成为朝野有识之士的共识。据称，在此种影响下，慈禧亦"深明此政无碍主权"④。可以说，浓厚的宪政氛围与考政大臣归国后仿日改革的主张交相融合，决定了清政府宪政改革的走向。

另外需要我们关注的是地方大吏对待立宪的态度，前引《宪政杂志》报道地方督抚中有岑春煊、林绍年曾奏请立宪，然而所言至为简略，且我们对其他地方大吏在考察团出国之后的立宪态度不得而知。端方、戴鸿慈在归国途经上

---

① 《五大臣出洋后希望立宪情形》，《宪政杂志》第 1 卷第 1 号，1906 年 12 月 16 日，第 163 页。

② 《江苏学政唐景崇奏预筹立宪大要四条折》，故宫博物院明清档案部编：《清末筹备立宪档案史料》（上册），第 114、117 页。

③ 《论考察政治之宜详悉》，《申报》1906 年 3 月 1 日。

④ 《阻挠立宪要闻》，《大公报》1906 年 4 月 15 日。

海时，曾就立宪期限一事征询地方将军、督抚的意见。

吴樾炸弹案后，考政大臣曾征询地方将军、督抚对十五年立宪预备期的意见。在俄国考察期间，端方、戴鸿慈亦曾就立宪期限一事专门咨问俄国前首相维特，维特答道："中国立宪当先定法律，务在延中西法律家斟酌其宜；既定之后，君民俱要实行遵守，然后可言立宪，约计总以五十年准备。"戴鸿慈对维特所言深有感触，称其"语多罕譬，颇切事情"，然而对于五十年之期并不认可："中国今日之事方如解悬，大势所趋，岂暇雍容作河清之俟？准备之功，万不能少，然不必期之五十年之后。所谓知行并进者，乃今日确一不移之办法也。"①端方、戴鸿慈在返国途中曾密电政府："此次往东西各邦，所考察政治各条自应参酌中外情形采择，实行宪政惟必须与各省封疆重臣参酌。"②其所言"参酌"之事，商榷立宪年限无疑为其中最为重要的一项。端方、戴鸿慈在归国途经上海时再次就立宪期限一事征询地方大吏的意见，7月31日，端、戴将该《为立宪致各省督抚电》致送各省督抚、将军，电文言道：

　　欧美各国政治，无不以宪法为其国本，故诸政可因时制宜，惟宪法则一成不变，是以上下相维，虽有内忧外患，而国本巩固不能摇也。然亦有改革之初秩序不明、基础未善，致形式相似而效果大殊者。观于日本立宪出于朝廷之远见，俄罗斯之立宪由于人民之要求，一得一失可为前鉴。今海内士夫、海外华商，怀其亡之戒，具爱国之诚者，希望立宪尤深且切，熟审国势，亦非此不足以存立。因急遽而偾国是，务持重而失人心，二者之间正有法度。鄙意拟奏请先行宣布立宪谕旨，以十年或十五年为期，颁布实行。一面规画地方自治、中央行政，以求民智之发达，而为立宪之预备。我公公忠体国，虑远谋深，必能观古今中外之通，为宗社人民之计，祈指示遵旨，俾有遵循。慈、方不日到津，并面商慰帅，谨此先布，敬候电覆。③

---

① 戴鸿慈：《出使九国日记》，第485—486页。

② 《张香帅入京消息》，《华字汇报》1906年7月29日。

③ 光绪三十二年六月十一日，《上海戴、端大臣来电》，《外省来往电报（锡良四川总督任）》（第二函第十六册），中国社会科学院近代史研究所藏档案：甲374—6。又见《端戴二大臣致各省总督商议立宪电》，《时报》1906年8月13日。关于该电时间，《新民丛报》注为六月十二日（8月1日），误。见《中国大事月表·丙午六月》，《新民丛报》第84号。章开沅指出该电由张謇起草，但并未注明资料来源。见章开沅《张謇传》，第182页。本文暂从其说。

各地方大吏很快纷纷覆电，详细内容见表6—1。

表6-1　　　　各省督抚、将军关于立宪期限的覆电

覆电内容	资料来源
两广总督岑春煊：十年。其言："立宪事必不可缓，以十年为期，甚乐赞成。"	《各省疆吏对于立宪之政见》，《时报》1906年11月30日。
直隶袁世凯：赞同。其言："公等政见，深表同情，应速宣布，以慰民望。"	同上。
两江总督周馥：不明确。其言："应办之事甚多，惟财政困绌，应先设法。治民之官事繁人少，且多有名无实，亦应详议。其余兴学、设巡、振兴工商诸事，必须诱掖提倡，徒用压力挤迫，必难奏效。至练兵尤为要政，似须量力渐进，如全注力于此，使他事窘废，似亦非算。"	《江督周覆端戴两钦使商榷要政电》，《时报》1906年8月2日。
盛京将军赵尔巽：不明确，建议考察团过天津时与直隶总督袁世凯商定。①	《赵次帅覆端戴两大臣商议立宪电》，《时报》1906年8月11日。
湖广总督张之洞：不明确。其言："立宪一事，关系重大。如将来奉旨命各省议奏时，敝人自当竭其管蠡之知，详晰上陈，以备采择。此时实不敢妄参末议。"	苑书义等主编：《张之洞全集》（第11册），第9509页。
四川总督锡良："今日立国之原与自强之基，诚莫亟于立宪，然非人人有国家思想，宪法无由而立，且非人人具国民资格，立宪而仍难实行。矧改革之初，诚如尊示，必先明其秩序，善其基础，尤非一蹴而就，以日本幅员非广，颁布预备且将十年，中国版图辽阔，民情非苦固塞即涉嚣张总，归于民智幼稚。尊意先请宣布以慰全国，企望之心即以坚人民忠爱之志，而又以十数年之预备，组织地方自治、规划研究中央行政机关，计其时教育亦可普及，民智大开，利导实行，自可确收效果，荩猷硕画，无任钦佩，专复仅表同情。"	光绪三十二年六月十二日，《复戴、端大臣电》，《外省来往电报（锡良四川总督任）》（第二函第十六册），中国社会科学院近代史研究所藏档案：甲374—6。

① 稍后，赵尔巽又明确指出当以15年立宪期限："变政以先明秩序为最要，预备以地方自治为根本，现在国民程度相去太远，宜以十五年为限制。"《各省疆吏对于立宪之政见》，《时报》1906年11月30日。

续表

覆电内容	资料来源
陕甘总督升允：不明确。其致电张之洞："候旨垂询，再陈管见。"	转引自李细珠《张之洞与清末新政研究》，第 300 页。
云贵总督丁振铎：反对立宪。其言："此次考查各国之政治概无我国可以仿行者，盖各国现行之政治决非当日改政变法时之政治也，……将来举行宪政时，不在乎取法外国之政治，而贵于养成国民之公心，是为无上之策。"	《补录各疆吏对于立宪之政见》，《时报》1906 年 9 月 26 日。
绥远城将军贻𧫩：反对立宪	同上。

综上，虽然各地方大吏对立宪期限多以"不明确"为答，但是，除丁振铎、贻𧫩全然反对立宪外，其他人对立宪则并不反对，也就是说，在考察团归国之际，倾向立宪的地方大吏占据了绝大多数，这无疑是五大臣出洋考察期间国内政局的一个新动向。

第二节　立宪派的反应

一　立宪派对考察团的欢迎

两路考察团归国途经上海时与各界人士广泛接洽，上海立宪派亦举行了较大规模的欢迎会。先来看载泽考察团。载泽考察团在上海的七天时间里，接见沪上官员、商界代表以及驻沪各国领事，日程安排颇为紧凑。上海商界于 7 月 17 日公宴载泽、尚其亨一行，商界代表施子英在颂词中对载泽考察团极尽赞美之情：

> 伏念我公爷与尚大臣奉命出洋，历聘欧洲各国，考察其政治、风土，举凡政法、教育、整军、理财、工艺、实业诸大端，无不了然心目。归辅两宫，颁行新政，斟酌损益，以定我国立宪之制度，开民人自治之幸福，行见百度维新，富强立致。

载泽答词言道：

> 本爵奉使赴西考察政治，周历欧美，积时数月，即须回京覆命，其所
> 闻所见、良法美意有益于我国商务者，自当详晰上闻，以备采择，若能见
> 诸施行，实所大愿，想亦诸君子所同希望。本爵爱国之心、望治之意，与
> 诸君子共抱热忱，亦惟此耳。更祝贵商会商务日兴、商情日洽、群策群力、
> 骖驾欧美，尤本爵所厚望焉。①

上海商界的演说展示出对于立宪政治的强烈渴求，而载泽在演说中则不无
保留之处，避而不谈立宪事，而是大谈商务，展示出载泽对宪政改革话题之慎
重。在这一过程中，上海商界加强了和政府改革派中坚力量的联系。同时，上
海的各大报纸对此进行了详尽报道，不仅扩大了上海商界的影响力，无形之中
亦为出洋考察团归国营造了必要的舆论氛围。

再来看端方、戴鸿慈考察团。端方、戴鸿慈在新加坡之时即致电上海总商
会："考察事尚未入奏，绅商欢迎，万不敢当，如有此举，千万婉为辞谢。"②
然而此电恰恰为上海各界迎接考察团提供了准备的时间。端、戴考察团在上海
停留时间达 13 天之久，与载泽考察团类似，端、戴考察团亦广泛接见政府官
员、商界代表以及各国驻沪领事，尤其是与上海立宪派联络密切。如张謇曾两
次谒见端方，"谈宪事"③，并竭力劝其速奏立宪，"不可再推宕"④。7 月 26 日、
27 日，上海华商体操会以及上海绅、商、学界分别宴请端方、戴鸿慈。然而，
不同于欢迎载泽考察团之处在于，上海绅、商、学界并非仅仅表达赞美、期望
之意，而是就宪政改革中的某些具体问题与考察团展开讨论。究其原因，或在
于端方与上海立宪派有更为紧密的联系。

上海华商体操会的欢迎会由会员胡寄梅致颂词，陈述了通过推行地方自治
以为改行宪政之预备的主张："立宪必基于自治，自治尤赖于自卫。必人人明公
理然后可筹自治，必人人能尚武然后可谋自卫。"戴鸿慈在答词中对华商体操会

---

① 《考政大臣行辕纪事》，《南方报》1906 年 7 月 19 日。
② 《端戴两大臣电告抵沪日期》，《申报》1906 年 7 月 14 日。
③ 南通市图书馆、张謇研究中心编：《张謇全集》（第 6 卷），第 575 页。
④ 张孝若：《南通张季直先生传记》，上海书店据中华书局 1930 年版影印，第 140 页。

这一自治团体的成立深表赞赏，并阐述了对地方自治功能的体认：

> 夫以中国近日时代，总以能结团体、谋公益为第一要义，商界影响尤大，功用亦最宏。本大臣等环历欧洲，所见欧洲商家无不有团结之性质，故其所经营皆合众人之力以为力，迨其后也，力必膨胀，蔚为巨观，人亦无能夺之者。……诸君此会成立虽尚是一初基，然以欲谋公益之心行联合团体之事，讲明讨论，惩后惩前，数年之间推行尽利，举凡所谓独立自强之美德，何一不可于此基之？天下之事能于私德无损，即于公益有裨；能于一部分无欠缺，即于全国人有感通。①

上海绅、商、学界联合举办的欢迎宴会设在洋务局，此次宴会由于为绅、商、学界公请，规模更大，"宾朋满座，美尽东南，颇极一时之盛"。在宴会上，上海绅、商、学界就宪政建设为题发问，端方在答词中言道：

> 各国立宪之初必皆有预备方法，以中国商界、学界言之，在今日不可不谓之发达，但普通之知识未齐，自治之规模未定，诸君子苦心孤诣，经画累年，得失当已较然。眼前政界转机总以言能实行方有效果，而所以沟通之道，仍不外乎普及教育，教育有进步，政治始能实行。②

显然，无论是华商体操会请宴，还是绅、商、学界请宴，端方、戴鸿慈的演说皆强调地方自治的重要性，既是对上海自治团体发展的肯定，也展示出端方、戴鸿慈对宪政改革步骤的认知。

总之，两路考察团在归国途中，与上海立宪团体广泛交涉，达到了联络情谊、互通政见的目的。同时，考察团也感受到了国内立宪派的发展壮大及参政议政积极性、能力的增强，无疑，立宪派的发展壮大亦是五大臣出洋考察期间国内政治格局的新动向。

值得关注的是，受五大臣出洋考察的推动，国内外研究宪政的各类学术团体也渐次成立，最早成立的当属宪政研究会，其会刊《宪政杂志》创刊号即

---

① 《纪华商体操会公宴考政大臣端戴两钦使》，《申报》1906 年 7 月 28 日。
② 《纪上海绅商学界各董恭宴考政大臣端戴两钦使》，《申报》1906 年 7 月 28 日。

称："光绪乙巳，朝廷始遣大臣考察列国政治时，沪上学者亦有宪政研究会之举，及立宪诏下，于是复刊行《宪政杂志》以饷天下，将以磨上牖民，使愚者自明，柔者自强，可谓当务而知所急者也。"① 当然，更多立宪团体在清政府颁布"仿行宪政"上谕后成立，如东京的政闻社、上海的预备立宪公会、湖南的宪政公会、贵州的宪政预备会、广东的粤商自治会、湖北的宪政筹备会，等等。②

二　立宪舆论高涨

除革命派报刊外，当时各大报刊多为立宪派所掌控。上海影响较大的报刊如《申报》、《时报》、《东方杂志》都站在立宪派这一边。英商创办的《申报》倾向立宪，该报后来被席子佩买下后，议论即为立宪派领袖张謇等人所左右。《时报》主人狄葆贤、主要撰稿人雷奋都是预备立宪公会的骨干，且已当选为江苏咨议局议员。《东方杂志》的实际主持者张元济后来成为预备立宪公会领导人之一，且与张謇共同筹办教育会，主编孟森是江苏省咨议局的重要骨干，也是张謇颇为倚重的助手。"上述这些主流媒体又影响了一大批规模较小的报刊，因此俨然成为社会舆论的导向。这当然更加增强了立宪派的实力与影响"③。

立宪派较为一致地将五大臣出洋考察视为政府推行宪政改革的预备举措，这种认识自清政府颁布遣使谕旨到考察团归国基本没发生什么变化，只是随着考察团的出行，舆论界对该事件的评论无论从深度还是广度上都有很大的推进，寄予考察团的期望值与日俱增。

其一，对五大臣出行热情欢呼。考察团经历诸多波折最终踏出国门，立宪派之期望一朝实现，异常欣欣鼓舞，"薄海人民咸知朝廷实有与民更始之意，而希望立宪之情乃益切矣"④。《大公报》于端方、戴鸿慈一路考察团离京的前一天刊发《饯行文》，将遇刺后仍然出行的考政大臣誉为英雄豪杰，"盖人能遇非常之震撼而神色不惊，乃可以建非常之事业"，并以韵文形式对考察团热情颂扬：

① 《宪政杂志序》，《宪政杂志》第 1 卷第 1 号，1906 年 12 月 16 日，第 1 页。
② 这些团体的详细介绍参见张玉法《清季的立宪团体》，第 365—378 页。
③ 章开沅：《张汤交谊与辛亥革命》，《历史研究》2002 年第 1 期。
④ 《中国立宪之起原》，《东方杂志》临时增刊《宪政初纲》，1906 年 12 月，第 2 页。

此次考察政治以为立宪之基础兮，则中国四百兆民之前途均被其庥；从兹民权尽可发达兮，将享受文明之自由；其政治改良而将二千余年昏暗沉黑之地狱一朝而大放光明兮，则将参酌法意于孟德斯鸠，回视我国旧日之秕政与腐败之劣员兮，则将叹息蹙额而视同赘疣。①

1905 年岁末，《大公报》在《岁暮感言》一文中，指出"以备将来立宪"的五大臣出洋考察是新政改革运动以来"尤为人民生死之所关、国际存亡之所系、种类绝续之所在者"②。《时报》更以全体国民名义对考察团寄予厚望："五大臣此行其勿为五大臣而为我国人，五大臣此行其勿为我国人取皮毛以归而取精神以归，五大臣此行我国人日后利害之所以系也！"③

其二，各大报纸皆对考察团行程非常重视，不乏跟踪报道者，如上海《时报》，这些报道成为国人了解考察团动向的主要来源。如关于载泽考察团的行程，《时报》以《泽尚李三大臣行程日记》为题进行跟踪报道。对端、戴考察团的行程，该报以《端戴两大臣周游日记》为题进行跟踪报道。报道中屡有"前由华盛顿发哂计入台览"，"余容续布"等语，很可能派出专门记者或委人报道。

表 6-2　　　　　　　　　　《时报》对考察团行程的跟踪报道

1906 年（2 月 8 日）	记录了载泽考察团初到日本的情形
1906 年（2 月 18 日）	介绍伊藤博文为载泽考察团讲演宪法
1906 年（4 月 5 日）	逐日记录了载泽考察团在日本的行程
1906 年（4 月 15 日）	逐日记录了载泽考察团在美国的行程
1906 年（5 月 6 日）	逐日记录了载泽考察团在英国的行程
1906 年（6 月 2 日）	逐日记录了载泽考察团在法国的行程
1906 年（7 月 4 日）	逐日记录了载泽考察团在比利时的行程
1906 年（3 月 13 日）	逐日记录了端、戴考察团在美国的行程
1906 年（5 月 9 日）	逐日记录了端、戴考察团在德国的行程

①　《饯行文（饯五大臣第二次出发也）》，《大公报》1905 年 12 月 6 日。
②　《岁暮感言》，《大公报》1906 年 1 月 18 日。
③　《为国人敬告出洋五大臣》，《时报》1906 年 1 月 12 日。

　　这些报道除介绍考察团行程外，还披露了一些考察过程中的细节，国人通过这些报道可以对考察团的行程有更为细致的了解。1906 年 1 月 28 日，载泽一行入住芝离宫，是日伊藤博文来讲宪法，在伊藤博文到来之前，载泽曾去猎场"看鸭狩"，《时报》即将其细节予以披露："初四日上午九点半钟，三大臣及各参随赴芝离宫猎鹜，先是户田主猎局长，小原、伊达两主猎官已在恭候。比泽公等一到，至中岛御茶屋小憩后，即赴猎场，猎数围，均大获，泽公大悦，正午兴辞回寓。午餐毕后，复往宫内省吏员打球。"① 《申报》曾报道载泽一行在早稻田大学考察时发生的一件事。当载泽到某教室参观时，教师与之握手后继续讲课，以使考察团了解授课程式，然而载泽等人仅站立一分钟便出。这种举动引起了教师的不满，考察团离开后即"谓中国大使如此无礼，适成为中国之大使而已"，并于黑板上画一老人与一小孩状，"形容而谯骂之"②。另如《中外日报》，详细报道了端、戴考察团谒见德皇的细节：

　　二月三十日十二点钟，华官谒见德皇，共二十三人，除戴、端、荫三钦差外，专使参随十六人，驻使参随二人湖北广东委员各一人，广东委员各一人。戴钦使呈递国书并诵颂辞，德皇及后赐以早餐，同席约百人，德皇操英语，先与端钦差谈，由施植之译覆。后与戴钦使谈，由伍昭扆译覆，交谈颇久。戴在德皇之右，伍次之，首相次之，荫又次之，端在德皇之左，施次之，宫内大臣次之，温苊臣次之，德后在皇对坐。其旁则太子及亲王也。饭后离座，德皇复与戴端立谈半点钟之久，皆荫使译覆。未饭之前德皇赐戴、端两大臣宝星，或云二等第一或云第二，参赞等亦有宝星。③

　　其三，热烈欢呼考察团归国，并为改革步骤建言。鉴于考察团即将回国，舆论界的欢呼达到了制高点，"众心共有一更变之举动，深勒脑筋，报纸持议尤

---

① 《附译东报纪事》，《时报》1906 年 2 月 8 日。
② 《泽公在东视学情形》，《申报》1906 年 2 月 24 日。
③ 《补记端戴二大臣谒见德皇事》（录《中外日报》），《时事采新汇选》1906 年 5 月 26 日。

甚"①。另有记载，考察团返国之时，"筚路欢呼者，喧寂绝异"，同一时期的其他出国考察者则"寂寂入都门，人无知者"②。无疑，热情欢迎表达出的是国人对"身负一时之大名，挟天下之厚望"③ 的考政大臣寄予厚望，期待他们在宪政改革中大有作为。《顺天时报》刊发专文，认为各项改革能否推行全赖考政大臣归国后的作为，希望之殷可见一斑：

> 全国国民之希望遂集注于五大臣之身，意以为我国政治必从此改良，抗步于文明国之政治，是为政治上之希望；以为我国法律必从此更新，媲美于文明国之法律，是为法律上之希望；以为吏制之腐败必将扫除而更张，俾泄泄沓沓滥厕于缙绅者均归于天演淘汰，是为吏制上之希望；以为财政之混乱必将筹统一方法，以保守其大权，凡国用所关必立预算决算，以昭国家之公信，是为财政上之希望；以为兵政之窳弱必将力图整顿振起，国民尚武之精神不徒形式敷衍，自损国威而招外人之欺侮，是为军政上之希望；其所希望于五大臣者无非希望于国家，五大臣能为国家尽其力，不虚此一行，即所以慰国民希望。④

进而，舆论界纷纷建言考政大臣归国后应当如何作为。《申报》指出五大臣归国后国民最希望确定之事为"施行宪政之次序宗旨"："五大臣遍历东西洋博访周咨，他日如何办理必已成竹在胸、有条不紊。则今者赴京复命时之章奏与夫召见时之陈对，必罗举其所考察者，侃侃而陈应兴应革、孰先孰后，切实详明、条理井井，较之从前内外臣工奏请立宪，第剽窃一二西政之皮毛，胪陈一二宪法之规则者，必更有异样之精彩、惊人之议论，以动朝廷之观听而餍我士民之期望者，当可预决。"⑤《时报》指出五大臣归国非为"五大臣成功之日，乃五大臣任事之日"，由此，"敢以平日所望诸政府者望我五大臣"，提出实行

---

① 陈旭麓、顾廷龙、汪熙主编：《辛亥革命前后：盛宣怀档案资料选辑之一》，上海人民出版社1979年版，第28页。

② 刘玉珍、孙雪梅编：《晚清东游日记汇编·日本政法考察记》，上海古籍出版社2002年版，第125页。

③ 《敬陈所望于考政大臣》，《时报》1906年7月6日。

④ 《论国民对于五大臣回国之希望》（录《顺天时报》），《时事采新汇选》1906年8月11日。

⑤ 《论出洋大臣回国后之希望》，《申报》1906年7月16日。

立宪以前所不可不预备者三事：一、布地方自治之制；二、改革官制；三、整理财政。并劝勉考政大臣面对反对者"不可少怯"①。《大公报》建言考政大臣将实行地方自治、遴选编译人才、公布法律视为当务之急。②

同时，舆论界对曾经出任疆吏的考政大臣端方寄予了厚望。《时报》称，一个国家采取什么样的政体依国民程度为定，我国今日的立宪问题，非熟知各省民情不能解决，而五大臣中只有端方曾出任疆吏，且其在各任上"以开通为主义"，力行新政，"言资望，则近今各督抚，无有如午帅者矣"。作者总结道："主张立宪而使政府实行其说者，厥惟端午帅，而足以助午帅主张立宪者，厥惟戴尚书。"③此外，有论者指出国民不能坐等政府推行宪政改革，国民之预备"有刻不容缓之势"，否则，"在下者茫无所知，即一旦征诸实行，讵能保宪法之施便利而无阻障欤？"作者指出预备者"开民智而已"④。

综上，立宪派对五大臣出洋考察团的欢呼达于极致，清政府的政治合法性即"社会成员对某种政治体系的普遍认可"⑤在一定程度上得到巩固，但这并不意味着清政府对于社会舆论有很好的控制力。有论者指出："成功的意识形态控制的一个特征是国家具有占绝对优势的宣传自身思想的能力，社会出现积极的和谐，也就是统治阶级的要求和民众的根本意志、观念恰好一致。"⑥比照这个标准，清政府显然并不能做到。或许正是由于缺乏对社会舆论行之有效的控制力，清政府对于立宪派亦不无怀疑，张謇即言："主革命者目（立宪派）为助清，清又上疑而下沮，甲唯而乙否，阳是而阴非，徘徊迁延而濒于澌尽。"⑦

另外我们不能忽视立宪派的思想倾向。在他们看来，似乎一切问题随着考察团的回国可以迎刃而解，联系当时的时代背景，立宪派有这样的呼吁实出于望治之心切，展示出处于上升阶段的立宪派参政意识的增强。需要指出的是，舆论界热情有余，冷静不足，对五大臣出洋考察寄予的希望过高，对清政府政

---

① 《敬陈所望于考政大臣》，《时报》1906年7月6日、7月7日、7月8日。
② 《考政大臣归国后之问题》，《大公报》1906年7月24日。
③ 《为国民敬告端戴二大臣》，《时报》1906年7月25日。
④ 《论中国人民宜为立宪预备》（录《顺天时报》），《时事采新汇选》1906年8月18日。
⑤ 燕继荣：《发展政治学：政治发展研究的概念与理论》，北京大学出版社2006年版，第169页。
⑥ 白文刚：《应变与困境：清末新政时期的意识形态控制》，中国传媒大学出版社2008年版，第224页。
⑦ 南通市图书馆、张謇研究中心编：《张謇全集》（第5卷·上册），第298页。

体改革的能力、动机以及改革的艰巨性或多或少地缺少理性思索。《南方报》言道："自朝廷派五大臣出洋考察政治，论者以为立宪之将萌芽，于是朝野上下欣喜过望，有若宪法已立者。"鉴于此，该报强调国人不能坐等宪政时代的到来，"若遂以此为满意，无所事事，坐待朝廷之颁布，则大不可"①。《新闻报》也曾在 1906 年新年刊发专文，指出国人对于政府推行宪政改革不能过于乐观，中国当下亟待预备之事颇多："观于五大臣之出洋，知宪政之将立，然而议院议员之资格未预备也；宪政之基基于地方自治，上海既发其端，各处将踵其后，然而熟于地方自治具有自治公德之人才未预备也。其他如人人有尚武之思想，而手不胜枪械之重；人人有兴工之思想，而口莫举机器之名。"② 无疑，对宪政改革困难估计不足是导致清末宪政改革失败的重要因素。

当时最为著名的西学专家严复、梁启超则对五大臣出洋考察表达了与一般言说不同的论调。严复指出，"但遣大臣四五辈周游列邦，如汉唐人远求梵典者然"，不能认为他们"足以得其要领"，然而亦不能毫无期望，"所冀以名始者将以实终，方针既定之余，将吾国上下之人亿兆一心，以求达其目的耳"③。显然，严复之意在于国民应当乘此时机，推动政府加快宪政改革的步伐。梁启超在《申论种族革命与政治革命之得失》一文，更是强调了要义：

> 流俗人之言立宪，则欲其动机发自君主，而国民为受动者；吾之言立宪，则欲其动机发自国民，而君主为受动者。……故流俗人之言立宪，见夫朝廷派大臣出洋考察政治，则欣然色喜，谓中国立宪将在此役。吾之言立宪，则认此等举动与立宪前途殆无关系，即有之，而殊不足以充吾辈之希望，或且反于吾辈之望希，而所谓真正之立宪政治，非俟吾民之要求不能得之。

梁启超一生追求立宪政治，他对政府派遣五大臣出洋考察是欢迎的。然而，梁启超作为宪政思潮的引领者，明确指出将五大臣出洋考察视为政府立宪之始为"流俗人"缺乏远见的观点：如果此次考察团的派遣的确出于政府推行立宪

---

① 《论国人不知为立宪之预备》，《南方报》1906 年 2 月 8 日。
② 《敬告丙午年中国国人》，《新闻报》1906 年 1 月 29 日。
③ 孙应祥编：《严复年谱》，福建人民出版社 2003 年版，第 250—251 页。

之本心，则与立宪有关系；如果另有目的，则与立宪并无多少关联，真正的立宪应当出于国民的要求，政府应为受动者。梁启超进而指出，此时国民应当注意的是：第一，"现今君主肯立宪与否之问题"；第二，"所立宪法为何等宪法之问题"；第三，"吾辈当由何道能使彼立宪且得善良宪法之问题"①。实际上，梁启超在该文中阐释的核心观点为当时的中国不仅不能实行民主立宪，也不充分具备实行君主立宪的条件。由此，中国国民必须有所预备，以具备立宪国民的资格，而在准备期最适当的政体形式是开明专制。

第三节　革命派的回应

由于立宪问题在立宪派和清朝统治集团部分官员之间达成了共鸣，革命派则不可避免地产生了不小的担忧，如果清政府真的能够推行宪政改革，必将得到国民尤其是立宪派的大力拥护，其统治合法性将会得到稳固。由此，革命派以暴力推翻清政府、建立民主共和国的理想将很难实现，于是革命派一面加紧组织起义，自同盟会成立到武昌革命爆发，为革命运动发展的"茁壮时期"②；一面通过发表各类论说，以批判的武器揭露清政府推行立宪改革的虚伪性，五大臣出洋考察则成为革命派批判清政府假立宪的焦点事件。就后一方面而言，革命派以《民报》为舆论阵地，揭露考察团出洋考察期间的种种"丑态"，对考察团在国外的考察所得进行批判，并从理论上全面否定清政府推行宪政的可能性，形成反对清廷立宪的舆论高潮。

《民报》第7号刊发《考察政治五清臣之怪状》一文，该文完全针对五大臣出洋考察团而发，其内容主要包括以下三部分：其一，揭露考政大臣之间并不团结。载泽"资愚而气倨，自以为天潢贵胄，人莫敢仰视"，尚其亨、李盛铎与之偕行，虽然亦为考政大臣，"然而一则畏之，一则忌之，忌之者或犹有所忿郁，畏之者则奴隶而已"，载泽亦不屑与尚、李同，每至一国，尚、李仅居客栈，载泽则必据使署为行台，"故各国交际，皆视载泽为主，尚、李二人不异随

① 梁启超：《申论种族革命与政治革命之得失》，《饮冰室合集·文集之十九》（第2册），第36—37页。
② 张玉法：《清季的革命团体》，第671页。关于1905年后革命团体、革命宣传力量的增强，参见该书第671—690页。

员也"。端方是典型的"立宪排汉"论者,其人多诈伪,"言辨而谲,机械百出",戴鸿慈只有唯端马首是瞻,"常为端方所玩"。另外,五大臣当中亦有帝党、后党的分化,"帝党者,求立宪之心稍切;而后党则不以为意,且指帝党为叛逆、为革命"。① 其二,揭露考察团考察并无实效。以在日本为例,考察团所致力者,"不过曾一听伊藤博文日本宪法之讲义及嘱某校生为译外国法数种耳",伊藤博文之意在于"盛颂日本法治之良,(中国)宜取以为轨范"。由此,考察团对宪政不会有什么深刻理解,"不必更读其考察归来纪游稿矣"②。其三,抨击端方对柏林留学生演说的"立宪排汉"论,作者指出其目的在于打击汉族的民气而谋满族的私利,鼓励革命党应当迎难而上,"凡是反对之敌,其所谋议皆足使吾人增其备戒而不足沮吾壮图"③。

《民报》第10号亦有类似言论,披露了考察结束后某留欧学生上袁世凯书,其中言及:"各国政府之欢迎载泽者,或亦有利用此傀儡而施其政策耳,即如日本伊藤之讲说政义,于人民权利、国家组成之要领,全不提及,仅以贵国当重君抑民数语为敷衍。"④ 借留学生之口驳斥了出洋考察团根本不能对宪政有充分了解。《民报》的某些论说甚至不惜对考政大臣进行人身攻击,称"载泽是个荡子,端方在日本买春宫图",而其余三人皆不通西文,"看外国的政治,不过同乡下人上城看戏一般"。派出去的随员亦"不过想骗两个钱,回国吃吃花酒,又想保一个虚衔,实在并没有办事思想"⑤。他们皆曾至日本,"秽德丑行已彰彰在人耳目,以其猥琐不足污吾报"⑥。此外,《民报》指斥留学生欢迎五大臣出洋考察团实为"不知自爱"⑦。

署名"怀董"者在《立宪驳议》一文中,对一般国民认为五大臣出洋考察为清政府"立宪之确据"予以批驳,指出清政府派遣考察团出洋实为掩耳盗铃

---

① 去非:《考察政治五清臣之怪状》,《民报》第7号,1906年9月5日,第2—3页。

② 同上书,第1页。

③ 同上书,第6页。

④ 去非:《贺希望督抚革命者之失望》,《民报》第10号,1906年12月20日,第12页。

⑤ 楚元王:《谕立宪党》,《民报》临时增刊《天讨》,一九〇七年四月,第124页。另如《民立报》亦有类似揭露:"唐宝锷素一无赖子,在日本时即不齿于同学,专以巴结出洋考察官员为事。"《唐宝锷献媚政府》,《民立报》1910年11月9日。

⑥ 去非:《考察政治五清臣之怪状》,《民报》第7号,1906年9月5日,第1页。

⑦ 石颠:《异哉清政府之所谓改正法律者如此》,《民报》第2号,1905年11月26日,第13页。

之举，其遣使原因在于"欧风大竞，民讧堪虞"，由此，即便清政府能够立宪，亦非真立宪，"不过于寻常腐败法律之外，多增一钦定宪法，以掩饰大地万国之瞻听耳，于汉族之幸福固无有也"①。

上述言论皆对五大臣出洋考察反对甚为激烈，然而先入为主的倾向明显，无一例外地援引民族主义之义，以满汉实力的消长为着眼点，断言满政府不能真立宪，即使立宪亦对汉族不利，情绪化色彩浓厚，驳论力度明显不够，正如刘师培所言："中国革命党所持之旨，不外民族主义，故舍排满而别无革命。"②

综观当时的革命派言论，真正以外国宪政专家对考察团所作演说作为批驳对象的当属汪精卫所作《希望满洲立宪者盍听诸》一文。前文述及，载泽在日本邀请宪政专家伊藤博文演讲宪法，著名革命派人士汪精卫在《民报》专门刊发《希望满洲立宪者盍听诸》一文，不仅详细记录了伊藤博文的演说全文，并逐条批驳之。汪精卫开篇指出伊藤博文所言并无学理的价值："伊藤氏所言只日本宪法中关于君主大权之规定，略举条文，落落数语，本无评论之价，惟吾有不能已于言者。"汪精卫进而言道，如果中国模仿日本改行宪政，人民并不能获得自由平等之权："夫公等非以为立宪之后，则可申民权乎？可得自由乎？可得平等乎？然使如伊藤氏所教，如载泽等果从伊藤氏所教，则公等之希望将无一能达。"③ 汪精卫之意在于日本君主立宪体制不足模仿，他进而从以下几方面进行了深入阐释。

首先，日本君权过重，"几同专制，所异者，专制时代其宰制纯乎自由，有宪法后则当据宪法而活动耳"；其次，伊藤博文在演说中对于君主大权只是"举其内容，而不举其制限"。具体来看，"如云议会召集权、解散权当在君主，而其制限不言及也（其制限在宪法第 41 条及 45 条）；云官吏任命权当在君主，而其制限不言及也（其制限在宪法第 10 条）"；再次，伊藤博文并没有指出日本改行宪政的根本动因。汪精卫指出其动因实为人民之推动："日本明治维新以前权在幕府，天皇拥虚名而已。迨与西洋相接，而有权夷倒幕及开港护幕之两派，迨其结果，乃开港而倒幕。幕府既倒，主权已移，实政治上之革命也。天

①　怀薑：《立宪驳议》，张枏、王忍之编：《辛亥革命前十年间时论选集》（第 2 卷·上册），生活·读书·新知三联书店 1960 年版，第 556 页。

②　《清末革命史料之新发现：刘师培与端方书》，《大公报》1934 年 11 月 2 日。

③　精卫：《希望满洲立宪者盍听诸》，《民报》第 3 号，1906 年 4 月 5 日，第 5 页。

皇为万世一系，曩者弁髦大位，无怨于民，归政之后，励精图治，犹有西乡隆盛挺起于西南，自由党弥漫于国内，然后二十三年之宪法，乃不能不发布也。"进而，汪精卫总结道，宪政改革的推行实缘于民权之增长，中国人民亦应当通过革命的途径获取民权："民权者，自生之、自长之者也，非他人授与之者也。公等诚生长其民权，则可以革命矣，若望立宪则是望人以民权授我也。英人、法人、普人、日本人奋其民权，而其结果或为民权立宪、或为君权立宪，由所遇之敌，与其为因应者不同，要其民权则固，自内发而非由外铄者也。"①

综览《希望满洲立宪者盍听诸》全文，从日本宪政之本源、宪政理论的角度批判了中国模仿日本推行立宪改革之谬，进而指出中国应当通过革命的途径获得民权，持论有力有据。从客观实效上说，该文对于意图推行宪政改革的清政府不失为有力一击，对于希望中国走上宪政之路、对此次考察团抱有莫大希望的国民来说亦具警示功效，正如作者自称："此言非为伊藤氏而发，非为载泽等而发，乃为一般希望立宪者而发也。"②

清政府遣使之举在很大程度上成为革命派与立宪派、清政府论争乃至矛盾走向激化的导火索，同时也激发了立宪派和革命派的政治热情，客观上刺激了两派力量的发展。当然，立宪派、革命派力量的发展不能完全归因于五大臣出洋考察，然而两派的发展直接受到五大臣出洋考察团的推动及影响则是可以肯定的。立宪派代表人物梁启超肯定了清政府遣使之举展示了改革的意图，然而宪政改革能否真正推行最终要取决于国民素质的提高。正是由于梁启超这样的认识，虽然五大臣出洋考察受到革命派各个角度的批判，然而革命派与立宪派分别以《民报》和《新民丛报》为舆论阵地展开的论战，其焦点问题并非五大臣出洋考察这一事件。③ 两派论战以五大臣出洋考察为导火索，论战的内容则更为宏观，集中于"当时的中国能不能建立民主制度，尤其是通过暴力革命的方式能不能建立民主制度"④。但是，我们不能因为《民报》与《新民丛报》的论战是立宪派和革命派论战中最尖锐的一次斗争，是"保皇与革命两个势力

---

① 精卫：《希望满洲立宪者盍听诸》，《民报》第 3 号，1906 年 4 月 5 日，第 16 页。

② 同上书，第 5 页。

③ 在《新民丛报》与《民报》的论战中，前者只有梁启超一人出马，而后者可谓集留学界革命党的精英，人才荟萃，阵容坚强。见亓冰峰《清末革命与君宪的论争》，（台北）"中研院"近代史研究所专刊（19）1966 年版，第 145 页。因此，梁启超之政见在很大程度上决定了论战的中心议题。

④ 耿云志：《耿云志文集》，上海辞书出版社 2005 年版，第 135 页。

消长的关键"①，而将注意力完全聚焦于此，从而忽视并未成为《民报》重点批驳对象的国内立宪派舆论对五大臣出洋考察的热情歌颂。

总的来看，在五大臣出洋考察期间，反对立宪的声音虽然此起彼伏，然而在愈来愈浓厚的立宪氛围包围下，无疑处于下风。需要指出的是，尽管持欢呼态度是当时立宪派的主流倾向，然而立宪派并非毫无保留，他们在遣使谕旨颁布之初即对清政府能否真心改革心存疑虑，这种疑虑随着清政府推进政体改革过程中表现出的虚与委蛇而转化为不满情绪，并逐步达于极点。虽然立宪派、革命派对清政府政治改革的态度截然相反，然而从长时段的视角看，由于清政府始终将王朝利益摆在第一位，患得患失，立宪派的失望情绪不断积累，失去了期待，促使立宪派与革命派走向联合，并最终埋葬了清王朝。这当然是清政府所始料不及的。

① 亓冰峰：《清末革命与君宪的论争》，第145页。

第 七 章

考察团归国后的建言及各种编译书籍缕析

考察团在出洋考察之前，不少成员并没有出国经历，他们囿于知识结构单调和见闻狭窄，对立宪的体认较为模糊，出洋考察的经历使他们普遍对宪政制度的优越性有了切实的体会和感受，对改行宪政的必要性和紧迫性有了更为深刻的认知。考察团归国后，其上陈奏折以及编译书籍表达的核心思想是中国应当仿效日本进行宪政改革。有论者指出，考政大臣的各类书面成果并非对各种立宪制度作一详细的分析，"这即便对西方研究立宪政治的学者来说也是一项艰巨的、无止境的任务，当时要他们提供的只是一套供皇上选择的建议"①。确如其言，政治建设或言政治改革从某种意义上说是一个没有止境具有永恒意义的课题。然而正是凭借这些建言，考政大臣充当了政府内部立宪派主将的角色，推动了清政府政治改革的进程。

长期以来，学界对于考察团归国后所引发的政治论战研究颇多，而对五大臣出洋考察团所上各类奏折、编纂的各类书籍的研究则并不充分。本章即试图对两路考察团归国后所上各类奏折及书籍做一详尽缕析。

第一节　载泽、尚其亨、李盛铎考察团

一　奏折内容分析

载泽归国后所上奏折主要为《吁请立宪折》、《奏请宣布立宪密折》。这两

<hr/>

① 诺柏尔特·麦恩北：《清政府对立宪的准备：清政府对宪政的理解》，明清史国际学术讨论会秘书处论文组编：《明清史国际学术研讨会论文集》，第356页。

个奏折皆由载泽一人署名，原因之一在于李盛铎出任驻比使臣，并未归国；尚其亨官位较低，且在出洋期间丑态百出，遭到言官弹劾，亦不能会衔陈奏。更为重要的原因则是，载泽返京早于端方、戴鸿慈，其所上奏折亦最先表达了考察团的政治主张，事关全局，是以皆由载泽署名，且以密折形式上陈。

其一，《吁请立宪折》。

《东方杂志》曾刊登载泽归国后所上第二折，即《奏请宣布立宪密折》，该折宣扬立宪三利说，颇得时论。然据《东方杂志》记者称："其第一折因外间绝少传抄，是以从阙。"① 据康继祖记载，六月初四日（7 月 24 日），两宫"召见泽、尚，是日泽公上封奏一件"②，所言"封奏一件"即为载泽归国后的首次入奏，而对其内容亦没有记录。《宪政杂志》曾披露载泽所上第一折的核心内容为"请定立宪之期，并用君权国宗旨"③，所言并不详细。

显然，即便是著名的《东方杂志》亦未能觅到载泽归国后所上的第一折，其事之隐秘可见一斑。另外，现今出版的各类史料集亦未收录载泽归国后所上第一折。作为考察团归国后所上第一折，其重要性自不必说，该折究竟阐述了什么样的政治主张呢？

载泽在《奏请宣布立宪密折》中亦曾言及第一折，称其内容为"吁恳改行立宪政体，以定人心，而维国势"④。杨寿楠所著《思冲斋文别钞》一书收录其代载泽所拟《吁请立宪折》，其内容与载泽在《奏请宣布立宪密折》中对归国后所上第一折的描述相符。由前文可知，载泽对杨寿楠深为倚重，各国考察大略情形折稿即由杨寿楠主持编订，可以判定，《吁请立宪折》即为载泽委托杨寿楠等人拟定，即便载泽在上奏时做了一些修改，变动也不会太大。《吁请立宪折》虽由杨寿楠所著《思冲斋文别钞》一书收录，然而，我们并不能由此认定该折由杨寿楠一人代拟，更为可能的是，该折是少许与载泽关系密切的随从人员共同拟定，如《时报》即曾透露："周侍郎树模近日甚为泽公倚重，所有立

① 《镇国公载奏请宣布立宪密折》"记者按语"，《东方杂志》临时增刊《宪政初纲》，一九〇六年十二月，第 7 页。

② 康继祖：《预备立宪意见书》（前编下·廷臣会议），第 6 页。

③ 《五大臣回京后奏请立宪情形》，《宪政杂志》第 1 卷第 1 号，1906 年 12 月 16 日，第 163 页。

④ 《奏请宣布立宪密折》，故宫博物院明清档案部编：《清末筹备立宪档案史料》（上册），第 173、174 页。

宪封奏、改官制条陈，皆周侍郎参订。"①

《吁请立宪折》的主导思想在于陈请立宪。首先，指陈中国各项改革未能卓有成效的原因在于纲领不举，而纲领即为宪法。载泽解释道："总览东西各国富强之策千绪万端，莫不以宪法为纲领。宪法者，明秩序、定纪纲，使举国之人咸受制裁于法律之中，视为神圣不可侵犯，故国本愈固，君统亦愈尊。"立宪国由于以宪法为纲领，"国与家一体，君与民一心"，因此，"人人有合群爱国之心思，人人知纳税充兵之义务，事不劳而集，政不肃而成上下交资，雍雍成治，各国业行之有效矣"；其次，针对当下国势渐弱、民权自由之说盛行的状况，指出中国政治改革应模仿日本所推行的议会与君主并行的二元制君主立宪制：

> 我朝则宽仁节俭，远迈汉唐，敬天爱人，省刑薄赋，一切举措无不附顺舆情，骎骎乎与唐虞三代同风，而与宪法之精理隐相符合，徒以惠袤而威不振，法宽而令不行，忠厚之祸渐流于积弱，而轻贱之徒乃反藉口于专制政体，倡为民权自由之说。
>
> ……今日之事，非行宪法不足以靖人心，非重君权不足以一众志。外察列邦之所尚，内觇我国之所宜，则莫如参用日本严肃之风，不必纯取英法和平之治。法兰西为共和政府，宪法虽称完备，而治体与我不同；英之宪法略近尊严，然由民俗习惯而来，出于自然，亦难强效。惟日本远规汉制，近采欧风，其民有畏神服教之心，其治有画一整齐之象，公论虽归之万姓，而大政仍出自亲裁，盖以立宪之精神实行其中央集权之主义，施诸中国尤属相宜。

该折在结尾处再次强调实行宪政为大势所趋，政府应尽快推行："此次奉使考察政治，中外议论咸谓为实行立宪而设，延颈企踵，以俟德音，若犹慎重迟回，密云不雨，非特海内失望，且益启外人轻量之心，恐非长久治安之策。"②

总的来看，该折的核心思想在于指陈改行宪政的迫切性，主张师法日本。

---

① 《泽公倚重周侍郎》，《时报》1906 年 10 月 5 日。

② 以上引文见《吁请立宪折》，杨寿楠：《思冲斋文别钞》（卷上），第 1—2 页，《云在山房类稿》（第 1 册）。

诚然，载泽向清政府推荐的日本式二元制君主立宪制，只是宪政制度中最为保守的一种，实际上，这种主张是当时一般具有立宪思想者所普遍共有的，很难说有什么与众不同之处。但是，二元制君主立宪制较之绝对的君主专制又是历史性进步。该折虽倡导立宪不遗余力，然该折明言日本"以立宪之精神实行其中央集权之主义，施诸中国尤属相宜"，强调借立宪实行中央集权主义甚为明显，实与当时改行宪政的舆论趋向不符，是以政府有意留中不发，致使流传不广。

其二，《奏请宣布立宪密折》。

《奏请宣布立宪密折》为载泽归国后第二折。该折之成实缘于在日本考察所得，《北京报》言之甚详："泽公到日本时曾与伊藤侯晤谈，伊藤力言立宪之可以救国，并论立宪之办法如何，极详审。又日本博士惠束君著有《宪法表》一书，泽公阅之，喜其精当，以故回京以后，即以伊藤所论立宪诸议作为底稿，并参以惠束博士之《宪法表》汇成一奏，进呈御览。"①

首先需要我们厘清的是该折的上奏时间。据现有史料，该折最早由中国史学会所编《中国近代史资料丛刊》收录，后被《清末筹备立宪档案史料》一书转载，皆注明时间为1906年，具体时日不详。据《宪政杂志》报道：七月初四日（8月23日），载泽召见时，"陈立宪之有利无弊，并上宪法统系图，又附片奏立宪请先除满汉之界"②。《新民丛报》有相同报道：七月初四日（8月23日），"泽公奏陈立宪请先除满汉界限"③。时人康继祖亦记载，七月初四日（8月23日），"泽公递封奏一件，附日本宪法国书一件"④。《奏请宣布立宪密折》之内容正如其描述，由此可以确定该折为七月初四日（8月23日）上奏。

《奏请宣布立宪密折》以密折的形式上陈，彰显出载泽在议论立宪这样关乎官员切身利益的重大论题时采取了审慎的态度。与《吁请立宪折》提出模仿日本改行宪政相呼应，载泽首先阐释了日本实行的是天皇与议会并立的二元制立宪政体，在行宪政的同时最大限度地保留了君主特权，立宪后的君主保留17项大权。由此，载泽总结道，君主立宪"大意在于尊崇国体，巩固君权，并无

---

① 《泽公力主立宪》（录《北京报》），《华字汇报》1906年8月30日。
② 《五大臣回京后奏请立宪情形》，《宪政杂志》第1卷第1号，1906年12月16日，第163页。
③ 《中国大事月表·丙午七月》，《新民丛报》第85号。
④ 康继祖：《预备立宪意见书》（前编下·廷臣会议），第6页。

损之可言","凡国之内政外交，军备财政，赏罚黜陟，生杀予夺，以及操纵议会，君主皆有权以统治之"①。进而，载泽联系中国现实国内外情势，强调推行立宪政治有三大利：

> 一曰皇位永固。立宪之国，君主神圣不可侵犯，故于行政不负责任，由大臣代负之。即偶有行政失宜，或议会与之反对，或经议院弹劾，不过政府各大臣辞职，别立一新政府而已。故相位旦夕可迁，君位万世不改。大利一。

前文述及，考察团出洋之前，慈禧声言要等考察团考察结束后，确能证明立宪可使满族皇统永固，才能决定实行。考政大臣归国后的首要任务在于消除清廷对立宪后皇权失落的疑虑，因此，载泽提出"立宪之利有最重要者三端"，有意将"皇位永固"列在首位，其目的在于通过说明立宪的好处打消慈禧的顾虑，让她下决心尽快明定立宪国是，因为宪政改革得不到慈禧的首肯是绝对搞不起来的。同时，"皇位永固"之论不仅仅是为了说服慈禧决心立宪，也是作为满洲贵族的载泽对于立宪政治寄予的希望，因为，无论是从统治集团的整体利益还是为一己利益考虑，力谋使"皇位永固"无疑是至为重要的。

然而，载泽"皇位永固"论对皇权并非毫无触动。立宪后的君主不负行政责任，由大臣代负，如果行政失宜而受到议会反对或者弹劾，只须大臣辞职，"别立一新政府"即可，因此"相位旦夕可迁，君位万世不改"。表面观之，其意在于保障皇权神圣，然而无形之中将君主和政府分离开来，根本上体现了君主立宪政体的基本原则。所以说，载泽所谓的"皇位永固"论并不是完全维持专制统治的皇权，二者不可同日而语。

> 一曰外患渐轻。今日外人之侮我，虽由我国势之弱，亦由我政体之殊，故谓为专制，谓为半开化，而不以同等之国相待。一旦改行宪政，则鄙我者转而敬我，将变其侵略政策为平和之邦交。大利二。

---

① 《奏请宣布立宪密折》，故宫博物院明清档案部编：《清末筹备立宪档案史料》（上册），第173、174页。

　　载泽将推行宪政视为列国转变对华政策，进而对中国平等相待的保证，显然没有看清帝国主义的本质，带有浓厚的幻想色彩。然而，"外患渐轻"论的产生有其深厚的历史背景，那就是鸦片战争以来尤其是庚子之役后空前深重的民族灾难以及中国国际形势的恶化，载泽寄予立宪政治这样的功效又有其逻辑合理性，在很大程度上切合了国人寄予立宪政治的希望，对于统治阶级以及国民而言颇具吸引力和号召性。同时，立宪可以使"外患渐轻"的说法并非毫无依据。20世纪初，资本主义已进入帝国主义阶段，依仗实力向世界各地拼命扩张，要避免受列强欺压的厄运，必须使国家由弱变强，而根本出路必然是改变政治上的落后，从专制制度向资本主义宪政制度转化，最终使国家走上富强之路。

　　需要指出的是，立宪可以使"外患渐轻"之论并非载泽首创。早在遣使谕旨颁布不久，驻外使臣即联衔陈奏，其言："宪法者，所以安宇内，御外侮，固邦基，而保人民者也。"瑞典、葡萄牙、比利时、荷兰无不如此，皆曾面临列强威胁，而通过立宪获得与列强并立的地位。[1] 无疑，载泽借鉴了驻外使臣的说法。

　　　　一曰内乱可弭。海滨洋界会党纵横，甚者倡为革命之说，顾其所以煽惑人心者则曰政体专务压制，官皆民贼，吏尽贪人，民为鱼肉，无以聊生，故从之者众。今改行宪政，则世界所称公平之正理，文明之极轨，彼虽欲造言而无词可藉，欲倡乱而人不肯从，无事缉捕搜拿自然水消瓦解。大利三。[2]

　　如何消弭革命是清朝统治集团不得不面对的问题。1905年8月，革命党人的统一组织同盟会成立，11月，同盟会的机关报《民报》创刊，各地革命排满活动更加有领导、有计划地进行，五大臣出洋考察团就是在这种背景下走出国门的，因此，五大臣出洋考察成为革命派攻击的焦点事件，并掀起批驳清政府

　　① 《出使各国大臣奏请宣布立宪折》，故宫博物院明清档案部编：《清末筹备立宪档案史料》（上册），第110页。

　　② 《奏请宣布立宪密折》，故宫博物院明清档案部编：《清末筹备立宪档案史料》（上册），第174—175页。

假立宪的高潮。对于革命派对王朝统治的威胁，考政大臣们由于出使列国，感受较于一般政府官吏尤为深刻。然而如何消弭革命派呢？载泽意识到，因为革命思想宣扬流播，革命派力量与日俱增，强硬的镇压已经不切实际，处理不好会引发更大的社会矛盾。他给出的对策是，与其被革命派指责专制政体，不如采取以退为进的策略，清政府主动将最受革命派批判的专制制度转为"公平之正理，文明之极轨"的宪政制度，以立宪抵制革命，通过拉拢立宪派而孤立革命派。这样，革命党"虽欲造言，而无词可藉"，失去推翻清王朝统治的理由，其组织及活动"自然冰消瓦解"。

综上，载泽以立宪"三利"说奏陈，对内维护皇权、反对革命，对外减轻外患，展示了统治集团革新派救亡图存的政治意向。从主观愿望上讲，立宪"三利"说是为了维护封建统治者的既得利益，巩固并延续清王朝的统治，希冀清廷由被动而主动地顺应世界发展潮流，通过变革政体来增强政治统治力。从实际影响上看，立宪"三利"说在很大程度上消除了清廷最高当权者对立宪政治的恐惧，也赢得了立宪派人士的响应，客观上起到了压制革命派的作用。无疑，载泽是在用一种不能更改的逻辑规劝清政府推行立宪政治。

同时，针对某些官员以民智不足为由反对进行立宪改革的论调，载泽明确指出"今日宣布立宪，不过明确宗旨为立宪之预备。至于实行之期，原可宽立年限"。他进而阐释了政府宣布立宪明诏的必要性："中国必待有完全之程度，而后颁布立宪明诏，窃恐于预备期内，其知识未全者，固待陶镕，其知识已启者，先生觖望，至激成异端邪说，紊乱法纪。盖人民之进于高尚，其涨率不能同时一致。"政府先行宣布立宪国是之后，"树之风声，庶心思可以定一，耳目或无他歧，既有以维系望治之人心，即所以养成受治之人格"①。

进而，载泽批驳了推行宪政"于满人利益有损"的满汉畛域之论。实行君主立宪，就意味着把一部分权力交予人民，这是许多满族官员所不能接受的，他们以宪政有损满人利益为由来公开反对立宪政治。针对此种论调，载泽提出满汉畛域亟待消除：

　　方今列强逼迫，合中国全体之力，尚不足以御之，岂有四海一家，自

---

① 《奏请宣布立宪密折》，故宫博物院明清档案部编：《清末筹备立宪档案史料》（上册），第174—175页。

分畛域之理。至于计较满汉之差缺，竞争权利之多寡，则听见甚卑，不知大体者也。夫择贤而任，择能而使，古今中外，此理大同。使满人果贤，何患推选之不至，登进之无门，如其不肖，则亦宜在屏弃之列。且官无倖进，正可激励人才，使之向上，获益更多。此举为盛衰兴废所关，若守一隅之见，为拘挛之语，不为国家建万年久长之祚，而为满人谋一身一家之私，则亦不权轻重，不审大小之甚矣，在忠于谋国者，决不出此。①

作为满洲贵族的载泽能将"计较满汉之差缺，竞争权利之多寡"斥为"听见甚卑，不知大体"的荒谬论调，无疑是难能可贵的。

此外，载泽在该折还提到立宪"不利于官"之说，其言道："宪法之行，利于国，利于民，而最不利于官。若非公忠谋国之臣，化私心，破成见，则必有多为之说，以荧惑圣听者。盖宪法既立，在外各督抚，在内诸大臣，其权必不如往日之重，其利必不如往日之优，于是设为疑似之词，故作异同之论，以阻挠于无形。彼其心，非有所爱于朝廷也，保一己之私权而已，护一己之私利而已。"② 早在考察团出行之前，出使各国大臣的联衔陈奏中即指出"立宪政体，利于君，利于民，而独不便于庶官者也"，并详细阐释了原因所在。③ 载泽显然借鉴了出使各国大臣的看法。然而，载泽论述的侧重点在于宪政实行之后，内外官员由于权力不如以前，必然出于保护一己之私权而纷纷反对。可见，载泽对"不利于官"原因的阐释远不如出使各国大臣详尽，亦没有提出应对之策。

---

①　《奏请宣布立宪密折》，故宫博物院明清档案部编：《清末筹备立宪档案史料》（上册），第175—176 页。

②　同上书，第173 页。

③　出使各国大臣详细论述了立宪政体利于君、利于民，而不利于官的原因："各国宪法，皆有君位尊严无对，君统万世不易，君权神圣不可侵犯诸条，而凡安乐尊荣之典，君得独享其成，艰巨疑难之事，君不必独肩其责。民间之利，则租税得平均也，讼狱得控诉也，下情得上达也，身命财产得保护也，地方政事得参预补救也。之数者，皆公共之利权，而受治于法律范围之下。至臣工则自首揆以至乡官，或特简，或公推，无不有一定之责成，听上下之监督，其贪墨疲冗、败常溺职者，上得而罢斥之，下得而攻退之。东西诸国，大军大政，更易内阁，解散国会，习为常事，而指视所集，从未及于国君。此宪法利君利民，不便庶官之说也。"见《出使各国大臣奏请宣布立宪折》，故宫博物院明清档案部编：《清末筹备立宪档案史料》（上册），第111 页。

总的来看，该折颇具影响，不仅"两宫览奏，大为感动"①，也得到舆论界的广泛好评。《申报》对载泽将官员反对立宪视为保护一己之私权、私利颇为赞赏："仆闻听之余，深服泽公高见远识，洞见隐微，且能言人之所不敢言。近支王公乃有此人，大清国其有赖矣。"② 载泽关于消除满汉畛域的主张同样得到时论好评："泽公密陈大计折已言之详矣。敬告当轴诸公持之以镇静，出之以实心，本其忠爱之忱，策其文明之步，尽心国计，廑恤民生，则一身之利害祸福皆所弗计，居官之道如是而已。"③《东方杂志》更是将该折视为"吾国之得由专制而进于立宪"之"枢纽"④。同时，载泽"不利于官"之说客观上激发了朝野关于立宪的争论，正如革命派所言："载泽诸人考察宪政归国，首上之宪政折即曰'君权无限，只损官权'，不知者则以为鼓满酋实行立宪之本旨，而不知实借'只损官权'一语以鼓舞一班大奴之力加以反对之深心，使假立宪之名目永久犹在推论之中也。"⑤ 我们不能说载泽此议具有激发朝野论争的主观动机，然实具此效应。

二　各类著作编译、出版过程

以往研究大多只是探讨了戴鸿慈、端方考察团编译的各类书籍，而对载泽考察团编译的各类书籍则分析阙如。实际上，作为中国政体改革效仿对象的日本为载泽考察团的正式考察国，深入分析载泽考察团编译的各类书籍，对于我们认识清末宪政改革历程尤为重要。

载泽考察团将搜罗各类书籍作为考察的重要任务，如在日本，"其政法之书及各种章程规则亦广为搜采，分门编译，以备将来与欧美各国参观互镜之资"⑥。显然，考察团在考察过程中即开始编译各类书籍，然其定稿则是在归国

---

① 《考政大臣之陈奏及廷臣会议立宪情形》，《东方杂志》临时增刊《宪政初纲》，一九〇六年十二月，第 2 页。

② 《论立宪制度利于政府而不利于地方官》，《申报》1906 年 9 月 9 日。

③ 《满汉平议》，《申报》1907 年 7 月 14 日。

④ 《镇国公载奏请宣布立宪密折》"记者按语"，《东方杂志》临时增刊《宪政初纲》，一九〇六年十二月，第 7 页。

⑤ 章开沅等主编：《辛亥革命史资料新编》（第 5 卷），第 369 页。

⑥ 《定期赴英并酌派参随专驻日本考察由》，（台北）"中研院"近代史研究所档案馆藏外务部档案：02—12—028—04—003。

之后。从现有史料看，载泽考察团曾与留日学生联络，委托翻译各类外文书籍，以备考察团参考。宋教仁在日记中对此多有记载：1906年1月21日，载泽考察团随员杨笃生、王慕陶来访，"谈良久出"；1月31日，杨笃生来，"谈良久"；2月28日，"写致杨笃生信一封，问其译书事如何"。可见，杨笃生、王慕陶与宋教仁所谈当为译书事。当时宋教仁的经济状况颇为窘迫，替人翻译亦为解决经济拮据之手段，其在1906年12月24日日记中写道："余思及余财政困难，戢元臣（即载泽考察团随员戢翼翚——笔者注）之译稿，余苟每日译一二页，十日内亦可稍得些须，即拟自今日始从事焉。"据宋教仁日记所载，杨笃生等人委托翻译的外文书籍包括《英国制度要览》、《各国警察制度》、《俄国制度要览》、《澳大利匈牙利制度要览》、《比利时澳匈国俄国财政制度》、《美国制度概要》及《德国官制》。译者除宋教仁外，另有杨勉卿、田梓琴等人。[①]无疑，载泽考察团编译书籍过程中当参考了上述各书。然而，这些书籍并无一种专涉日本，而载泽考察团编译的书籍是以介绍日本各项制度为重点的。显然，上述由留学生翻译的书籍并非考察团的重点参考对象，也彰显出各类编译书籍主要出自考察团之手。

　　载泽考察团回京后，在法华寺编纂东西洋政治书籍。据敷文社编《最近官绅履历汇编》记载，由夏曾佑任译书总纂官。[②]安徽巡抚冯煦亦称夏曾佑"从五大臣出洋考察，凡编纂各国政书，丰出其手"[③]。而据杨寿楠自记，由他担任总纂之责。笔者以为，更为可能的是，考察团选出若干参随参与编译事务，而由某些人主持其事，夏曾佑及杨寿楠很可能充当了主持人的角色。

　　舆论界对考察团寄予了厚望，《大公报》称："想诸公盘盘大才，必集成一大著作也。"[④]考察团的确不负众望，在考察团成员的努力下，编纂进程很快，"三月而毕事"[⑤]，成绩亦颇为可观，"芟其芜冗，掇其菁华，共成书六十七种，

---

① 以上引文见陈旭麓主编《宋教仁集》（下册），第565—681页。
② 敷文社编：《最近官绅履历汇编》，第198页。
③ 冯煦：《蒿庵奏稿》，（台北）成文出版社1968年版，第131页。
④ 《修订考查政治书》，《大公报》1906年8月13日。
⑤ 杨寿楠：《思冲斋文别钞》（卷下），第8页，《云在山房类稿》（第1册）。

都一百四十六册"①。笼统而言，考察团撰成的 67 部书由考察团成员集体完成，而各书之撰成实由专人负责。由杨寿楠编订者共 10 种，包括《英国宪法正文》、《日俄战时财政史》、《日本关税制度》、《日本中央银行制度》、《日本国债史》、《法国司法制度》、《比利时司法制度》、《英国财政史》、《法国国债史》、《比利时财政史略》。② 由杨道霖编订的为《日本统计类表要论》。据杨道霖之子杨曾勖记载，杨道霖专驻日本期间，"与彼邦贤士大夫、耆儒硕学往来讨论，益得证其所学，知立国之道虽数不同，而其根本大法则无不同也"③，留日半载，著有《日本统计类表要论》，十二卷，"都二十余万言，考察彼邦政治、军事、财政、实业至为详赡，贡诸政府，存备参考"④。然而是书并非由杨道霖独立完成，刘持原记载："丙午岁，余应杨子仁山之召东游日本，时杨子以随节至日，奉派留驻译辑政治诸书，延屈君、秦君等襄理编纂，而名其书曰《日本统计类表要论》。及余至日，书已垂成，余略为校阅，而又以游观博览、考查学务，时日颇促，未究其细。"⑤ 可见，是书的撰成还得力于友人相助。同时可以肯定，考察团之所以留有人员专驻日本，其目的之一在于编订有关日本的各类书籍。

观上述内容，似乎编译进程异常顺利，实际上并非如此。据载泽考察团随从人员杨守仁所述，考察团在编译书籍过程中遇到了诸多困难：

> 此次成书将及六十种，编帙繁重，而法律名词多为本国律例所不具。如海军一门，本国海军部未及成立，所有官职制度无可比拟；陆军一门，练兵处奏定章程理当援用，以为移译之根据，然德国军制与本国军制实有难以吻合者。以小队、中队、大队、联队、旅团、师团，与镇协标营排相比较，尚少一阶级，拟议失伦，则累排成镇，人数相差当至一倍，而其队

---

① 《进呈编译各国政治书籍折》，杨寿楠：《思冲斋文别钞》（卷上），第 3 页，《云在山房类稿》（第 1 册）。由于资料所限，笔者并未能全部查找到 67 部书的名称，然而，编写提要的三十部书无疑为精华部分。

② 杨景焌：《趋庭隅录》，沈云龙主编：《近代中国史料丛刊续编》第 17 辑（164），第 233—234 页。

③ 杨曾勖：《柳州府君年谱》，沈云龙主编：《近代中国史料丛刊续编》第 17 辑（163），第 61 页。

④ 杨曾勖：《无锡杨仁山（楷）先生遗著》"先府君行状"，沈云龙主编：《近代中国史料丛刊》第 54 辑（536），（台北）文海出版社影印版，第 5 页。

⑤ 杨曾勖：《柳州府君年谱》，沈云龙主编：《近代中国史料丛刊续编》第 17 辑（163），第 63 页。

伍之分合集散亦穷于词。日本军制纯以德国为蓝本，故于此二者不得不全用日本名词；财政一事，条理繁赜，而本国法律多所未具，故亦有不得不仍用日文名词术语之势。虽别立名词未为不可，而既为本国人士所不习见，反恐易滋疑窦，故且仍东译。①

此一资料至为重要，出自中国社会科学院近代史研究所藏档案，为杨守仁致端方亲笔函。从中可以看出，载泽考察团本意欲对欧美日各国宪政制度做系统的引入，对欧美宪政制度亦有从欧美直译的志向，但由于中西差异，无论是法律名词，还是海军、陆军、财政等门类相关规章制度的对译，皆有窒碍之处，考察团无奈之下对欧美宪政制度的介绍亦须通过日文书籍"二手"转译。

考察团编成的 67 部书多为各国制度原文的照录，篇幅很长。如由日本贵族院议员、法学博士穗积八束讲述的《日本宪法说明书》，共分立宪政体、宪法、君位及君主之大权、臣民之权利等十二回。② 由此，为了便于人们领会这些书籍的精髓，同时也为了方便进呈御览，考察团从 67 部书中"择其精要者三十种，分撰提要，进呈乙览"③。由于载泽考察团主要考察日、英、法、比四国，所选 30 部书以介绍日本政治、经济制度为主，兼涉英、法、比利时三国。

表 7-1　　　　　载泽考察团所选三十部予以编写提要的书籍目录

国别	书名
日本（24 种）	《日本宪法说明书》、《日本宪法疏证》、《日本自治理由》、《日本地方自治》、《日本立宪史谭》、《日本宪政略论》、《日本议会诘法》、《日本行政官制》、《日本统计释例》、《日本统计类表要论》、《日本岁计预算制度考》、《日本丙午议会》、《日本丙午预算》、《日本税制考》、《日本关税制度》、《日本国债制度》、《日俄战时财政史》、《日本中央银行制度》、《日本货币制度考》、《日本教育诠义》、《日本教育行政》、《日本现行学制要览》、《日本司纲要提要》、《日本陆军行政要览》

① 虞和平主编：《近代史所藏清代名人稿本抄本》（第 1 辑·第 143 册），大象出版社 2011 年版，第 226—227 页。

② 《译书类·日本宪法说明书》，《政治官报》1907 年 11 月 14 日，第 20 号。

③ 杨寿楠：《苓泉居士自订年谱》，沈云龙主编：《近代中国史料丛刊续编》第 17 辑（164），第 26 页。

国别	书名
英 国（2 种）	《英国宪法正文》、《英国政治要览》
法 国（2 种）	《法国税债币制要览》、《法国司法制度》
比利时（1 种）	《比利时司法制度》
综 合（1 种）	《日英法比警察制度》

资料来源：《政治官报》"一九〇七年十月分目录·译书类"。

提要的篇幅大多在千字以内，除简短扼要地介绍原书外，通过"按语"的形式阐发蕴涵其中的政治精理。杨寿楠对所选 30 部书颇为自负，"凡各国政教礼俗，彼我之异同得失，略具此矣"①。提要编纂完成后即进呈御览，进呈提要的奏折亦由杨寿楠代考政大臣撰写。该折首先描述编纂书籍的大致过程：

> 臣等奉命考察政治，经历日英法比诸国，使车所至，凡官制、学校、法律财政、武备、警察及农工商诸要政，莫不博考其规模，深求其原理，而彼国通人博士亦争出其职守学问之所习以饷遗臣等。督事参随各员削牍怀铅，随时记载，闻见所及，裒录遂多，回京后复分门纂辑，艾其芜冗，掇其菁华，共成书六十七种，都一百四十六册，而搜采东西文政治书籍又得四百三十四种，均咨送政治馆以备采择。

该折核心思想与载泽归国后所上第一折《吁请立宪折》的论调一致，皆为指陈中国应当效仿日本进行政治体制改革：

> 各国富强之术经纬万端，而皆以宪法为之纲领，国是则操诸议院，治理则寄诸地方，教民以学校为先，立国以工商为本。财政必须预算，无侵渔中饱之私；法律务在持平，无舞法舞文之弊。……兴废虽非一致，而缔造各逾千年，至其君权之轻重、治体之宽严，各本其历史沿革与国民程度而来，政俗不同非尽可法。惟日本远师汉制，近采欧风，其民有畏神服教之心，其治有画一整齐之象，万机虽决于公论，而大政仍出自亲裁。盖以

① 杨寿楠：《觉花寮杂记》（卷1），第3页，《云在山房类稿》（第4册）。

立宪之精神实行其中央集权之主义，其政俗尤与我相近，故以此所辑各书，以日本为最详，并采英法比三国制度以资参镜。①

再来看这些编译书籍的出版情况。在考政大臣将要回国之际，政府王大臣连日会议考察政治馆事宜，"皆以编辑政治全书及举行各政关系至重"，应俟各大臣回国后，奏请电召鄂督张之洞晋京襄同参订。② 前文述及，9 月 10 日，考察政治馆提调宝熙、刘若曾到馆，标志着考察政治馆的开馆。撰诸史料，端方、戴鸿慈考察团与考察政治馆并无过少关联，比较而言，载泽考察团与考察政治馆保持了密切联系。载泽考察团在考察途次所上各国考察大概情形折，即无一例外地皆写有"将考察诸务编辑成书，随后咨送考察政治馆"等类似字样。据《申报》报道："政治馆昨经考察政治大臣交到东西洋各种法律、官制图书，以便将来编纂。闻政治馆不日即须设立编书处，委派各员翻译编辑矣。"③ 根据《申报》的报道日期可以判定，大约在 1906 年 11 月之前，考察团已经将各类编译完成的书籍呈送考察政治馆，由政治官报局择要出版。④ 而后期呈送的 434 种"东西文政治书籍"则没有经过编译，是以《申报》称政治馆设立编书处，委派人员翻译编辑。在政治官报局择要出版之前，《政治官报》首先连载了其中的部分书籍。

表 7 - 2　　　　　　《政治官报》连载载泽考察团所编译的书籍

书名	《政治官报》连载起止日期
三十种提要	1907 年 10 月 26 日第 1 号始，至 11 月 13 日第 19 号毕
《日本宪法说明书》	1907 年 11 月 14 日第 20 号起，至 1908 年 1 月 12 日第 79 号毕
《日本丙午议会》	1908 年 1 月 13 日第 80 号起，至 2 月 22 日第 113 号毕
《日本行政官制》	1908 年 2 月 23 日第 114 号起，至 8 月 3 日第 276 号毕

① 《进呈编译各国政治书籍折》（代考察政治大臣拟），杨寿楠：《思冲斋文别钞》（卷上），《云在山房类稿》（第 1 册）；沈桐生：《光绪政要》，沈云龙主编：《近代中国史料丛刊正编》第 35 辑（345），第 2324—2325 页；《泽公奏陈政治各书提要折》，《申报》1906 年 12 月 1 日。

② 《拟请召鄂督参订政治书籍》，《申报》1906 年 7 月 13 日。

③ 《政治馆设立编书处》，《申报》1906 年 10 月 27 日。

④ 1907 年 4 月，由考察政治馆负责筹办官报，定名为《政治官报》，9 月，考察政治馆改为宪政编查馆，奏请克期开办原已奏准之《政治官报》，并设官报局一所，由华世奎为局长。

　　除《政治官报》连载外，载泽考察团编译的部分书籍亦由政治官报局刊行。据《政治官报》各期售书广告，政治官报局至少出版了载泽考察团编译书籍中的 12 种。

表 7-3　　　　　《政治官报》第一次出售载泽考察团所编译书籍广告

书名	广告介绍及定价
《译书提要》	观二十页之提要，而数十种书之纲领精髓无不备载，不可谓非守约施博之一助也。（每部一册，价银一角）
《日本宪法说明书》	于宪法之精神、形式、源流、异同，剖析精微，解释明切，日本所为熔铸欧美自成特色者，具详于此。方今钦奉明诏，以君主立宪令薄海臣民，确切辨明，免涉误会，不可不从此书详加研究。内外法政学堂果能本此以为讲习，则用力少而收效宏，宪政成立可拭目竢也。（每部一册，价银三角）①
《日本统计释例》	此书取其最近之统计，不列各表，而摘其所以立表之意，为纲为目，解释而发明之，简要精详，使人知其义例之所在。……方今朝廷立统计局，并饬各省设局调查，将从事于统计诸事，诚欲研究所以入手之方，舍是编莫属也。（每部二册，价银六角）
《日本宪政略论》	历举日本宪法成立之故，谓以日本历史为基础，以欧美宪法为辅助机关。欧美由人民之强迫，而日本则由君主钦定以惠赐臣民，根本互异，精神遂迥不相同，其归本于《尚书》《舜典》"询岳辟门"及《大禹谟》"可爱非君，可畏非民"数语。尤见中外政法异流同源。言简而赅，足与《宪法说明书》互为发明，皆今日讲求宪法之鸿宝也。（每部一册，价银一角）
其他	《日本政治要览》及《日本统计类表要论》业已付印，刻日出售。②

资料来源：《本局刊印新书广告》，《政治官报》1908 年 1 月 20 日，第 87 号。

---

　　① 后该书因"纸价增昂，又将印张放大，不敷工本"，自 1908 年起改为每部价银四角。《本局更定书价广告》，《政治官报》1908 年 2 月 26 日，第 117 号。
　　② 从此后《政治官报》刊登的售书广告看，有《日本政治要览》而无《日本统计类表要论》。又，刘持原在《日本统计类表要论》一书跋语中言及："杨子自柳州府任以其稿付上海文明书局出版，而邮以示余。"由此推测，政治官报局未出版该书。杨道霖 1908 年 2 月 1 日出任柳州府知府，该书出版时间当在此之后。见杨曾勖《柳州府君年谱》，沈云龙主编：《近代中国史料丛刊续编》第 17 辑（163），第 63、66 页。

表 7 - 4　　　《政治官报》第二次出售载泽考察团所编译书籍广告

书名	售价	备注
《日本政治要览》	（每部二册，价银六角）	总发行所为北京王府井大街政治官报局，北京琉璃厂、上海棋盘街商务印书馆均有代售。五十部以上九折，百部以上八折，千部以上七折。
《日本议会诂法》	（每部二册，价银八角）	
《法国政治要览》	（每部一册，价银三角）	
《比国政治要览》	（每部一册，价银三角）	
《日本丙午议会》	（每部一册，价银四角）	
《日本宪法疏证》	（每部二册，价银六角）	

资料来源：《本局新印考察政治大臣编译各书广告》，《政治官报》1908 年 3 月 27 日，第 147 号。

表 7 - 5　　　《政治官报》第三次出售载泽考察团所编译书籍广告

书名	售价	备注
《英国财政要览》	（每部一册，价银三角）	总发行所为北京王府井大街政治官报局，北京琉璃厂、上海棋盘街商务印书馆均有代售。五十部以上九折，百部以上八折，千部以上七折。
《日本官制通览》	（每部一册，价银三角）	

资料来源：《本局新印考察政治大臣编译各书广告》，《政治官报》1908 年 4 月 30 日，第 181 号。

显然，由政治官报局出版的考察团编订书籍无疑经过了精心筛选，以介绍日本各项制度为主，为考察团所编订书籍的精华部分。

三　若干部著作介绍

由于出版时间较早及流传等原因，载泽考察团所编订的 67 部书籍或许并未全部留存至今，国家图书馆古籍馆亦仅藏有其中的若干部。然而，值得庆幸的是，关于日本政治的若干部书籍得到保存，而日本正是考察团的重点考察、介绍对象。笔者择其要者论述之。

其一，《译书提要》。前文述及，《译书提要》于 1907 年由政治官报局刊印，然而该书笔者并未得见，因此，对该书的分析依据《政治官报》之连载。

《译书提要》共 30 篇，内容包括作者对原书的评论及对宪政理论的理解，大多凝练深刻，正如《政治官报》所言，提要对于原书，"撮其大指宏纲，则精要中之尤精要也"①。由于《译书提要》荟萃 30 部书之精华，在考察团编订的所有书籍中实具最重要的地位，在这部书中，考察团从宪法的重要性以及宪法制订所要遵循的原则入手，强调了推行宪政实为应对当前"时代递嬗，今与古殊，伏莽潜滋，外交强迫"② 之局势的根本途径，是为其核心内容。具体而言，其内容主要涉及以下几个方面。

1. 制定宪法要依照本国情势，他国宪法只可以借鉴，不能生搬硬套。如介绍日本宪法："承用之学说大都出于德意志，参佐之以英法，旁及于荷比诸国，而归重于日本，持论反覆详尽，切近事理。"他们从日本宪法来源的例证中得出结论，那就是各国的宪法都是通过广泛借鉴他国宪法，吸收其"政法之精理"而来："各国宪法于其政体之差别，风俗之习惯，参观互证，必当融会政法之精理，准照国势民情，自立不敝之法典，不得据纸上空谈，遂成定案。"③ 英国亦是如此，由于其立宪最早，宪法之条文"不必为今日施行之实事，如泥文字以求之，直谓今日之英国并无宪法可也"，然而其宪法制定遵循的"本乎历史"、"在乎精神"的原则则值得中国借鉴。④ 由此，中国在制定宪法时必须要做到"不耻效人，不难舍己"⑤，取本国"历史上风俗习惯以为基础"⑥，广泛借鉴各国成例。简言之，制定宪法须"参累朝之历史，酌今日之情形，择取欧美之政体，组织而仿行之"⑦。

2. 宪法的概念及地位。宪法者，"合其国之君臣上下，明订一契约，约成之后，全国人民遵是而行，以保全其幸福而已，所以其用虽博而造端实简"⑧。宪法"仅举大纲，不详细目，法律随时可更，宪法百世不易"⑨。宪法既定之后，则"宪法即为其国体、政体之本原，其他之百为万变，皆范围于宪法之内。宪法为纲，而庶政为目；宪法为根，而庶政为枝。立宪国之政治，使不先明其

---

① 《本局刊印新书广告》，《政治官报》1908 年 1 月 20 日，第 87 号。

② 《日本宪政略论提要》，《政治官报》1907 年 10 月 29 日，第 4 号。

③ 以上引文见《日本宪法说明书提要》，《政治官报》1907 年 10 月 26 日，第 1 号。

④ 《英国宪法正文提要》，《政治官报》1907 年 11 月 10 日，第 16 号。

⑤ 《日本宪法说明书提要》，《政治官报》1907 年 10 月 26 日，第 1 号。

⑥ 《日本宪政略论提要》，《政治官报》1907 年 10 月 29 日，第 4 号。

⑦ 同上。

⑧ 《日本宪法疏证提要》，《政治官报》1907 年 10 月 26 日，第 1 号。

⑨ 《日本宪政论提要》，《政治官报》1907 年 10 月 29 日，第 4 号。

宪法，则其他之事无从得其要领矣。"①

3. 比较了君主立宪制的两种形态，即二元制君主立宪制和议会制君主立宪制的差别，认识到前者重君权，后者重民权，但是"未易议其优劣"，原因在于采取何种形态，"各依其本国历史"，"由历史之特质而来"。他们的论断无疑是正确的。考察团用相当简练的语言介绍了日本二元制君主立宪制："以天皇为立法、行法、司法之原，立乎至尊无上之地位"，皇室之制不入宪法，"别有皇室典范"；"投票选举议员代表议事之制，是为议会"，其权在于"可否各事"；议决之后，必付大臣执行，是为政府，"政府之对议会，代天皇受责任"；至于司法则别立一部，与立法、行法二部并立，"取其无所牵掣，可以持法之平"②。

4. 立宪国官制与专制国官制存在着实质差异。立宪国与专制国之官制表面看来并无二致，然而其精神大异。原因在于，"未立宪国，立法、司法、行法之权，不分大小，臣工仅对于国君负责任，而无对于国家一方面可言"。立宪国则实行立法、司法、行政三权分立的模式，议会代表国民，为"全国之基础"，"政府各员不过受其委托而实行之"。因此，行政长官遂有代国君负责任的义务。同时，议会有参劾政府之权，即便不参劾，如果政府所提议案如果屡被议会否定，则政府亦必自行解职，"此大臣代国君受责任之实"。进而，考察团提出了一个不得不关涉的问题，那就是议会与政府之间是否将会冲突不断，作者阐释道："宪法既立，为执政者有议会以持其后，不能不顾全名誉，陈力就列，以赴功名，行政之效遂以大著。而为天皇者，既有大臣以代其责，复然物外，腹诽所不能至，其安富尊荣有非未立宪国之君所能同日语者，由是君臣上下各得其职。"③ 然这种论述仅就理论上言之，实际情况则是，议院解散、内阁更迭在立宪国并非少见。

其二，《日本统计释例》。该书于1907年由政治官报局刊印，一函两册，其章节见下表。

表7-6　　　　　　　　　　　《日本统计释例》目录

卷一	土地之属凡12、人口之属凡32、教育之属凡29、社寺及教育之属凡7
卷二	民事及刑事裁判之属凡40、警察之属凡13、监狱之属凡14、陆军之属凡22、海军之属凡25

① 《日本宪法疏证提要》，《政治官报》1907年10月26日，第1号。
② 以上引文见《日本宪法疏证提要》，《政治官报》1907年10月26日，第1号。
③ 《日本行政官制提要》，《政治官报》1907年10月31日，第6号。

续表

卷三	农桑之属凡17、山林及狩猎之属凡7、渔业及制盐之属凡4、矿山之属凡4、工业之之属凡2、外国贸易之属凡22、内国商业之属凡7、会社之属凡10、贮金及保险之属凡5
卷四	陆运之属凡16、水运之属凡25、邮便及电信电话之属凡23、筑造之属凡9、卫生之属凡4、救育之属凡8
卷五	银行及金融之属凡43、财政之属凡32
卷六	爵位勋章及褒章之属凡7、议员选举之属凡6、官制及附录之属凡13、北海道之属凡11、台湾之属凡62

该书提要中首先指出统计的重要性，"举凡天时人事物产，无论百为万变，苟其有数可稽"，皆应当列之于表进行统计，"观所著之实数，而知其致此之原因"。作者进而指出统计学作为"征实之学"，本质上是一种"实验之法"：

> 事事皆先求外界之实状，而徐释其所以然之故，然后立为义例，不合则再改，必求其密合而后已。……法制未定之先，则统计尤不可不先为预备。盖非此，则无以知己国之虚实及其趋势，而徒为法制，亦终不能实行而有效也。至于己国之实状已明，而后持以与他人之国相比较，则己国之所当自谋者，有不洞如观火者哉？

相反，如果没有统计学，则一国之政治难免诸多滞碍："实数不明，斯其事理必不能测，而其实数则必陷于繁复之中，不可得见。往昔之言治者，无统计学以为之根据，惟凭一时一事之见闻，见一以为然，则以为莫不然，其见一以为不然，则亦然。于是影响附会，以一人之幻想绳社会之实事，而政治斯病矣。"由此，作者强调统计应作为常例，"日为调查，以自镜其为治之得失"[1]。

就该书内容而言，非为各类表格、数据的照录，而是依据日本的各类统计数据，分门别类地介绍了日本各行业的制度，"历举日本至近统计各表，一一释其所以立此表之故"[2]。由于该书涉及面颇为广泛，笔者仅择其对日本若干行业的介绍。

---

[1]　考察政治大臣咨送：《日本统计释例》"卷首提要"，政治官报局1907年刊印。
[2]　同上。

如介绍日本强迫教育："儿童不论男女，均以满六岁之翌月为学龄始达之期，期即达，必就学。学龄以十四岁为满，凡八年，所谓强迫就学之政也。"① 如介绍日本幼稚教育："学龄定为满六岁始期，而六岁未满之童儿，需于幼稚园者尤亟，然为数不多，全国不过二百八十，儿童数亦不过二万五千六百四十四，其中有二所，尚为外国人所立云。"② 如介绍日本帝国大学："日本帝国大学仅东京、京都二所，盖其国境本小，而维新以来为时又短，无怪未能多设，亦可见经营大学之难。此表总计每科学生之数，除大学院储养博士外者不计外，计东京大学为科学者几四十，学生四百余人；京都大学为科学者十余，学生百二十余人。逐年而比较之，一以观经营之结果，一以验发达之程度。"③

该书并非仅限于对日本各类事业发展状况的描述，而是在此基础上不时加入评论，如评论日本教育："凡一国中，大学多一分发达即于世界学术上占一分势力。日本于工科、于法科均极致力，而尤以农为建国根本，故于农科中分科加计，畜牧亦农业必伴之学，非精兽医则畜牧不发达，现方加意激劝。"④ 同时，考察团通过对日本各行业的调查，了解到其发展原因所在。如介绍日本制纸业发展的原因在于"日本知东方用性之异于西方，且毛笔异于铁笔，研究纸性，知纤维之良，故模仿西式而外，兼独运匠心，造柔而不脆之纸"⑤。如介绍日本农业"发达甚速"的原因在于"维新以后农事学术更大进，兼以政府激劝，民间竞励"⑥。

另外，考察团也加深了对某些社会公共事业功能的认知。在该书中，考察团详细介绍了图书馆、博物馆、铁路的功能及日本此类事业的发展情况。如介绍图书馆，认识到图书馆的设立实缘于教育的发展，二者之间有密切关联："教育普遍则国民读书者多，图书馆供读者娱乐之所，故文明国市必有图书馆，纵公众阅览，其图书馆之数亦随教育之普及而增。"日本正是因为教育普及，图书馆事业得以迅猛发展："日本自庆应以来孜孜讲学以至今日，而官立之图书馆，犹仅东京、上野一所，其学术进步，全赖私立图书馆年年增加耳。明治三十一

---

① 考察政治大臣咨送：《日本统计释例》（上册·卷1），第8页。
② 同上书，第9页。
③ 同上书，第11页。
④ 同上。
⑤ 考察政治大臣咨送：《日本统计释例》（上册·卷3），第9页。
⑥ 同上书，第1页。

年，全国私立之图书馆十所，比明治三十五年，增至二十所，至三十八年春，则已八十六所矣。"① 其介绍博物馆，认识到 "博物馆非达百年以上其资望不深，品物亦不易聚"。考察团意识到 "博物学难题在分类"："自英儒达尔文倡进化之说，世界攻博物学者求其逐渐进化之由，无不以分类为第一难事。而博物馆陈列各品，以分类之整齐明显为目的，天然历史人工，本应各自为院。" 而日本即对博物馆之分类不甚注意，"初创合三类为一院，况仅为皇室所有，一曰东京帝室博物馆，二曰京都帝室博物馆，三曰奈良帝室博物馆，所列均内国历史为多，规模未宏，不足与西方各国比肩。"② 其介绍铁路，认识到发展铁路为当今要图："处今日交通世界而国无铁路，是自外于世界，铁道之为用，利运输、便军旅，夫人而知之，然尤其显焉者也。一切人民知识，莫不藉铁道以互为增进。觇国势者，每凭铁道之多寡，卜其国人民程度之高下。此世界各国所以日汲汲以谋增铁道也。"③

其三，《日本政治要览》。该书于 1907 年由政治官报局刊印，一函两册，其章节见下表。

表 7 - 7　　　　　　　　　　　　《日本政治要览》目录

第一编：绪论	第一章：日本之国体及其政体；第二章：日本宪法
第二编：天皇	第一章：天皇；第二章：皇位；第三章：天皇之权利
第三编：政府	第一章：政府之组织；第二章：政府之职权；第三章：政府之责任；第四章：枢密顾问
第四编：帝国议会	第一章：帝国议会之组织；第二章：帝国议会之权限；第三章：帝国议会之集散开闭；第四章：帝国议会议事之重要规则；第五章：帝国议会与政府之关系；第六章：两院相互之关系；第七章：议院之权利义务；第八章：议长副议长及两院事务局
第五编：预算	第一章：预算之性质及其目的；第二章：预算案之编成及提出；第三章：预算之议定；第四章：预算之效力；第五章：预算之不成立；第六章，追加预算

---

① 考察政治大臣咨送：《日本统计释例》（上册·卷1），第13页。
② 同上书，第14页。
③ 考察政治大臣咨送：《日本统计释例》（下册·卷4），第1页。

续表

第六编：会计制度	第一章：会计之目的；第二章：寻常会计；第三章：特别会计；第四章：物品会计；第五章：会计之监督
第七编：新政官厅及地方自治体	第一章：行政官厅；第二章：地方自治体
第八编：陆海军	第一章：陆海军之统帅；第二章：兵役
第九编：司法机关	第一章：裁判所；第二章：裁判官；第三章：检事
第十编：臣民	第一章：臣民及外国人；第二章：臣民之权利义务

《日本政治要览》内容丰富驳杂，详细地介绍了日本的君主立宪制度，笔者就其中的若干核心问题做一介绍。

1. 日本宪法沿革

该书较为详细地介绍了日本制定宪法的进程："八年四月，为改革政体，区分司法行政之权限，乃分设元老院及大审院。十一年，欲令人民练习宪法，而先起府县会议，至十三年，请求开设国会者，猬集东京，不知其几十万人。阙下骚然，遂于十四年七月与国民刻期以明治二十三年开设国会，嗣复遣参议伊藤博文赴欧洲研究列国宪法，归朝之后，置制度取调查局，为实施宪法制度之准备，二十一年四月，设枢密院，使上承天皇顾问，以审查宪法草案。至明治二十二年二月十一日，遂发布宪法，用成日本万古不磨之大典。明年召集帝国议会，宪法既定，国会既开，而立宪政治之基础，措于磐石之安矣。"[①] 进而，该书指出日本宪法之特色有二：首先，制定宪法全出于天皇自由意志之一事，"未尝一付国会修正议决，纯然为钦定宪法"；其次，日本制定宪法"不由人民之革命强迫而成"，"不过为政体上之一革新而已"。其原因在于日本政府"洞悉全球时势，深筹国本，默制机先，所以宪法虽施而国体无易，主权不动，皇位依然，只于行使主权之方法及形式与时代为推移"[②]。无疑，上述所论对于中国推行立宪政治颇具启示意义。

尤其值得注意的是，该书论及了立宪政治的缺陷，这在两路考察团的著述中极为少见，该书写道：

① 考察政治大臣咨送：《日本政治要览》（第1编·第2章），政治官报局1907年刊印，第2页。
② 考察政治大臣咨送：《日本政治要览》（第1编·第2章），第3页。

宪法政治之缺点在于各种机关之轧轹，在日本亦不免于此弊，所以议会之解散、内阁之更迭屡见不一，妨害国家大事使涩滞不前者全由此出。盖机关之独立、事务之分掌为立宪政体之特长，而其弱点亦存乎此。在专制政体，独断独行，轧轹少而运掉灵，然而其弊则不能免于压制；在立宪政体，最能防止专制，又有流于轧轹冲突之风，二者固各有其得失焉。然至于图谋国民发达，则立宪政体为不可一日缓者，要在善除轧轹以适用此政体而已。①

显然，该论对于立宪政体下容易产生"各种机关之轧轹"的弊端解释得简明扼要，然而，这一弊端可以尽量避免。该书通过与专制政体的比较，明确指出立宪政治实为"图谋国民发达"之不二途径，持论颇有说服力。

2. 日本天皇的权威

日本以万世一系的天皇掌握统治权，同时，设立帝国议会、裁判所及政府，区别立法、司法、行政之权，"即天皇非遵守法律亦不能以行其统治权，于是立宪君主之政体遂以确立"②。作者这样阐释天皇作为国家元首的地位，"所谓国家之元首云者，以天皇之地位在于国家机关之最上，而统一指挥国家意思之谓也"，国家政事由其"取舍裁断"③。然而，日本宪法第四条明确规定，天皇必须依宪法之条规行其统治权，该书称以此可见"日本政府所谓立宪政体之证据"。显然，考察团认识到宪法处于不可违背的地位实为立宪政体的要义。该书同时指出，天皇虽然必遵宪法之条规以行使统治权者，"决非制限天皇之统治权之谓"。制限者，"谓以他种权力而拘束一己之自由行动者也"，而天皇之行使统治权于事实上虽有所制限，然此种制限，"乃天皇自立之而自遵守之，并无背于自由意志之义，所以于统治权上无毫末之损益"④。

进而，该书指出世界各君主立宪国无不在宪法中规定君权神圣不可侵犯，然而，该书并非简单罗列各国保护君权的条文，而是从理论深度考察了几种对君权神圣的解释：

---

① 考察政治大臣咨送：《日本政治要览》（第1编·第2章），第3页。
② 考察政治大臣咨送：《日本政治要览》（第1编·第1章），第1页。
③ 考察政治大臣咨送：《日本政治要览》（第2编·第1章），第1页。
④ 同上书，第2页。

考求神圣保持权之所由来，在外国宪法专求之于理论，或以天皇为法令之本源，故更无可以适用于天皇之法令。或又以责问天皇则有损君主之威严，有紊乱国家编制之患，所以付之不问。然日本宪法学者论日本天皇之不可侵犯权，则谓本于日本人忠义之根性，其说云：天纵神圣，首出庶物，可钦仰而不可侵犯，是以所行所为，天下臣民当付诸指摘言论之外，此乃日本人民所须臾不敢忘之大义也。故宪法上之不可侵权者，与外国同，而其实质则大有所异，其立说可谓巧矣。①

君主之所以神圣不可侵犯是一个值得深入探究的宪政理论议题，考察团能涉及到此，表明其对这一问题的认识达到了相当高度。考察团此论与1902年梁启超发表的《政治学学理摭言》一文颇有类似之处，梁启超言道："君主所以必使之无责任者何？曰避革命也。此义本甚浅显，人人意中所有也。而在立宪君主国之学者，多不肯揭破言之。日本人尤大忌焉，则美其名曰：君主神圣，故无责任；有特权，故无责任。"②

3. 国务大臣负辅弼天皇之责

国务大臣虽然通常为各省行政长官，两者由一人兼任，然国务大臣的地位与行政长官的地位"绝非一物。"各省长官"对于专管之事务而负重任，分掌各省事务，而指挥监督该省之下级官署"，而国务大臣则"以辅弼大政而负责任"。辅弼者，"赞襄矫正之谓也，适法者则赞襄之，违法者则矫正之"。因此，二者地位绝不能混同，"以责任所归截然有异也"③。具体而言，国务大臣任辅弼天皇之责，法律饬令及其他国务诏饬必须经国务大臣副署，"是故国务大臣者在天皇之下辅弼大权之行动，与议会裁判所并立而为国家之统治机关者也，总称国务大臣辅弼大政，决定机宜之所则谓之为政府"④。

该书指出，虽然法律饬令及其他诏饬只有得到国务大臣副署，才能被认为是有效的法律敕令，然副署不仅仅为国务大臣的职权，更是其义务。也就是说，

① 考察政治大臣咨送：《日本政治要览》（第2编·第2章），第6页。
② 梁启超：《政治学学理摭言》，《饮冰室合集·文集之十》（第2册），第64页。
③ 考察政治大臣咨送：《日本政治要览》（第3编·第1章），第1页。
④ 同上。

国务大臣"虽不加于副署，亦不可不负辅弼之责任"，其责任"非以副署而生"。同时，国务大臣副署与议会协赞在法律上性质完全相异，议会之协赞"为议会之自由，虽天皇亦不能加以强制"，而国务大臣"不得强执不肯加入副署"，如国务大臣坚拒副署，"则将夺取天皇之法律饬令上最高之解释权而移于国务大臣"①。关于这一点，《日本官制通览》说得更为明晰："谓不得大臣之同意，则不能行使其大权，宪法上不认其原则也。又大臣无扼君命之权，仅得听君命令执行事务。"②

其四，《日本议会诂法》。该书于 1907 年由政治官报局刊印，一函一册，共六卷，其章节见下表。

表 7-8　　　　　　　　　　　　《日本议会诂法》目录

卷一：议院法之一	议会召集成立开会、议长书记官及经费、议长副议长及议员经费、委员、会议、停会闭会、秘密会议、预算案议定、国务大臣及政府委员、质问
卷二：议院法之二	上奏及建议、两议院之关系、请愿、议院与人民及官厅地方议会之关系、退职及议员资格之异议、请假辞职及补阙、纪律及警察、惩罚
卷三：贵族院令	贵族院伯子男爵议员选举规则、贵族院纳税多额之议员互选规则
卷四上：众议院议员选举法（上）	选举区域、选举权及被选举权、选举人名簿、选举投票及投票所、投票所取缔、开票及开票所
卷四下：众议院议员选举法（下）	选举会、当选人、选举诉讼及当选诉讼、罚则；附录：众议院议员选举法实施令
卷五：贵族院规则	条文
卷六：众议院规则	条文

从目录可以看出，《日本议会诂法》详细介绍了日本的议会制度。该书特点在于先援引日本议会制度的条文，后列按语。是以该书与前面各书有所不同，作者按语占了全书的大部分篇幅。本文拟择其要者予以论述。

---

① 考察政治大臣咨送：《日本政治要览》（第 3 编·第 2 章），第 7—8 页。
② 考察政治大臣咨送：《日本官制通览》（第 1 编），政治官报局 1908 年刊印，第 3—4 页。

关于议会之地位。该书在提要中指出议院自表面观之，"不过宪法之一端"，为三权分立中的立法机关，然而自"宪法之原理观之"，议院实为宪法之"主脑"。又言，是否设立议院是立宪与非立宪的根本区别，其他差异皆"细事"而已。① 议会作为审议国务之机关，"集众长，采众论，其事固极正大"，因此，除所议之事涉及国家机密或"议员之私德"外，立宪各国莫不公开议会，令大众旁听，"俾知国家大政之措施，有公平而无偏私，以坚其信心"，考察团对此深为赞美，称"立宪之制，固莫善于此"②。

关于议会之召集。该书阐释道，日本议会应天皇召集之命而开会，每年一次，为宪法第41条所明定。当闭会之际，议员得各就其常务，或归乡里，或适异国，非如官吏之供职不得自由。召集之敕谕应提前预颁，否则议员恐有不及，故规定至少须四十日之期限，以便各议员闻命而为应召之准备。③ 虽然议员并不像官员"不得自由"，然而，议员必须按照敕谕指定日期集会于议院会堂，其原因在于议员"既得此权利，应尽此义务"，除非有疾病及其他事故，否则"不能避席"。且日本议会决议法采过半之数，往往以一票决可否，若有议员无故缺席，"不但不能见真确之舆论而树立政党之议员，或恃一部分之多数而轻率决事"④。

关于议员之任期。各国议员任期并不一致，如德国、匈牙利、瑞典为三年，法国、荷兰、比利时、丹麦为四年，意大利、西班牙为五年，奥地利为六年，英国为七年，日本借鉴各国成例，取适中之制，定为四年。作者认识到议员的任期应当详细斟酌："议员之任期，近世学者均主张不得过长亦不得过短。以议员之选举，全本国民之意思，然国民之意思随时势而推移，若任期过长，恐国民之意思不能反映于议会，全失代表国民之本旨；又任期过短，既不足以伸议员之抱负，亦非所以省选举费用选举烦劳之道。"⑤ 议员在任期内，由于其职责之重，必须要保证议员之正直，"使议员脱离羁绊，卓然自立"，故议员之身体不受长官之监督，也不受司法干涉。然而在议院内部，则不可无共守的法则、

---

① 考察政治大臣咨送：《日本议会诂法》"卷首提要"，政治官报局1907年刊印。
② 考察政治大臣咨送：《日本议会诂法》（卷1），第11页。
③ 同上书，第1页。
④ 考察政治大臣咨送：《日本议会诂法》（卷1），第1页。
⑤ 考察政治大臣咨送：《日本议会诂法》（卷4下），第4页。

不可无一定的惩罚，惩罚权不属于议长，而属于议院。①

关于议长之职权。日本之例，议院设议长、副议长各一人，该书阐释道：议长与行政长官不同，并非统辖议员的首长，然对于议院内有整理议事之职，对于院外有代表全体之权，职权甚重。故特定正、副各一，以专其事权。而其它国家，如法国两院议长各四人，意大利下院议长亦为四人，德意志两院议长各二人，是以"法理本无定例，得因议员之多寡而各异其宜也"②。进而，该书以日本为例，介绍了议长之职权有三：维持议院秩序之权、整理议事之权、代表议院之权。③

关于议院如何受理国民请愿。立宪国家以请愿为国民权利，不得随意阻止，然而议员如果不问其正确与否，一一受理之，则议院不胜其烦，由此，特列请愿委员一科，专司审查，审查后若有不合法律之据，即不受理。④ 同时，国民不得遣代表人而行请愿，原因在于请愿为国民参政权之一，国民必正心诚意而行之，若遣代表人而行请愿，难保无邪说惑众之徒，以一人之私见，"强大众以从同"，不但失是非之真，且有妨害治安之虑。⑤

关于官员兼为议员。官员得兼议员始于英国，英国由于宪政制度先于他国确立，"人民之权重于他国，议员之根柢深于他国"，故以官吏兼议员，"无意外之虞，而收官民一致之利"。日本则立宪之日尚短，民权亦不发达，若全仿英制，"不能保立法部之独立"，然而，官员均无被选举权则又未免太苛，是以除重要之行政官、司法官、宫内官外，其他官员可兼任议员。⑥ 显然，该书认识到官员是否得兼议员应当本乎国家的实际政治状况。

其五，《日本官制通览》。该书于1908年由政治官报局刊印，一函一册，共六卷。《日本官制通览》不在编写提要的30部书之列，然《日本官制通览》单行本卷首亦有提要，且体例与其他提要相类，当为因出版之故而撰写。该书除"总论"外，分为两编，第一编为"宪法上之统治机关"，第二编为"非宪法上之统治机关"。

---

① 考察政治大臣咨送：《日本议会诘法》（卷2），第12页。
② 考察政治大臣咨送：《日本议会诘法》（卷1），第2页。
③ 同上书，第3页。
④ 考察政治大臣咨送：《日本议会诘法》（卷2），第4页。
⑤ 同上书，第5页。
⑥ 考察政治大臣咨送：《日本议会诘法》（卷4上），第7页。

　　无论专制政体还是立宪政体，皆需要建立统治机关。专制政体下，"统治权之主体为皇位，而客体则为领土及臣民"，理论上言，君主独立行使统治权亦无不可，然以一人躬理万机实不可能，"故无论政体如何单纯，君主如何专政，而统治权之行使不可无统治机关"。专制政体下的统治机关则无异于主权者之"手足器械，而为之补助"。立宪政体下，由宪法规定"一定之国务依一定之机关而行"，故设统治机关以行使其权限，与专制政体下的统治机关迥然不同。①立宪政体下，立法、司法、行政三大部门由宪法规定，是为"宪法上之统治机关"。除此之外，其他官制皆不以宪法规定之，即便如此，"固不得不谓之统治机关"，同时举例，"即府县知事亦居代表中央行政之地位，明定其文于官制之中，要为民官之实则一也"②。基于此种认识，该书将立宪政体下的统治机关分为"宪法上之统治机关"与"非宪法上之统治机关"，其阐释道：

　　　　宪法上之统治机关者即议会、政府，及裁判所三者是也，此三者依宪法而设，其权限亦由宪法而定，所以称为宪法上之统治机关也。此与官府须有区别，盖行政之官府自广义言之，亦一统治机关，不仅国会及裁判所也，然各省大臣以下普通之官府，往往依君主大权而存废之，或得伸缩其权限，大都不俟宪法之改正而以敕令行之定官制之权。③

　　该书在第一编中论述了宪法上的统治机关，即帝国议会、裁判所、政府。帝国议会有机关资格，即为宪法上之国会。国会有立法权及国家岁计预算之议定权；④裁判所为"试用法律审判事实"之机构，不限民事、刑事，"凡适用法律，以裁判之形式而裁决之者，皆当称为司法"⑤；关于政府，作者严格区分了"君主大权"与"行政"。大权为君主亲裁之权力，"即关于政务得由君主专行"，"以君主亲裁为本"，立宪政体之通则，大权皆由国务大臣辅弼行之，"而概括的称为政府"。因此，也可将政府称为"执法大权之机关"，与议会及裁判

①　考察政治大臣咨送：《日本官制通览》"总论"，第1页。
②　考察政治大臣咨送：《日本官制通览》"卷首提要"。
③　考察政治大臣咨送：《日本官制通览》"总论"，第2页。
④　考察政治大臣咨送：《日本官制通览》（第1编），第1页。
⑤　同上书，第2页。

所相类，为宪法上的机关。而行政则为"法律及大权命令之下而执行机关之活动"，凡各省大臣以下之官府皆受大权委任而执行事务，此类官府为行政官府，为非宪法上之机关也，并强调政府与行政官府"在法理上宜细为区别"①。

该书第二编介绍了非宪法上的统治机关，包括官府组织与地方自治体。官府组织者，"国家自己直接设立事务所，而为一切行政之制度"；地方自治体，"负担国家行政之一部，作为团体公共之事务而行之"。并且，世界各国单纯实施其一种者甚少，如日本即"合官府组织与自治制度而用之，乃两者相俟而成行政之机关"②。

关于"官府组织"，作者介绍了官府、官吏等概念。官府者，"指因行政所设者而言，则与宪法之讲义所说明之宪法上统治机关大有区别。至通俗所称之官府，凡执行国家事务之地皆是，例如教育学校等，国家有所设备，多称为官府"③。官吏者，"奉行官职者也，委任特定之政务于特定之人而使之施行者，专属于大权之范围，不得以法律任用之。但官吏任用之资格条件，仍不妨以法令规定之。"④

关于地方自治团体，作者首先介绍了其构成要素及属性："以一定之土地及住民为构成之要素，而自治地方公共事务者也。其组织国家以法律定之，认为有自治之权能，即使负自治之责。故自治也者，团体存在之目的也。其对于国家之职务，在乎达此自治之目的而已。故地方团体可为自主的社团，又一面为国家之行政机关，此即所以与私的社团及官府之性质皆有所不同也。"⑤ 日本府县市町村为地方自治体，以"能行行政一部之权力"为标准，设立各种"人民之组合团体"，其目的不在谋各组合员的利益，而是谋地方之利益。组合员不能变更组合之目的，亦不能解散组合。其与一般公益社团的不同之处在于"公"、"私"之别，地方自治团体"居行政之一部而为行政机关之社团"，而公益社团则为"有关系于公共利益之私的组合"⑥。

尽管我们今天只能看到载泽考察团编译的 67 部书籍中的一小部分，然而无

---

① 考察政治大臣咨送：《日本官制通览》（第 1 编），第 3 页。
② 考察政治大臣咨送：《日本官制通览》（第 2 编），第 1 页。
③ 同上书，第 2 页。
④ 同上书，第 4 页。
⑤ 同上书，第 37—38 页。
⑥ 同上书，第 1 页。

论是考察团选择编写提要的书籍，还是政治官报局选择出版的书籍，皆以介绍
日本各项制度为主，考察团以及清政府仿照日本推行宪政改革的趋向是至为明
显的。就考察团编译各类书籍的内容来看，侧重介绍宪政制度的一般知识，同
时加入作者的评论，展示出考察团对立宪政治的思索。由于每部书专就某一个
问题而发，为了求全起见，普遍大量援引规章制度原文，具有资料汇编的性质，
对于缺乏宪政知识的人来说，可以从中对日本等国的宪政制度有基本、全面的
了解。前文述及，政治官报局对载泽考察团编译的书籍大加赞扬、极力推介，
彰显出这些书籍颇得政府青睐，不能认为这些评价仅为广告用语。《大公报》
亦对载泽考察团编译的 67 部书籍评价很高，称其"包罗宏富，足称大观"①。
据《盛京时报》报道，上述书籍发行之初即受到了慈禧的重视，面谕内务府将
《日本宪法说明书》、《日本统计释例》、《日本宪政略论》、《译书提要》等书进
呈，以资参考。② 然而另一方面，大量援引规章制度原文也使得这些编译书籍
失之于纷繁琐碎，学术性不强，具备一定宪政知识的人读起来则不解渴。另外，
这些书籍由考察团成员分别撰成，不可避免地导致重复部分较多，如关于日本
官制即有《日本行政官制》及《日本官制要览》两部。

第二节　端方、戴鸿慈考察团

一　各类奏折及《欧美政治要义》撰述经过

戴鸿慈、端方考察团归国所上奏折、考察报告，学界避重就轻，对其内容
多有述及，对其由来则含糊其辞，笼统指出戴、端委托随员熊希龄负责统筹书
面成果的撰述，熊转而求于梁启超、杨度，二人分工完成，然对其细节则并无

---

① 《泽公将进新书》，《大公报》1906 年 11 月 29 日。

② 《两宫关心宪政》，《盛京时报》1908 年 3 月 20 日。叶晓青先生曾在中国第一历史档案馆所藏内务
府档案中发现了记录光绪皇帝1907 年、1908 年所阅读书目的《呈进书籍档》。1907 年内务府呈进的书籍中
由载泽考察团所编译者有 4 种，与《盛京时报》所列 4 种书籍一致。1908 年内务府呈进的书籍中由载泽考
察团所编译者有 8 种，包括《日本政治要览》、《日本议会诂法》、《法国政治要览》、《比国政治要览》、《日
本丙午议会》、《日本宪法疏证》、《英国财政要览》、《日本官制通览》。见叶晓青《光绪帝最后的阅读书
目》，《历史研究》2007 年第 2 期。前文述及，见于《政治官报》广告，由政治官报局出版的载泽考察团编
订书籍共 12 种，与该档案所列 12 种书籍完全一致，从中可以看出光绪皇帝对考政大臣所编纂书籍的重视。

着笔。

既往研究认定端、戴考察团政治成果由梁启超"代笔",而由考察团随从人员熊希龄赴日与梁启超联络,普遍依据以下两种史料:一是陶菊隐的记载。他以考察团随员熊希龄的口吻写道:"出洋考查政治,时间如此局促,不易收集到东西各国的政情资料。即使收集了资料,各国国情不尽与我国相适合,一时也难于整理就绪。依着我的见解,不如物色一位平日对宪政颇有研究的专家,叫他先打个底稿,我们回国后加以整理、补充。"由此熊请杨度和梁启超提刀,杨写成《宪政大纲应吸收各国之所长》和《实施宪政程序》,梁写成《世界各国宪政之比较》。① 一是《梁启超年谱长编》的记载。该书披露,戴、端考察团陈奏的《请定国是以安大计折》及《请改定官制以为立宪预备折》为梁代拟。关于前折,梁启超致徐勤函中提及:"近所代人作之文,凡二十万言内外,因钞誊不便,今仅抄得两篇,呈上一阅,阅后望即掷返。……诸文中除此两文外,尚有请定国是一折亦为最要者,现副本未抄成,迟日当以请教。"② 关于后折,1906 年 9 月 1 日梁启超致蒋智由函言及:"一月前曾为人捉刀作一文,言改革官制者,其纲领乃与大著不谋而合者泰半,得公书,益自信所见之不甚谬也。"③

更具说服力的是新史料的发现。夏晓虹教授在北京大学图书馆发现梁启超手稿线装本一册,有六件梁启超手稿,其中一件为梁启超致端方函,另有五件梁启超代拟奏折:《请定外交政策密折》、《请设财政调查局折》、《请设立中央女学院折》、《条陈邮传部应办事宜》、《呈为留学研究一得谨陈管见以备采择仰祈钧鉴事》。梁启超亦担心代言之作能否采纳,曾致信端方询问:"尊命委嘱各件,谨已藏事,想早达记室。末学菲材,率尔操觚,不识尚可采用否?"④ 确实,上述梁启超代拟折稿戴、端皆未专折上陈,但其中不少观点为考察团借鉴,详见下文论述。夏晓虹教授指出这些手写稿皆是梁启超为戴、端考察团代笔之

---

① 陶菊隐:《筹安会"六君子"传》,第 24 页。

② 丁文江、赵丰田:《梁启超年谱长编》,上海人民出版社 1983 年版,第 353 页。

③ 同上书,第 366 页。

④ 陈平原主编:《现代中国》(第 11 辑),北京大学出版社 2008 年版,第 8 页。夏晓虹教授指出端方在熊希龄与梁启超接洽过程中起主导作用。此论不错。需要补充的是,就戴、端在考察团的地位而言,戴鸿慈列于端方之前,很显然,没有戴鸿慈的首肯,此事断难实现。时人记载,端方负责政治考察、戴鸿慈负责财政等考察,端方主导联络事,与此分工差异不无关系。见康继祖《预备立宪意见书》(前编下·五臣行使记·到旧金山事),第 12 页。

作，并考证了这些手写稿与考察团归国后上陈奏折间的取舍关系，再次确认了梁启超为戴、端考察团代笔的事实。同时指出杨度并未参与"代笔"事。①

除此之外，笔者亦发现其他有关梁启超为戴、端考察团"代笔"的记载。载泽考察团随从人员王慕陶致汪康年函中言："传言午帅官制折等，系托熊聘三先回东京，请梁卓如捉刀，熊曾于元丞（即载泽考察团随从人员戢翼翚——笔者注）前露之。"② 给予戴、端考察团协助的驻英公使汪大燮致汪康年函亦言："戴端有无遣人通梁不知，惟三君则实无相见事。"③ 此外，革命派对此亦有言及："端方到日本，梁启超对他上条陈，端方回北京，很用他几句话。"④ 又言："五大臣出洋考察政治，梁启超曾为端方办差，康有为亦与彼辈通信。"⑤

综上可见，关于戴鸿慈、端方考察团归国政治成果的来源，学界几乎众口一词认定由梁启超"代笔"，即便是与考察团有过密切联系的时人以及革命党亦倾向于此种说法，实际上这一论断存在着重大缺失。

首先，戴、端考察团归国政治成果分为奏折、考察报告（即《欧美政治要义》）、资料汇编（《列国政要》和《列国政要续编》）三部分。⑥ 戴、端确实曾因政治成果的编撰求助于梁启超，然其本意非由梁启超"代笔"，而是由其提供政治素材，再由考察团组织的编辑队伍进行加工。梁启超曾为戴、端考察团部分奏折、《欧美政治要义》的撰成提供过政治素材，然考察团对其政治见解

---

① 梁启超手稿及夏晓虹考证文章《梁启超代拟宪政折稿考》，陈平原主编：《现代中国》（第11辑），第1—44页。笔者在行文中将介绍夏教授对这些手写稿件的考证。

② 上海图书馆编：《汪康年师友书札》（第1册），第114页。该函写作背景是不满端方江督任上之作为，是以对端方有此揭露，其言："南洋名誉大损，以搜索革党妄事株连，加以虐待征兵及江北饥民诸事，尤为大失人望。"同上书，第113页。

③ 上海图书馆编：《汪康年师友书札》（第1册），第860页。

④ 楚元王：《论立宪党》，《民报》临时增刊《天讨》，一九〇七年四月，第134页。

⑤ 军政府：《谕保皇会檄》，《民报》临时增刊《天讨》，一九〇七年四月，第112页。

⑥ 其中，《列国政要》和《列国政要续编》为资料汇编，并加入简短按语，但这两部书并非进呈之用，据跟踪报道该书编纂进展的《申报》记录，两部书由考察团委诸陈庆年、赵酉彝编订。参见《端午帅电催编辑文件》，《申报》1906年9月12日第4版；《端午帅又电催编订立宪文件》，《申报》1906年9月18日第3版；《电告完成立宪文件之体例》，《申报》1906年10月20日第3版。大约至1906年10月底《列国政要》编撰完成，次年5月由商务印书馆出版，端方将该书分赠各省督抚，赠言中说道："现值预备立宪，百度待兴，体察内地情形，参仿列邦制度，是书虽未敢遽言详备，而各国政学源流粗具。"《江督咨送〈列国政要〉》，《申报》1907年8月7日第10版。端方在书末"告示"中言及将要出版的还有《德美俄奥意五国政典大全》，该书1911年由商务印书馆出版，改名为《列国政要续编》。

并非全盘接受，而是有所摒弃；其次，梁启超并非为考察团提供政治素材的唯一之人，据确切史料，日本人有贺长雄，考察团随从人员熊希龄以及戢翼翚、袁世凯及其幕僚，以及当时国内的另外一名宪政专家蒋智由皆曾为考察团提供过政治素材，而两部资料汇编则由端方委托并非考察团随从人员的陈庆年、赵酉彝编订（详见下文）；再次，考察团亦有自拟折稿上陈。另外考虑到清末宪政思潮浓厚，推测考察团最终政治成果的来源除上面述及之外，借鉴当时社会上的诸多宪政论说亦为可能。可以说，戴、端考察团政治成果的多重来源，正凸显了清季中国宪政思潮浓厚的时代特征。

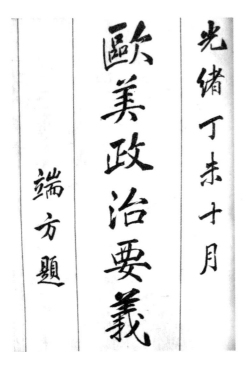

图7—1　《欧美政治要义》扉页端方题签

图7—2　《列国政要》封面

考察团在考察之初确立了广泛搜罗各类书籍的基本原则。1905年12月30日，在向美国进发途中，戴鸿慈、端方考察团就经费支出、考察行程、考察宗旨等事务召开会议，拟定《敬事预约》六条："立宗旨"、"专责任"、"定体例"、"除意见"、"勤采访"、"广搜罗"。其中"广搜罗"一条，无论是"图籍"或是有关"政界学界"的资料，都要大量搜集，"多多益善"，然后整理加工，"以编以译，快睹成书"①。确实如此，考察团白天忙于考察，晚则忙于翻译整理，以在美国为例："参赞、随员、翻译奔忙异常，日则赴各处调查考究政治，以及游览学堂工厂等事，夜则分门翻译章程、各种书籍。"② 主持购买端方档案的陈垣先生在《端方档案草目》中记载，端、戴考察团所搜罗书籍之目录清单就有以下几本：《教育书目录》、《学堂教育书目录》、《美国政治书目录》、《实业书目录》、《政治书目录》、《政书目录》、《各项书目录》、《美国教育报告书数年分表》。③ 但是，戴鸿慈、端方考察团在整理成政治成果过程中遇到了困难，难以按期且高质量完成编纂奏折、考察报告的任务。

首先，译才缺乏，难以从外文原版书籍获取有效宪政资料。1906 年 4 月 9日，戴、端在德国考察期间曾向政府言及翻译之难："此次所译之书，因德文繁重难通，译材太少，恐不免于罣漏，唯有多购书籍回国以待研求。"④ 出使英国大臣汪大燮亦言考察团翻译人才"洋文既不好，而又无干才"⑤。据考察团成员陆宗舆回忆，由于精通德语的随从人员又至为缺乏，导致各类德文法政书籍只能从日文转译："留德诸学子皆苦于中西制度之不同，译定名词之为难，舆行箧中所携之日本国法学诸书，颇有译自德国者，实为借证，莫不奉为至宝，卒之此类法政诸书，大率皆转译于日本。"⑥ 其次，时间匆忙。1906 年 5 月 18 日，端方在匈牙利考察之际致函赵凤昌："时期匆迫，译述艰难，于精微奥妙苦不能一一窥见。"⑦ 最后，贪多务得，整理为难。在《编辑各书经费片》中端方坦言："臣等此次所译之书种类甚多，随同出洋各员事务较繁，有不及编辑者，即由臣等陆续购归在沪，派员分纂。"⑧ 端方在进呈《欧美政治要义》的奏折中也言及编纂之繁："参随各员编译各书，门类甚夥，现正详加排比，分别部居，头绪纷繁"⑨ 考察团成员施肇基亦透露："端方搜集宪政书籍资料多种满载而归，

---

① 戴鸿慈：《出使九国日记》，第 333 页。

② 《考政大臣在美考察略志》，《新闻报》1906 年 3 月 30 日。

③ 陈垣：《端方档案草目》，手抄本，国家图书馆古籍分馆藏。

④ 故宫博物院明清档案部编：《清末筹备立宪档案史料》（上册），第 10 页。

⑤ 上海图书馆编：《汪康年师友书札》（第 1 册），第 860 页。

⑥ 陆宗舆：《五十自述记》，第 4 页。

⑦ 赵凤昌：《赵凤昌藏札》（第 10 册），国家图书馆出版社 2009 年版，第 72 页。

⑧ 端方：《编辑各书经费片》，《端忠敏公奏稿》，第 842 页。

⑨ 端方：《欧美政治要义》，商务印书馆 1907 年版，"前附奏折"。

原拟编一详尽报告书，以为国内行宪之参考。惜以材料太多，编译人才难得，报告迄未编成。"①

正是在准备政治成果过程中遇到困难，在沪成立编译机构再次提起，是以戴、端派遣熊希龄提前归国至上海组织编译机构，同时赴日求诸他人提供政治素材。熊希龄先行回国一事至为隐秘，戴鸿慈记录考察团一般行程的《出使九国日记》对此并未提及，舆论亦仅披露熊希龄提前回国的目的就在于"回沪议办译务"②。熊希龄在1906年6月30日致军机大臣瞿鸿禨电中，言他提前归国的原因：一是奉盛京将军赵尔巽电令，"拟往北海道调查垦务"；二是"戴、端两钦使亦命先旋上海，经理编辑事宜"。③ 亦未言及赴日求诸他人提供政治素材。

熊希龄1906年4月13日由意大利登舟返国，5月16日抵沪。④ 熊希龄抵沪后，邀请沈曾植、曹子鑅、叶景葵、张鹤龄等人在沪成立"译局"，组成编辑组。熊希龄发出的一系列电文清晰展示出其赴沪的目的，考察团整理政治成果之难亦表露无遗：

5月17日致电赵尔巽："顷抵沪，两钦使命经理编辑，事竣即北上。"

同日致电长沙实业学堂曹子鑅："编辑事拟借重，能否十日内赶到沪？"

5月19日致电叶景葵："此行翻译难恃，几交白卷。使节谆嘱未便名言，现准初四日赴东购书觅译。"

5月21日致电南昌知府沈曾植："侄奉委编辑，系备目前交卷。"

5月27日致电沈曾植："钦宪五月杪到，乞催各处译件于午节后寄沪以便编辑。"

同日致电湖南按察使张鹤龄："各条陈欲求、公总其成，事关变法及天下安危，想公必见允。乞速卸篆，于午节前后到沪何如？"

同日致电端方："沈、张译局于三月开办，现催五月缴齐译件。龄因电聘编辑员，候到沪商妥即东渡。"⑤

编辑经费以及熊希龄赴日经费，由两任上海道袁树勋、瑞澂分别筹任4千

① 施肇基：《施肇基早年回忆录》，第48页。
② 《端戴大臣电告饬随员回国》，《南方报》1906年4月6日。
③ 熊希龄：《熊希龄先生遗稿》（第5册），第4013页。
④ 郑孝胥当日日记载："熊秉三、狄楚青来谈。"劳祖德整理：《郑孝胥日记》（第2册），第1042页。
⑤ 上述引文见熊希龄《熊希龄先生遗稿》（第1册），第17—19页。

两、8 千两。① 安排妥当，6 月 1 日熊希龄东渡日本。

关于考察团在上海成立编译机构事，革命派亦有所评论："所译的几种书，并不是细心参考的，也不是从西洋文译出。他们回国以后，派了几个随员，在上海设了一个翻译局，几个随员又要天天坐马车、吃花酒，并不自己翻译，又恐怕上头要书，没有法子去回覆，就在上海雇了十几个没吃饭的人，把日本的法政书，随意翻译，翻得半通不通。"②

无疑，上海编译局即是各类政治成果的最后审查编订机构，正是经过了上海编译局的加工整理乃至取舍，政治成果最终正式完成。

我们再来看熊希龄赴日后的联络情况。

一是与梁启超联络。熊希龄与梁启超联络当受到端方、戴鸿慈的指示，之所以委托熊希龄联络梁启超，显然是考虑到戊戌时期熊、梁来往密切，由熊出面易于实现。至于联络细节，由于资料所限，难以复原，当然这并不妨碍我们肯定这一事实。问题是，就戴鸿慈、端方和梁启超双方而言，能否在此事上达成共识是一大关键，这就需要解释戴、端缘何求诸梁启超，以及梁启超缘何甘愿为戴、端提供政治素材。

梁启超在戊戌变法失败后至日本，相当精力用在了对宪政制度的理论阐释和鼓吹中国推行立宪政治上。1901 年发表《立宪法议》，提出 20 年宪政期成方案，同时鉴于日本等国成例，指陈政府改行宪政应以遣使出国考察为始："派重臣三人游历欧洲各国及美国、日本，考其宪法之同异得失，何者宜于中国、何者当增、何者当弃。"③ 1904 年初日俄战争爆发，梁启超称"此次战役为专制国与自由国优劣之试验场"，必将会对中国产生深远影响："其刺激于顽固之眼帘者，未使不有力也。"④ 俄国战败后梁启超敦促清政府改行宪政："二十世纪之国家，终无容专制政体存在之余地，以顽强之俄罗斯，遂不能与自由神之威力抗。呜呼！举天下之恶魔遂不能与自由神之威力抗。"⑤ 同时，梁启超对自己的宪政知识非常自负，且对政治参与充满渴望，自称"中国前途非我归而执政，

---

① 端方：《编辑各书经费片》，《端忠敏公奏稿》，第 842 页。

② 楚元王：《谕立宪党》，《民报》临时增刊《天讨》，一九〇七年四月，第 124 页。

③ 梁启超：《立宪法议》，《饮冰室合集·文集之五》（第 1 册），第 6—7 页。

④ 梁启超：《俄罗斯革命之影响》，《饮冰室合集·文集之十九》（第 2 册），第 105 页。

⑤ 中国之新民：《俄国立宪政治之动机》，《新民丛报》第 3 年第 10 号，光绪三十年十一月一日，第 72 页。

莫能振救"，其他立宪党人不过"半桶水"罢了。①

1905 年 7 月 16 日，清政府颁布遣使出洋考察政治的上谕。此一决策正是梁启超数年前所倡导的。② 此时以慈禧太后为首的清廷已基本上倾向立宪，只是对改行宪政还缺乏足够认识，采取调查以后再行决断的策略，实际上此举实为清政府推行宪政改革之始。③ 以康有为、梁启超为首的海外立宪派对清政府此举表示出极大热情。遣使谕旨颁布不久，梁启超即致函考察团简略阐述欧美及日本的宪政制度，进而提出中国推行宪政改革的方案：实行两院制、司法独立、宜定责任内阁制、实行地方自治、颁定修正宪法原则。④ 康有为得知戴、端至美后，于 1906 年 1 月 20 日致函谭张孝"以厚礼迎待"，并指示其借此时机以"复辟立宪"之义"详晰造稿，印寄各埠"⑤。载泽考察团美国考察期间，保皇会于 2 月 28 日秉呈三大臣，"请主持立宪，并请归政。尤注重于平满汉之界，以销革命气焰"。同日晚邀请考政大臣演说，尚其亨至、载泽、李盛铎委托左秉隆代往。当晚在美华人六七百人、西人四五百人往听，"华商极感动，有泣者"⑥。

考察团日本考察期间，戴、端考察团随从人员夏曾佑曾与梁启超会见。⑦ 同时，梁启超撰有对考察团的评论文章。由于梁启超清廷通缉犯的身份，其对考察团的评论并不多见，笔者仅发现《申论种族革命与政治革命之得失》一文

---

① 丁文江、赵丰田：《梁启超年谱长编》，第 493—494 页。

② 需要指出，清廷遣使决策最终需要督抚大员的串联沟通，进而联络鼓动枢机重臣合力而成。参见伊杰《五大臣出洋考察政治的动因及其演变过程》，《近代史研究》1989 年第 3 期。

③ 参见拙文《"预备立宪"起点再探讨》，《贵州文史丛刊》2011 年第 3 期。

④ 李华兴、吴嘉勋：《梁启超选集》，上海人民出版社 1984 年版，第 448 页。该函原藏北京大学图书馆，收录该函的《梁启超选集》拟《代五大臣考察宪政报告》为题。夏晓虹指出，该篇文章所拟题目与正文名实不副："以'职'自称，也更接近于直接上书而非代笔口吻；即使作认代拟，所代之人也只可能是熊希龄一类下属官员，而绝非钦派出洋的五大臣。"夏晓虹：《梁启超代拟宪政折稿考》，《现代中国》（第 11 辑），第 23 页。笔者推测该文并非为代笔之作，而是梁启超直接上书考政大臣（极有可能是端方）的表述政见之作并且得到赏识，这就为日后考察团求诸梁启超打下了基础。

⑤ 姜义华等编：《康有为全集》（第 8 集），中国人民大学出版社 2007 年版，第 141 页。

⑥ 《泽尚李三大臣行程日记》，《时报》1906 年 4 月 15 日。

⑦ 戊戌政变后夏曾佑曾冒险至塘沽与梁启超话别，此时他乡重逢梁启超颇为兴奋，记道："与穗卿一别八年。今春正月，君东游，访余于箱根环翠楼，诵杜诗'十觞亦不醉，感子故意长'之句，不自觉其情之移也。"张海珊辑：《〈饮冰室诗话〉拾遗》，中国古代文学理论学会编：《古代文学理论研究丛刊》（第 7 辑），上海古籍出版社 1982 年版，第 253 页。

明确论及考察团及清政府推行的宪政改革："流俗人之言立宪，见夫朝廷派大臣出洋考察政治，则欣然色喜，谓中国立宪将在此役。吾之言立宪，则认此等举动与立宪前途殆无关系，即有之，而殊不足以充吾辈之希望，或且反于吾辈之望希，而所谓真正之立宪政治，非俟吾言之要求不能得之。"又言："吾之言立宪，则欲其动机发自国民而君主为受动者。"① 该文显然有纠正国人对考察团期望过高之意。文章虽写于熊希龄与梁启超在日本接洽之前，但此前梁已经通过考察团随员为考察团提出建言，推测梁启超此文亦有转移革命派关注其与考察团联络的目的，然而革命派还是注意到了梁启超为考察团代笔一事，前引革命派言论即是明证。

总之，梁启超是当时最富声望的宪政专家，且曾上书考察团，这为戴鸿慈、端方派熊希龄赴日与其联络打下了基础。同时，梁启超虽然在戊戌政变后流亡海外，但他始终追求宪政且对政治参与充满渴望，其为考察团提供政治素材也就不难理解了。

二是与其他人员的联络。

熊希龄曾与日本著名宪政专家有贺长雄联络，托其为考察团提供政治素材。日俄战争期间，熊希龄在致张百熙等人函件中即援引了有贺长雄关于满洲问题的论著，并称"有贺长雄者，日本之法学家也"②，显然有贺长雄很早就受到了熊希龄的关注，此时赴日与之联络实有源自。日本《外交时报》第 200 号曾刊载有贺长雄《中华民国顾问应聘颠末》一文，1913 年北京出版的《言治》创刊号以《中国新法制与有贺长雄》为题译载。文章写道：

　　洎三十九年四五月之交，派赴英国之考察宪政大臣端方遣从事某（其人现尚居民国政府之要地）入日本，授命于当时驻在东京之清国公使曰：我等此番赴英，与彼都学者及政治家讨论宪法，固已饫闻其大略矣，然所闻既多，莫衷一是，其于归国时所应提出之报告书，殊觉不易编纂也，应

---

① 梁启超：《申论种族革命与政治革命之得失》，《饮冰室合集·文集之十九》（第 2 册），第 36—37 页。以往研究注意到梁启超在该文中强调立宪派"政治革命"与革命派"种族革命"的区别不在革命不革命，更不在立宪不立宪，关键在于革命派以"反满"为号召。但人们忽视了梁启超该文对考察团及清政府宪政改革的评论。

② 周秋光编：《熊希龄集》（第 1 册），湖南人民出版社 2008 年版，第 138—139 页。

觅一日本学者代为起草，其内容非所择一任起草者之推敲可也。于是，清公使馆员先商之高田博士。博士乃推余。余曰：端方之在英也。果何闻乎？余乌得而知之，而以起草见委，不亦难乎？公使馆员曰：此不足虑，第以君所想像者纪述之可矣。唯地方官制须主张与清国国情最相适合之中央集权主义耳。余虽毅然应之，实觉不堪胜任。第因一时好奇心所驱，遂竭二星期之力为之起草，而旅居日本之清国留学生某等穷日夜以翻译之。①

1906 年 10 月 10 日，端方特致函有贺长雄致谢："熊参赞希龄自东京归，备述盛情赞助，编纂精详，其见饷于敝国政治界者，为益匪浅，私衷感沏，何可言宣。此次回国，贡论于朝，幸蒙采纳，改为立宪政体，更订法制，正在京筹议。将来政务日繁，解释疑难之处亦日多。尚乞不吝指导，时惠箴言，不胜盼祷之至。"②

熊希龄日本之行还曾与犬养毅有过接触，这从他致函犬养毅告知行程即可看出："因急于回国，于今日行抵门市，直往满洲。本月三十日以内，可回至上海。八月初旬内外，仍须随同戴、端两专使至北京。"③ 此外，熊希龄曾委托宋教仁等留日学生购买《大英百科全书》。宋教仁在日记中写道：6 月 13 日，"写致李和生、吴绍先各一片，属其向熊秉三售《大英百科全书》"；6 月 18 日，李和生来见，"言熊秉三已应承购《大英百科全书》"；8 月 17 日，"熊秉三寄来《大英百科全书》金二十五元"④。

1906 年 7 月 21 日，戴鸿慈、端方归国抵沪，需要将奏稿、考察报告定稿，是以"电达政府拟从缓北上"⑤，在上海停留达 13 日之久。7 月 25 日，熊希龄由日本返沪，⑥ 将梁启超、有贺长雄以及蒋智由等人提供的政治素材交给沈曾

---

① 莫御：《中国新法制与有贺长雄》，《言治》第 1 年第 1 期，1913 年 4 月 1 日，第 154—155 页。

② 同上书，第 155 页。

③ 林增平、周秋光编：《熊希龄集》（上），湖南人民出版社 1985 年版，第 86 页。该函又见汤志钧编《乘桴新获：从戊戌到辛亥》，江苏古籍出版社 1990 年版，第 404—405 页。然两书文字有异，《熊希龄集》"仍须随同戴、端两专使至北京"一句，《乘桴新获：从戊戌到辛亥》为"何须随同戴、端两专使至北京"，疑汤书误。

④ 以上引文见陈旭麓主编《宋教仁集》（下册），第 614、615、626 页。

⑤ 《电催端戴两大臣回京》，《大公报》1906 年 8 月 2 日。

⑥ 戴鸿慈当天日记有"是日熊希龄自奉天来"的记载。戴鸿慈：《出使九国日记》，第 527 页。

植等人，由他们主持的上海编译局加工整理。另外考虑到清末宪政思潮浓厚，推测考察团广泛借鉴当时社会上的宪政论说亦为可能，如前文述及熊希龄在日本购买《英国百科全书》，目的即是为考察团撰述政治成果提供参考资料。加工整理过程中端方、戴鸿慈在上海坐镇指挥，起到主导作用。

经过几天的紧张编译整理，到8月3日编辑完毕，由于时间紧迫，上海编译局又是临时凑成，推测该机构仅承担了对既有政治素材的整理。当天戴鸿慈、端方一行从吴淞口启行北上。戴鸿慈当天日记记述："阅定各奏折，计定国是、改官制、审外交、设财政调查局、立中央女学院，凡五摺。"[①] 除前两折《请定国是以安大计折》、《请改定官制以为立宪预备折》外，后三折恰好对应夏教授发现的梁启超手稿前三篇。考察团除将前两折上奏外，梁启超代拟其余几折皆未专折上陈，但其中不少观点为考察团借鉴，详见下文论述。

端、戴考察团8月6日至天津，在津居留四天，其中有三天皆曾与袁世凯晤谈，曾就《官制折》与袁世凯协商。戴鸿慈透露谈论内容为"筹立宪准备及改官制"[②]。袁世凯幕僚张一麐记载，端、戴抵津后，袁世凯嘱其"将预备立宪各款作说贴以进"，张遂联合金邦平、黎渊、李士伟诸人，"分别讨论，缮成说贴"，"后见北洋与考察诸大臣会衔奏请预备立宪稿，即余等所拟，未易一字"[③]。此外赵炳麟、胡思敬亦有类似记载。[④] 显见，在端、戴考察团回国之前，袁世凯已准备好了奏请官制改革的折稿。

二　奏折内容分析

戴鸿慈、端方归国后共上陈九折，汇编成《考察各国政治条陈折稿》。而

---

① 戴鸿慈：《出使九国日记》，第528页。

② 同上。

③ 张一麐：《心太平室集》，沈云龙主编：《近代中国史料丛刊正编》第1辑（8），（台北）文海出版社影印版，第471—472页。

④ 赵炳麟称，袁主张先组织责任内阁，"俟政权统归内阁，再酌量开国会"，令幕宾张一麐、金邦平为疏，"使端方回京上之"。赵炳麟：《赵柏严集·光绪大事汇鉴》，沈云龙主编：《近代中国史料丛刊正编》第31辑（303），（台北）文海出版社影印版，第613页。反对立宪的胡思敬亦记载："五大臣归至天津，世凯劳以酒，曰：'此行劳苦，将何以报命？'皆愕然，莫会其意。世凯出疏稿示之，曰：'我筹之久矣，此宜可用。'遂上之。"胡思敬：《退庐全集·大盗窃国记》，沈云龙主编：《近代中国史料丛刊正编》第45辑（445），（台北）文海出版社影印版，第1353—1354页。二人所言与张一麐大致相同，足证确有其事。

载泽考察团归国仅上陈两折。① 实际上，两路考察团在出洋考察期间曾于比利时相会商议奏折一事。戴鸿慈在1906年6月3日相会当天的日记中记载："泽公、尚、李两大臣均来寓，商定回国后应行诸事，夜深始散。"② 此次商议确定了两路考察团归国上陈折稿的次序，以及建言重点，体现了考察政治大臣的策略考虑。以往研究亦皆忽视了折稿的上陈次第，实际上上陈次第亦展示出考政大臣的策略考量。戴、端考察团所上折稿名称、时间见下表：

表7-9　　　　　　　　　端、戴考察团归国后所上奏折一览

上奏人	奏折名称	上奏时间	奏折出处
戴鸿慈、端方	回京覆命胪陈应办事宜折	1906年8月11日③	戴鸿慈、端方：《考察各国政治条陈折稿》，铅印本，不著出版年。
戴鸿慈、端方	请定国是以安大计折	1906年8月13日④	端方：《端忠敏公奏稿》，第689—719页。
戴鸿慈、端方	请改定官制以为立宪预备折	1906年8月25日⑤	端方：《端忠敏公奏稿》，第719—770页。
戴鸿慈、端方	请设编制局以资筹议折	1906年8月27日⑥	端方：《端忠敏公奏稿》，第771—775页。
端方	请平满汉畛域密折	1906年9月1日⑦	中国史学会编：《中国近代史资料丛刊·辛亥革命》(4)，第39—47页。
戴鸿慈、端方	敬陈各国导民善法折	1906年10月13日⑧	戴鸿慈、端方：《考察各国政治条陈折稿》，铅印本，不著出版年。

---

① 分别为7月24日上陈《吁请立宪折》、8月23日上陈《奏请宣布立宪密折》。

② 戴鸿慈：《出使九国日记》，第493页。

③ 同上书，第529页。

④ 《宪政杂志》报道：8月13日，戴鸿慈、端方奏请"宣布立宪期限等共六条"。《五大臣回京后奏请立宪情形》，《宪政杂志》第1卷第1号，1906年12月16日，第163页。

⑤ 故宫博物院明清档案部编：《清末筹备立宪档案史料》（上册），第367页。

⑥ 同上书，第383页。

⑦ 《新民丛报》报道：9月1日，"端方大臣独上一折，请平满汉之界"。《中国大事月表·丙午七月》，《新民丛报》第4年第13号，第107页。

⑧ 中国第一历史档案馆编：《光绪宣统两朝上谕档》（第32册），第163页。

续表

上奏人	奏折名称	上奏时间	奏折出处
戴鸿慈、端方	考察学务择要上陈折	1906 年 10 月 13 日①	端方：《端忠敏公奏稿》，第 775—807 页。
戴鸿慈、端方	军政重要请取法各国以图进步折	1906 年 10 月 13 日②	端方：《端忠敏公奏稿》，第 808—828 页。
端方	请定皇室典范折	1907 年 8 月 15 日③	端方：《端忠敏公奏稿》，第 1080 页。

其一，《回京覆命胪陈应办事宜折》。

端方、戴鸿慈 8 月 10 日回京，于次日首次召对，奏陈《回京覆命胪陈应办事宜折》。该折作为端戴考察团归京后的第一折，是端方、戴鸿慈对此次考察所得的简短总结，概括地比较了各国政治制度。该折当为考察团撰述，但是借鉴了梁启超《请定外交政策密折》一文的见解。

首先，比较了各国政体的不同。折中写道："美为合众而专重民权，德本联邦而实为君主，奥匈同盟仍各用其制度，法意同族不免偏于集权，惟英人循秩序而不好激进，故其宪法出于自然之发达，行之百年而无弊。"然而，"谋国而无真实为国为民之心，有虽改革而适足以召乱者"，端、戴举例如下："有宪法不联合之国，如瑞典、那威则分离矣；有宪法不完全之国，如土耳其、埃及则衰弱矣；有宪法不平允之国，如俄罗斯则扰乱无已时矣。"④ 显然，端、戴不仅强调谋求立宪改革要实具为国、为民之心，不能只做表面文章，同时也对各国宪政模式作出了取舍。

其次，比较了各国国力的不同。端、戴指出，德国陆军最强、英国海军最强，然而这并不是端、戴最为艳羡的，他们最艳羡的还是经济富足的美国。端、戴指出，经济富足与教育普及之间是相互依赖的关系，"经济愈发达者教育愈普及"，而经济富足的根本则在于推行地方自治，"地方自治愈完密其国本亦愈巩

---

① 中国第一历史档案馆编：《光绪宣统两朝上谕档》（第 32 册），第 163 页。

② 同上。

③ 故宫博物院明清档案部编：《清末筹备立宪档案史料》（上册），第 46 页。《光绪朝东华录》记为 1907 年 8 月 26 日，误。朱寿朋编，张静庐等校点：《光绪朝东华录》（5），第 5721 页。

④ 端方、戴鸿慈：《回京覆命胪陈应办事宜折》，《考察各国政治条陈折稿》，第 2 页；"戴鸿慈"，《清史稿》（列传 226）；《盛京时报》1906 年 11 月 23 日。

固而不可动摇"①。

再次，比较了各国的外交策略。端方、戴鸿慈认识到一国之外交策略实具影响一国生存的功用，世界各国莫不结交联盟，"列强对峙之中，无有一国孤立而可以图存者"，如俄法同盟、英日同盟、德奥意同盟，目的在于"互相倚助以求国势之稳固"。此外，各国因"人民生殖日繁，智识日开，内力亦愈以膨胀"，对于国家而言，"非有勤远之略，进取之心，则人民无以发抒其所怀，群起而争之于内则国危矣"，是以各国纷纷将视野转向国外，以为本国谋求利益，"因殖民而造西伯利亚之铁路，或因商务而开巴拿马之运河，或因国富而投资本于世界，均有深意存焉"②。

最后，比较了各国民风的差异。端方、戴鸿慈言道："俄民志伟达而少秩序，其国失之于无教法，民好美术而留晏逸，其国失之于过奢；德民性倔强而尚无武勇，其国失之于太骄；美民喜自由而多放任，其国失之于复杂；意民尚功利而近贪诈，其国失之于困贫。"显然，端、戴对上述各国之民风均不称意，比较而言，"惟英人富于自治自营之精神，有独立不羁之气象，人格之高，风俗之厚为各国所不及"③。端、戴能够对各国民风作出如此精准的描述，无疑得益于对各国深入细致的实地考察。

通过比较各国之差异，端方、戴鸿慈强烈意识到"君臣一心、上下相维"对于一个国家的重要意义，他们指出有三种情况足以使国家走向衰落：一是，"无开诚之心者其国必危"。以西班牙和英国为例，他们指出两国对待殖民地的不同政策直接导致不同的结果，"西班牙苛待殖民致有菲律宾、古巴之败；英鉴于美民反抗而于澳洲、坎拿大两域立予人民以自治之权，致有今日之强盛，开诚故也"。显然，端、戴在这里阐发了让权于民的意思。二是，"无远虑之识者

---

① 端方、戴鸿慈：《回京覆命胪陈应办事宜折》，《考察各国政治条陈折稿》，第 2 页。

② 端方、戴鸿慈：《回京覆命胪陈应办事宜折》，《考察各国政治条陈折稿》，第 2—3 页；端方、戴鸿慈关于各国政略的论述，借鉴梁启超《请定外交政策密折》甚多，如梁启超在《密折》中言道："夫国与国交，人与人交，其事虽殊，其理无异。以一身而立于交际社会，苟非有一二肝胆相识、患难相同之友生，则将无以自存"。与端、戴所言"盖列强对峙之中，无有一国孤立而可以图存者"意思一致；梁启超又言："人口增值，地莫能容，不得不求尾闾以泄之"。与端、戴所言"而况人民生殖日繁，智识日开，内力亦愈以膨胀，苟国家非有勤远之略，进取之心，则人民无以发抒其所怀"意思一致。见梁启超《请定外交政策密折》，陈平原主编：《现代中国》（第 11 辑），第 4—5 页。

③ 端方、戴鸿慈：《回京覆命胪陈应办事宜折》，《考察各国政治条陈折稿》，第 3 页。

其国必损"。表面观之，推行地方自治似乎是对中央权力的削弱，然而事实并非如此，如俄国推行中央集权，地方自治日以不整。而美国推行地方自治，则中央与地方之机关同时进步。显然，端、戴强调了政府应当有远见卓识，切实认识到推行地方自治的重要性，培养人民的自治能力，使"人民有参与政治之资格"。三是，"无同化之力者国必扰"。一个国家应当有相当的同化能力及包容品质，尤其是不同民族、人种混杂的国家，则显得更有必要。端、戴举例说，美国以共和政体重视人民权利，虽以俄、德、法、意之迁来人种日见其繁，而其同化力甚强，故能上下相安。土耳其有十多个种族，语言、宗教各不相同，而又无统一之机关，导致今日之积弱。俄罗斯则种族尤杂，不下百数，所用语言亦有四十余种，而其政府又多歧视之意见，以致有今日之纷乱。端、戴指陈其原因在于"法制不一、畛域不化"，由此，国家则"未有能享平和臻富强者矣"①。端、戴此一论述当为针对中国现实而发，展示出他们对消除满汉畛域的高度关注。

综观全折，无一处言及立宪，这显然是端方、戴鸿慈有意为之，该折毕竟为端方、戴鸿慈归京后所上第一折，他们需要打探出慈禧以及政府官员对立宪的态度，是以他们在该折中的言语颇多隐晦。实际上，端方、戴鸿慈在看似平和的言语中，论述了极为重要的宪政内涵。

端方、戴鸿慈于8月11日的首次入奏引起舆论高度关注，如《申报》即报道了当日端方、戴鸿慈奏对的情形。在召见时，奏陈"外洋一切政治未必尽能行于中国，务请详细参酌，并饬廷臣妥议，择善而从，以期取人之长，补我之短，而立宪一事，尤以筹商入手办法，早日宣布宗旨为最要，其改定官制，剔除弊端；振顿军威，改良枪械，诸事均属当务之急"。端、戴二人此次召对亦颇得慈禧认可，"垂询良久，尚未尽言，故谕以二十三日预备召见"。正是由于该折"多中窍要"，颇得赞誉，据政府某巨公言："此次端、戴考察政治颇有实际，较之尚其亨之徒撅空言者，相去诚不可道里计矣"②。然而，该折侧重比较各国之异，并未提出改革建议，正如有报道所指出的："端、戴复命之折系列举各国调查之情状，但只陈其实，未下断语，其政见如何及改革中国下手之处均

---

① 端方、戴鸿慈：《回京覆命胪陈应办事宜折》，《考察各国政治条陈折稿》，第3—4页。
② 《端戴两大臣奏对纪闻》，《申报》1906年8月25日。

未发表，大约须俟第二折陈奏矣。"① 对端方、戴鸿慈的后续陈奏充满期待。

其二，《请定国是以安大计折》。

8 月 12 日，端方、戴鸿慈复蒙召对，"接续详言立宪利国利民，可造国祚之灵长，无损君上之权柄及立宪预备必以厘定官制为入手"②。为次日上《国是折》打下了基础。六月二十四日（8 月 13 日），端方单独召见，戴鸿慈并未召见，也可以反观由梁启超代拟的《国是折》实为由端方一手操控。《国是折》是端、戴考察团归国后所上的最重要的奏折，该折明确提出中国改行宪政的必要性和途径，指出中国应当效仿日本宪政改革的步骤，以十五年或二十年为立宪预备期。

1. 中国改行立宪政体的必要性

20 世纪资本主义国家进入帝国主义阶段，世界范围内的帝国主义竞争日趋激烈，目睹弱肉强食的现状，端方发出了帝国主义即"霸国主义"的慨叹，在这样的世界大背景下，贫弱之国"即欲不与人争，而但求自守亦不可得"，他十分担忧中国因土地之大、人民之众、物产之丰而被列强"视之为商战、兵战之场"。而中国如何才能走向富强，提高应对世界局势的能力？通过反省数十年来中国推行的改革事业，该折强烈指陈立宪政体才是国家走上富强之道的根本。中国与东西洋各国通商遣聘以来的数十年间，丧师赔款、割地失利，"无一不处于失败之地"。然而中国数十年来，中国未尝不仿效各国，"练陆军设海军以求强，筑铁道兴航路务工商以求富"，然而结果却是"益弱"、"益贫"，原因在于"未知其所以致富强之原因"③。而其"所以致富强之原因"则在于实行立宪制度。因此当此霸国主义时代，"专制政体不改，立宪政体不成，则富强之效将永无所望"④。进而阐释道，专制国中，"凡一国中之事，无论大小，皆由君主一人裁决之，是君主对举国人民而负其责任者也"，然而以君主一人之力则万难承担，势必要委任大量的官员，这些官员皆奉一人之命而行事，如稍有不贤，人民皆会怨及君主，"君主以官吏不贤之故而为人民所怨，则君主危，君主既危则国事愈以难治，官吏愈无忠实之心，人民愈有离散之势，一切政事愈以丛脞，

---

① 《京师近信》，《时报》1906 年 8 月 18 日。

② 戴鸿慈：《出使九国日记》，第 530 页。

③ 戴鸿慈、端方：《请定国是以安大计折》，《端忠敏公奏稿》，第 691—692 页。

④ 同上书，第 705 页。

而国家之危亡随之"。与之形成鲜明对比，立宪国任法而不任人，"故其国易安"，"而富强之基亦以立矣"，其根本原因在于制定了宪法，所谓宪法者，"即一国中根本之法律，取夫组织国家之重要事件，一一具载于宪法之中，不可摇动，不易更改，其余一切法律命令皆不能出范围之中，自国主以至人民皆当遵由此宪法而不可违反，此君主立宪国与民主立宪国之所同也。"① 该折同时强调君主、民主只是宪政制度框架内的不同选择而已，"所谓任法而不任人者，不仅君主立宪政体为然也，即民主立宪政体亦然，所重者不在君主、民主之别，而在立宪、专制之别"，而具体采取哪种模式最终需要结合本国的实际情况。

2. 君主立宪政体的三权分立模式

立宪政体于宪法之中载明君主无责任，"君主既无责任，则官吏对于人民即有不善之政亦非君主之咎，故其君常安而不危"，然而这并不是说立宪国家对人们不负责任，"乃谓其责任不由君主负之，而由其大臣代君主负之"②。

既然君主立宪国的君主无责任，而由大臣代负，所以君主立宪国必须设立责任内阁，所谓责任内阁，"乃于内阁中设总理大臣一人及国务大臣数人，国务大臣以各部之行政长官充之，是之谓阁臣。凡此阁臣，皆代君主而对于人民负其责任者也。"阁臣之去留视其行政是否得称民意，"其行政不善为人民所怨，则是阁臣之责任"，结果即"变易阁臣而已"，而君主无丝毫责任。因此，各君主立宪国无不把君主神圣不可侵犯之权列于宪法，"此无他，既无责任，则自不至有侵犯，此二者相因而并至者也。"③ 进而指出，责任内阁代君主行使责任，如何评价"其行政之善于不善、人民之怨与不怨"，须取决于人民的意向，因此，必须设立代表民意的监督机关议会。议会"由人民分区选举，以为议会之议院，以议会之可决否决而觇国民意思之从违"，议会制度为"各立宪国共同之制度也"，是立宪国的标志之一，其作用至为关键，"一国有议会，则政府之行动人民可以知之；人民之意志政府亦可以知之。上下之情相通，合谋以求一国之利益，故国事因此而得理，国家亦因此而得安矣"④。

除责任内阁、议会外，独立的审判机构也是立宪国的必要组成部分，"等于

---

① 戴鸿慈、端方：《请定国是以安大计折》，《端忠敏公奏稿》，第 693—696 页。
② 同上书，第 697 页。
③ 同上书，第 697—698 页。
④ 同上书，第 698—700 页。

责任内阁与议会之重要",其职权在于,依据法律,裁判刑事、民事之诉讼,以此保护人民之生命财产,"而其所最重要者则司法权独立于行政权之外,不受行政官吏之干涉"①。

该折总结到,中国如果采行三权分立的君主立宪制度,必将使国家走上富强的道路;"凡此等类,皆明载于宪法之中,彼此之间各有其权能,各有其职守,各有其职任,不能于宪法所规定者有一毫之移动,有一步之出入,无论何人不能于此法律之下有不善之行为"。对于行政官员而论,"行政官吏之责任因以减轻而其权力则反因以加重",原因即在于权责更加分明,"以事之不为行政官责任者,即一切不得与闻;而其为行政官责任者,其权力反可以自由行动,无复有掣肘之人,故百废可以具兴,国是可以大整"②。无疑,所论行政职责体现的是立宪国宪法为本的思想。

3. 立宪应当有预备期

前文述及,端方、戴鸿慈归国途经上海时,曾以 10 年或 15 年为立宪预备期征询地方大吏的意见,然而答覆不一,或许受其影响,该折中提出中国应当以 15 年至 20 年为立宪期限为宜。可见,戴鸿慈、端方虽然强烈地意识到立宪政体是国家走向富强的不二途径,但是对于立宪并不急于求成,认为"中国非立宪不可,而速立宪又不可",速立宪为"有虚名而无实益之政策也"。折中详细地阐释了中国不能速行宪政的原因所在:"中国数千年来一切制度文物虽有深固之基础,然求其与各立宪国相合之制度可以即取而用之者,实不甚多。苟不与以若干年之预备,而即贸然从事仿各国之宪法而制定颁布之,则上无此制度,下无此习惯,仍不知宪法为何物,而举国上下无奉行此宪法之能力,一旦得此,则将举国上下扰乱无章,如群儿之戏舞,国是紊乱不治,且有甚于今日,是立宪不足以得安,而或反以得危矣。"③

日本天皇于明治元年以五事誓于国中,明治十四年预定开设国会之期,明治二十三年开设国会实行立宪制度。由此,日本立宪有十年的预备期。端方对日本宪政改革的日程表颇为欣赏,明确指出:"皇上如欲使中国列入于世界各文明国,而采其立宪之政体,则日本所行预定立宪之年,而先下定国是之诏,使

① 戴鸿慈、端方:《请定国是以安大计折》,《端忠敏公奏稿》,第 700 页。
② 同上书,第 700—701 页。
③ 同上书,第 706 页。

官吏人民预为之备者，乃至良甚美之方法，可以采而仿行。"该折指出模仿日本的原因在于"中国今日之情势实与当时日本无异"。日本在覆幕尊王成功之后，国民鉴于西方之富强，开始奔走呼号政治改革，日本天皇亦认识到非立宪不足以谋富强："欲即立宪，则东方治国制度与此不能遽入，故先以五事定国是，旋乃定开设国会之期，而使全国之官吏与人民于若干年中为立宪之预备，实行种种之改革焉。"因此，当实施宪制之时，一切法制皆已周备，无忙迫不及之弊，"此其所以能从容变专制为立宪，无丝毫之流弊而有莫大之利益，故开议会后仅五年而其国力已足胜我也"①。

戴鸿慈、端方把宪政改革分为预备与实行两阶段，两阶段缺一不可，皆有各自需要完成的任务。预备并非消极等待，就中国国势民情而论，在宪政改革预备期内，"其为国是中不可不早定之者约有六事"：第一，"举国臣民立于同等法、制之下，以破除一切畛域"。各国内政未修之际，国中各阶级实难平等，阶级既殊即利害相反，难以实现举国一致，各立宪国无不于宪法载入人民同等之文，以求祛除上述弊端。第二，"国事采决于公论"。允许人民发表意见，"以顺民意而收舆情"。中央虽不能遽设议会，也要建立他种议政机关，以谋合议政事，"将来宪法上之机关即可以借此以为基础"，"地方议会中下级者，则此时即可酌量行之，使人民练习议会之事，为将来各省议会、中央议会之预备"。第三，"集中外之所长，以谋国家与人民之安全、发达"。处今日之世界，必须有世界智识，"必采中外之所长，于学术、于教育、于法律制度皆然，不存中外之见，惟以是非为准，庶民德、民智相将并进，且又秩序不乱，安全幸福得以保存"。无疑，上述所论展示出戴、端颇具世界意识，实际上突破了之前中国学习西方始终萦绕的"体用"之争。第四，"明宫府之体制"，划分政府与内宫的界限。宫内应有专官负责，有专门之经费，且有皇室私产，"因经理得法而日增者，故臣民之爱敬日加，君主之权威永固"，不能与政府官吏和政府开支相混淆，"与国用分而为二"。第五，"定中央与地方之权限"。改变中央部臣、地方督抚权限不清的现状，"凡事无论大小，职无轻重，皆必各有一定之权限，于其权限之内，可以自由行动，而后万事皆可着手，无牵掣难行之患"。同时，地方行政不仅有"官治"，又有"自治"，因此要切实推进地方自治，使国民于自

---

①　戴鸿慈、端方：《请定国是以安大计折》，《端忠敏公奏稿》，第707—708页。

治事务在"预备立宪时代中先行演习"。第六,"公布国用及诸政务"。政府必须要得到国民的信任,其方法在于事事公布,尤其是财政公布、实行预算决算最为重要,提出归并财政处于户部的主张。①

戴鸿慈、端方强调,无论为官抑或为民,在国是未定、宪法未布以前,"举国上下茫茫如在大海之中,不知东西之所向",因此,上述六条建言作为"中国现在最重之国是","不可不急定其方针",在预备立宪期内颁定实施,如果"必待可以立宪之期而后行之,则不惟仓促举行,难于骤变"②。基于上述认识,端方认为中国立宪预备期以 15 年至 20 年最为适当,他阐释道:

> 中国数千年来,无宪制之习惯,且地方辽阔,交通不便,文化普及非可骤几,若为期过促,则一切预备未周至,期不能实行反为阻文明之进步矣。……所谓立宪预备,其事万端,如改官制、定法律、设独立裁判所与地方自治、调查户口、整理财政、改革币制、分划选举区域及征兵区域等种种政务,非可枚举,不预图之,则立宪等于不立。使欲实行预备,尚须上下一心以图之,且须竭力赴功,勇猛稍进,乃能有济,若稍舒缓犹将不及。是则此一二十年中乃最忙迫之时代,而非宽暇之时代,不得谓约期之非促也。然若谓立宪犹可再迟,而约期不妨更缓,则是怠于国事,为苟安目前之计,未尝计及一国前途安危者之所言。③

《请定国是以安大计折》中表达的政治见解,与梁启超在 1901 年发表的

---

① 戴鸿慈、端方:《请定国是以安大计折》,《端忠敏公奏稿》,第 708—715 页。端方"公布国用及诸政务"的建言借鉴梁启超《请设财政调查局折》颇多,且《请设财政调查局折》论述更为详尽,梁启超写道:"若欲整理,宜参酌日本办法。故中国现在每岁国用所有出入之数,究有几何,于京内则自内务府、户部以及各大小衙门办公之所,于京外则自各省藩库及各大小衙门、各关卡局所一切办公之所,其所岁出岁入,分列几何,共算几何,编为详明之表;更附以理由,解释以何理由而为收入,以何理由而为支出。刊涤成书,公布国中。调查既毕,而后何者当增,何者当减,何者当兴,何者当废,始有可言。于是乃取当增减、当兴废者,每岁作一预算表,何款用于何事,皆与指明,岁以为常;又于每岁作一决算表,何款已用于何事,所余几何,不足几何,亦岁以为常,皆以公布国中。如此,则不待议会之设立,而政府之信用已起,财政之机括已灵活而无阻滞,量出为入之策已可仿行,国富兵强之效渐可信矣。"见梁启超《请设财政调查局折》,陈平原主编:《现代中国》(第 11 辑),第 11 页。

② 戴鸿慈、端方:《请定国是以安大计折》,《端忠敏公奏稿》,第 716 页。

③ 同上书,第 718 页。

《立宪法议》颇有相同之处，但是在论述上更加详细、更有深度。如关于立宪期限问题，梁启超在《立宪法议》中写道："然则中国今日遂可行立宪政体乎？曰是不能。立宪政体者，必民智稍开而后能行之。日本维新在明治初元，而宪法实施在二十年后，此其证也。中国最速亦须十年或十五年，始可以语于此。……自下诏定政体之日始，以二十年为实行宪法之期。"① 如关于君主立宪、民主立宪的选择问题，梁启超在《立宪法议》一文中言道："君主立宪者，政体之最良者也。民主立宪政体，其施政之方略，变易太数，选举总统时，竞争太烈，于国家幸福未尝不间有阻力。君主专制政体，朝廷之视民如草芥，而其防之如盗贼，民之畏朝廷如狱吏，而其嫉之如仇雠。"② 所言与《国是折》基本一致。

据报道，端方在上陈《请定国是以安大计者》时，极力陈请改行宪政的迫切性，"环球各国力主立宪，俄素称专制，近亦改革，盖立宪政治能使国家有万年巩固之基业，而君主有永无失坠之尊贵也"。据报道，两宫颇为喜悦，特赐端方御书匾额，以示优异。③ 显然，该折强调中国推行立宪改革的必要性得到了最高统治者的赞赏。

其三，《请改定官制以为立宪预备折》。

日本在明治十七年、十八年两次大改官制，人们普遍认为日本宪政之推行有效"实由官制之预备得宜"，未改官制之前，任人而不任法，继改官制以后，则任法而不任人。任人者，"法既敝，虽圣智犹不足以图功"；任法者，"法有常，虽中材而足以自效"。端方颇为赞成"任法而不任人"的观点，只有这样，官制才能"条理秩然、事无丛脞"。端方同时认为中国改革的情势"与日本当日正复相似"，与其借鉴各国，不如于日本"得一前车之鉴，事半功倍，效验昭然"④。《请改定官制以为立宪预备折》是端方归京后所上第三折，与《国是折》前后相序，系统阐释了中国应当效仿日本将官制改革作为预备立宪首个步骤的主张。

首先是中央官制的改革。折中指出，中央行政存在诸多弊端，"各部相离毫

---

① 梁启超：《立宪法议》，《饮冰室合集·文集之五》（第 1 册），第 6 页。
② 同上书，第 1 页。
③ 《论出洋大臣奏立宪情形》，《申报》1906 年 8 月 21 日。
④ 戴鸿慈、端方：《请改定官制以为立宪预备折》，《端忠敏公奏稿》，第 720—721 页。

无联络，彼此政策平时既未尝与闻，遇事或转相矛盾，且所掌者不过簿书期会，所争者不过意见参差。其稍有实权者，或遇应办之事、应筹之款，必须相助为理，通力合筹，又因素不相谋，以致各不相顾，机关阻遏，名实乖离"，由此，该折建议首先改革中央官制，"略仿责任内阁之制以求中央行政之统一"①。具体的做法是，以军机处归并内阁，而置总理大臣一人，兼充大学士，为其首长，"以平章内外政事，任国政"，置左右副大臣各一人，兼充协办大学士，为其辅佐，"以协同平章政事，共任国政"，各部尚书皆列于阁臣，原有之大学士仍带各殿阁之名衔，简为枢密院顾问大臣，以示优崇之意。总理大臣以及副大臣三人"常与各部尚书入阁会议，以图政事之统一，会议既决，奏请圣裁。及其施行，仍由总理大臣、左右大臣及该部尚书副署，使职权既专而无所掣肘，责任重复而无所诿卸"②。

采行责任内阁制，则中央各部门亦当相应整合。折中建议将目前的六部以及新设的巡警部整合为九个部。其一，改巡警部为内政部，"凡户部、工部之关于丁口、工程者皆并隶之"。其二，改户部为财政部，并将财政处并入。掌国税、关税、货币、国债、银行以及田赋。其三，外务部因"法制略具，可以因仍"，不予更动。其四，因现在绿营半皆裁撤，各省训练新军，兵部"既无知兵之实，徒拥掌兵之名，名实不符，殆同闲冗"。改兵部为军部，以练兵处并入，增加军事行政职权。其五，改刑部为法部，掌一国司法行政，"所有各省执法司、各级裁判所及监狱之监督皆为本部分支"。其六，学务部已经设立，"法制略备，可以因仍无改"。其七，农工商三者，为富国之本源，各国皆设立专部，中国农工诸学尚未讲求，将农工诸事暂归已设之商部管辖，日后再议增设。其八，设立交通部，统辖轮船、铁路、电报、邮政等事务。其九，参酌英法等国之制，设立殖务部，以理藩院职掌并入，"凡东三省、蒙古、青海、新疆、西藏开拓之政策，皆于是统焉"。并专设一局，为海外殖民专司，以保护海外华民。③

就职官而言，该折指出中央各部主任官与辅佐官存有权责不清的弊端，"中国现行官制，中央各部尚书似为主任官，而侍郎则为辅佐官也。惟是尚、侍职

---

① 戴鸿慈、端方：《请改定官制以为立宪预备折》，《端忠敏公奏稿》，第 722—723 页。
② 同上书，第 724—725 页。
③ 同上书，第 730—734 页。

处平等，既不能受其指挥，即不可命为辅佐。而一部之中有二尚书、四侍郎，又加以管部之亲王、大学士，则以一部而有七主任官矣，绝无分劳赴功之效，惟有推诿牵掣之能"。主任官既已事权不一，又无属官"为之承乏指挥"，一切部务不得不"付诸吏胥"。这种现状亟待改变，"定为一大臣，一次官，大臣负阁臣之责成，次官综一部之庶务。其次则如商、学、警三部成例，设一尚书、两侍郎，不置管部，以尚书为主任官，而侍郎为之辅佐，受其指挥。更设丞参各官，划定职权"①。

为了增强行政效能，该折主张在内阁之外增设若干独立机关。一为会计检查院，"凡关于检查会计之事，各地方行政官皆受其监督指挥"，如"国库金之出入，会计员之决算报告均经本院判决"；一为行政裁判院，"专理官民不公之诉讼及官员惩戒处分，凡内外百僚之办事无成效者，并有弹劾之责"；一为集议院，在裁并都察院的基础上设立。该折认识到国会难以骤开，集议院即为日后国会的"练习之区"，若不设此机关，则宪政终难成立，其职责为："凡各省州县所陈利病得失，皆上达政府，以备采择而定从违，亦准建议条陈，兼通舆情而觇众见。至于财政之预算、决算亦必属之。"② 另外，内廷设立宫内部，以太仆寺、太医院、銮仪卫及其他供奉内廷之职司归并，掌管一切"内廷宫内之职"；对于原有之大学士及各部裁缺之大员，组成具有顾问性质的枢密院，"以备顾问"，惟不入内阁，不受行政责成；科举废除后，礼部职权已裁其半，所存仅典礼一项，以太常、光禄、鸿胪三寺并入，设立典礼院：保留翰林院名义，但改变其性质，使之成为类似于各国"学士院"的机构，以便专事学术研究；此外，司法独立之后，应在大理寺基础上改设都裁判厅，为"一国最高之大审院"③。

在改革中央官制的同时，该折也没有忽视地方官制的改革。端方言道："中国行省与各国迥不相同，设使官制不良，则中央之运掉虽灵，外省之推行仍阻于情势，可谓之隔绝于政俗，可谓之悬殊各自为谋。"④ 由此，与中央官制改革相配套，地方官制也要进行必要的改革。该折认为现行地方官制"未臻妥洽者

---

① 戴鸿慈、端方：《请改定官制以为立宪预备折》，《端忠敏公奏稿》，第727—728页。

② 同上书，第734—737页。

③ 同上书，第738—740页。

④ 同上书，第748—749页。

约有三端"：

一为"官署之阶级太多"。各国地方行政一般分为三级或者二级，如法国为郡、县、乡市三级，日本为府县、郡或市町村二级。推行三级者，第一级为官治，第二级为官治自治参半，第三级为自治。推行二级者，第一级为官治自治参半，第二级为自治。而中国则与之截然不同，"州县之上有府及直隶州，府州以上有守道及两司，司道以上有督抚，凡经五级"。推行二级或三级者则"直接中央，而一无隔阂"，"我乃展转五级，而莫识从违。且彼之州郡府县其下划区数十，置吏数百以各举各务，而我之州县，则以一人而治彼数百人之事，绝无佐理之人"。

折中提出的解决对策是：第一，除盐、粮、关、河等各有专责的道以外，将守道及知府、直隶州两级悉行裁去，而以州县直隶于督抚，形成类似于普法等国的三级制，即以省为第一级，州县为第二级，乡市为第三级，"庶几繁简得宜"。同时，针对州县品秩的现状，端方提出提高州县品秩。按照州县面积及人口多少，划分为三等，大县进为府，长官称知府，秩正四品；中县进为州，长官称知州，秩正五品；小县称县，长官称知县，秩从五品。①

二为"辅佐之分职不备"。各国内外衙署莫不有辅佐官，而中国则无，"自督抚以至州县署中只存胥役，非士夫所屑为，辅助无人，事多丛脞"，而藩司、臬司为独立官，"非等督抚署中之一职"。显然，辅佐官之缺乏必将严重影响了地方行政效率。

对此，折中提出省县两级要增加辅佐官的设置。省设民政、执法、财务、提学、巡警、军政、外交、邮递八司，除执法司为司法官、军政司应直隶中央，不入行政范围外，其余六司皆为"督抚之最高辅佐官"，司以下分置各局，或以事分，或以地分，"局设一长以统其属，而受成于本司"。至于州县署中，应设立内务、警务、收税、监狱四部，部下设课，分曹治事，各有分职。②

三为"地方之自治不修"。各国莫不把自治作为宪政的基础，"各国之强莫不原于地方自治，夫设官本以为民，而有时官为代谋转不若民之自谋为得者，是以必区官治、自治相辅而行，然后治化日进"，而中国的州县此义几乎丧失殆尽，"不独以一人举欧美数百吏之职，其受治之人民亦复群焉倚赖，未尝自结团

---

① 戴鸿慈、端方：《请改定官制以为立宪预备折》，《端忠敏公奏稿》，第741—743页。

② 同上书，第743—746页。

体，自开智识，以谋一方之公益"。

对此，该折提议各地方从速成立自治机构。分别成立县乡府议事会，"俟各府州县议会成立后，再由县会议员中选出，大县二人，中小县一人，暂充为省会议员，使立法机关草创成立"，"使人民略悉宪法，讲明其故，此会既立，则讨论辩难皆为有益"①。

关于中央与地方的权限问题，该折也给予了足够重视，明确指出只有中央、地方权责分明，才能使"一国机关运动灵通"。清朝的官制体制以军机、各部统治于内，以督抚分治于外，这样的分职对于幅员辽阔的中国来说"诚为得当"。然而，由于权限不清之故，各部与督抚往往两失其权，"有时督抚以寻常奏报遇部驳而格不能行，有时各部以管辖事宜不奏咨而遂难过问"，相互侵越、推诿时有发生。该折指出中国应当效仿日本集权政治体制与美国分权政治体制之长，斟酌损益，以"各有其职守，而不能越出于范围"为宗旨，厘定中国中央与地方的权限。具体办法为："明定职权，划分限制，以某项属之各部，虽疆吏亦必奉行；以某项属之督抚，虽部臣不能挽越。如此则部臣、疆吏于其权限内应行之事，无所用其推诿；于其权限外侵轶之事，无所施其阻挠。庶政策不致纷歧，而精神自能统一。"②

鉴于官制改革的复杂性，在《官制折》上奏两天后，戴鸿慈、端方又提出先设立编制局作为厘定官制的办事机构。其目的正如折中所言："改定全国官制事体繁重，设编制局以资筹议。"具体做法为"简派王公及内外重臣入局讨论，选择员司，将古今中外官制之利弊详加调查，分别部居，审定秩序，随时奏请钦定，然后颁示天下"③。

显然，戴鸿慈、端方是按照西方近代行政组织模式来对清政府中央、地方行政机构进行整合的，基本精神是建立权责分明、精简高效的行政机构，相对于中国传统的中央行政模式而言，无疑是一次巨大的跨越。

其四，《请平满汉畛域密折》。

署名端方、戴鸿慈的《考察各国政治条陈折稿》一书不录端方考察政治归国后所上《请平满汉畛域密折》，而收录《均满汉以策治安折》。《治安折》又

---

① 戴鸿慈、端方：《请改定官制以为立宪预备折》，《端忠敏公奏稿》，第745—747页。

② 同上书，第725—726页。

③ 端方、戴鸿慈：《请设编制局以资筹议折》，《端忠敏公奏稿》，第774页。

见《端忠敏公奏稿》，该折首言："伏读七月初二日上谕，……现在满汉畛域应如何全行化除，着内外各衙门各抒己见，将切实办法妥议具奏，即予施行。"所言上谕即为 1907 年 8 月 10 日所发《着内外各衙门妥议化除满汉畛域切实办法谕》。① 由此，《治安折》上奏时间为 1907 年 7 月。缘何端方归国后所上之折未录，而一年后所上之折却被收录？这还要从两折的内容说起。

先来看《请平满汉畛域密折》。该折注明为"新会陈氏藏光绪卅二年七月匋斋折稿"，由端方以"密折奏闻"。端方首先列举奥地利、匈牙利、比利时、荷兰、俄国等由于民族不合导致国势衰弱的事实，如称俄国："言语不同，宗教殊异，各相携贰，人无固志。故与方兴之日本遇，一蹶不振，贻笑万方。"端方进而指出，"国无论大小，而人民内讧者必亡"，"苟一国之中有两民族以上，各怀畛域，动相携贰，则其祸害所及，大者召分裂，小者即衰颓"。在端方看来，中国实处于民族内讧的边缘，而挑起满汉内讧者正是革命党：

> 近以列强交通，国威稍挫，人民何知，惟有责难政府。而当此宪法未布，责任内阁制度未立之时，其所为责难政府者，实不外责难君上，爱戴所集，触望相缘。而一二不逞之徒，竟敢乘此时机，造为满汉异族权利不均之说，恣其鼓簧，思以渎皇室之尊严，偿叛逆之异志。加以多数少年，识短气盛，既刺激于时局，忧愤失度。复偶涉西史，见百年来欧洲二三国之革命事业，误认今世文明，谓皆由革命而来，不审厉害，惟尚感情。故一闻逆党煽动之言，忽中其毒而不觉，一唱百和，如饮狂泉。

端方进而报道了出使期间所侦知的革命党活动情况："以奴才使事所及，明访暗查，见夫无知青年惑其邪说十而七八。逆贼孙文演说环听辄以数千，革命党报发行购阅数逾数万，其演说之言、报纸之语，无非诬谤君父、煽惑愚民，种种狂悖非臣子所忍闻。"鉴于此，端方提出消除满汉畛域为消弭革命的必然举措："今日欲杜绝乱源，惟有解散乱党；欲解散乱党，则惟有于政治上导以新希望，而于种族上杜其所藉口。"所谓政治上导以新希望，即"前此所谓宜宣布国是定十五年实行立宪是已"；所谓种族上杜其所借口者即平满汉畛域措施，其

① 故宫博物院明清档案部编：《清末筹备立宪档案史料》（下册），第 918 页。

策有二：一为改定官制，废除满汉缺分名目，将京师各衙门，悉依新设的外、商、学、警四部成例，除满汉缺分名目，所有堂官、司员，不问籍贯，惟才是用；二为撤销各省驻防，政府速将各省驻防永远裁撤，旗丁之挂名兵籍者，悉令仍居原驻地方，编入民籍，依前此裁撤绿营成例，特加优待，给以十年口粮，为之安顿生计。①

关于该折之由来。端方上陈《请平满汉畛域密折》实源于梁启超之函请，且借鉴了梁启超来函中的主张。五大臣出洋考察之际，《新民丛报》正与《民报》就种族革命还是政治革命，也就是革命还是立宪问题展开激烈论战，梁启超反对排满革命，主张满汉融合的立场甚为坚定，梁启超明白，以汉人而倡此论效应有限，是以梁启超在代端、戴考察团草拟折稿之后，又专门就消除满汉畛域事上书端方。②

在《上端方书》中，梁启超坦言消除满汉畛域、消弭革命必须从满汉两方面同时着手。汉人方面，"求所以破其仇视满人之谬见者"，并言自己将"劝告汉人使勿为排满之愚举，以召亡国"视为"不可辞之天职"。然此种言论能否有效，"全以满人是否有执排汉之政策"。基于这种认识，梁启超亟待从满族大吏中找到奥援，将目光投向素以思想开明、声誉日隆的端方，他在上书中极力陈请惟有端方能承担"破其（满人）猜忌汉人之谬见"的重任："满人中非高才远识如我公者不能任，非位望服众如我公者不能任，非大公无私如我公者不能任。即以我公之地位，亦非乘此考察事竣复命之余，则任之不能有力。启超以为，今日我公之地位，举国四万万人生命实系焉。"具体来看，梁启超在该上书中言及以下几方面意思："统观古今各国，未有内讧不息，而内治能修者"、"（满汉种族论）之所由起，固由一二好乱之徒藉此以为簧鼓"、"举外国历史及现在社会实情，以为之证"、"裁满汉缺分名目及撤驻防，两者实为此著下手之方"，等等。③ 对照《请平满汉畛域密折》，梁启超的这些主张皆为端方采纳。

《请平满汉畛域密折》由于内容涉及应对革命派的策略，故收录端方、戴

---

① 以上引文见中国史学会编《中国近代史资料丛刊·辛亥革命》（第4册），第39—47页。

② 梁启超在《上端方书》中首言："尊命委嘱各件，谨已藏事……今日有一大事，为中国存亡绝续所关，间不容发；而今日全国人中，舍我公以外，更无一人能解此厄者，则满汉问题是也。"见梁启超：《上端方书》，陈平原主编：《现代中国》（第11辑），第8页。由于梁启超曾代端方草拟折稿，二人已经有过交往，这是梁启超在代拟折稿之后又就满汉问题上书端方的主要原因。

③ 以上引文见梁启超《上端方书》，陈平原主编：《现代中国》（第11辑），第8—9页。

鸿慈归国后所上重要折稿的《考察各国政治条陈折稿》一书未录，取而代之的是端方归国一年后在两江总督任上所上《均满汉以策治安折》。《治安折》与《密折》颇多相似之处，比如：《治安折》首先援引奥地利、匈牙利、比利时、荷兰、俄国等国由于民族不合导致国势衰弱的事实，内容几于《密折》同；《治安折》提出的消除满汉畛域三策亦与《密折》基本相同，第一策为令旗人就原住地方照军籍例编为旗籍，与汉人一律归地方官管理；第二策为旗丁分年裁撤，发给十年钱粮，使自谋生计；第三策为移驻京旗屯垦东三省旷地，或自耕、或召佃取租。《治安折》与《密折》不同之处在于，端方在《治安折》中只字不提"革命"，称消除满汉畛域的目的在于统一人心，挽救国家危亡局势："方今列强环伺，虎视鹰瞵，惟有统一人心，消弭内乱，使有志之士知政府之可以有为，喁喁然思竭其才以应国家之用，上下一心同御外侮，若使种族之见自生厉阶，则适予外人以绝大机缘，将恐满汉两败俱伤同归于尽。"① 关于《治安折》，端方曾经将其初稿征询郑孝胥、严复、李登辉的意见，也彰显出该折与《密折》之隐秘形成鲜明对比。②

其五，《敬陈各国导民善法折》。

1906 年 10 月 13 日，戴鸿慈、端方上《敬陈各国导民善法折》，10 月 27 日，清廷从其请，命各省兴办。该折全文不见《清实录》，但被当时报刊广泛刊登。③

与上述政治奏折不同，该折为考察团自身见闻的总结，主要论及发展社会公共设施的重要性，为考察团所拟定。正如该折首言："每至都会繁盛之区必有优游休息之地，稍得闲暇即往游观，辄忘车马之劳，足益见闻之陋。初犹以为欧美风俗所趋，未必有关政俗，继乃知其专为导民而设，无不具有深心。"显

---

① 端方：《均满汉以策治安折》《端忠敏公奏稿》，第 1068—1078 页。

② 郑孝胥在 1907 年 7 月 11 日记中写道："午帅邀宴，座有严几道、李登辉等。午帅示折稿《请化除满汉界限》，以除满缺、废驻防为言，使余润色之。细观原稿，无可增意。"劳祖德整理：《郑孝胥日记》（第 2 册），第 1099 页。

③ 据笔者所见，《盛京时报》《大公报》《东方杂志》以及奏折汇编《考察各国政治条陈折稿》皆刊登此折：1906 年 11 月 22 日《盛京时报》以《戴端两大臣奏陈各国导民善法请次第举办折》为题、1906 年 12 月 8 日《大公报》以《考察政治大臣端方戴鸿慈奏陈各国导民善法请次第举办折》为题、1907 年第 1 期《东方杂志》以《出洋考察政治大臣今法部尚书戴两江总督端会奏各国导民善法请次第举办折》为题登载此折。

然，考察团认识到社会公共设施亦为开发民智的重要途径，与政治文明进步息息相关。综合国外考察所得，端方、戴鸿慈认为"中国所宜行者"有四事：

> 一曰图书馆。世界日进文明，典籍乃益臻繁富，收藏庋置非国家有此全力不能求其赅备无遗。……藏书楼之设则欧洲各国都市城镇无不有之，虽其规模侈陋间有不同，而语以湘帙缥囊则莫不充箱照轸，下至邮船旅舍亦复相率藏购备客检查，盖教育已行不识字之人必少，取求既便应，研考之学方多。
>
> 一曰博物院。博物院之制约有数种，而其用亦各有区分，有依国分列者，如英法诸国分五洲群岛，以一国为一区，所以验风俗之各殊也；有以时为次者，如丹、瑞、那诸国，分用石、用铜、用铁时代，率一时为一类，所以验人民之进化也；有因事而设者，如德国之军器、农物、动物、古器、人类，匈牙利之工厂，皆一事为一名，所以验专门之科学也。推之美术院、油画院则具技艺陈列，以为效法观感之资。王公博物院则就服御搜罗以为瞻视尊崇之地，其大意不外保全古物，其裨益则在考见源流。
>
> 一曰万牲园。各国又有名动物院、水族院者，多畜鸟兽鱼鳖之属，奇形诡状，并育兼收，乃至狮虎之伦，鲸鳄之族，亦复在圃在沼，共见共闻，不徒多识其名，且能徐驯其性。德国则置诸城市，兼为娱乐之区，奥国则阑入禁中，一听刍荛之往。
>
> 一曰公园。各国城市村镇亦皆无不有之，大抵悉就原埠空旷之区讲求森林种植之学，与植物园为一类而广大过之。如法德奥诸国，布置尤为井井，林木翡翠卉叶荣敷，经路萦迥，车马辐辏，都人士女晨夜往游，其空气既可以养生，其树艺亦可赏研。

端方、戴鸿慈建言，学部、巡警部应先在京师次第筹办，为天下倡，并妥定规划、管理之法。各地方督抚亦应量力兴办，"先就省会繁盛处所广开风气"，从而实现"民智日开，民生日遂盛"。

综观该折，饱满含对国外公益设施的艳羡之情，对照中国则已经落后无疑，考察团所受触动之深是可以想见的。此外，一些考察团随从人员也有类似认识，如端、戴考察团随员熊希龄在致赵尔巽函中亦指出建设图书馆的必要性："东西各国皆有帝室图书馆之设，秘库尊藏无不罗列，钟鼎尊彝无不具陈，一以示臣民之瞻仰，一以备友邦之观摩，残篇亦皆视同拱璧，任人观览，以广流传。至其藏书之富，以备人民之考求，关于学术者尤非浅鲜。"① 湖北随同考察人员蔡琦亦对图书馆十分关注，称"作育人材、培植寒畯，法固无有善于此者矣"②。另如载泽考察团随员杨道霖归国后在柳州任职，将出洋考察所得付诸实践，一项重要行政举措即为开办公园。杨道霖在拟建公园的折奏上言："泰西诸国首重公园，日本亦然，所以舒和民气，宣湮解郁，与民同乐，用意甚盛。"③

从影响上看，端方、戴鸿慈《敬陈各国导民善法折》得到政府认可，推动了京师及各地此类社会公共设施的发展。④ 其中，图书馆事务由学部统筹规划，博物院、万牲园、公园等事务则由巡警部统筹规划。⑤ 以图书馆建设为例，筹建省级图书馆成为"预备立宪"中的一项具体措施，学部在"分年筹备事宜清单"中，要求1910年各省应一律开办图书馆。同时，该清单将颁布图书馆章程、在京师开办图书馆列为1909年应办之事。⑥

其六，《考察学务择要上陈折》。

一个国家的发展和其教育发展水平紧密相关。端方、戴鸿慈通过出洋考察，对此有了深刻认知。如考察团曾考察了美国马里兰州水师学堂，对其学科之细、管理之严印象颇深，参观完该校后，考察团深切意识一国之发达实基于教育之发达：美国"战胜西班牙，组织六舰队，称雄海上，与诸国抗衡。今观其学堂，经营不遗余力，乃知幼稚而进于老成者，非偶然也。"由彼及己，感慨良多："吾国之谋恢复海军屡矣，问能有如是之速率否乎？"⑦

出洋考察之前，端方即强烈意识到民智之低下："今日民智犹湮，一乡之中

① 熊希龄：《熊希龄先生遗稿》（第5册），第4018—4019页。

② 蔡琦：《随使随笔》，第7页。

③ 杨道霖：《柳州文牍》（卷下），铅印本，不著出版年，第13页。

④ 实际上，端方对于导民四法是有所侧重的。端方归国后，在《创建图书馆折》中言道："窃维强国利民莫先于教育，而图书实为教育之母。近百年来欧美大邦兴学称盛，凡名都巨埠皆有官建图书馆，闳博辉丽，观者日千百人。所以开益神智，增进文明，意至善也。臣奉使所至，叹为巨观，回华后敬陈各国导民善法四端，奏恳次第举办，而以建筑图书馆为善法之首。"端方：《创建图书馆折》，《端忠敏公奏稿》，第1507—1508页。

⑤ 《饬知分隶导民善法》，《申报》1907年1月16日。

⑥ 李希泌、张椒华编：《中国古代藏书与近代图书馆史料》，中华书局1982年版，第126—127页。

⑦ 戴鸿慈：《出使九国日记》，第350—351页。

愚者百，不愚者一；四民之内学者一，不学者三。"端方对这种状况颇感危机，"倘一任其自安晦盲，则将何以明立宪法"①? 在《考察学务择要上陈折》中，端方、戴鸿慈对中国教育的弊病进行了深刻揭露，指出中国自秦汉后学校制度已废，"有国家者但求政治而不及教育"，以后历朝的士子研求经学，以科举为目的，"而圣贤克己复礼天下归仁之道几疑空谈，上下交习于欺罔，教化式微"。时至今日，整个社会"教理不明"，国民亦皆"图私利、破公益，恣其人心之欲"。在这样的国民基础上推行的新政改革，虽然"造端宏大"，然由于奉行者大多"瞻徇用人、涂饰耳目、诈伪相习、放弃自由"之人，"语以道德则固茫昧无知，绳诸法律并不能斤斤自守"，新政必将"成效无闻"。端方、戴鸿慈甚至用"几令神州种族不复可与世界之国民相遇"来表达对中国教育现状的痛心。②

基于中国教育发展的现状，端方、戴鸿慈参照日本及欧美的教育制度，提出六项改革中国教育的举措：第一，厘定教育行政机关，加强教育行政；第二，定立学堂规范办法，实现规范办学；第三，明定教育宗旨；第四，普及初级教育；第五，订定学堂冠服，以一民志；第六，严订留学教育管理章程，以培养真才实学的留学人才。

厘定教育行政机关的主张基于他们对各国教育行政制度的考察结果。端方、戴鸿慈认为欧美、日本等国"教无不行、人无不学"的原因在于教育行政的完善，上有学务大臣及其司员，中有省视学官，下有郡县视学官，并有各级教育会，上下呼应，管理完备，"有统辖之形而实无钳制之苦"。而中国虽于中央设立学部，各省设立提学司，但选拔的人员有欠适当。端方、戴鸿慈建言应当把教育官员立为专业之官，"妙选天下实学通才及确有经验之人，责以专心一端，分门研究，俾于学务办理之得失，言论之当否，皆能实有见地"。并提出可以"量用东西洋专家，以备考求而面废坠"。同时，端方、戴鸿慈鉴于地方学务部门所上之事需要督抚转达存在诸多弊端，提出政、学分开的主张。地方督抚及各级行政官吏由于地方政事纷繁，万不能潜心学务，学务对于地方行政来说，亦"既非所长，又非专务"。而现有状况是办学务者皆为政界中人，不可避免产生"督率于上者既不能中学界之肯綮，反动于下者必出而持政界之短长"的

①　端方：《谢赏学堂匾额折》，《端忠敏公奏稿》，第829页。
②　端方、戴鸿慈：《考察学务择要上陈折》，《端忠敏公奏稿》，第788—789页。

弊端。因此，省学务官员应直接与学部联络，"得有一省学务之全权"①。由学务部门专管教育事务的主张是对传统教育管理模式的否定，在更深层次上触及到了清末的政治体制问题，识见可谓独到。

建立模范学堂以规范办学的主张根据西方"政法家之说"以及中国教育发展中的弊端。西方政法家把行政方法概括为流通办法和模范办法两种。所谓流通办法，"凡事名义虽属重大，而内容仍为简单，虽以改制度、易历法、更权量诸大事，一言朝出，万姓夕遵，此属于流通办法者也"；所谓模范办法，"至于条例密致，义蕴复繁，则必先立楷模，再求仿效，然后推广，如母子之递生，不能骤然蕃衍，此属于模范办法者也"。中国发展教育的缺失正是用错了方法，把应当有计划有步骤推行的教育事务"误以流通之法施之"，以致"内自京师，外而行省，官立、民立先后相望，要之，普及之功，千百未得什一；弊害之著，秦越如在一堂"。基于此，端方、戴鸿慈提出办学应当采取循序渐进模范试点的办法。早在1902年，端方指出"敬教"和"劝学"之间存在的不可分割的关系，"敬教劝学，二者相资"②。如果要发展教育，首要的任务是要做到尊重教育事业，即"敬教"，其所包含的主要内容即为通过尊重教育人才，在社会上形成重视教育发展的风气；"劝学"的内容即为设立各类模范教育，使之成为教育发展参照的标准，从而使教育规范发展。端方、戴鸿慈指出"模范"分为"秩序模范"和"制度模范"两种，前者所涵盖的内容为各类教育以次递行的秩序，"重师范以裕各科教师之才，急女学以立家庭教育之本，然后有幼稚园、两等小学、中学、高等预备科、大学专科、大学研究科"；后者涉及教育研究、教育立法等内容，"教科之精，管理之善，密如茧丝，细如牛毛，若何研究，若何设备，立法以何者为楷程，用人以何者为资格"。端方、戴鸿慈指出只有在秩序上建立规范，教育发展才可能收到实效，否则教育发展的结果只能是"办七八分模糊影响之事，而全局皆非"。鉴于此，端方、戴鸿慈提出在京师设立从初级直到优级的完全模范师范，并且编纂完全教科书，为全国教育发展树立样本。③端方、戴鸿慈提出发展模范教育，实质上涉及教育发展要有法可依、有章可凭，要服从其发展的内在规律等问题。

---

① 端方、戴鸿慈：《考察学务择要上陈折》，《端忠敏公奏稿》，第779—780页。
② 端方：《请奖书院监督分教折》，《端忠敏公奏稿》，第214页。
③ 端方、戴鸿慈：《考察学务择要上陈折》，《端忠敏公奏稿》，第781—785页。

关于明定教育宗旨，端方、戴鸿慈认为，教育的目的不能仅仅归结为"求富图强"，因为这样的教育宗旨并没有切中教育发展的根本意义所在，培养人民的道德、法律精神才是其根本所在，"道德法律者，国家以之而保治安，人民以之而成人格者也"，缺乏道德、法律的教育，必然导致鼻窦丛生。端方、戴鸿慈指出中国教育界中存在着诸多问题，"其校员、执事或以情面之干求滥竽而窃吹，或以薪修之肥瘠暮楚而朝秦，或以自便私图而通融及于定则，或因一人枉法而曲徇及于众人。于是有多历年所而腐败相沿，不知其咎之安属者"，他们认为这些问题皆由"道德法律之不讲"而致。由此，他们提出模仿美日等国在学校教育中讲授社会进化之理，同时，纂辑伦理道德之教科，以我国圣贤经传为纲，以中外儒先名言纬之，定为"学堂第一注重之科学"，从而实现"全国人格之增进"①。

普及初级教育是端方的一贯主张，在出洋考察前即对推广初等教育不遗余力。早在1904年，端方在《现办学堂情形折》中，即揭示出教育普及与国家富强的联系："东西各国之富强，莫非发源于教育。方今时势艰难，民生日蹙，风俗猥薄，教案蜂起，推原其故，皆由人民无普通之智识，鲜谋生之技能。是以初等教育万不可缓，至于各省待兴之利，待举之事，不知凡几。举凡教育、实业、武备诸大政，皆有乏材之叹。"② 考察团归国后，端方、戴鸿慈通过比较各国的教育发展情况，对各国富强"无不由于普及教育之功"有了更深刻的体认，"外人之驯至富强，初无他术，乃不外教育之普及、制造之精良，要皆不耻相师，期于尽善"③，而俄国、意大利由于"教育普及之法未能周备，故谋生道隘，而乞丐尚多"④。由此，他们对德国普及教育发展程度之高非常艳羡，更加鲜明地将教育普及与民众生计的改善联系起来。

端方、戴鸿慈从教育层次的角度将普通教育分为普及性的初等教育即"庶民教育"，以及培养各类专门人才的"人才教育"。具体来说，两等小学为一类，所谓庶民教育，"学之者，学为人而已"；以中学以上为一类，所谓人才教

---

① 端方、戴鸿慈：《考察学务择要上陈折》，《端忠敏公奏稿》，第787—792页。
② 端方：《学堂筹建完备折》，《端忠敏公奏稿》，第370页。
③ 端方、戴鸿慈：《到奥情形折》，《端忠敏公奏稿》，第677页。
④ 端方、戴鸿慈：《考察学务择要上陈折》，《端忠敏公奏稿》，第792、776页。

育,"学为官、学为师、学为专门人才"①。就庶民教育而言,由于其目标在于培养"国民之资格与其谋生之自由",理应"最博最公",国家法律亦应规定为"强迫教育","以强迫之法行之,期于无人不学",即便是父母不欲,亦不能违反法律规定,否则罪其父母。基于此,他们对"义理不清"的学部章程进行了批评:其一,"所称小学毕业即为生员",混淆了庶民教育与精英教育的界限;其二,初等教育"生徒自费",中等及以上教育"尽以官款公款办之"的一贯做法违背了各国义务教育的准则,颠倒了义务教育与非义务教育在国家教育体系中的地位,亟待调换,应将"庶民教育"纳入国家财政支持的范围。②

端方、戴鸿慈从国民生计的角度阐释教育发展的必要性,一方面可以调动各方面参与教育事业的积极性,另一方面也符合教育发展的本质功能,即实现民众接受教育的权利,这种主张可以说是传统"民本思想"在二人身上的反映。

订定学堂冠服以一民志。端方、戴鸿慈在考察途中,对各国学生皆有制服深表赞同:"各国学生俱有制服,有徽章,等级分明,不容或紊。自其浅义而言之,则曰此以立标识、便别认而已;自其深义而言之,则冠服定而后观听一,观听一而后地位明,地位明而后心志专,而后术业定。"③ 显然,他们有意在一定程度上夸大了学堂统一制服的作用,其目的在于增强统一学堂制服的说服力。端方、戴鸿慈进而言道:"欲变精神,不能不先变形式。方今我国学制既甫萌芽,学界知识又皆幼稚,一学堂制服之问题仍旧之与更新,曾无当于宏旨,顾使谗慝之徒借此以守旧之名加于我百度维新之君上,而地方官吏之不肯通融者,断断然施其禁令,又不啻从而作证其说,适堕其鬼蜮之计。"④ 显然,他们主张统一制服的另外一层目的在于展示学习西方的决心,以免由于制服不改,保守固执者以此认定政府缺乏改革的实心。⑤

发展留学教育是端方的一贯主张。早在1901年,端方初为疆吏,即提出发展留学教育的主张,但是将留学生的选拔范围局限于"王公、贝子、贝勒",

---

① 端方、戴鸿慈:《考察学务择要上陈折》,《端忠敏公奏稿》,第792—793 页。

② 同上书,第793、796 页。

③ 同上书,第797 页。

④ 同上书,第800—801 页。

⑤ 同上书,第801 页。

在他看来，这些人与学生"易染洋习，情事隔阂，无由自见"相比，"所费同而得失异矣"①。1904 年，端方鉴于新政改革的推进，提出非"多派学生出洋不能网罗英俊，宏济艰难，早有一日之经营，即早收一分之效验，断不可置为缓图"②。前文述及，在出洋考察期间，端方、戴鸿慈广泛调查、延揽留学生，彰显出对留学教育的重视。此外，他们还曾专门拜会德国文部大臣，鉴于学生未谙德语者，留学至为不便，提议在上海或南京专设德文学堂，授以外语。同时吁请德国减收学费，"俾来学者可以日盛"③。

考察政治归国后，端方、戴鸿慈提出严订留学教育管理章程以培养具有真才实学留学人才的主张。首先，强调要将留学生所学专业的特殊要求，与学生的秉性、自身条件联系起来，"或取其脑力密缜，或取其体气强实，或取其学识优长，皆视其所学何门而取材"；其次，留学教育的目的在于能够满足国内需求，留学生所学专业要与国家需求结合起来，"于国家所亟欲举之政治、亟欲举之工艺、学术，按部就班派遣，一班之中分析科目，各有担任，卒业回国即予任事，无业不修"，只有这样留学派遣才能收有实效，各种人才各得其职，"无浪掷巨资为汗漫之游者"④；再次，留学生出国前应当具备相当的知识储备及外语能力，唯有如此，他们出国后能够做到有鉴别、有选择地取我所需，而非盲目学习，留学教育才能俾有实效，否则，"普通之未解，国文之未谙，外国语言之未习"，这样的留学生出国后，留学教育徒流于形式而已，"游而不学，辍业而嬉"。端方、戴鸿慈建言，学部应严定章程，以后各省选派学生，以普通卒业、国文完美兼通外国语文者为主，不及格者无得滥派。对于自费生亦一律考验合格方能允许留学，否则，虽毕业不得有录用任事之权利。从留学生所学学科专业上说，除师范为教育之本、法政为应用之才应予多派外，"自余理化工农医学文科，每派一班，均按科目平匀分配"⑤。

值得注意的是，端方出洋前即陈说女子教育的重要性，在考察途中亦将女

①　端方：《筹议变通政治折》，《端忠敏公奏稿》，第 139—140 页。

②　同上书，第 477 页。

③　戴鸿慈：《出使九国日记》，第 406—407 页。

④　端方、戴鸿慈：《考察学务择要上陈折》，《端忠敏公奏稿》，第 803 页。

⑤　端方、戴鸿慈：《考察学务择要上陈折》，《端忠敏公奏稿》，第 804—805 页。实际上，加强留学生出洋前的学养是整个考察团的普遍认识，如湖北随同考察人员蔡琦亦指出："学生必先有三四年根底，或在华已毕业者，来此再求精进，庶成材较易，而款不虚糜。"蔡琦：《随使随笔》，第 15 页。

学作为重点考察对象，在《考察学务择要上陈折》中，端方没有专门涉及发展女子教育的主张，仅在提及理想中的教育体系时有所涉及："重师范以裕各科教师之材，急女学以立家庭教育之本，以后有幼稚园、两等小学、中学、高等预备科大学、专科大学、研究可以此递行。"① 然而，这并不表明端方对女子教育疏于重视，他在面奏时即极力倡导发展女子教育，据报道："端午帅于前日面奏两宫，请饬学部速定女学堂章程规则，兴办女学，以开风气。闻已奉旨饬学部妥拟一切。"② 联系到梁启超代拟折稿中有《请设立中央女学院折》，可以说，端方、梁启超二人在发展女子教育的态度上具有一致性，尽管中央女学一类的筹议最终未能实现，然到 1907 年 3 月 8 日，学部颁布《女子师范章程》、《女子小学堂章程》，标志着政府承认了女子教育，使女子教育在学制上开始占有一定位置，这些章程的颁布凝聚着端方的一份功劳。

综而观之，端方、戴鸿慈站在捍卫国家利益的高度，通过中外对比的视角来审视中国教育改革的必要性，其目的非常明确：一方面，端方、戴鸿慈认为"雪耻自强，归功学校"③，将教育发展与国家主权的捍卫联系起来，具有较强的民族主义情感；另一方面，端方、戴鸿慈意识到"知本原所在，教育为先"，各国政治之所以存在差异是由其历史传统和国民文化素养决定的，而国民素养的高低取决于教育发展水平，"人民为政治之原质，而归本于教育之一途。盖政治者，造成治法之所也；而教育者，即造成其行法人与守法人之所也"④。显然，他们认识到一个国家能否推行宪政以及推行什么样的宪政，与国民素质的高低有直接关联。端方、戴鸿慈的这种逻辑使得政府不得不采纳其意见。有报道称，该折"颇蒙两宫嘉纳"，并言及"此次更动部务，荣相若调出学部，则该部尚书一缺戴氏大有可望"⑤。

其七，《军政重要请取法各国以图进步折》。

端方、戴鸿慈在考察过程中，各国政要多谈及军事的重要性，对考察团产生了相当大的刺激。考察团觐见德皇时，德皇谈及德国武备、实业之盛的由来：

① 端方、戴鸿慈：《考察学务择要上陈折》，《端忠敏公奏稿》，第782页。
② 《奏兴女学确闻》，《大公报》1906年8月21日。
③ 端方、戴鸿慈：《考察学务择要上陈折》，《端忠敏公奏稿》，第782页。
④ 同上书，第776、787页。
⑤ 《要闻》，《大公报》1906年11月11日。

"从前本国喜谈哲学，近数十年始考究矿路、格致、制造各项实业专门，是以年来进步较速。"又言："今日之要，莫如练兵。当请贵国皇帝崇尚武备，以一身当提督军旅之责，国势自强。"① 在挪威，该国兵部大臣亦对考察团言道："中国如能练兵四十万名，则天下莫敢侮。而练兵必先练将，有将即有兵，又必先能自造械而后可。"② 在德国基尔，亲王亨利及道："中国今日当注重练兵，尤在由皇帝以身倡之。练兵之道，不在于务远略，而在于保太平也。"③ 受其影响，考察团在国外期间亦甚为关注调查各国军制，并带回由录制各国水陆兵操的电影机，以备恭呈御览。④

归国后，端方、戴鸿慈上《军政重要请取法各国以图进步折》，该折当为考察团独自撰写。他们认为，当此时局艰危之际，军政改革关乎国家之存亡：

> 今日举国关系，莫重于军。数十年来外患迭兴，国势日蹙，盖已岌岌不可终日。幸值国家闲暇，得以整饬军政，若训练不能有功，将一蹶必难复振。故无论朝野上下皆当注力于此，而其切要方法仍在不徒求形式而激励精神，不自恃完全而力图进步。有精神、有进步则虽兵少饷单亦可谓之有效；无精神、无进步，则虽兵多饷足亦可决其无功。且中国今日不重在有兵，而重在能战，此后事变之起，虽不必轻言用兵，而至外侮相逼之时，亦难置兵而不用，是预备虽在于平日，而收效实在于将来。⑤

比较而言，端方、戴鸿慈尤其对德国军事之强大充满艳羡："德国以威定霸，不及百年而陆军强名几振欧海，揆其立国之意，专注重于练兵，故国民皆有尚武之精神，即无不以服从为主义，至于用人行政则多以兵法部勒其间，气象森严，规矩整肃。"⑥ 正因为重视军事建设，德国陆军"几为天下之所师法"，

---

① 戴鸿慈：《出使九国日记》，第406—407页。
② 同上书，第459页。
③ 同上书，第431页。
④ 《电机炸毙人命详志》，《申报》1906年8月26日。电影机带回后，稍有损伤，在修理过程中发生爆炸，考察团随员姚广顺不幸身亡，此事在当时颇为轰动，各大报纸纷纷报道。详见闵杰《清末新式娱乐活动》，《近代史资料》（第110号），中国社会科学出版社2004年版，第16—18页。
⑤ 端方、戴鸿慈：《军政重要请取法各国以图进步折》，《端忠敏公奏稿》，第827—828页。
⑥ 端方、戴鸿慈：《到德考查情形折》，《端忠敏公奏稿》，第670页。

如日本即事无巨细，皆奉德国为师，并由此迈入军事强国行列。鉴于此，以模仿德国、日本为主、以各国为辅，端方提出十条军事改革主张。①

第一，"军事大政谨拟恭请皇上亲御戎服以振士气"，这一主张来自各国政要的建言。端方、戴鸿慈言道，军事改革除了要讲求器械技术之外，士气之奋发亦刻不容缓，原因在于"士气不扬，军心必先自挫"。提倡士气之道，各国虽不一致，而无论君主、民主国家，国家元首无不戎装军服，担任海陆军最高统帅，以督率其间，"诚以军政本君主之大权，非臣下所能干涉"。如德国，即由德皇亲帅一协之军，指挥演习。俄皇亦"躬冒风雨，校阅新军，其军士无不激励欢呼"。中国立宪预备之始，皇上有统率海陆军之大权，宜参考古今中外戎服制度，"敬备御用军服"，以振奋士气，使人人以从军为荣。②

第二，"军事行政宜重加厘定"。端方在《请改定官制以为立宪预备折》中提出改兵部为军部，以练兵处并入。练兵处也要做出相应调整，军令司改设为参谋本部，设置总长，内分四小部，第一部专司本国战时各事，第二部专考外国军政，第三部则司内国设施及参谋人员之修学养成事宜，第四部则司操练及要塞事。至于军事教育一项，暂设陆军教育处、陆军教育高等委员、陆军学生考试委员、武中学堂及陆军小学堂委员。③

第三，"海陆军制度宜次第筹画规复"。欧美各国皆于海军建设不遗余力，而中国海军状况则令人担忧，自甲午之战后，"挫失无遗，人财并穷，规复难望"，胶州、旅顺军港为他国所租借，是以"论者谓中国几于无海，可为寒心"。端方、戴鸿慈提出海军建设亟待加强："处列强竞争之世，不能闭关自守，一旦有事，赴敌应援，皆惟舰队是赖。海军之不立，不徒无军，是不有其海也。"现今之计，唯有预算专款，分次第规复海军，先以五年为期造就军官、兵舰、军港、衙署等，然后培养人才、广立军港、扩充船厂。④

第四，"征兵之法宜实行全国"。中国军队建设素来缺乏严格的征兵制度，

---

① 端方、戴鸿慈：《军政重要请取法各国以图进步折》，《端忠敏公奏稿》，第808—809 页。

② 同上书，第810—812 页。所言俄皇校阅军队一事，为考察团所亲历。闰四月初一日（5 月 23 日），考察团赴彼得宫阅操，对俄皇冒雨检阅军队印象颇深："是日大雨滂沱，俄皇屹立马上不动，阅兵大臣亦屏立，无张盖者，军士在雨中亦操演如式，至十二时乃毕。"见戴鸿慈《出使九国日记》，第484 页。将亲历之事写入折中，彰显出该折为考察团所撰写。

③ 端方、戴鸿慈：《军政重要请取法各国以图进步折》，《端忠敏公奏稿》，第812—814 页。

④ 同上书，第815—816 页。

近来练兵处奏定军制"寓募于征"，较此前募兵之法"自为妥善"，然弊端亦多，"应征者多属单寒，不及富家贵族，则仍有鄙夷不屑之见，而全失各尽义务之心"。欧洲各国通行征兵之法，"逐年退伍，逐年征召，平时可以少数之费养战时多数之兵"。中国宜仿效各国征兵之法，使人人皆知当兵为国民义务，"虽富者不许雇代，贵者不得要邀除，而兵制饷章全仿德日成法，酌量厘定，庶几天下之士闻风向慕，不复以当兵为苦累矣"①。

第五，"军事教育宜明示方针"。中国练兵的一大缺失在于"有练而无训"，德育、智育欠缺，"宗旨不一，精神不完"，以至"未见其有益"。而各国无不重视对军队的精神教育，如德国训兵之旨"以保守其尺寸土地为先"，设为"尽忠义、正礼义、尚武勇"三条；日本以"尽忠节、正礼仪、尚武勇、崇信义、守质素"为军人共守之训。折中建言，由练兵处负责厘定训兵宗旨，颁示天下。②

第六，"高等兵学宜速成修习"。德国设立各级陆军学堂，以培养各类军事人才，如武中学堂为士官学生出身之地，士官学堂为初级武员养成之所，专科学堂则分别培养步、马、炮、工各专科，陆军大学堂则教以帅兵、参谋诸要务，秩序井然。而中国"兵学久荒，人才因之缺少，近年改易军制，由学堂出身人员较多，然于帅兵、参谋诸学术大半诣力未底完全"，并且各省所练新军，"只士官粗有规制，余均未能举行"，人才至为缺乏。由此，折中建议先于京师设立速成陆军大学堂一所，选拔各省军队人员入堂学习，期满后回队转相教授。同时奏定陆军学堂办法，速开各级学堂，俟士官学堂办有成效后，取消速成学堂，仿照德国之制，"专设大学堂以教士官学生，俾养成帅兵、参谋之资格"③。

第七，"贵胄子弟宜出洋入伍"。德国自皇子、亲王以至贵族子弟，无不入伍从军，"是以举国材智，无不争趋于军界"，国势因以强盛。而中国崇文不尚武的传统根深蒂固，欲扭转这一风气，全赖政府之提倡。折中建言选派宗室贵胄先赴德、日等国游学，马、步、炮、工各队任学一科，并须入伍肄业，归国

① 端方、戴鸿慈：《军政重要请取法各国以图进步折》，《端忠敏公奏稿》，第816—817页。端方、戴鸿慈在《列国政要》中，对欧洲征兵法有详尽的介绍，详细论述见下文。

② 同上书，第817—818页。

③ 同上书，第819—820页。

之后与陆军学生一体任用。①

第八，"军火器械宜建厂自办"。考察团在考察过程中，对各国军工企业尤其注意。美国法律甚至规定，"美国军备必以美国材物修之"，德国军队的衣食、器械亦未尝购自国外。另外一些兵备稍弱的国家，如丹麦、瑞典等，亦无不有制造枪械、船舰各厂。之所以皆设有军工企业，目的有二，一在于"供战时之取求"，一在于"防利权之外溢"。反观中国，仅有上海、汉阳两处军工企业，且至为落后，制造多不精良，遇有战事，各类军械皆从外国购买，"得之则生，不得则死"，无异"以性命属诸他人"。折中建言国家要统筹全局，预算专款，"分设各厂，多造子药"，并设立军器总监所以为监督，保证专款专用。另外，为使"官力稍纾"，国家应提倡商办军工企业，商家愿立民厂制造者，由总监所定章监督。②

第九，"战时计划宜预先筹备"。各国军政有动员计划，"其大要在举战时事宜皆一一预为准备，先行计划而已"，包括战备物资的准备、转运输送的筹划，等等，"事无巨细缓急，皆须规划井井，一目了然，一旦有事，应付始可裕如"。中国应仿照各国办法，"凡已练之军，皆当妥筹战备，逐年计划"，并由军令司派员检查"其实在准备是否与其计划相符"，"如此行之数年后，新军规为必可大备。即使事起仓猝，亦可稍有把握，纸上谈兵之诮庶可免也"③。

第十，"军人位置宜优定章程"。处今日尚武时代，军人受到优待为势使必然，原因在于他们担负保国卫民的责任、忠君亲上之义务。练兵处应查照各国章程，分别厘定优待军人之法，凡平时、战时著有功绩，以及能发明新械、新学有裨军政者，不论将士、弁兵，或授以勋章，或加以恩给，"稍寓特别从优之意"，以绝"往日不屑当兵之谬说"④。

端方、戴鸿慈通过国外考察，对军队建设重要性的认识提升到了新的高度，他们敏锐地认识到兵力、国力实为相辅相成的关系："兵力与国力互为轻重，兵力不足则国力必不可恃，国力愈大则兵力亦必须递增。"⑤ 在此基础上，他们借

---

① 端方、戴鸿慈：《军政重要请取法各国以图进步折》，《端忠敏公奏稿》，第820—821页。
② 同上书，第822—824页。
③ 同上书，第824—825页。
④ 同上书，第826—827页。
⑤ 同上书，第816页。

鉴国外军队建设的经验，比照中国军队建设中的不足，提出了十项军政改革的举措，涉及军队建设的各个方面，其宗旨在于建设强大的军事力量。可以说，该折对于正在推行的军制改革以及新军建设无疑大有裨益。

其八，《请定皇室典范折》。

端方于1906年9月2日被任命为两江总督，《请定皇室典范折》为端方在两江总督任上所奏陈。端方上奏《请定皇室典范折》实出于郑孝胥等人的建言。前文述及，1906年7月11日端方曾将《均满汉以策治安折》之初稿请郑孝胥、严复、李登辉审订，郑孝胥等人认为"无可增意"，并提议另拟一片，"请速将宪法及皇室典范二端提议编纂，布告天下，有曰：今宜利用多数希望立宪之人心，以制少数鼓动排满之乱党。各省所立立宪公会，如主持得人，则宗旨甚正，朝廷宜加考察，量与扶助，使信从渐广，亦可暗销乱党煽惑愚氓之心"①。端方稍后所上的《请定皇室典范折》，完全接受了郑孝胥等人的意见。

笔者之所以将《请定皇室典范折》归于考察政治所得，一方面缘于《考察各国政治条陈折稿》一书收录该折，更重要的是，此折内容在于模仿日本定立皇室典范，以保障皇帝及皇室之特权，与前此各折互相联系。问题是，缘何端方归国一年以后才上陈呢？考察团归国之际，国内舆论对于宪政改革充满期待，端方尽管在《官制折》中明确提出以日本为模仿的蓝本，然而总体上看，考察团宣称将各国立宪制度作为取法的对象，他们担心过于明显地提倡模仿去专制最近的日本立宪体制，会遭到社会各集团的反对。是以迟到归国后第二年，端方在郑孝胥等人的建言下才将该折上陈，展示出端方的老谋深算。我们来看该折的内容：

> 伏查各国之立宪制各不同，由专制朝廷颁行宪法者，谓之君主立宪，其君主为万世不易之统，日本天皇常握全国最高之统治法权是也。考日本宪政本源，一在万机决于公论，与人民以参议之权；一在振起皇基，使天子之权力不可侵犯。故其帝国宪法与皇室典范相辅而行。明治二十二年发布宪法敕语，大致谓本祖宗所授之大权，对于现在及将来之臣民制定大宪，以示率由。子孙当循行不怠，臣民当永远从顺。其皇室典范，自皇位继承

①　劳祖德整理：《郑孝胥日记》（第2册），第1099页。

以及皇室经费，条目虽多，其纲要不外推本贻谋，总揽治统，以示相承一系，传之无穷。此即全国公奉君主一姓为永远不移之皇室，其所占之地位实有确不可拔之基。

而中国当时的情状正是革命风潮勃兴，"不逞之徒倡为排满之说，与立宪为正反对"，端方指出，"宜附从多数希望立宪之人心，以弭少数鼓动排满之乱党"，因此，时处今日，亟待将"宪法及皇室典范二大端提议编纂布告天下"①。同时，对于正在开展的地方自治运动持认同态度："各省绅商所设地方议会，实有关于立宪基本者，如主持得人，宗旨甚正，似可加以考察，量为扶助，使信从渐广，皆趋于宪政之一途，乱党煽惑愚氓之力，当不戢而自销。"②

显然，在端方看来，宪法以及皇室典范的颁布一方面可以确保君主的权威，一方面对日益高涨的革命运动亦是有效的压制。这种建言逻辑无疑不可更改，在端方奏请不久，宪政编查馆奏请溥伦调查日本皇室典范之组织，"以便舍短取长，参酌办理"③。

三 《欧美政治要义》

1906 年 10 月 23 日，端方、戴鸿慈将《欧美政治要义》作为政治读本进呈给慈禧太后和光绪皇帝。④ 端、戴在进呈该书的奏稿中，简要论述了成书过程：

> 臣等此次前赴欧美各国考察政治，为期较促，历国甚多，深恐博览周咨，不免挂一漏万，是以放洋之后即注意于采译书籍，诚以耳目所得常不敌公私著述之切实可稽，详尽无憾。惟是译才较少，政典弥繁，参随各员间有口译笔受者，又往往得其一端，未能综括全体，且各国分译，亦不能贯穿成编，上备朝廷采择。因特就各国政体荟萃，编为《欧美政治要义》一书，酌派妥员，专司纂辑，去其繁芜，撷其精华，似于政治大端业已粲

① 端方：《请定皇室典范折》，《端忠敏公奏稿》，第 1081—1083 页。

② 同上书，第 1083 页。

③ 《要闻》，《大公报》1907 年 12 月 6 日。

④ 中国第一历史档案馆编：《光绪宣统两朝上谕档》（第 32 册），第 171 页；《清实录·德宗景皇帝实录》（总第 59 册），中华书局 1987 年版，第 461 页。

然具备。现奉明诏预备立宪，各国政体自应兼搜并采，以备考求。谨将臣等所编，恭录成册，先行进呈，用备几余省览。①

稍后，该书由商务印书馆于 1907 年出版发行。该书出版后，行销畅通，仅仅到次年六月即三版发行，本文所依据的即为该书第三版。

《欧美政治要义》1 函 4 册，除书前所附《设立立宪君主政体之总因》外，共 18 章 42 节。各章分别为：第一章：《皇室典章之发明》；第二章：《国家宪法之制定》；第三章：《宫中与政府之区分》；第四章：《立宪政体君主之权力》；第五章：《君主之至高顾问府》；第六章：《政府即责任内阁之编制》；第七章：《国会之设立》；第八章：《会计监督及预算制度》；第九章：《法律命令》；第十章：《立宪政体之行政原则》；第十一章：《行政司法之分划及司法制度》；第十二章：《海陆军之制度》；第十三章：《中央行政各部之编制》；第十四章：《中央行政各部与地方行政官署之关系》；第十五章：《地方会议》；第十六章：《地方自治制度》；第十七章：《臣民之权利义务》；第十八章：《非常警察及戒严之制度》。

该书颇得时论好评。在该书刊行之前，端方曾将书稿呈送张百熙，请其核定，张百熙对此书赞赏有加："大稿快读一过，经世之鸿文也，拜服拜服。"②（1910 年 11 月 16 日），两淮试用拣选盐大使李昂青在奏折中即引用该书"总则"及第六章《政府即责任内阁之编制》之部分内容，声称读至第六章时，"窃叹其言之精到，乃知九州以外未尝无人，故百余年来欧美列邦皆崛起称雄。其云体察臣民生活之要素所在而以国力助长之，即《论语》所谓'国民之所利而利之'之意"③。显然，《欧美政治要义》的内容成为人们援引的范本，极大地推动了国人追求政治现代化的热情。

另外，现有研究对《欧美政治要义》的评价也相当高。廖圣雄称："《欧美

①　端方：《欧美政治要义》"前附奏折"，商务印书馆 1907 年版；端方：《进呈〈欧美政治要义〉折》，《端忠敏公奏稿》，第 840—841 页。

②　佐久间桢、阎崇璩编：《匋斋（端方）存稿》，（台北）"中研院"近代史研究所史料丛刊（30）1996 年版，第 202—203 页。

③　国家图书馆编：《清代（未刊）上谕奏疏公牍电文汇编》（第 55 册），总第 25916 页。

政治要义》在那个时代无疑极具价值,是一部译介西方政治的先驱性著作。"①
邓嗣禹、费正清称:"该书首先代表了考察政治大臣对君主立宪制的原理及运作
的理解,且其理解达到了那个朝代所允许的最大高度;其次它突出了这一时期
改革者的实用功利性色彩,不再停留在理论论证阶段,而是从实践上为宪政作
辩护。他们阐释了推行宪政会加强君主的权威,同时表达了允许国民参与政治
事务从而增强其国家观念的愿望,反过来也会使国力得到增强;再次,这种观
点不仅仅出于迎合皇太后的目的,也为清政府将变革推向全国提供了一个合乎
情理的根据。"② 张海林先生指出学界应当对端方及《欧美政治要义》以足够的
重视:"过去治中国宪政史的学人完全忽视了端方和《欧美政治要义》的存在,
把赞赏、译介、阐释、传播西方民主自由权利的功绩全部挂在了所谓'弃传统
而不顾'的激进留学生或革命家身上。我们应该将被歪曲的历史回正过来。因
为晚清时期的历史事实是,力主和平渐进而思想开放的官员和绅士恰恰是传播
西方自由权利理念的主力。端方是他们的佼佼者。"③

　　前文述及,梁启超自称他为戴、端考察团代拟的文字计有 20 余万,虽为概
数,亦可依据。已确定的梁启超代笔之作包括《国是折》、《官制折》、《代五大
臣考察宪政报告》以及夏晓虹教授发现的梁启超手稿。从字数上看,《国是折》
约 1 万字,《官制折》约 1.5 万字,《代五大臣考察宪政报告》约 7000 字,五
件手稿共计约 1.8 万字,合计 5 万余字,与梁所言"二十余万字"相差甚远。
戴、端考察团归国后的书面成果包括三部分:奏折、考察报告(《欧美政治要
义》)、资料汇编(包括《列国政要》和《列国政要续编》,由考察团委托陈庆
年、赵西彝编订,详见下文)。我们可以做出一个大胆的推测:梁启超在为考察
团草拟折稿的同时,是不是还为考察团起草了《欧美政治要义》之底稿? 在新
史料发现之前,将《欧美政治要义》表达的核心思想和《饮冰室合集》进行文
本对比,或许是回答这一问题的唯一途径。

　　其一,实行君主立宪制度的原因:关于"政治目的"的阐释。

---

① Sheng-Hsiung Liao, *The Quest for Constitutionalism in Late Ch'ing China*: *The Pioneering Phase*, Thesis
(Ph. D.) —The Florida State University, 1978, p. 222.

② Ssu-yuTeng、John K. Fairbank, *China' Response to the West*: *A Documentary Survey* (1839 – 1923),
Cambridge: Harvard University Press, 1954, pp. 207 – 208.

③ 张海林:《端方与清末新政》,第 159 页。

可以说，"政治目的"的阐释是贯穿《欧美政治要义》全书的一条红线，是全书的核心思想。该书答道，立宪政体的核心要义也即政治的目的即是："举国家之全力，提挈臣民之生活，助其发达；又以臣民之所愿欲相资为理，而增长国力为其目的者也。"① 该书强调，实现人民生活发达及国力强盛有其必要性："（各国）咸厚积兵力以为外交必胜之算，而兵力之所以厚则在臣民之能胜其负担，其所以能胜负担则在国家助长生活之发达，然则助长臣民生活之发达实为各国家最大之急务。"② 该书指出，国力、民力同时发展，"使臣民一人之生活与国家全体之生活有合为一致之观，上下一心，共同经营"正是"立宪政体之妙义"③。

早在 1902 年梁启超即多次论及政治目的。在《论立法权》中，梁启超言："英儒边沁之论政治也，谓当以求国民最多数之最大幸福为正鹄，此论近世之言政学者多宗之。"④ 在《乐利主义泰斗边沁之学说》中，梁启超论述了边沁的政治目的论："政治之目的，在为国民谋最大幸福，故他人代为谋不如国民之自为谋。"⑤ 在《论政府与人民之权限》中，梁启超指出："政府之义务虽千端万绪，要可括以两言：一曰助人民自营力所不逮，二曰防人民自由权之被侵。"⑥

《欧美政治要义》在《政府即责任内阁之编制》一章中，将国家目的归结为"宪政精神"。关于"立宪精神"，梁启超在 1902 年发表的《政治学学理摭言》一文中有所提及，但未展开论述。⑦ 《欧美政治要义》对"立宪精神"解释甚详："宪政精神者，依国家之力助臣民生活之发达，又依臣民之赞助以增进国家之力是也。……总括此两者，谓之为国民发达之要件，又约言之为国民利益。而宪政国之所以为政治目的者，实无出于此者也。"该书同时指出二者之间也存在着矛盾："国家之资力有限，用于此方者多，则用于他方者不得不少。且民生发达之要件，又常与国力增进之要件不相容。"作者进而言道："宪政君主不可不于其中择紧要之数种定增助之策，以发其法律命令，至其他各种利益，

---

① 戴鸿慈、端方：《设立立宪君主政体之总因》，《欧美政治要义》"卷首"。

② 同上。

③ 同上。

④ 梁启超：《论立法权》，《饮冰室合集·文集之九》（第 1 册），第 106 页。

⑤ 梁启超：《乐利主义泰斗边沁之学说》，《饮冰室合集·文集之十三》（第 2 册），第 39 页。

⑥ 梁启超：《论政府与人民之权限》，《饮冰室合集·文集之十》（第 2 册），第 2 页。

⑦ 梁启超：《政治学学理摭言》，《饮冰室合集·文集之十》（第 2 册），第 62 页。

则以紧要利益增进之故间接以增助之，而适当于此取舍者谓之为政治。"① 然而，所言"紧要之数种"区划为难，具体操作实有困难。

1910 年，梁启超发表《宪政浅说》，将政治问题中的一部分纳入社会问题范畴，一定程度上简化了政治问题的属类，以此化解国家发展困境："国家之目的具如前述，一曰为国家本身谋利益；二曰为构成国家之个人谋利益。夫此两者之利益，其范围浩乎无垠，举天下事物，殆无不可纳于其中，则政治且日不暇给矣。是故常于其中画出一部分焉为社会的问题者，如宗教、言语、文字、生计诸事项，由社会上自然发达，而未尝劳国家之特为经画者皆是也。"② 梁启超进一步思索"民力"与"国力"的矛盾并提出解决思路，是为《欧美政治要义》的延展。

其二，君主立宪制度下的君权。

在中国这样一个延续两千多年专制制度的国度推行君主立宪制度，如何保全君主权威是必须要考虑的问题。《欧美政治要义》从以下几个角度论述了君主立宪制度下的君权。

1. 君主权力应受宪法、法律的保障

宪法定立之前，"其大要者莫如昭明皇室之典章，以保持君主之权力及尊严为第一义"，使臣民之分秩然不紊。③

2. 君主权力立宪前后的变化

君主权力在立宪之后异于未立宪之时者，"仅依宪法之条规行之一语而已"，也即君主权限"不可逸于轨道之外"④。

3. 君主立宪制下君主无责任

立宪政体下，"违背者任违背之责，乃立宪政体最要之义"。责任内阁代君主负治理国家的责任："君主之关于国务政令，不问其何事，必经由内阁而国务大臣副署之，若无国务大臣副署，则虽君主之敕令，有司亦不得执行。"⑤

早在 1902 年，梁启超即发表《政治学学理摭言》，指出"凡立宪君主国之

---

① 戴鸿慈、端方：《政府即责任内阁之编制》，《欧美政治要义》，第46—48 页。
② 梁启超：《宪政浅说》，《饮冰室合集·文集之二十三》（第 3 册），第 46 页。
③ 戴鸿慈、端方：《皇室典范之发明》，《欧美政治要义》，第 6 页。
④ 戴鸿慈、端方：《立宪政体君主之权力》，《欧美政治要义》，第 31—32 页。
⑤ 戴鸿慈、端方：《政府即责任内阁之编制》，《欧美政治要义》，第 51—52 页。

宪法，皆特著一条曰，君主无责任，君主神圣不可侵犯"①。他阐释道："凡君主之制一法、布一令，非有大臣之副署则不能实行。故其法令之不惬民望者，民得而攻难之。曰吾君本不能为恶也，今其为恶，皆副署者长之、逢之也。……而彼副署者，亦不得不兢兢于十目十手之下以自检自龟，而一国之政务乃完善之至也。"② 显然，《欧美政治要义》完全转嫁了《政治学学理摭言》的论述。

其三，宪法。

近代以来，国人对宪法概念的介绍梁启超居功甚伟。早在 1899 年梁启超即介绍："宪法者，英语称为 Constitution，其意盖谓可为国家一切法律根本之大典也。"③ 1901 年，梁启超又言："宪法者何物也？立万世不易之宪典，而一国之人，无论为君主、为官吏、为人民，皆共守之者也，为国家一切法度之根源。此后无论出何令，更何法，百变而不许离其宗者也。"④

戴鸿慈、端方考察团在归国后的书面陈奏中明确提及宪法概念：《请定国是以安大计折》言道："（宪法）即一国中根本之法律，取夫组织国家之重要事件，一一具载于宪法之中，不可摇动、不易更改，其余一切法律命令皆不能出范围之中，自国主以至人民皆当遵由此宪法而不可违反"⑤；《欧美政治要义》称："所谓宪法者，诸法之渊源也，一国之大本大法也，故又称之为国家之根本法。盖所以规定国家各部机关之编制及权限，并臣民之权利及义务，在一切法律至上而可为国家一切政务之基本者也。"⑥

关于宪法的制定，《欧美政治要义》指出三种类型：敕拟宪法、共议宪法与民主宪法。所谓敕拟宪法，"君主命其臣僚拟具宪法之草案，下之于高等顾问府，使议定而裁可之，以公布于天下"；所谓共议宪法，"询议于臣民之代表机关，君民公议而始确定者"；所谓民主宪法，"当革命之后，人民先开宪法构成会议以议定宪法，因此以选定君主"。作者意识到，共议宪法最切合中国实际，既能符合根本大法的性质，亦可有效避免人民反动力的产生："敕拟宪法不如君

---

① 梁启超：《政治学学理摭言》，《饮冰室合集·文集之十》（第 2 册），第 62 页。
② 同上书，第 64—65 页。
③ 梁启超：《各国宪法异同论》，《饮冰室合集·文集之四》（第 1 册），第 71 页。
④ 梁启超：《立宪法议》，《饮冰室合集·文集之五》（第 1 册），第 6 页。
⑤ 戴鸿慈、端方：《请定国是以安大计折》，《端忠敏公奏稿》，第 693—696 页。
⑥ 戴鸿慈、端方：《国家宪法之制定》，《欧美政治要义》，第 18 页。

民共议宪法之易于遵守，各君主立宪国之宪法多用共议者，以是故也。"① 然而，清政府在 1908 年颁布的《钦定宪法大纲》，根本没有经过国民共议，失掉了端方宪法君民共议的良好初衷。

梁启超 1920 年发表《国民自卫之第一义》，则提出国民制宪为国民自卫第一义。为防止政府与国会勾结盗取民意、败坏国事，必须求诸宪法，然而，"宪法如何而始能予我以此凭藉"？梁启超明确指出，"舍国民自动制宪外，其道末由"。所谓国民制宪，即"以国民动议的方式，得由有公权之人民若干万人以上之连署提出宪法草案，以国民公决的方式，由国民全体投票通过而制定之"②。显然，端方未接受梁启超宪法由全体国民投票通过的主张。

其四，国会。

1. 设置国会原因

作者言道："以国力兴起臣民何种之事业，与其使君主之官僚有事推察，不如直接咨询臣民之为愈也"。然而，"臣民之数众多，必一一咨询势有所不逮，故不如使其依公选方法，由亿兆臣民中选出数百人为代表者，俾之对于政府代表全国臣民之意见，是即所谓国会也"③。同时，作者强调了责任内阁与国会实为相辅相成的关系："国会与责任内阁相须为用，而藉以为国政之枢纽。"又言："政府与国会，殆如车之两轮，彼此常相钳制者也。"④

1910 年，梁启超发表《为国会期限问题敬告国人》，强调责任内阁与国会的密切关联："责任内阁云者，必有纠问责任之机关与之对待，然后能成立者也。而以君主当此机关，则其最不适者也，以君主而纠问大臣责任，其所得结果惟有二途，一曰仍躬亲庶政而代大臣负责任；二曰委耳目于中涓新进，以掣大臣之肘。二术殊趋，而内阁责任之不能成立则一也。是故有国会则有责任内阁，无国会则无责任内阁。"⑤ 所论与《欧美政治要义》一致。

2. 中国应当采取一院制还是二院制

《欧美政治要义》承认二院制优于一院制：其一，采用二院制，"虽有党争

---

① 戴鸿慈、端方：《国家宪法之制定》，《欧美政治要义》，第 18—19 页。
② 梁启超：《国民自卫之第一义》，《饮冰室合集·文集之三十五》（第 4 册），第 30、28 页。
③ 戴鸿慈、端方：《国会之设立》，《欧美政治要义》，第 64 页。
④ 同上书，第 63、64 页。
⑤ 梁启超：《为国会期限问题敬告国人·敬告各督抚》，《饮冰室合集·文集之二十三》（第 3 册），第 18 页。

而彼则无所偏私，互相牵制，以持其平，故议事精确周匝"；其二，依普通公选法选举代议士，一国之中"少数之秀民不必与选"，不如置两院，"下院之代议士由公选，上院则或由世袭之特权、或由同族之互选、或由君主之敕选，庶免秀民无所与选之虞"。虽然意识到二院制诸多优势，但就中国而言，"贵族无多，非如泰西之社会上人民有程度之等级，所谓上级下级之悬隔又无如欧美各国之显然，则中国当设立国会之初似无须采用二院制。"①

梁启超则主张采行二院制，他指出："无论何国，其国内必包含种种分子，其分子皆各有其特殊之利益……故于一方面使之各代表其利益，同时于他方面为设一范围，以范围内之压制为调和，此二院所由建。"② 梁启超认为，《欧美政治要义》主张一院制实受日人有贺长雄影响："二院制殆成各国国会普通原则，既已若是，而论者对于中国将来之国会犹有主张一院制者，吾盖习闻之，而日本之博士有贺长雄氏亦其一人也。"③ 前文述及有贺长雄参与《欧美政治要义》撰写，该书主张中国采用一院制无疑采纳了有贺长雄的主张。

3. 国会议员选举法

作者指出，国会议员选举方法有四种形式：普通选举法，"凡国中成年之男子悉得参与选举，其不获参与者，唯痴者、狂者及刑余之人"；制限选举法，"预备一定之资格者始获参与选举"④；直接选举法，"有选举权者直接选举代议士"；间接选举法，"使有选举权者先选出选举委员，再使选举委员选举代议士"。作者并未明确指出中国应采用何种选举方法："中国情势与泰西各国迥别，故设立国会之时其选举法不宜拘泥各国之旧制，即自为机轴以酌定选举方法。"⑤

《欧美政治要义》多少混淆了选举资格和选举方式，统称为选举方法并不妥当。梁启超 1910 年发表《中国国会制度私议》，对此给予纠正。按选举资格分为普通选举与制限选举：普通选举者，"谓一切人民皆有选举权"；制限选举者，以法律制定若干条件，符合条件者得有选举权。⑥ 选举方式则有"直接选

---

①　戴鸿慈、端方：《国会之设立》，《欧美政治要义》，第 66—67 页。
②　梁启超：《中国国会制度私议》，《饮冰室合集·文集之二十四》（第 3 册），第 11—12 页。
③　同上书，第 13—14 页。
④　戴鸿慈、端方：《国会之设立》，《欧美政治要义》，第 67 页。
⑤　同上书，第 68 页。
⑥　梁启超：《中国国会制度私议》，《饮冰室合集·文集之二十四》（第 3 册），第 41 页。

举"和"间接选举"之别：直接选举者，"由有选举权之人民直接选出议员也，亦谓之单选举"；间接选举者，"由有选举权之人民选出选举人，再由选举人选出议员也，亦谓之复选举"①。梁启超主张中国应采取普通选举，否则"国会恐无成立之期"②。同时指出中国当前教育未能普及，选举人之智识能力实有缺乏，"惟用间接制可以略矫此弊"③。

其五，国民权利及义务。

第十七章《臣民之权利义务》，专门论述国民权利及义务。关于国民义务，作者言之寥寥："臣民对于国家之义务，即服从国家依宪法行于臣民上之权力之义务也，此权力有依法律行之者，亦有依命令行之者。而依命令以行国家权利之时，虽得以政府及行政各部之便宜而动之。至于兵役之义务及纳税之义务，自臣民观之，为非常之重荷，以其影响于生活之发达不少，故各国之宪法于此二种之义务，限定非依于国会参与之法律，则不得课之及增减之也。"④ 作者侧重点在国民权利自由。该章第二节《臣民之权利自由》以 2700 余字的篇幅系统介绍了人身之自由、家宅之安全、居住移转之自由、信书之秘密、所有权之保障、信教之自由、言论著作印行结社之自由、请愿之权利、裁判之公平、登用之均等。⑤ 作者同时强调国民权利应得到法律保障，"必以法律规定之，而非依于法律则不可动"，"不得仅以出于政府之命令为可也"⑥。揆诸此后中国关于国民权利、义务的论说，大抵没有超过《欧美政治要义》的论述范围。

梁启超早在 1899 年即发表《各国宪法异同论》，介绍了"臣民之权利及义务"，然论述相当简略："厘定臣民之权利及职分，皆各国宪法中之要端也。如言论著作之自由、集会结社之自由、行为之自由、居住之自由、所有权利、请愿权利及其他重大之各权利，并纳税义务，兵役义务及其他重大之各义务，皆须确定之。"⑦ 1916 年，梁启超发表《国民浅训》，论及国民权利与义务，对国

---

① 梁启超：《中国国会制度私议》，《饮冰室合集·文集之二十四》（第 3 册），第 73 页。

② 同上书，第 61 页。

③ 同上书，第 75 页。

④ 戴鸿慈、端方：《臣民之权利义务》，《欧美政治要义》，第 166 页。

⑤ 同上书，第 167—173 页。《臣民之权利自由》一章之全文可参见张海林《端方与清末新政》，第 115—119 页。

⑥ 戴鸿慈、端方：《法律命令》，《欧美政治要义》，第 87—88 页。

⑦ 梁启超：《各国宪法异同论》，《饮冰室合集·文集之四》（第 1 册），第 78—79 页。

民义务的介绍尤其详尽，指出国民有爱国、纳税、服兵役的义务，皆是《欧美政治要义》未论及的。而关于权利的论述则远不如《欧美政治要义》详尽，亦未出其论述范围。梁启超侧重国民义务、简略国民权利的写法，原因或在于《欧美政治要义》对权利已有详细论述。

总之，在《臣民之权利义务》一节中，反复出现的一个词为"民生"，展示出作者的核心价值取向：将国民权利及自由视为民生发达的必要条件，由此与立宪国之目的联系起来。大体来看，中国近代学习外国的过程，从坚船利炮到政法制度，皆忽视了"船炮、制度后面的肯冒险、能负责的个人，和我国当时大部分的国民是不同的"①。梁启超在《欧美政治要义》中至为详尽地论述了国民权利、自由的内涵，希冀通过端方之口使朝野上下对此皆有相当了解，这在中国历史上当属第一次。而端方对西方权利、自由理念予以全盘接受，不仅敢于上陈当权者，而且公开出版，展示出他传播西方权利、自由理念的勇气和魄力，其原因不得不归结于出洋考察对端方思想的刺激，也彰显出端方实为统治阶层内部思想开明的佼佼者。揆诸此后中国的宪政建设，关于国民权利、义务的论说大抵没有超过《欧美政治要义》论述的范围，由此，《欧美政治要义》关于国民权利、自由的论述在中国近代宪政思想史上开风气之先的历史地位是不可抹杀的。

梁启超与五大臣出洋考察团的关系是一个无论如何绕不过去的问题。通过《欧美政治要义》和《饮冰室合集》的文本对比，可以清晰看出《欧美政治要义》与梁启超宪政思想之间的诸多关联。当然，这并不能充分说明梁启超即是《欧美政治要义》的作者。但这样的比对工作并非无益，文本的对比至少可以说明以下两点事实：

首先，梁启超诸多宪政主张在《欧美政治要义》中得到阐述，甚至很多情况下两者并无二致，可以肯定考察团对梁启超的宪政观点大量引述，这正凸显了梁启超在当时宪政思想界的引领地位。当然，考察团对梁启超的宪政观点并非全盘接受，在一些关键问题上是有所摒弃的，如梁主张中国采行二院制，《欧美政治要义》则采纳了日人有贺长雄一院制的主张。

---

① 王戎笙编：《台港清史研究文摘》，辽宁人民出版社 1988 年版，第 459 页。

其次，《欧美政治要义》出版后，梁启超发表的大量政论著述，不少即是对《欧美政治要义》有针对性的修补、完善。据此，梁启超 1906 年之前发表的宪政著述、《欧美政治要义》以及该书出版后梁启超发表的宪政著述，三者形成了一个相互关联的宪政思想发展脉络，从中不仅可以看到梁启超关于宪政思考的深化，亦可看到清末朝野宪政思潮的交汇融合以及逐渐深化的过程。

考虑到梁启超参与了折奏的起草，很可能梁启超参与了为《欧美政治要义》提供政治素材的工作。虽然《欧美政治要义》表达的政治见解不少是梁启超的旧论，然而该书由官方考察团进呈并公开出版，其影响力远非一般宪政著述所能比拟。比如，云贵总督锡良获赠《欧美政治要义》后致电端方，称该书"博大精深，纲维毕具，实为研求宪政必读之书"。① 同时锡良购买一千部，扩大了宪政思想在西南边疆区域的传播。1910 年 11 月 16 日，两淮试用拣选盐大使李昂青在奏折中引用该书"总则"及第六章《政府即责任内阁之编制》之内容，声称："窃叹其言之精到，乃知九州以外未尝无人，故百余年来欧美列邦皆崛起称雄。其云体察臣民生活之要素所在而以国力助长之，即《论语》所谓'国民之所利而利之'之意。"②

综上可见，戴鸿慈、端方考察团归国政治成果有着多重来源。熊希龄在日本与之接洽的人员包括梁启超、有贺长雄、犬养毅、留日学生等，然戴、端的本意并非由他们"代笔"，而是提供政治素材，这一点非常重要。之后，再由上海编译机构对多个来源的政治素材加工取舍，此过程则是在戴、端回到上海后坐镇指挥下完成的，上海编译机构至少有沈曾植、曹子毅、叶景葵、张鹤龄等人参与其事。另外，宪政专家蒋智由、袁世凯及其幕僚等人，亦皆提供过政治素材。而资料汇编《列国政要》及《续编》则由陈庆年、赵西彝编订整理。除上述人员，考察团随从人员在各类政治成果编纂过程中所起的作用亦尤其不容忽视。五大臣考察团共随带 76 名随从人员，其中戴、端一路有 33 名，既有归国留学生，又有科举出身者，素质普遍较高，汇集了当时新政人才的佼佼者。考察团在考察过程中整日忙碌，以广泛搜罗各类政治素材

① 《致端午帅电》，光绪三十四年，《锡良任云贵总督时外省来往电》（第三册），中国社会科学院近代史研究所藏锡良档案，档案号：甲 374—11。

② 国家图书馆编：《清代（未刊）上谕奏疏公牍电文汇编》（第 55 册），总第 25916 页。

为主要任务，同时亦有若干奏折由考察团自身拟定，当然其他关乎考察种种庶务亦是由随从人员完成的。我们考虑到清末宪政思潮浓厚，推测考察团广泛借鉴当时社会上的宪政论说亦为可能，如前文述及熊希龄在日本与留日学生联络购买《英国百科全书》，目的即是为考察团撰述政治成果提供参考资料。

戴、端考察团政治成果多重来源的事实，凸显了清末中国宪政思潮浓厚以及朝野宪政思潮融通结合的时代特征。20世纪以来，所谓"四万万人中所谓开通志士者，莫不喘且走以呼号于海内外曰立宪、立宪、立宪！"，在宪政氛围日渐浓厚的时代背景下，我们不否认戴、端等少数政府官员追求宪政文明的主观愿望，但他们对宪政的认知显然滞后于在野立宪派，因此戴、端在编撰政治成果时求诸宪政思想界，实为历史发展演变推动下的必然结果。然而因为朝野之分殊，戴鸿慈、端方与宪政思想界关于宪政的理解和选择虽有融通结合之处，但更有着诸多差异，在一些关键设施上分歧矛盾很大，展示出宪政思想资源移植到中国的复杂性，同时也昭示着清末宪政改革自五大臣考察团引入宪政思想资源开始即埋下了步履维艰的祸根。进一步言，委诸之事实可以保证按时交差，亦可提升宪政建言质量，但从另一方面来说，亦从某种程度上反映出清政府对于推行宪政改革缺乏足够的准备和强有力的主导力。揆诸此后宪政改革具体进程，立宪派对清政府的指摘愈演愈烈，无疑是清政府缺乏改革主导能力的体现，其源头似可溯至五大臣出洋考察团。

四　《列国政要》及《列国政要续编》

考察团将选购书籍作为考察的重点之一，其拟定的《敬事预约》即有"广搜罗"一条。主持购买端方档案的陈垣先生在《端方档案草目》中记载，端、戴考察团所搜罗书籍之目录就有以下几本：《教育书目录》、《学堂教育书目录》、《美国政治书目录》、《实业书目录》、《政治书目录》、《政书目录》、《各项书目录》、《美国教育报告书数年分表》。① 下面两表是中国第一历史档案馆所藏端方档案中《教育书目录》、《学堂教育书目录》的目录清单：

---

① 陈垣：《端方档案草目》，手抄本。

表 7 - 10   端、戴考察团所搜罗书籍之《教育书目录》

作者	书名	文字
威士架兰	《高等女学校》	德文
路兰	《教育学》（二卷）	德文
力司士	《普鲁士高等学校制度改良》	德文
魁加拉	《普士旦公学校章程》	德文
微加	《中学教授要目》	德文
比利门	《普鲁士公立学校法规》，《普鲁士学校布置及建筑》	德文
圣田赛会	《法国教育陈列所实学仪器》	英、德文各一册
卿脱拉克	《澳大利亚匈亚利公立学校校舍建筑法》，《高等实业学校建筑法》，《中小学校建筑法》	德文
比德司利	《国民教育学》（二卷）	德文
路兰	《教育通考》	德文
尼都利紫机	《学校卫生学》，《教育图器价目表》	德文
白真士授	《学校卫生学》	德文
门纳	《补习学堂规则》	德文
保罗森	《法国大学校》	德文
路兰匿加	《文部新颁中小师范各学堂章程》	德文
圣田赛会	《德国教育陈列所化学》	英、法文各一册
圣田赛会	《日耳曼各种专门学堂章程》	德文
克脱	《十九世纪欧洲聋哑人教育》	德文
圣田赛会	《德国教育陈列所指南》	英、德文各一册
三戚顿卫	《公立八级小学校课程》	德文
威姆士	《高等女学校课程》	德文
文部颁发	《日耳曼教育组织录》，《普鲁士女教授试验规则》	德文
文部颁发	《大学校及各专门学校》	英、德文
力脱畏树	《十九世纪德国高等学校制度》	德文

续表

作者	书名	文字
各郎那	《德国感化院章程》	德文
杰麦士达	《欧美各国中小学堂制度》	德文
卑阿	《法国高等学校并其教习法规类纂》，《女学报》（四卷，1902 年至 1905 年）	德文
希华	《幼稚园学理及其办法》	德文
格力那	《体操图说》	德文
司马拉	《寻常学堂体操指南》	德文
马丁	《德国高等女学堂》，《史学、美术、音乐、地舆、工艺、哲学、文学书目表》，《实学、数学、地学、林学书目表》，《工学书目表》	德文
司律塔	《游戏术》	德文
士脱士那	《德国国民教育学》，《古文书目表》，《文学书目表》，《德国各学校章程》	德文
各比儿碧可	《初等教育法》	德文
候发	《学校改良法》	德文
可都儿司	《学校卫生》	德文
力司士	《德国教育制度及史略》	英文
力司士	《教育书目表》，《新书目表》，《女子事业》，《1906 年日耳曼文部教育及医药费表》	德文
韩姆	《欧洲各国学校功课总表》	德文
卜老那	《庶民小学算术教科表》	德文
卜隆堡架	《庶民小学教育学》，《德国高等学校教习实验法则》	德文
圣田赛会	《拉丁希腊文书目表》（二册），《德国克隆高等商业学校统计录》，《德国柏林帝国图书馆法则》	德文
圣田赛会	《美国康奈尔大学校章程》（八册），《美国也路大学校章程》（五册），《美国也路大学校长报告》（七册），《美国也路大学校毕业生录》，《美国也路大学校教习暨毕业生名录》	英文
圣田赛会	《德国次等教育课程》	法文

资料来源：《教育书目表》，中国第一历史档案馆藏：端方档案，端 645，杂 77。

表7-11 端、戴考察团所搜罗书籍之《学堂教育书目录》

英文	美国尼拔拉士喀省学堂章程；又高等学堂章程；又高等学堂分年章程；又学堂特别纪念日课程（林肯学务处拟）；又总营学堂事务报告；又学堂屋舍图说；又镇乡小学堂图式；又大学生种粟科考验报告；又农学堂报告；又教育报告；又学堂员生姓名住址表；又学堂实验学生种粟报告；又学堂种植学报告；又机器学堂学会报告；又学务大臣报告；又考验教员规则；又教习领文凭新规则；美国学堂及教堂杂记；美国学堂报告；也而大学校章程；耶路大学堂章程厚薄各一本；远东新也而大学；波士顿大学校章程；纽约可伦比亚学校章程；罗爱尔埠公家学校章程；罗爱尔埠学务处报告；卜技忌市民预备学堂章程；威司兰女学校学生年报；幹尼路大学校长报告；华盛顿议院书楼报告；又报告大本；又报告小本；卜吉利大学堂图；美国阿加色教习历史。
德文	文科大学第一本；中学女中学第二本；师范学堂第三本；实科大学第四本；各专门学第五本；工业商业学第六本；德国柏林专门学校；又专门学校志；丹直专门学校纪略；班新矿内建筑学；合花矿师必携；得门匿抗煤矿学。

资料来源：《学堂教育书目表》，中国第一历史档案馆藏：端方档案，端646，杂78。由于目前端方档案限制开放，上述两清单转引自张海林《端方与清末新政》，第120—124页。

广泛搜罗书籍展示出端、戴考察团搜罗之勤，然而资料过多则意味着整理、编订并非易事。考察团通过延揽编辑人才，经过数月之功，才将带回国的各类书籍进行了系统整理，成《列国政要》及《列国政要续编》。我们先来看这两部书的成书过程。

舆论对端方、戴鸿慈考察团整理、编订政法书籍一事极为重视，跟踪报道进展情况。1906年6月6日报道："出洋大臣回国之期不远，闻有从欧洲寄来法政书籍者，现在延聘精通英法文字之人在宅翻译，以便进呈御览。"[①] 8月26日又报道："考政大臣端午帅在欧美各国调查关于立宪诸文件，最称多数，虽皆足为研究政治之资料，而错乱无序，如满屋散钱无从贯串，先特延聘通才，假镇江焦山之松寥阁代为编订体例。"[②] 后因端方出任两江总督，"急欲将调查之立宪文件编订体例进呈御览"，特于9月8日电致镇江陈庆年、赵酉彝，催促着力编订。[③] 同时，袁世凯也"亟欲取泰西各国立宪文件一阅"，故端方再电催陈

① 《出洋大臣进书纪闻》，《大公报》1906年6月6日。
② 《延聘通才在松寥阁编订立宪文件》，《申报》1906年8月26日。
③ 《端午帅电催编辑文件》，《申报》1906年9月12日。

庆年速行编订体例。① 据《申报》报道，至 10 月 20 日编撰事宜已经大致完成，"驰电告知午帅矣"②。由此，端方于 10 月 26 日至镇江，所有文武各员一概未见，迳赴松寥阁晤陈庆年、赵西彝，商量体例，由于二人编纂体例"与午帅宗旨甚为吻合，极蒙赞美"③。

由陈庆年及赵西彝等人编订的政治书籍定名为《列国政要》，于 1907 年由商务印书馆出版发行，署名"出使各国考察政治大臣戴鸿慈、端方同辑"。该书虽署名端、戴，但从《申报》的追踪报道可以看出，该书实际上是由端方一人主持，由陈庆年、赵西彝等人具体负责，然该书之出版得到戴鸿慈的首肯则是肯定的。《申报》能够对该书编撰过程进行较为详细的跟踪报道，展示出该书之编订甚为公开，与舆论界对《欧美政治要义》成书过程几乎没有任何披露形成鲜明对比，也可以反观《欧美政治要义》成书之隐秘。或许因为《列国政要》并非考察团所编订，端方在序言中对该书编订过程亦所言甚简："乙巳六月间，同受出使五国之命，仲冬之月，偕少怀尚书自上海起行，东至扶桑，西穷罗马，经十有五国，周爰彼都，历八月而归，哀其所得，为《列国政要》。"④

端方所作《列国政要》序文中，历引中国传统典籍《尚书》、《史记》、《管子》，强调出洋考察之举视为符合中国古代治理国家理念的行为："吕成公曾言之曰：子囊历数晋国之政如亲立于晋朝，士会历数楚国之政如亲立于楚朝，两国各有腹心之臣，互观两国之政，洞见其骨髓，是以晋楚霸业各至于百年。旨哉斯言，余反复其文，屡眷斯义，载驰而西，每怀靡及，股忧系心，欲有以扶长宗邦，远其害涔。"⑤ 显然，端方之意在于从传统中寻找依据，为自己周游列国、编辑书籍寻求依据。

《列国政要》出版之前，《申报》即刊登预约广告进行推介："是书为戴尚书、端制军出洋考察政治时所译辑之本，分宪法、官制、地方制度、教育、陆军、海军、商政、工艺、财政、法律、教务十一门。全书约六十万言，去年（1906 年）腊月制军派员赍稿至沪，发交本馆印刷发行，并蒙核准缴呈应用部

---

① 《端午帅又电催编订立宪文件》，《申报》1906 年 9 月 18 日。

② 《电告完成立宪文件之体例》，《申报》1906 年 10 月 20 日。

③ 《新督商量立宪文件》，《申报》1906 年 10 月 30 日。

④ 端方、戴鸿慈：《列国政要》"序言"，商务印书馆 1907 年版；《端制军〈列国政要〉序》，《申报》1907 年 7 月 24 日、25 日。

⑤ 端方、戴鸿慈：《列国政要》"序言"。

数外，余由本馆定价发售，以广流传，并给示禁止翻印在案。"① 《列国政要》
出版后，《申报》又刊登售书广告，指出除上海商务印书馆总发行所外，北京、
奉天、天津、济南、太原、开封、成都、重庆、汉口、长沙、福州、广州等地
分馆同时发售。② 显然，发行地域颇为广泛，有利于该书的传播。除《申报》
外，《政治官报》亦刊登该书售书广告："此书为戴尚书、端制军出洋考查政治
时译辑之本，分宪法、官制、教育、地方制度、海陆军政、商工、财政、法律、
教务十一门，全书三十二册，分装四函，每部定价大洋十元正。"③《列国政要》
成书后，端方将该书分赠各省督抚，赠言中说道："现值预备立宪，百度待兴，
体察内地情形，参仿列邦制度，是书虽未敢遽言详备，而各国政学源流粗具，
用特检呈一部，藉供浏览。尚希贵部堂院察收指示疵谬，以匡不逮。"④ 显然，
端方对该书颇为自负。为防止其他出版机构翻刻，端方在书末"告示"中强调
了"概禁他人翻刻以重版权"之义。同时言及，除《列国政要》外，将要出版
的还有《德美俄奥意五国政典大全》。⑤ 该书出版时改名为《列国政要续编》，
由商务印书馆于 1911 年 5 月出版发行。

　　《列国政要》及《列国政要续编》皆卷帙浩繁，《列国政要》4 函 32 册，
凡 132 卷，仅目录即占 1 册。《列国政要续编》体例一仍《列国政要》，补充
《列国政要》所言之不详者，亦为 4 函 32 册，共 94 卷，目录 1 册。两书内容涉
及欧美国家各个层面的规章制度，侧重具体措施、条文等原始资料的介绍，以
述为主，以论为辅，从资料的完整性和全面性上看，两书实具文献汇编的性质，
几乎汇集了考察团搜罗到的所有有关欧美国家的资料。具体而言，内容涉及政
治、经济、教育、军事、法律等诸大类，国别涉及意大利、德国、美国、俄国、
荷兰、奥地利等国。《列国政要续编》不同于《列国政要》之处，也是该书尤
称特色的是，书中附有多幅彩色地图，包括卷 60 的"意国海军区域图"；卷 65
的"德意志海军国内、国外管理区域图"；卷 66 的"德国海军区域图"；卷 70
的"美国舰队海镇区域图"。相较于文字描述，图片无疑更具直观明确的优势。

---

　　① 《新编〈列国政要〉预约》，《申报》1907 年 5 月 21 日；《新编〈列国政要〉预约》，《东方杂
志》1907 年第 3 期，光绪三十三年三月二十五日。

　　② 《新编〈列国政要〉出版》，《申报》1907 年 7 月 11 日。

　　③ 《告白》，《政治官报》1907 年 10 月 27 日第 2 号。

　　④ 《江督咨送〈列国政要〉》，《申报》1907 年 8 月 7 日。

　　⑤ 端方、戴鸿慈：《列国政要》书末附"告示"。

表 7 - 12　　　　　　　　　　　　《列国政要》目录

一、政治部分

卷次	类别	国别	具体内容
卷 1	宪法 1	意大利	沿革、君主
卷 2	宪法 2	意大利	国会、国民
卷 3	宪法 3	意大利	议院规则
卷 4	宪法 4	普鲁士	宪法证书
卷 5	宪法 5	美利坚	议院规则
卷 6	宪法 6	奥地利	议院
卷 7	宪法 7	欧美十国	宪法比较①
卷 8	宪法 8	俄罗斯	参议院条例
卷 9	宪法 9	俄罗斯	国会条例
卷 10	宪法 10	俄罗斯	选举章程
卷 11	官制 1	意大利	政权
卷 12	官制 2	意大利	行政诸职
卷 13	官制 3	意大利	警政
卷 14	官制 4	意大利	司法诸职
卷 15	官制 5	法兰西	司法各院
卷 16	官制 6	德意志	联邦组织
卷 17	官制 7	德意志	警政诸职
卷 18	官制 8	美利坚	联邦政府
卷 19	官制 9	美利坚	内地税员
卷 20	官制 10	俄罗斯	武官俸给
卷 21	地方制度 1	意大利	府县乡会局
卷 22	地方制度 2	美利坚	省政
卷 23	地方制度 3	美利坚	党村乡市
卷 24	地方制度 4	美利坚	纽约省政
卷 25	地方制度 5	美利坚	麻沙朱色得士省宪法

---

　　①　该卷将意大利宪法与法兰西、比利时、英格兰、德意志、美利坚、瑞士、匈牙利、奥地利、西班牙九国之宪法分别比较。

续表

二、教育部分			
卷次	类别	国别	具体内容
卷 26	教育 1	德意志	教育行政之机关
卷 27	教育 2	德意志	教育之规则
卷 28	教育 3	意大利	学部章程
卷 29	教育 4	意大利	教育行政及筹款法
卷 30	教育 5	意大利	强迫教育法律
卷 31	教育 6	意大利	强迫体操法律
卷 32	教育 7	意大利	女师范学堂章程
卷 33	教育 8	奥地利	教育行政之机关
卷 34	教育 9	奥地利	学堂概要
卷 35	教育 10	奥地利	教育经费筹集法
卷 36	教育 11	荷兰	学校考略
卷 37	教育 12	美利坚	教育行政之机关
卷 38	教育 13	美利坚	学堂经费筹集法
卷 39	教育 14	美利坚	强迫教育之制
卷 40	教育 15	美利坚	各学堂规制
卷 41	教育 16	俄罗斯	学部
卷 42	教育 17	俄罗斯	教育用款
卷 43	教育 18	俄罗斯	学堂要略
卷 44	教育 19	俄罗斯	学务杂记
三、军事部分			
卷 45	陆军 1	德意志	军事史略
卷 46	陆军 2	德意志	职官
卷 47	陆军 3	德意志	军队
卷 48	陆军 4	德意志	工厂
卷 49	陆军 5	德意志	教育一
卷 50	陆军 6	德意志	教育二
卷 51	陆军 7	德意志	军政杂录
卷 52	陆军 8	意大利	职官
卷 53	陆军 9	意大利	军队

续表

卷次	类别	国别	具体内容
卷 54	陆军 10	意大利	工厂
卷 55	陆军 11	意大利	教育
卷 56	陆军 12	奥地利	职官
卷 57	陆军 13	奥地利	军队
卷 58	陆军 14	奥地利	工厂
卷 59	陆军 15	俄罗斯	职官
卷 60	陆军 16	俄罗斯	教育
卷 61	陆军 17	俄罗斯	军队
卷 62	陆军 18	俄罗斯	兵力及军费
卷 63	陆军 19	美利坚	职官
卷 64	陆军 20	美利坚	军队
卷 65	陆军 21	美利坚	民兵
卷 66	陆军 22	美利坚	教育
卷 67	陆军 23	美利坚	工厂
卷 68	海军 1	德意志	职官
卷 69	海军 2	德意志	教育
卷 70	海军 3	德意志	军港
卷 71	海军 4	德意志	舰队
卷 72	海军 5	德意志	工厂
卷 73	海军 6	德意志	要塞炮台
卷 74	海军 7	意大利	职官
卷 75	海军 8	意大利	教育
卷 76	海军 9	意大利	军港
卷 77	海军 10	意大利	要塞炮台
卷 78	海军 11	意大利	工厂
卷 79	海军 12	俄罗斯	职官
卷 80	海军 13	俄罗斯	教育
卷 81	海军 14	俄罗斯	军港
卷 82	海军 15	俄罗斯	舰队
卷 83	海军 16	美利坚	职官

续表

卷次	类别	国别	具体内容
卷 84	海军 17	美利坚	海军各项规则
卷 85	海军 18	美利坚	教育
四、商业部分			
卷 86	商政 1	德意志	同盟税率
卷 87	商政 2	德意志	联邦度量衡法制
卷 88	商政 3	德意志	市制
卷 89	商政 4	德意志	铁道
卷 90	商政 5	意大利	市制
卷 91	商政 6	美利坚	市制
卷 92	商政 7	美利坚	麻沙朱色得士省公司规律
五、财政部分			
卷 95	财政 1	德意志	赋税类别及税制
卷 96	财政 2	德意志	地方税
卷 97	财政 3	德意志	入项税
卷 98	财政 4	德意志	币制
卷 99	财政 5	德意志	联邦银行
卷 100	财政 6	德意志	盐法
卷 101	财政 7	德意志	国债
卷 102	财政 8	意大利	总论
卷 103	财政 9	意大利	财政沿革
卷 104	财政 10	意大利	中央财政
卷 105	财政 11	意大利	地方财政
卷 106	财政 12	意大利	国债
卷 107	财政 13	意大利	收入支出及比较表
卷 108	财政 14	意大利	户部
卷 109	财政 15	意大利	帑部
卷 110	财政 16	意大利	会计检查院
卷 111	财政 17	意大利	货币通行法
卷 112	财政 18	意大利	货币铸造法
卷 113	财政 19	意大利	银行

续表

卷次	类别	国别	具体内容
卷114	财政20	意大利	税关
卷115	财政21	意大利	税则
卷116	财政22	意大利	烟税
卷84	海军17	美利坚	海军各项规制
卷85	海军18	美利坚	教育
卷118	财政24	俄罗斯	国家银行章程
卷119	财政25	俄罗斯	银行沿革
卷120	财政26	美利坚	税法
卷121	财政27	美利坚	货币
卷122	财政28	美利坚	银行通法
卷123	财政29	美利坚	麻沙省银行律
六、法律部分			
卷124	法律1	意大利	罗马古律
卷125	法律2	美利坚	各省裁判所构成法
卷126	法律3	美利坚	合众国裁判所构成法
卷127	法律4	美利坚	裁判官制度
卷128	法律5	美利坚	刑事诉讼法
卷129	法律6	美利坚	民事诉讼法
卷130	法律7	奥地利	商标律
卷131	法律8	奥地利	报律

　　其中，有些篇章篇幅过小，未以表格形式列出，包括以下两类：其一，工艺部分。卷93论述德意志的工厂及学堂，卷94论述意大利的纺革、革工；其二，教务。卷132论述了意大利的教族权威。

表7-13　　　　　　　　　　《列国政要续编》目录

一、政治部分			
卷次	类别	国别	具体内容
卷1	宪法1	德意志	国会规则
卷2	宪法2	普鲁士	上议院规则

续表

卷次	类别	国别	具体内容
卷 3	宪法 3	普鲁士	下议院规则
卷 4	宪法 4	奥地利	上议院规则
卷 5	宪法 5	奥地利	下议院规则
卷 6	官制 1	美利坚	大统领
卷 7	官制 2	美利坚	元老院及国会内阁
卷 8	官制 3	美利坚	国务院
卷 9	官制 4	德意志	领事条例
卷 10	地方制度 1	欧美各国	历史
卷 11	地方制度 2	英吉利	市府
卷 12	地方制度 3	美利坚	自治历史
卷 13	地方制度 4	法兰西	自治历史
卷 14	地方制度 5	日尔曼	自治历史
卷 15	地方制度 6	欧美各国	市府民数
卷 16	地方制度 7	欧美各国	警政
卷 17	地方制度 8	欧美各国	公众保卫
卷 18	地方制度 9	欧美各国	慈善事业
卷 19	地方制度 10	欧美各国	教育
卷 20	地方制度 11	欧美各国	公益扩张
卷 21	地方制度 12	欧美各国	公益扩张
卷 22	地方制度 13	欧美各国	财政
卷 23	地方制度 14	欧美各国	财政
卷 24	地方制度 15	欧美各国	自治组织
二、民、商法部分			
卷 25	民法 1	德意志	人权
卷 26	民法 2	德意志	法律行为
卷 27	民法 3	德意志	债权（上）
卷 28	民法 4	德意志	债权（中）
卷 29	民法 5	德意志	债权（下）
卷 30	民法 6	德意志	物权（上）
卷 31	民法 7	德意志	物权（下）

续表

卷次	类别	国别	具体内容
卷 32	商法 1	德意志	商人通例
卷 33	商法 2	德意志	公司通例
卷 34	商法 3	德意志	商业行为
卷 35	商法 4	德意志	商会
卷 36	商法 5	德意志	产业及经济组合法

三、军事部分

卷次	类别	国别	具体内容
卷 38	陆军 1	德意志	职权
卷 39	陆军 2	德意志	师团编制
卷 40	陆军 3	德意志	军队编制（上）
卷 41	陆军 4	德意志	军队编制（下）
卷 42	陆军 5	德意志	军队司令权
卷 43	陆军 6	德意志	军营法律
卷 44	陆军 7	德意志	将校训令
卷 45	陆军 8	德意志	征兵则例
卷 46	陆军 9	德意志	征兵
卷 47	陆军 10	德意志	战时军略
卷 48	陆军 11	意大利	军队
卷 49	陆军 12	意大利	征兵
卷 50	陆军 13	意大利	御将法规
卷 51	陆军 14	美利坚	陆军纪略
卷 52	陆军 15	俄罗斯	职权
卷 53	陆军 16	俄罗斯	军官阶级
卷 54	陆军 17	俄罗斯	军管区之配兵
卷 55	陆军 18	俄罗斯	征兵令
卷 56	陆军 19	俄罗斯	征募法
卷 57	陆军 20	俄罗斯	陆军编制
卷 58	陆军 21	俄罗斯	战时编制
卷 59	海军 1	意大利	职官
卷 60	海军 2	意大利	教育

续表

卷次	类别	国别	具体内容
卷 61	海军 3	意大利	海军员弁任用法
卷 62	海军 4	意大利	军港及工厂
卷 63	海军 5	意大利	舰队
卷 64	海军 6	意大利	官制
卷 65	海军 7	德意志	职官
卷 66	海军 8	德意志	海军员弁任用法
卷 67	海军 9	德意志	教育
卷 68	海军 10	德意志	舰队
卷 69	海军 11	美利坚	海军纪略
卷 70	海军 12	美利坚	近世海军势力
卷 71	海军 13	俄罗斯	官制
四、农政部分			
卷 72	农政 1	普鲁士	森林行政
卷 73	农政 2	萨克逊	森林行政
卷 74	农政 3	巴威伦	森林行政
卷 75	农政 4	奥地利	森林行政
卷 76	农政 5	奥地利	森林教育
卷 77	农政 6	奥地利	森林法
卷 78	农政 7	匈牙利	森林制度
五、财政部分			
卷 79	财政 1	普鲁士	补充税法
卷 80	财政 2	普鲁士	相续税
卷 81	财政 3	德意志	砂糖税法
卷 82	财政 4	德意志	骨牌税法
卷 83	财政 5	德意志	印花税法
卷 84	财政 6	德意志	会计检查院
卷 85	财政 7	俄罗斯	岁计预算
卷 86	财政 8	俄罗斯	岁计出入
六、法律部分			
卷 87	法律 1	普鲁士	裁判制度

续表

卷次	类别	国别	具体内容
卷88	法律2	德意志	裁判所构成法
卷89	法律3	德意志	刑法
卷90	法律4	奥地利	司法制度
卷91	法律5	美利坚	司法制度
卷92	法律6	俄罗斯	司法制度

其中，有些篇章篇幅过小，未以表格形式列出，包括以下两类：其一，学校部分。第37卷论述德意志的大学；其二，教务部分。第93、94两卷分别论述了德意志教会及奥地利宗教行政。

《列国政要》及《列国政要续编》虽包罗万象，但两书还是有所侧重的，那就是重点突出对立宪政体优越性的介绍，与立宪政体紧密相关的"宪法"、"官制"、"地方制度"、"法律""军制"等部分，论述尤其详细，加入的按语也相对更多。本文拟择其要者，分别论述之。

其一，宪政制度。

1. 宪政制度为欧美国家富强之本

端方通过回顾欧美各国由专制政体向立宪政体过渡的历程，认识到在这一过程中，欧美各国普遍实现了由分裂、衰弱向国富民强国的过渡。在卷1中，端方指出意大利曾经国弱民穷，但自推行君主立宪制度之后迅致富强：

> 义大利为欧洲文明最早之古国，而于千八百五十年之顷，东北一带为法、奥、西班牙所蚕食，国境有日蹙之势，即千八百七十年之前，罗马亦尚为各国屯兵之地，列强环视，外交至为棘手。卒以立宪之故，统一全义，二十年间陆军常备至二十七万余人之多，铁甲军舰五十七艘，合二十四万九千余吨之盛，每年出款预算表数目增至一亿八百六十一兆，其魄力之雄厚于列强并肩矣。①

---

① 端方、戴鸿慈：《列国政要》（卷1），第4—5页。

2. 立宪政体下君民同权

《列国政要》以德国为例，在介绍了德国宪法中有关君主权力的规定后，详细阐释了君民同权之义。端方首先介绍了德国君主权力的演化："政体之不同，而君权亦各异。其在幼稚之时代，一则为家族之君主，如犹太之菲齐帕特亚、印度之老昆林，皆其义也；二则为宗教之君主。民之知识稍开，止知自利，而缺于公德焉，于是乎创神权定法律以畏之，而一时国民之精神全为宗教所管辖，故亦以君为代神出治，而奉为不可侵犯也，如犹太之君主、埃及之君主及印度一部分之君主皆此类也。"进而，该书对政教合一的君主作出了如下评析：

> 二者相合，其所据者或一采地，或一团体，世世相袭而为主者，则为世业私产之君主，世业私产之君主其上复有君主以统之，则为封建之君主，小国角立，互争权力，则不能不出于战，战胜而为主者，则为战争之君主。战争之君主无事时兼有裁判之权，故又为裁判君主，两大权操于一人之手，其势不能不滥用也，则为野蛮之专制，如亚洲之暴君、非洲之酋长是也。

显然，上述君主皆视国家之公产为一家一人之私产，视国家之公权为一家一人之私权者。然而处今日之世界，断不容许将国家视为一人之私产："近今之开化国民如何乎？曰君主所操之权利即亦吾国民应有之权利，非君主之所能独擅，而当与国民同之者也，是为今日代表立宪之君主。"接着，该书介以英国为例阐述了立宪政治下君权应当受到民权及国会的约束：

> 君主立宪则以英国为最先。……其宪法云：一，专暴之君主为国民之所不能堪而必生反动，固不得不以宪法而定其限制也；二，所共认者国君之权利，即无异于国民所定宪法之权利，亦即无异于上下议院及英国人人之权利，而一切神圣宗教之幻说，谓君为别具神权者，俱不能容于国家之原理；三，一千六百八十九年巴利门及人民自由之证书当与君位而并传，而不得中废；四则宪法虽有君主神圣不可侵犯之例，如有非常之变，有防害国家者，即不能不对君主而生反动；五则宰相代君主而负责问，下议院可控告之，上议院可裁判之；六则下议院有立法之权，监督各部之行政，国家度支之出入及允许加税权利；七则法院裁判国民全得有陪审之权；八

则出版及政治结社之自由，皆可以主持公是，监督政府。

同时，该书罗列了欧洲各国颁行宪法的时间表：

　　他如西班牙，以罗马宗教君主政体于一千八百一十二年而变为立宪，其中虽复还专制于一千八百三十六年、三十七年及四十五年，而卒以立宪。葡萄牙于一千八百二十六年及三十八年亦改专制为立宪。意大利于一千八百十二年西齐灵颁布宪法，那拍里于一千八百二十年颁布宪法。希腊宪法颁于一千八百四十三年及四十四年。比国宪法颁于一千八百三十一年。荷兰宪法颁于一千八百一十四年、十五年及一千八百四十八年。瑞典宪法颁于一千八百零九年。脑威宪法颁于一千八百一十四年。丹马宪法颁于一千八百三十一年。匈牙利宪法颁于一千八百四十八年。

　　面对立宪政体风行欧洲，端方不免发出感叹："吁！各国之宪法立各国国民之资格，于以完各国国家之基础，于以固各国国民之民气，于以倡各国国君之权限，于以定昔日权力无限之君主遂皆变而为宪法中之君主矣！"①
　　通过对欧洲君权演化的缕析，端方对君权的认知得到了极大提升，他驳斥了历史上视国家为一家一人之私产的君权模式，鲜明地指出"君民同权"的概念，认为君主所掌握的权利，亦为"国民应有之权利，非君主之所能独擅，而当与国民同之者也"，而这样的君权即为立宪政体下的君权，表达出对立宪政体的推崇。较之于中国传统政治思想中"民贵君轻"的观念，端方从欧美各国的历史现实出发，对君权、民权关系作出了更为深刻的阐述，彰显出浓厚的时代特色，在很大程度上迎合了国内宪政思潮的勃兴。
　　其二，个人权利、义务。
　　前文述及，在《欧美政治要义》中，专章论述了国民的权利、义务的范围。而在《列国政要》中，端方针对专制制度下，人们的"权利"意识颇为淡漠的状况，阐述了国民自由、平等等权利是与生俱来的、不可侵犯的思想。如该书援引美国有关个人权利的宪法条文：

① 以上引文见端方、戴鸿慈《列国政要》（卷4），第25—28页。

人尽生而自由，生而平等，有天然应得不可褫夺之权利。如保护性命独立不羁、享有财产等是也。要而言之，人尽有求得治安乐利之权利。……设立政府所以谋公共利益，保全国民之治安兴盛利乐，非为一人一家或一种人之幸福尊荣私利也。所以国民有一定不易、无可争议、无可移夺之权利以之组织，或改良或全行改革政体，以得其保护治安兴盛利乐。①

从政府、国民的关系出发，指出国民在一国之中居于主导地位，而政府是以服务国民为职守的，这种观念对权利意识极为淡漠的中国来说是相当必要的。

然而，如果国民毫无权利、自由可言，将导致什么后果呢？以法国为例，端方认为王室衰微的原因"实由罗兰各王之昏庸"，国民没有丝毫自由："权贵之授官者多终其身，久之乃成世及，复援之以征敛刑罚之柄，遂至威福日张，刑戮无常。贵族封土既多，乡愚之隶其土者编为奴籍，役耕终身，不能自存其妻子财产。或两族兴师则田奴为虏，家室为墟，田奴于耕田服役之外，复科以重税。"② 又如宗教信仰自由权，"凡所享人权及公民权不因信仰他教而至被侵夺，其所负公民及国家之义务亦不因信仰他教而得弛负担"，如果国民没有这一权利，难免导致战争横行，"如十字军之东征，新旧教之战争，流血伏尸不可数计"。由此，"各国始晓然于国家个人自由之义，故至十八世纪各国皆明定宪法，许信仰宗教之自由"③。

同时，端方指出法律面前个人权利一律平等，他以意大利为例："凡为意大利国民或他国民之已入意籍者，不论其所操之职业、所处之家世之等级若何，于法律上皆列平等，并享有国民应享之权利及政治选举之权，除为法律所限制外，皆有拨充文武官吏之资格。国民所纳各项税则，各称其家产之厚薄以为比例，无轻重偏倚之等差。所有一切税则，如未经颁律设立者，无论何人不得强迫需索。"④ 最后，端方强调国民权利需要用法律予以维护：

---

① 端方、戴鸿慈：《列国政要》（卷25），第1页。
② 端方、戴鸿慈：《列国政要》（卷15），第2—3页。
③ 端方、戴鸿慈：《列国政要》（卷4），第6页。
④ 端方、戴鸿慈：《列国政要》（卷2），第12页。

保护个人自由，英国于一千六百七十九年特立专条，载在国律，所以禁擅权者之专恣逮捕也。德国一千八百七十七年正月一日所定罚科，凡有逮捕之事，须令法官传集告诉之人同至判断，极迟不得过逮捕之第二日，所以重保护个人自由之义也。普民居室无论何人不得侵犯，非法律所特许不准擅自侵入穿毁垣牖及搜检信件。居室皆有应享内室之安乐之权利，故德国刑律中第一百二十三条，凡未经主人许可及主人不在室内而以私人侵入作事房中，或储信之处者，皆有三月监禁及三百马克之罚。其地方法官及巡捕有入私室者，亦须谨守法律范围。[1]

其三，地方自治制度。

考察团通过考察各国，认识到地方自治的实施为宪政改革的前奏及基础。地方自治之枢要为公会，有若干之官吏及独立之任职员，后者即为市长。公会及市长办事之权力各地不同，英国“则地方公会有完全之事权，负完全之责任”，而在法国、美国，“则市长有完全之管辖权，而公会处于较轻之地位焉。”[2] 在英国，考察团详细考察了英国市府的发展历史：

英国市府之发达在十八世纪之后半，后于欧洲大陆，即伦敦一区于十六世纪之前，民数尚未达十万。盖自盎格鲁、沙逊两民族入据英国（在第六世纪之末），凡数百年地方情形书缺有间。更远溯罗马据有英国之时，纪元前五十五年所组织之市府，其自治如何制定尚无定论也。……十六世纪市府之制尽为工商业之团体，政事一倚于中央。十六世纪之后半期各州都会皆呈退象，地方自治之象日渐消失矣。惟伦敦则不然，匪独繁盛犹昔，且扩张及于城外，一五五零年居民约十二万人，城外之地栉比而居，惟建筑不精耳，重要之街道亦少铺砌，至城内各道嚣秽亦甚。[3]

各国由于推行地方自治，各项社会事业得以顺利开展，成绩颇为显著。如美国各市府皆成立了巡警队、救火部及水务工程部门，使得“疏秽暗渠等皆次

---

①　端方、戴鸿慈：《列国政要》（卷4），第6页。

②　端方、戴鸿慈：《列国政要续编》（卷24），商务印书馆1911年版，第1页。

③　端方、戴鸿慈：《列国政要续编》（卷9），第1、5页。

第举办"。而旧日自治之举作，如铺砌道路、创立学校及赈贫等政亦推广甚速"①。另如法国、意大利，"重建路费由市府担任，即增筑旁路地方亦任半费"②。此外，城市用水是市府的重要公共设施，端方详细介绍了其发展历程：

> 一二三六年之顷，伦敦始有特许以筑食水之工程，至一二八三年遂建导渠引入城市，一四二〇年扫尔桑波敦亦假寺院食水以给城中。一五八五年，不里谋斯亦得巴力门授以事权，兴筑水工。疴哥斯佛尔之水势工程则创于一六一〇年，然皆非广大之工程也，重大水务工程始于十七世纪之初，其时由黑尔得佛尔之新河导水至伦敦。……十万人以下之市府则仰给于私立之水工为多，然英美日则仍以公设者为多也，万人以上之市府亦莫不皆然。一八九八年，计美国之水工为地方公设者一千七百八十七处，而私立者仅一千五百三十九处，综计所费，则公立者共五百一十三兆八十五万二千五百六十八圆，其数几倍于私立者焉。③

其四，教育制度。

教育制度为端、戴考察团的重点考察对象。端方首先简要介绍了欧洲教育发展的历史："教育之历史起于最初开化之时，然学校规制不过晚近所发生。中古之世，教育几为教会或民间之私事，所藉以扶持者，惟学金或善举余款而已，然亦有为地方公立者。日耳曼当中古之季，已有以库款拨助市府学校之事，新英吉利各殖民地则自十七世纪之中叶已有公立学校，由各市维持之，苏格兰亦于一六九六年令各宗教团皆设学校焉。"④ 除对教育发展历史的简短介绍外，考察团着重介绍了欧美各国的教育制度，主要涉及以下方面。

1. 强迫教育

美国主张推行强迫教育的人士认为"无学者国之贼也"，以此作为驳斥反对强迫教育者的论据："强迫教育为美国教育者一大问题，有主持者有反对者。反对者曰，强迫教育其本质非美国之风，以干涉父母之权限故也；主持者曰，

---

① 端方、戴鸿慈：《列国政要续编》（卷12），第10页。
② 端方、戴鸿慈：《列国政要续编》（卷20），第19页。
③ 端方、戴鸿慈：《列国政要续编》（卷21），第1、3页。
④ 端方、戴鸿慈：《列国政要续编》（卷19），第1页。

无学者国之贼也，父母无使小儿无学之权，而州有除去国贼之义务，故有发布实行强迫教育之权。"端方对此颇为认同："此论甚切挚，足动国民之感情。"①同时，端方介绍了国外保障强迫教育的法律，如意大利这样规定："凡为父母及代表父母者若未实照法律行事，则州县官催之；若幼童不入官立学堂亦未至州县官前听候考试，又未呈出私学课程单，又非因病及别种要故，则州县官知照催迫，如知照之后一礼拜内未曾投到者，即须照本律第四节（即处以罚款）办理。"②

2. 女子教育

中国传统社会严格遵循男女礼教之防，女子没有接受教育的权利，充任教师更不可能。国外女子不仅普遍享有教育权，还被鼓励从事教育工作。德意志"女学堂有寄宿制……其管理较男子尤为严重，凡外出之时必须随同教员"③。意大利则通过立法鼓励女子从事教育事业："凡女教习在堂已满五年者，加束五百，以后每五年递加一次，至图绘、歌曲、缝纫、体操四门教习在堂已满五年者加束三百，以后亦每五年递加一次。"④

3. 林业教育

林业教育在中国是新事物，端方较为详尽地介绍了奥地利的林业教育："森林教育之发达始于一八七三年改革林政之时，及一八七五年创设高等农林学校，增定林学科，至一八七九年六月九日，政府宣布农矿物部令，第二百七十四条，而林业教育及森林事业之机关统归农矿物部管辖，惟森林教育必由文部省与农矿物部协商，分森林教育为高等、中等、下等三级，其此有兼讲林业者。"⑤

4. 学位制度

端方介绍了美国的学位制度，"学位分学士、博士、大博士三级：四年正科卒业者与以学士之称；得学士后在大学院二年苦志勤学，能有撰述者与以博士之称；学士在大学院三年，博士在大学院二年研究学业，能有发明则与以大博士之称"⑥。

---

① 端方、戴鸿慈：《列国政要》（卷39），第1—2页。
② 端方、戴鸿慈：《列国政要》（卷30），第2页。
③ 端方、戴鸿慈：《列国政要》（卷27），第28—29页。
④ 端方、戴鸿慈：《列国政要》（卷32），第7页。
⑤ 端方、戴鸿慈：《列国政要续编》（卷76），第1页。
⑥ 端方、戴鸿慈：《列国政要》（卷40），第15页。

端方在介绍国外先进教育制度的同时，也看到了其中存在的不足。如美国将发展教育权委诸各州，中央政府不甚过问，难免产生诸多弊端，其武备学堂章程课程虽然完善，而管理机关则不无缺失。同时，美国的军事教育并不完备，"参谋、战术诸科均无专校"①。

其五，军事制度。

1. 对德国军事体制的考察

首先使端方深有感触的是德国军队中的思想建设，认识到思想建设实为德国军队强盛的重要保障："德国军队强盛不惟得力于教育之善、制度之美，即于无形中为社会教育所致者亦复不少，如宗教感念尤其最著者也。新兵入营后，每星期日必由担任教育官长率诣寺院或宜于游行之宽敞地听军僧说教，至如其大旨所在，则终不离乎忠爱之可贵、公私之宜判与夫军人美德、世界大势数端。"②

德国"以陆军鸣天下"，"军制无一不具特色"，该书详细介绍了"分职治事之尤足为陆军行政之楷模"的德国陆军行政："陆军行政大权为德皇所总揽，以下则设立四种机关，各授以活动之范围，使分别职任，其四种机关则以军事内阁为直接隶属德皇，传达各命令之一机关，陆军部为管理行政事务之一机关，参谋本部为研究机动演习出师准备作战计画兵事侦探之一机关，兵监本部为主持训练军队，搜讨军实养成将才之一机关。中央机关即就四者擘分职制，以纲纪军中一切事务。"③

由于陆军军制事涉机密，故德国普通军制课本对参谋本部职责的阐述相当简略，"不肯详晰解释显示外人，以泄军机"。为了对德国陆军军制有详尽了解，考察团颇费心思，"译者于课本之外参考他书，并以己之闻问所及，补此本所未备，俾我国军人于该国参谋本部任务略见一斑"。如对德国参谋本部宗旨的介绍：

参谋本部之宗旨在造就将校，襄助高级军队指挥官以立定帅兵之基础，审确敌人用兵之学识及战场应用之方法，以改良本国之陆军，且特别宗旨

① 端方、戴鸿慈：《列国政要》（卷66），第1页。
② 端方、戴鸿慈：《列国政要》（卷51），第5页。
③ 端方、戴鸿慈：《列国政要续编》（卷38），第1页。

在注意于列强军队之征集及列强建设陆军之消息，如兵力之厚薄、编成之多寡，将卞如何、补充器械如何、式样装备如何、教育如何，以及战争之能力与路线、铁道网线、运河、航路、地质、森林、农桑、制造并战场已著之天然方法，审度而利用之。此外，尚侦探列强要塞如何、建筑如何、备兵如何、防守及炮台内面设备与表面战争之状况，由其方针制出攻击略图。原因一切利益之学识、演究种种政治之机关、更改战斗之情况，如战略战术与编制之事，由此制出作战略图以为陆军野战及要塞准备，且以为陆军一时开进之地。此外，尚组织本国陆军事物，如讲求极新建筑、极新枪炮，并考求德国兵要地学及大队演习、德皇诏令演习等事。铁路为近世集合陆军之紧要机关，凡输送军队辎重等件，必须无滞留停止之弊，故铁路局须制陆军确实行进表，在未开战之前，又参谋本部总长分送于军团司令部，则军队集合之地界可以照此布置。①

考察团能够对掌握"枢密事务"的德国参谋本部作出如此详尽的介绍，显示出考察团对此是颇为用力的。

该书还详细介绍了德国的将校制度，"位将校者有两种职务，一平时教育兵卒能使战争；一战时指挥兵卒，使不失败。兵丁入伍，已全寄生命于将校肘腋之下，诚希望将校于平时战时之布置完全无缺，其尤大者，则国家威权之张弛，并将来民族之盛衰，全关系于将校之优劣"。端方在按语中指出国家尊崇将校的目的在于"培养军人之气节，创造军人之名誉"，地方社会尊崇将校亦因"国家人人皆有当兵之义务，能尽此义务，全借将校以牖启之"②。

此外，该书对德国海军、工兵队、军用电信队、军用铁道队、军用轻气球队、辎重兵以及禁卫队、野战猎骑队等特别部队做了介绍。如介绍德国军用轻气球："德军之用轻气球，实自一八八四年五月始，初设轻气球研究会，以伯林东停车场为试验场，……至一八八七年四月一日，编制乃定，一轻气球分队之见员已有五十名云。"③

总之，通过对欧美国家尤其是德国军事体制的考察，端方等人深切认识到

① 端方、戴鸿慈：《列国政要续编》（卷39），第9—10页。
② 端方、戴鸿慈：《列国政要续编》（卷44），第1页。
③ 端方、戴鸿慈：《列国政要续编》（卷41），第7页。

军队建设实为一国富强之保障。

2. 欧洲征兵之法

欧洲历来征兵之法有三，由募征而记征，由记征而普征。募征之法，即遣武员分往各地募有自愿入营者，订立合同，载明当兵年限，即令入营；记征之法，即记录国民名数，人人有应战之责，"然报捐可免，雇人可替，有学问、富田产者例皆得免"；普征之法，即国民皆宜亲身应征，不得捐免请代。接着，端方分别论述了其利弊：

> 募征法利在累民不多，愿应征者即可久居营中，因之军队得以训练精熟，然投效之人非有国家感念，兵额亦不如普征之众，倘欲广募必糜巨款，临战之时所费尤大，不幸挠败续募维艰。记征法差为美善，然有以上四者之弊，于公理正义皆无所当，缘其法只使无学穷民受累也。惟普征法定例之意，即使国民不论贵贱一律应征，按比例计之，国家所费不多而所备之战力极大，今欧洲各国皆已行之。①

无疑，无论是介绍德国军队教育、军制，还是介绍欧洲征兵制度，对于推行军事改革、谋划建立新式军队的清政府而言，不无借鉴意义。

由于两部书卷帙浩繁，内容驳杂，本文之介绍不免挂一漏万。可以说，《列国政要》及《续编》如此详尽地介绍欧美国家的各项制度在中国当属首次。笔者在阅读这两部书时颇为感慨，深深地感受到考政大臣谋求改革、追求富强的努力，他们在介绍各项制度的同时，以"按语"的形式评析之，不仅指陈其优势，对其不足亦是深入思考，并非一味接受，端方在《列国政要》序言中即言，该书的目的在于能够使读者对于各国政治"览其得失"②。从社会影响上看，《列国政要》及《续编》作为具有百科全书性质的资料汇编，足以开阔国人眼界，使国人对欧美各国制度有一个系统的了解，正如某时人致函端方所言："赐大作《列国政要》四函，迥环三复，环球政治，了如指掌，乃叹我公救世之苦心，观变之特识，洵足以包举宇内，控制八荒，他日见诸实行，风同道一，

---

① 端方、戴鸿慈：《列国政要》（卷57），第1页。

② 端方、戴鸿慈：《列国政要》"序言"，商务印书馆1907年版。

列强俯首，光我皇猷。"①《申报》亦将《列国政要》视为"医国之良剂"："立宪预备期以十年，苟其一无凭借，坐误因循，则十年以后之国民犹是十年以前之状况耳。……有此书，则在上者可讨论其利病得失，以决定实行立宪之方针；在下者亦可研究其组织方法，以造成立宪国民之人格。风行一纸，拭目俟之矣。"② 总之，《列国政要》及《续编》的出版为时人了解欧美各国的各项制度提供了详尽而系统的第一手资料，在很大程度上迎合、满足了渴求了解欧美各项制度的国民之需求，也为将要展开的预备立宪提供了重要的参考文本。

第三节　两路考察团考察成果之对比

一　来源差异

两路考察团归国后，皆通过上陈奏折及编译书籍表达政见。然而，两路考察团最大的差异在于奏折、书籍的不同来源。端方、戴鸿慈考察团归国后所上的主要奏折以及编译书籍曾求诸他人，这一事实也成为论者诟病五大臣出洋考察，进而认定清政府缺乏立宪诚意的重要依据，然而这种论调实际上是片面的。

以梁启超为代表的宪政专家的政治见解通过端方等人之口上达政府，其影响力随之由思想界全面过渡到政治界，最终成为影响政府改革决策的根本依据，在很大程度上为政府官员正确地理解宪政精义提供了很好的素材。在这一过程中，梁启超等人作为宪政专家的作用得到了很好体现，端方作为立宪改革派，能将视野投向当时引领潮流的论说，进而充当嫁接在野之论过渡为在朝之论的中介，在政府与宪政专家之间穿针引线，实现二者的交融，无疑也完成了他作为立宪改革派的使命。当然，我们更不能忽视的是考察团自身为编撰各类政治成果付出的努力。

载泽考察团亦曾借助留学生之力翻译各类政法书籍，其目的在于增加参考之资，从而节省编译时日，以及提升各类书籍的质量。可以说，两路考察团皆借重了外力，然性质则根本不同。从上文史实的描述可知，载泽考察团由于设

---

① 佐久间桢、阎崇璩编：《匋斋（端方）存稿》，第210页。
② 《端制军〈列国政要〉序》"记者按语"，《申报》1907年7月25日。

置了类似文案组的机构，其归国后所上的部分奏折及编订成册的 67 部书籍，理应归功于文案组成员的共同努力。那么，我们应当如何看待由考察团成员代拟、考政大臣上陈的折稿，这类折稿究竟反映了谁的思想？考察团成员通过代拟折稿开辟了一条特殊言路，借考政大臣之口表达了自己的政治见解。无疑，考察团成员得以发表政见实基于载泽等考政大臣的授意，此类折稿同样能够反映考政大臣的政治主张，可以说，此类折稿是考政大臣和随从人员协同作业、政治主张交汇融合的产物。正是基于杨寿楠参与拟订折稿的事实，许国凤曾这样评价杨寿楠："先生为当代政治家，生平治笺、奏草、章制均已传布海内。"① 以往研究无一例外地将考政大臣归国后的陈奏当作其本人的主张予以阐释，忽略了折稿拟订过程中随从人员所做的努力，这种状况显然不利于我们全面细致地认识清末五大臣出洋考察。通过上文史实的描述可以肯定，载泽等考政大臣归国后众口一词地模仿日本政治体制的宪政改革主张，不仅仅源自于他们自身保留君权的考虑，亦来自于随员的建言。

总之，那种以端、戴考察团请人代撰折稿为依据，诟病五大臣出洋考察进而认定清政府缺乏立宪诚意论调，不仅对于端、戴考察团没有说服力，更为重要的是，这种论调显然没有对两路考察团考察成果的形成作具体分析，抹杀了考察团自身的努力。

二　建言侧重点差异

通过对载泽考察团考察行程的梳理，可以看出其考察重点在于各国政治制度，采取邀请各国政法专家讲解和实地参观相结合的方法，试图对各国政治制度有系统全面的了解。然而，载泽归国后仅仅上陈两篇折奏，即《吁请立宪折》和《奏请宣布立宪密折》，而进呈提要时的《进呈编译各国政治书籍折》不能算是归国后专门所上的奏折，且内容与《吁请立宪折》几无二致。无疑，他们对政治制度的考察成为其编订数十种书籍的主要资料来源。大体上言，载泽政治建言的核心在于强调模仿日本进行政体改革的迫切性和必要性，侧重消除政府官员尤其是慈禧太后对立宪政体的疑虑。

而端方、戴鸿慈归国后的陈奏则相当全面、细致，这与他们的出洋考察期

---

① 　杨寿楠：《云迈漫录》"卷末许国凤跋"，《云在山房丛书》（第 2 册）。

间的考察重点有一定的关联。戴鸿慈、端方考察团考察范围相当广泛，政治、经济、文化无所不包，主要采取实地参观的办法。相比之下，他们对各国政治制度的考察则稍嫌不足。端方、戴鸿慈归国后的奏折除政治建言外，兼及教育以及图书馆、博物馆等公共设施。然而就政治建言的深度来看，由于戴、端考察团曾求诸宪政专家梁启超，再加上自身对宪政的理解，其归国后的政治建言更倾心于对宪政理论的阐释，《欧美政治要义》即着意于此。此外，对宪政改革的具体步骤也进行了详细规划，即以官制改革入手，并以发展教育作为开启民智的基础。可以说，较之于载泽归国后的陈奏，端方、戴鸿慈归国后陈奏的系统性、全面性以及所达到的深度无疑更胜一筹。

问题是，两路考察团归国后的建言为何会有这样的差异呢？可以肯定，两路考察团考察成果的不同来源无疑是重要原因之一。由于端方、戴鸿慈考察团的主要奏折由梁启超拟订底稿，对宪政理论做出较为深刻的阐释，无疑是很自然的事情。而载泽考察团的奏折由考察团随从人员拟定，对宪政理论的阐释难免逊色于端方、戴鸿慈考察团。然而，梁启超提供折稿底本只是一方面的原因。种种迹象表明，两路考察团对归国后上陈奏折的次序以及陈奏的重点进行了协商分工。在此，我们需要提及两路考察团在比利时相会事。

两路考察团在出国之前即商定在瑞士商榷政见，后改为比利时。对于此次相会事，载泽、戴鸿慈在日记中的记载皆颇为简略，如戴鸿慈在 6 月 3 日两路考察团相会当天的日记中记载："泽公，尚、李两大臣均来寓，商定回国后应行诸事，夜深始散。"① 受资料所限，五大臣商议的具体情形不得而知，然而有两事可以确定为此次相会所商定。

其一，两路考察团归国之期。前文述及，经费不足是五大臣出洋后面临的最大问题之一，为节省经费起见，载泽曾电致政府，拟于四五月间先令端、戴两大臣回国，随员亦酌量带回。② 然而，最终的结果则是载泽考察团先行归国。载泽考察团于 6 月 10 日由法国返国，7 月 23 日首先抵达北京。而端方、戴鸿慈考察团则迟至 6 月 21 日由意大利返国，8 月 10 日抵达北京。两路考察团的归国先后与载泽致政府电中所言正好相反，也彰显出两路考察团归国之期临时做了改动，当为两路考察团在比利时相会时所商定。

---

① 戴鸿慈：《出使九国日记》，第 493 页。
② 《泽公电告经费支绌情形》，《南方报》1906 年 4 月 23 日。

　　其二，归国后的建言重点进行了分工。载泽考察团之所以先行归国，其意在于发挥载泽皇室宗亲的身份优势，其忠诚不容怀疑，由其打头阵陈述立宪政治的迫切性，不仅能对当时甚嚣尘上的反立宪言论进行有效打击，更为重要的是，无疑更容易打消慈禧对推行立宪政治的疑虑。在此基础上，端方、戴鸿慈考察团归国后，更为详尽地论述改行立宪政治的紧迫性，并提出以官制改革入手。可以说，两路考察团归国后的陈奏实为相互呼应的关系，形成了梯度。正如陶湘向盛宣怀的报告中所言："泽于召见时破釜沉舟，剀切陈奏。两宫大为之动容。其时甚秘密，但闻政府颇以立宪尚非其时为虑。及戴、端回京，又复申说。端召见三次，为时甚暂。渠素与青莲契合，后来居然做到可以随时见太后，且可长谈。"① 显然，陶湘意识到载泽与端方、戴鸿慈陈奏的层进关系。为清晰起见，笔者将两路考察团在 9 月 1 日"仿行宪政"上谕颁布之前所上的奏折按时间顺序予以排列。

表 7 - 14　　　　　　　　　　　两路考察团归国后所上奏折次第

次序	上奏人	上奏时间	奏折名称
第一折	载泽	六月初四日（7 月 24 日）	《吁请立宪折》
第二折	端方、戴鸿慈	六月二十二日（8 月 11 日）	《回京覆命胪陈应办事宜折》
第三折	端方	六月二十四日（8 月 13 日）	《请定国是以安大计折》
第四折	载泽	七月初四日（8 月 23 日）	《奏请宣布立宪密折》
第五折	端方	七月初六日（8 月 25 日）	《请改定官制以为立宪预备折》
第六折	端方	七月初八日（8 月 27 日）	《请设编制局以资筹议折》
第七折	端方	七月十三日（9 月 1 日）	《请平满汉畛域密折》

　　当然，尽管考政大臣归国后的奏折侧重点存在着差异，然而从这些奏折所表达的政治见解来看，则达成了相当高的共识，正如某美国人所言，"意见虽小异，皆以立宪为急要"②。

　　其一，皆认为中国应当师法日本进行宪政改革。考察团考察期间的奏折及归国后所上奏折，介绍了各国政治体制方面的信息，为清政府选择立宪模式提

---

① 陈旭麓、顾廷龙、汪熙主编：《辛亥革命前后：盛宣怀档案资料选辑之一》，第 26 页。
② 《美客谈中国立宪事》，《申报》1906 年 9 月 10 日。

供了重要的决策依据。美国与法国是民主共和政体，清政府不能仿效；英国的虚君立宪体制也不可取；俄国在战争与革命后被迫实行宪政，正从专制向立宪转型，清政府可以借鉴其经验教训；日本与德国的君权至上的君主立宪模式最可取法，日本体制源于德国，中国师法日本即可。正如革命派所言："出洋大臣召对之际，极陈立宪规模宜效法日本，并论官制改革之切要，谓循此不变，则唐之藩镇、日本之藩阀将复见于今日。"① 反对宪政改革的政府官员胡思敬亦言："四大臣考察初回，将仿东洋大更制度。"②

另外，除考政大臣外，师法日本改行宪政也是考察团成员的普遍认识。如载泽考察团随员杨道霖。他在《日本统计类表要论序》一文中写道："（日本）以山海贫瘠之国，方列强环伺，立约束缚不可解释，而数载战胜，骤致盛强，与英美俄德法并立，为上等之国。……论天时地利，日本远不如中国，而人和过之。中国诚能发愤自强，近师日本，事未半而功可倍，有断然者。"③

其二，皆指陈立宪改革的迫切性，尽早确定实行立宪政体的大政方针。端方、戴鸿慈考察团提出宪政改革应以十五年或二十年为预备期。载泽没有提出具体立宪期限，然而他在《吁请立宪折》中亦极力建言政府应当尽早颁布立宪上谕。

其三，两路考察团皆认识到消除满汉畛域的必要性。端方两次专折奏陈平满汉畛域的重要性，载泽在《奏请宣布立宪密折》中亦言及满汉界限亟待消除。然而，就深度而言，端方显然论述更全面，提出了明确的解决之方，而载泽考察团则无。

① 精卫：《满洲立宪与国民革命》，《民报》第 8 号，1906 年 10 月 8 日，第 1 页。

② 胡思敬：《退庐全集·退庐笺牍》，第 454 页。

③ 杨曾勘：《无锡杨仁山（楷）先生遗著》"文存"，沈云龙主编：《近代中国史料丛刊》第 54 辑（536），第 21—22 页；杨曾勘：《柳州府君年谱》，沈云龙主编：《近代中国史料丛刊续编》第 17 辑（163），第 63 页。

第 八 章

五大臣出洋考察之评析

　　五大臣出洋考察团的派出标志着清政府迈出了推行政体改革的关键一步，为预备立宪的起点，展示出清政府在政治上由"中体西用"转向效法西法，其影响是多方面的。考察团成员受益于出国考察的经历，自身素质普遍得到提升；从中外关系的角度看，五大臣出洋考察展示了中国的改革形象，有效地联络了邦交，在一定程度上改善了中国的外交环境，提升了中国的国际影响力；就清政府政体改革进程而言，考察团归国后直接促成了清政府颁布"仿行宪政"上谕，并依照考察团的建言从官制改革入手。可以说，考政大臣不仅是清末宪政运动的推动者，而且更是这场运动如何开展的规划者。同时，五大臣出洋考察团也存在着少数人员选拔失当、行程过于匆促等缺失。

第一节　五大臣出洋考察之影响

一　考察团成员思想认识得到提升

　　近代以来，随着西学东渐的加速，介绍国外政治制度、历史地理的各类著作出版颇丰。然而，书刊上关于国外的描述终不过是纸上的东西，对于读者的触动有限。考察团走出国门，进入一种和中国完全不同的社会环境，面对西方的富强，反观中国的日渐衰弱，考察团成员的心理上难免产生巨大落差，在这样的心理刺激下，他们能够较为理性地审视中西之间的差距，思想认识由此得到极大提升。最直接展示考察团成员思想认识之提升的当属出使日记，日记不同于考察报告及所上奏陈，由于其私人性质，笔端往往流露出难以公开表达的言语，更能展示本人的内心世界。由此，我们先来对两部考察日记，即载泽撰写的《考察政治日记》及戴鸿慈撰写的《出使九国日记》做一介绍。

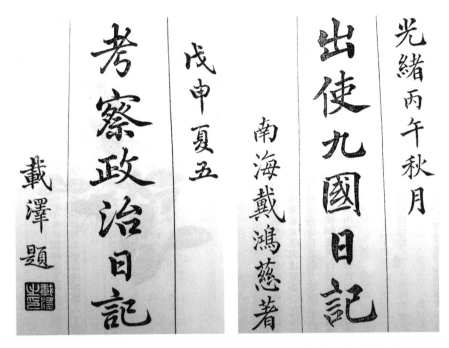

图 8—1　载泽《考察政治日记》　　图 8—2　戴鸿慈《出使九国日记》

　　两部日记皆逐日记录了两路考察团的考察行程，是我们研究清末五大臣出洋考察团最直接、最详尽的资料，正如戴鸿慈在《出使九国日记》"例言"中所言："是书专就鄙人所亲历，随时记录，间及琐细。"又言："每日往观各处，足不停趾，无一刻之暇。夜归辄录所见，信笔直书，并未修饰。"① 作为考察团的重要成果之一，两部日记不仅为我们认识考政大臣考察所得及其宪政思想来源提供了重要的一手资料，也展示出中国人在认识世界、反省自我历史进程中的艰难探索。实际上，出国考察撰写日记几成定例："历届出使大臣遴选高才之员出洋差遣，藉资阅历，各国政教风俗与农商矿各种制度、学问，课以日记，归为拜献之资，本系奏定章程。"② 在考察团归国之际，民众的呼声更加高涨，

---

① 戴鸿慈：《出使九国日记》"例言"。
② 一八八九年七月，《谕总理衙门议定出洋学生肄业事宜》，沈桐生：《光绪政要》，沈云龙主编：《近代中国史料丛刊正编》第 35 辑（345），（台北）文海出版社 1964 年版，第 1472 页。

"殷殷然属望于五大臣"，其中，国人所急欲知者即为考察团编辑的考察日记："一士人之游历，必笔其考察所有得者于日记，归以馈饷我国人，而灌输其新学识者，无人不然。今以五大臣尊贵之躯，富强之力，加以数十随员辅助，分任其考察之职……则其日记之编辑必大有可观，而所以启发我国人之思想，增进我国人之智识者，其效力必无限量。"① 显然，在国民看来，考察日记是评价考察团是否考有所得的重要指标，无疑，载泽、戴鸿慈撰写考察日记具有回应舆论要求的目的，但是两人撰写考察日记更重要的原因并不在此。

先来看《出使九国日记》。戴鸿慈撰写考察日记的根本原因为认识到当时人们对外情不了解，往往人云亦云，他评论当今之学者："足未出国门，取其书伏而诵之，逆臆而暗解，则以为西国之政俗如是如是。耳食者，又从而崇拜之，诟骂之，几以为定案不可易矣。"由此，戴鸿慈强调，"一切政治，非躬至其地，假之时日，一一取而绅绎之，比较之，斟酌选别之，则其精微未由见也"。戴鸿慈对《出使九国日记》之撰成亦颇为自负："他日之读吾游记者，其将俯仰太平，以兹行为中国维新之一大纪念焉，吾昧昧思之也。"② 尤称特色的是，《出使九国日记》前附考察所经国家的相关图片 48 张，涉及各国企业、学校、船厂、公园、国会、教堂、市容，等等，数量多、范围广。具体而言，包括费城独立厅、华盛顿图书馆、干尼路大学、伦敦国家银行及商务公所、巴黎全景、巴黎国家大戏院、巴黎战胜记功碑（凯旋门）、柏林河畔风景、汉堡船坞、丹京路易河畔风景、挪京海港、维也纳国会、维也纳戏院街、米兰大教堂、多瑙河之景、圣彼得堡之夏园、彼得离宫、罗马古大市场、圣保罗庙、威苏威火山、罗马斗兽厂，等等。这些图片的拍摄一方面展示出考察团考察范围之广，另一方面也反映出考察团在考察过程中极为用心，意识到图片较之于文字更具直观、明晰的优势。可以说，如此大规模地通过摄影图片的方式集中向国人展示欧美各国风情风貌，在中国当属第一次。同时，翰林出身的戴鸿慈对国外的风光亦不惜笔墨以优美笔触着意描绘，亦为该书一大特色。如介绍德国海岸暮境："夕阳在山，明月已上，林木成行，尽含生意，堤边绿草细软如茵，令人赏心不尽。"③ 介绍瑞士伯尔尼雪山："沿途望山，雪色不断，牧场衔接，长林迤

---

① 《论出洋大臣回国后之希望》，《申报》1906 年 7 月 16 日。
② 以上引文见戴鸿慈《出使九国日记》"自序"。
③ 戴鸿慈：《出使九国日记》，第 432 页。

迤。……仰视山上，则宿雪弥漫，云气翁郁，若近若远，殆移人情。"① 介绍挪威山林："云气翁郁，山石嵯峨，危亭临风，幼松含露。近望京城，咫尺可辨；远眺海湾，波心浴日。"② 这些描述颇具文采，读来令人遐想。

《出使九国日记》于 1906 年 12 月由农工商局所设工艺局印刷科印制发行。舆论界对《出使九国日记》评价很高："法部戴尚书自考察政治回国，即将一切考察情形及游历所到之山川、风景悉心编纂，修辑成书，名曰《九国游记》，共计十二卷，刻已出版，闻内容极丰富，条例亦甚清晰。"③ 同时，戴鸿慈曾将该部日记分送友人，孙宝瑄即得到一部。④

再来看《考察政治日记》。与戴鸿慈相类，载泽日记的写作由来亦有感于"摸象之谈"横行于世："互市以来，士大夫建言者众矣。洞达彼我，深切事理者，固不乏人；而扪烛之见，摸象之谈，讻于一庭，灾于一国者，其不可深恫哉！"载泽进而阐述道："彼国乡曲都邑，议事有会，学科有会，其于事理之真相，群搜冥讨，极深研几，必得当而后已，未闻孤论独断而见施行者，何其精且慎也！"进而号召："愿我士夫于事理之曲折，非有真知，勿为高论，务虚中以研究，薪适用而救时也。"《考察政治日记》即本于"邮程所历，身履而目接者"以及"与彼都认识言论之可甄存者"汇编而成，载泽自称该日记为秉笔直书之作："无缘饰，无徇枉，庶免生心害事之戾，且益以知耻尚直之义自勉也。"就内容而言，《考察政治日记》多记录国外法政专家的演讲各类关涉政治层面的内容，而对于其他方面的考察往往一笔带过，彰显出载泽考察团考察重点所在。据载泽自称，《考察政治日记》撰成后，初不欲刊行，而"知旧敦督，辄复循省"，遂付刊刻。⑤《考察政治日记》于 1908 年由政治官报局刊印，次年又由上海商务印书馆刊印。

需要指出的是，缘何其他考政大臣没有撰写日记？端、戴考察团随从人员施肇基即曾经建议端方撰写考察日记，然而端方对此不以为然。据施肇基回忆："余当时即虑材料太多，编译费时，曾建议（端方）仿照《洪文卿日记》之例，

---

① 戴鸿慈：《出使九国日记》，第 498 页。
② 同上书，第 461 页。
③ 《戴尚书著作九国游记》，《申报》1907 年 4 月 2 日。
④ 孙宝瑄：《忘山庐日记》（下），上海古籍出版社 1983 年版，第 905 页。
⑤ 以上引文均见载泽《考察政治日记》"自序"。

作一旅行日记，以便日后追记补述。若将来题材内容过于丰富，自不妨再出专书。然迄未实行，此亦由于端方好高骛远不切实际，一切求全责备，以致日后虽一简要纪行之作，亦不可得矣。"①除考政大臣外，一些随员也著有考察日记，然大多没有刊行。如姚鹏图为载泽一路随员，他在1907年致汪康年函中言及："弟去年在日本半年，清伊秋间返沪，当谈及之。弟日记凌乱，无足观，议者早属陈言，不知者以为怪物，故未发印。"②另外，湖北随同考察人员蔡琦撰有《随使随笔》，金鼎撰有《随同考察政治笔记》。

依据两部日记，辅以其他史料，可以总结出考察团成员思想认识上的提升主要体现在以下几方面。

其一，对自由、平等的认识。考察团在各国考察期间，普遍对欧美各国君臣之间的平等、协调关系深有触动。无疑，君臣之间的平等、协调关系亦是自由、平等精神的体现。在比利时，载泽考察团了解到国王对臣子"莫不稔识，一一问答，如家人父子"③。而端、戴考察团亦有同样认识，"观欧美诸国，君臣之间，蔼然可亲，堂陛周旋，宛如宾友"④。

当然，上述认识是直观的、浅层次的，详细阐发对自由、平等理解的当属戴鸿慈所撰《出使九国日记》。关于自由，戴鸿慈认识到自由并非毫无限度，毫无限度并非自由的真谛，而是权利范围内的自由："自由云者，人人于其权利范围之中，得以为所欲为，不受压制焉耳，非夫放纵无节之谓也。我观欧美之民，无男妇老少，其于一切社会之交际，相待以信，相接以礼，守法律，顾公德，跬步皆制限焉。自其表观之，至不自由也，此自由之真相也。"关于平等，戴鸿慈这样写道："又如平等，西国之所谓平等者有之矣，上自王公，下逮庶民，苟非奴隶，皆有自主权，其享受国民之权利维均。一介之士，虽执业微贱，苟其学成专门，皆足以抗颜宰相之前面而无所恶，盖其执艺平等，而非以爵位之贵贱论也。此平等之真相也。"⑤显然，戴鸿慈对自由、平等的解释虽然简单，但毫无疑问，他对自由、平等观念的认知达到了相当的高度，在一定程度

---

① 施肇基：《施肇基早年回忆录》，第48页。
② 上海图书馆编：《汪康年师友书札》（第2册），第1273页。
③ 载泽：《考察政治日记》，第662页。
④ 戴鸿慈：《出使九国日记》，第493页。
⑤ 以上引文均见戴鸿慈《出使九国日记》"自序"。

上抓住了自由、平等的真谛。可以肯定，这种认知得益于出洋考察的经历。

其他考政大臣对自由、平等也有不同程度的认知。载泽归国后，针对学部侍郎宝熙提出的专设贵胄法政学堂事，提出贵胄"不应以贵胄自封，既欲考求法政，即可直入学部已设之法政学堂，不必另糜巨费"，被舆论誉为"平民主义"①。当然，誉之为"平民主义"或有抬高，然载泽有此认知实基于对平等思想的深刻认知。端方对西方的平等精神有了更深刻的了解，深为艳羡各国君民之间的和谐关系，常语人曰："欧美立宪真是君民一体，毫无隔阂，无论君主、大总统，报馆访事，皆可随时照相，真法制精神也，中国宜师其意。"② 另如尚其亨，归国后出任福建布政使，赴任前特具折奏陈，一方面陈请"速立宪法"，认为"宪法立而后公法行，公法行而后外侮靖"；另一方面则"力言自由之不可侵犯，并历引古籍以相印证"。尚其亨此举甚得舆论好评，认为其言自由"中西贯澈，扫尽陈言为奏，折中惊人之作，奏牍之讲自由，当以此为嚆矢也"③。

可以说，考察团成员的思想认知普遍得到较大程度的提升，尤其是考政大臣对自由、平等的认知走到了时代前列。无疑，这种思想更多地体现在日记中，而在考察团归国后所上的奏折及编译书籍中则并无如此完备的表述。

其二，对富强之道的探索。考察团出国之前，即强烈意识到"推行富强之基在此一举，事情极为重要"④，无疑，考察团将此次考察视为起衰救亡的关键，他们整个考察行程实际上也就是对中国富强之道思考、探索的过程。在追求富强心理之支配下，两路考察团的考察范围并非仅限于政治，正如载泽考察团随员杨寿楠所言："是役也，历时二百日，计程九万里，迎日暑而往，环地球而归，舟车之日十有四，考察燕酬之日十有六。……谓能觇国而知其深，诚不敢信，然各国之内政、外交、法律、财政、教育、实业、军备，凡百矩度，咸有成规，辎车所莅，询度咨谋，彼国之通人博士各出所学以相饷遗。"⑤ 考察范围之广由此可见一斑，体现出考察团对各国富强之道的探求，延续了近代以来

①　《泽公提倡平民主义》，《盛京时报》1908 年 1 月 7 日。
②　刘禺生：《世载堂杂忆》，第 102 页。
③　《尚方伯之敢言》，《盛京时报》1907 年 10 月 5 日。
④　《泽尚李三大臣奏报放洋日期折稿》，《时报》1906 年 2 月 8 日。
⑤　杨寿楠：《觉花寮杂记》（卷1），第 3 页，《云在山房类稿》（第 4 册）。

中国人学习西方的一贯目标。

考察政治大臣们亲眼目睹了资本主义国家的物质文明和政治制度的优越性，切身感受到立宪政治已经成为时代潮流，在他们看来，中国与列强的根本差别不是别的，正是先进与落后两种政治制度的不同。然而，同是在立宪政体之下，各国的发展路径则各不相同，如何借鉴西方富强之道并非易事，正如端方所言："中外国体异、历史异、社会风俗异，期酌乎张弛因革之宜，非居绝大智慧，不能得真相而迎合我国之近情。"① 综合来看，通过对各国富强之道的思索，考察团有以下几点深刻体会。

1. 教育是推动一国走上富强之道的不二途径

以丹麦为例，戴鸿慈这样写道："三面临海，地方狭小，面积仅十五万二千一百八十方里，人民二百五十余万，而政治、工商，多可观者。政体为君民共主，有上下议院。……其可法者，则就学用强迫主义，普通教育遍于国中。"② 显然，即便是如丹麦这样的北欧小国，讲求教育亦能走上富强之道。相反，如果不讲求教育，即便是地跨亚欧的大国俄国亦难免步入衰落："土著编氓，类多愚蠢。乡间小民，识字者仅十之一。故大学堂程度虽高，而普及教育尚未可言。"③

2. 走适合本国国情的发展道路

以丹麦为例，瓷器、麦酒、电政、医学颇为发达："以蕞尔小国，土地辟、田野治，乘海线延长之优胜，商业兴盛，舟船如织，百姓欢娱，乐保太平，介于列雄而无侵削之惧，地虽褊削，大邦或来取法焉。"④ 瑞士亦为欧洲小国，以发展旅游业而著称，"风景佳胜，号为天下公园，游历者足迹所必经"⑤。显然，考察团意识到丹麦、瑞士正是走了一条适合本国国情的发展道路而致富强。而反观中国，虽有庐山、西湖等山川之胜，却不能以"佳山水闻天下"，戴鸿慈认为原因在于"中国内地未辟，交通不便，又乏所以保护而经营之之术，使坟茔纵横，斧斤往来，风景索尽，游人茧足"⑥。

---

① 《代论》，《大公报》1905 年 9 月 27 日。
② 戴鸿慈：《出使九国日记》，第 449 页。
③ 同上书，第 487 页。
④ 同上书，第 449 页。
⑤ 同上书，第 501 页。
⑥ 同上书，第 498 页。

3. 一国的发展不能拘泥一隅，要有世界意识

载泽在旅途中，船主曾导观驾驶室，载泽对该船设备之先进赞叹不已，进而对世界科技发展的日新月异不无感慨，"世界工商之业，日竞求进而不已"，同时对中国航运业"故步自封，日益退步"深为遗憾。① 在法国里昂商务总会，载泽参观了数十种丝织品，看到日本、意大利的丝织品由于讲求工艺，"研究日精，故销路日涨，骎骎有凌夺之势"，而中国虽然具有"物质之良，人工之俭且勤"的优势，然而缺乏竞争意识，不讲求工艺进步，已经落后于世界。推及其他，如果一味"不克振拨，率自放弃其权利"，必致各国家"日益散弱困穷之势"②。

需要提及的是，载泽在《考察政治日记》中表达了一个重要思想：欧美各国富强之根源实为民德之进步。载泽认为欧美各国往往追求事物之"极"，无论为政、为艺皆是如此，"欧美列邦，往往萃十数国学者之研，穷数十百年之推嬗，以发明一名一物，成立一政一艺，不至其极不止，其强大由此"。载泽认为这并不可取，以扩充军备为例，"六七强国，莫不殚国之力与财于海陆兵备。一旦祸机触发，胜者勃焉，败者忽焉，兴替之间，不容旋踵"。他进而指出，物质进步固然是国家富强的重要标志，然绝非富强之根源，其根源在于"民德"之进步："观彼富强之故，固三数豪杰政策之所致，而必以民德为之基。其尤强者，国民之程度，必有以过乎人。"③

同时，考察团某些成员意识到中国走上富强之途是一个长期的过程，国人在心态上不能急于求成。熊希龄在致瞿鸿禨函中言："此次游历欧美各国，参观比较各国规模之远大，机关之完备，国力之富强，为我国一时所不能及。即兴盛如日本，欲求物质文明并驾西洋，恐亦在七八十年之外，此非可求速效所至者。"④ 夏曾佑在致汪康年函中亦言："在此间一年，留心考察，觉我国事事皆没讲究。其去外人不可以比例计，实无立宪之望，而地方官组织之法，其不良亦达于极点。"⑤ 无疑，这种认识对于急于追求富强的国人来说至为必要。

其三，绝大多数考察团成员得益于出洋考察，获得了应有的政治地位，其

---

① 载泽：《考察政治日记》，第 589 页。
② 同上书，第 640 页。
③ 以上引文均见载泽《考察政治日记》"自序"，第 565 页。
④ 熊希龄：《熊希龄先生遗稿》（第 5 册），第 4012—4015 页。
⑤ 上海图书馆编：《汪康年师友书札》（第 2 册），第 1397 页。

中部分人成长为各类专门人才。

考察团归国后，在出洋考察期间尤为出力的随从人员得到考政大臣的奏保，获得了应有的政治地位，为他们日后发挥作用搭建了平台。对于两路考察团保荐随从人员一事，政府专门发布上谕，"准其择优保奖，毋许冒滥"①。端方、戴鸿慈在《酌保随员折》中称，"参随各员分任调查、译述及管理庶务、收支各事，均臻妥洽"，择其优者 31 名酌保衔名。② 包括关冕钧、邓邦述、光裕、龙建章、王伊、陆宗舆、关赓麟、冯祥光、高而谦、王丰镐、熊希龄、温秉忠、麦鸿钧、金鼎、蔡琦、潘睦先、陈琪、伍光建、陈毅、田吴炤、管尚平、朱纶、唐元湛、恒晋、金焕章、王鸿钰、罗良鉴、岳昭燏、唐文源、张煜全、宗芝。③载泽亦酌保出洋随员 28 名，包括左秉隆、吴宗濂、陈恩焘、严璩、钱恂、冯国勋、柏锐、杨寿楠、戴翼翚、钱承锧、段庆熙、夏曾佑、姚鹏图、刘恩源、葆椿、欧阳祺、赵从蕃、李焜瀛、杨守仁、刘钟琳、德奎、周蕴华、韩宗瀛、杨道霖、王慕陶、唐宝锷、黄瑞麒、文澜。④

考政大臣对随从人员的保奖大多数与定章相符，如左秉隆、吴宗濂、陈恩焘、严璩、周树模、刘彭年、施肇基等交军机处存记；刘若曾赏给二品顶戴。⑤然而亦有少数不符定章者，如载泽请奖杨道霖三品封典，与定章不符，改为四品。另如冯祥光、高而谦等简放道员，亦与定章不符。⑥

影响更为深远的是，不少随从人员经过出洋考察的洗礼后，自身素质得到显著提升，成长为各类专门人才。如载泽考察团随员杨寿楠在出洋考察期间，"于各国内政、外交、法律、财政、教育、实业、军备靡不殚精研究"⑦，见闻日广，"洞悉古今中外政教礼俗、盛衰强弱之原，其文益宏博隽美，为时传颂"⑧。可以说，类似影响在大多数随从人员身上皆有不同程度的体现。随从人

① 中国第一历史档案馆编：《光绪宣统两朝上谕档》（第 32 册），第 163 页。
② 端方、戴鸿慈：《酌保随员折》，《端忠敏公奏稿》，第 834 页。
③ 端方、戴鸿慈：《遵保参随各员由》，中国第一历史档案馆藏：军机处录副奏折·筹备立宪，卷423。
④ 《准驳出洋随员保案》，《申报》1907 年 2 月 2 日。
⑤ 中国第一历史档案馆编：《光绪宣统两朝上谕档》（第 32 册），第 170 页。
⑥ 《准驳出洋随员保案》，《申报》1907 年 2 月 2 日。
⑦ 杨寿楠：《云在山房类稿》（第 1 册）"卷首唐文治序"。
⑧ 顾恩瀚：《竹素园丛谈》，第 20 页，《云在山房丛书》（第 5 册）。

员归国后投身各行各业，不少人做出了杰出成绩，他们之所以能够做出成绩，甚至是开创了某一行业在中国的先河，在很大程度上得益于出洋考察的经历，从中我们可以一窥此次出洋考察影响之大。

参随人员中不少为既年轻又思想开放的学人，他们经过西方民主政治的洗礼之后，成为清政府预备立宪的支持者、鼓吹者，有数人在宪政编查馆担任要职，刘若曾任提调，钱承锃任统计局副局长，陈毅任统计局正科员，严璩任译书处总办。值得一提的是，这些人的影响并不仅限于晚清，他们也成为民国时期法制建设的重要参与者。

表 8 - 1　　　　　　　考察团主要随从人员结束考察后任职情况

考察团	姓名	任职情况	资料来源
载泽考察团	左秉隆	1907 年派驻新加坡兼辖海门等处总领事官，1910 年辞职。	程光裕：《常溪集》，第 1939 页。
	周树模	署理江苏提学使，黑龙江巡抚。	《履历档》第 7 册，第 557 页。
	刘彭年	1906 年任民政部左参议，次年任右丞。	陈玉堂：《中国近现代人物名号大辞典》，浙江古籍出版社 2005 年版，第 285 页。
载泽考察团	吴宗濂	以道员交军机处存记，1907 年充驻奥国代理使事，次年署外务部左参议、外务部右丞。1909 年任出使意大利大臣。	《履历档》第 8 册，第 291 页。
	陈恩焘	北洋洋务局会办，闽江要塞总司令，外交司司长，厦门关监督。	《履历汇编》，第 238 页。
	钱恂	1907 年任出使荷兰大臣兼保和会公使，次年改驻意大利。	《履历汇编》，第 323 页。
	唐宝锷	北洋洋务局会办，陆军部一等咨议官，直隶都督外交科长。	《履历汇编》，第 210 页。
	严璩	宪政编查馆译书处总纂，两广总督署洋务案。	《履历档》第 8 册，第 195 页。
	冯国勋	直隶洋务局会办，外务部日本股股员，江苏江宁交涉员，金陵关监督。	《履历汇编》，第 274 页。
	黄瑞麒	充宪政编查馆总务处科员、安徽道监察御史。学部咨议官，度支部清理财政顾问、宪政编查馆帮办。	《履历档》第 8 册，第 590 页。

续表

考察团	姓名	任职情况	资料来源
载泽考察团	刘钟琳	督办盐政处秘书官，长芦盐运使，署湖南提法使。	《履历档》第8册，第677页。
	夏曾佑	安徽泗州知州，民国后历任教育部司长、北京图书馆馆长。	《中国近现代人物名号大辞典》，第989页。
	段庆熙	江苏咨议局议员。	《履历汇编》，第187页。
	关景贤	清廷筹办海军事务处第七司司长，海军部军医司司长。	刘传标：《中国近代海军职官表》，福建人民出版社2004年版，第49、52页。
	姚鹏图	入提学使罗正钧幕，协助筹建山东图书馆及金石保存所。	《山东书画家汇传》，第205页。
	曹复赓	川汉铁路通译、南京洋务局英文通译、江苏都督英文通译兼秘书官、苏州税关监督、镇江交涉局长、南京交涉局长。	《履历汇编》，第213页。
	刘恩源	陆军部咨议官、右丞，总统府军事顾问，督办浦口商埠。	《履历汇编》，第309页。
载泽考察团	杨道霖	农工商部农务司掌印，1907年出任广西柳州知府。	《柳州府君年谱》，第64、66页。
	钱承锃	度支部财政研究所评议员、会计司司长、盐政处参事、财政学堂教务长，宪政编查馆副局长，资政院议员。	《履历汇编》，第323页。
	杨寿楠	农工商部主事兼商律馆纂修，工务司员外郎。度支部财政处总办。民国后任总统府顾问兼财政部次长。	《苓泉居士自订年谱》，第269—271页。
	赵从蕃	农工商部工务司郎中、公司注册局总办。	《履历档》第8册，第259页。
	钱锡霖	"少时素恶犬"，出国考察见军犬，"憬然大悟犬亦有用"。归国致力警犬研究，1913年在京创立警犬研究所。	钱锡霖：《警犬驯养管理法》，联兴印务局1916年，第68页。
	欧阳祺	中国驻旧金山领事馆、爪哇领事馆总领事。	欧阳乐：《驻旧金山与爪哇总领事欧阳祺》，《中山文史》第36辑，1995年内部发行，第137页。

续表

考察团	姓名	任职情况	资料来源
载泽考察团	杨灿麟	结束考察后未回国，驻比使署任职。	《考察政治日记》，第 679 页。
	沈觐宸	结束考察后未回国，驻比使署任职。	同上。
	蒋履福	结束考察后未回国，驻比使署任职。	同上。
	李焜瀛	结束考察后未回国，驻英使署任职。	同上。
	张允恺	结束考察后未回国，驻德使署任职。	同上。
	徐世襄	结束考察后未回国，留学英国。	同上。
戴、端考察团	熊希龄	江督端方委办江宁咨议局筹办处兼办上海洋务局。东三省农工商局总办、财政监理官。民国后曾任国务总理。	秦国经主编：《清代官员履历档案全编》第 8 册，第 194 页。
	陆宗舆	官制编制馆评议课委员，后由东三省总督徐世昌奏调，总办东三省盐务。民国后出任驻日公使。	《更革京朝官制大概情形》，《宪政初纲》，一九〇六年十二月，第 6 页。
	邓邦述	官制编制馆评议课委员。陆军部咨议官，署吉林交涉使。	《更革京朝官制大概情形》，《宪政初纲》，第 6 页；《履历档》第 8 册，第 273 页。
	麦鸿钧	邮传部铁路局汽机课课员，1907 年由法部派往日本考察审判制度及监狱改革。海军部军法司司法官。	关赓麟：《交通史路政编》第 1 册，交通部铁道部编纂委员会 1935 年版，第 115 页；《中国近代海军职官表》，第 51 页。
	王伊	赴营口创办银行业务。	曹季彦：《忆胞舅王伊二三事》，《信阳县文史资料》第 6 辑，1991 年内部发行，第 139 页。
	关冕钧	邮传部任职，修建京张铁路时担任詹天佑副手，"詹专工务，余悉君肩其责"。临时参议院议员、外交部广西交涉员兼梧州关监督。	《民国人物碑传集》，第 252 页；《最近官绅履历汇编》，第 341 页。
	龙建章	吏部文选司主事，考政大臣奏保以员外郎即补。1907 年调补邮传部员外郎，次年题补郎中，转补承政厅会事。	《履历档》第 8 册，第 60 页。
	关赓麟	邮传部路政司主事、电政司郎中、铁路总局建设科总科员、路政司员外郎、川粤汉铁路筹备处办事员。	关蔚煌：《慎独斋七十年谱》，第 390—392 页。

续表

考察团	姓名	任职情况	资料来源
戴、端考察团	刘若曾	考察政治馆大臣、太常寺卿、大理院少卿、宪政编查馆提调、法律大臣兼法制院院长，民国后出任直隶民政长。	《辛亥人物碑传集》，第764页。
	管尚平	伊犁中俄交涉局总办、外务部德俄股股员、权算司行走、黑龙江瑷珲交涉员、交际司科长，驻赤塔领事。	《履历汇编》，第299页。
	温秉忠	两江总督署通译兼秘书，1907年受端方委派护送留学生赴美留学，民国后任南京留守府交涉局长。	《履历汇编》，第279页。
	施肇基	京汉铁路局行车正监督、署邮传部右参议、吉林交涉使、外务部左、右丞。民国后任交通总长，驻英、美全权公使。	《履历汇编》，第181页。
	伍光建	学部二等咨议官，海军部一等参赞官、军枢司司长、海军正参领。	《履历汇编》，第115页。
	潘睦先	考政大臣保以道员，后遵例报捐改指直隶补用。	《履历档》第8册，第276页。
	朱纶	民政部员外郎，内务部佥事、庶务科科长。	《履历汇编》，第119页。
	田吴炤	两江总督署文案兼暨南学堂总理，驻日使署参赞兼留学生监督，1909年学部派充中央教育会会员。	《履历档》第8册，695页。
	陈琪	1910年策划主持了南洋劝业会。1915年任赴美万国博览会监督，参赛品种及获奖数均列各国之首。	转引蔡克骄《近代中国博览业的先驱陈琪及其著述》，《近代史研究》2002年第1期，第309页。
	关葆麟	端方奏调派充两江洋务局英文翻译、暨南学堂英文教员。1909年后历充直隶总督署文案、京奉铁路局翻译、直隶交涉使书记员。	关蔚煌：《慎独斋七十年谱》，第388—394页。
	唐元湛	上海商业储备银行董事、同济大学校董等职务，外论称他是"领袖级人物"。	郑曦原编：《〈纽约时报〉晚清观察记》，生活·读书·新知三联书店2001年版，第173页。
	王丰镐	浙江洋务局总办，"几起重大交涉，幸王为之了结"，颇得浙江巡抚增韫赏识，1910年委以浙江交涉使。	《常州通信》，上海《民立报》1910年11月8日，第3张。

续表

考察团	姓名	任职情况	资料来源
戴、端考察团	吴勤训	中国驻巴西使馆秘书，驻澳大利亚、新西兰领事馆领事。	石源华：《中华民国外交史辞典》，上海古籍出版社 1996 年版，第 785 页。
	冯祥光	结束考察后未回国，留学德国。	《出使九国日记》，第 515 页。
	岳昭燏	结束考察后未回国，驻荷使馆任职。	《出使九国日记》，第 515 页。
	恒晋	结束考察后未回国，驻俄使馆任职。	《出使九国日记》，第 488 页。
	谢学瀛	结束美国考察后未随团前往欧洲，留在美国留学。	《出使九国日记》，第 374 页。
	刘驹贤	结束美国考察后未随团前往欧洲，留在康奈尔大学留学。	《出使九国日记》，第 374 页。

二　中外关系史上的里程碑

鸦片战争将中国拖入了世界，自此以往，中国的历史便与整个世界的政治、经济、思想的进步紧紧地联系在了一起，清政府亦不得不将处理与世界各国的关系作为国家政治生活中的一项要务，构成近代中国的一个本质特征。近代中外交往的形式多样、目的多途，其中一个重要途径即是遣派使臣。五大臣出洋考察作为中国走向世界、认识世界艰难历程中的重要一环，在中外关系史上实具里程碑意义。

其一，中国走向世界的一次盛举。通过回顾近代以来中国人走出国门的历程，我们可以清晰地发现，作为有清一代规模最为庞大、规格最高的一次集体出洋考察，五大臣出洋考察团可以当之无愧地被誉为中国走向世界的一次盛举。

近代以来，中国闭关自守的大门被西方列强敲开以后，中国人逐渐开始走出国门，走向世界。在 20 世纪以前，清政府曾经有过数次大规模集体出洋。1866 年，英籍中国海关总税务司赫德回英国休假，总署总理衙门借机派遣斌椿代表团随赫德出外考察，此次考察团考察了英国、法国、德国等 9 个国家，历时 4 个月。1868 年，记名海关道志刚、礼部郎中孙家毂在前任美国驻华公使蒲安臣带领下前往欧美有约各国办理中外交涉事务，历经日本、美国、英国、法国德国、俄国等十几个国家。1887 年，清政府派遣 12 名海外游历使出国考察，这是清政府第一次通过考试选拔全部由中国官员组成的游历使团。12 名游历使分赴亚洲、欧洲、南北美洲的二三十个国家，最远到达智利、古巴等国，为期达两年之久，为"中国人走向世界的一次盛举"①。在遣派考察使团的同时，清政府正式派出了驻外大臣。1875 年，清政府任命郭嵩焘为出使英法公使，1877 年正式到英国赴任，是为中国首位驻外大臣。

除官方使团之外，受政府推行洋务运动的刺激，一批有志之士开始了认识世界的实践，他们走出国门，亲身感受西方飞速发展的资本主义国家，对欧美各国的市容、街道、工厂、学校、机关、码头、矿山、火车、轮船、电报、医院，甚至到平民家做客、采访，"对西方的技术几乎得出了一致的看法——神乎其神"。如王韬对市容的介绍："巴黎为欧洲一大都会，其人物之殷阗，宫室之壮丽，居处之繁华，园林之美胜，甲于一时。"②

20 世纪之前的出洋历程展示出国人了解世界的心情更加迫切，走向世界的脚步逐渐加快。政策往往具有延续性，到 19 世纪末 20 世纪初，随着清末新政改革的的需要和推动，从地方到中央的官员出国游历考察逐渐形成风气。1901 年冬，罗振玉奉两江总督刘坤一和湖广总督张之洞之命赴日考察学务。1902 年，京师大学堂总教习吴汝纶赴日考察学制，直隶农务局总办黄璟奉直隶总督袁世凯之命赴日考察学务。同年，清政府派遣载振、那桐、瑞良等人赴日本大阪"考察政艺，辑睦邦交"。1903 年，又派遣铁良至日本观操。③ 日俄战争爆发前后，社会上要求政治改革的呼声不绝于缕，考察各国政治被清政府提上议事日程，五大臣出洋考察团应运而生。

时人曾敏锐地指出五大臣出洋考察团异于以往之处："自同治以来通使诸国四十年矣，要皆以议约、报聘，专于外交，从未有以采风问俗为自强改革之资者。"④ 全面、详细地将此次考察团和以往出洋之举作出比较的当属遣使谕旨颁布两天后《时报》所刊发的《读十四日上谕书后》一文，该文写道：

> 甲午之以役，和议既定，即遣李鸿章历聘欧美诸国，重臣奉使环球耸听，其意专欲联结邦交，固不甚措意于其他政治也。庚辛之间，醇王振贝

---

① 王晓秋：《三次集体出洋之比较：晚清官员走向世界的轨迹》，《学术月刊》2007 年第 6 期。
② 转引自李喜所《中国近代社会与文化研究》，第 109 页。
③ 参见《清光绪朝中日交涉史料》，第 1281、1295 页。
④ 《论考政大臣回京覆命后之希望》，《时报》1906 年 7 月 20 日。

子叠使欧美，虽亲王之重，然谢过赛会，各有专任，亦未遑考察政治之事。比年以来，考察政务于东洋者，趾踵相错，然派遣者不过各省疆吏私遣之委员，考察者亦仅警察、学务一部之庶务，人微事轻，其影响于我国政界者，区区至不足道。今朝廷赫然发愤特简专员游历各国，其所简者固皆内参枢密，外膺疆寄，于政界占大势力之重臣也。而其职任又令聚精会神以考求一切政治为专职者也，而受任诸公又类皆才略素裕，雅负时望于政界，铮铮有声者也，其影响于我国宜非曩者之比。①

同时，考政大臣亦认识到使命之重，远非此前之出洋考察团所比。戴鸿慈言道："吾国自海通以来，持节使欧美者不绝于道，然大抵专任聘问，事竣即返，则无以为绅绎矣；局处一邦，势难周历，则无以为比较矣；私人交际，凭轼游观，非奉朝旨，令大设备以供吾之采择，则无以为斟酌选别矣。朝廷知其如此，谓非特简亲贵大臣，遍历东西诸国考察政治，归以为通变宜民之地，不足以齐瞻听而作新机也。"②

正是由于五大臣出洋考察团的目的在于考察各国政治，自遣使谕旨颁布之始，即有论者将其与日本宪政改革之前的遣使之举联系起来。大隈重信言道，派遣五大臣出洋考察"就像我们日本明治四年我帝陛下钦派岩仓木户、大久保诸人出洋考查政治的光景一样"③。《申报》亦称："此一行也，谓之如日本明治六年岩仓具视、大久保利通等视察欧美之举也可，谓之如明治十五年伊藤博文周游列国查考宪法制度之举也亦可。"④ 无疑，上述言论道出了五大臣出洋考察团的最大特色或者说是突破之处，在于其目的是学习外国的政治体制，归而为中国的政治改革提供借鉴。从这一点说，五大臣出洋考察无疑是中国走向世界、了解世界具有里程碑意义的重大事件。同时，五大臣出洋考察诱发了国人呼唤政府大员出国游历的热情，有论者称，"大臣中无躬历外洋之人，而外洋现行政治之善否，无由深知其崖略"，出国游历的目的在于"酝酿其新政治之识力"，

---

① 《读十四日上谕书后》，《时报》1905 年 7 月 18 日。
② 戴鸿慈：《出使九国日记》"自序"。
③ 《大隈伯爵演说中国创设宪政论》（五续），《盛京时报》1906 年 10 月 30 日。
④ 《论五大臣遇险之关系》，《申报》1905 年 9 月 28 日。

非出洋考察不能达此目的。①

其二，有效地联络了中外邦交。近代以来，中国在国际舞台上已经不能得到平等权利。考察团出洋考察之际，中国的外交环境并不乐观，如中法、中美关系皆处于紧张期。中法之间由于南昌教案的发生关系一度紧张，然而考察团在法国时，"其政府并未以南昌教案为事，绝无要求"②。由美国排华政策引起的中国全国性抵制美货运动，使美国总统西奥多·罗斯福的对华政策遭到了"最严重的危机"③，然而考察团在美国并未受冷遇。在俄国，俄皇亦表示"凡有可致力之处，务必竭力相助"④。总的来看，各国普遍对考察团热情以待，对清政府遣使之举"同深钦佩"⑤。上述事实展示出国家间的使节交往在一定程度上具有超越、掩盖、缓解现实矛盾、冲突的功效，其原因正如出使美国大臣梁诚所言："以我国家振奋图强，议行宪政，彼邦人士钦佩至诚，露于不觉。"⑥

以端方、戴鸿慈考察团为例，在谒见各国元首时的颂词互答皆表达了巩固两国友谊、加强商务往来的愿望，外国政府普遍祝愿考察团的考察行程一帆风顺。在美国，端方、戴鸿慈谒见美国总统西奥多·罗斯福时，戴鸿慈所作颂词中有"颂大伯理玺天德福寿康强，并大美国人民太平幸福"之言。⑦ 罗斯福在答词中言道："余所以欢迎彼等者，盖欲显明吾美对待支那之真诚也。"⑧ 在接见考察团后，罗斯福又给光绪皇帝写了一封热情洋溢的信，信中言及："您的访问团把贵国的友好情谊带到了美国，我们也请考察团将美国人民的友好情谊带到中国去。"⑨ 此外，为使考察顺利展开，考察团通过与外国政府接洽，外国政府遣派少数洋员加入考察团，充当了考察团随从人员的角色。如德国外务部派

① 《论中国大员宜出洋游历》，《盛京时报》1907 年 11 月 30 日。

② 《瞿鸿禨朋僚书牍选》（上），《近代史资料》（第 108 号），第 22 页。

③ 李剑鸣：《伟大的历险：西奥多·罗斯福传》，世界知识出版社 1994 年版，第 337 页。

④ 戴鸿慈：《出使九国日记》，第 482 页。

⑤ 《考政大臣应否奏就便往和国由》，（台北）"中研院"近代史研究所档案馆藏外务部档案，馆藏号：02—12—028—04—020。

⑥ 《少怀午桥两专使抵美闻有无业商人意图照料专使藉便私图已设法派专员迎迓美政府招待颇周由》，（台北）"中研院"近代史研究所档案馆藏外务部档案：02—12—028—04—009。

⑦ 戴鸿慈：《出使九国日记》，第 349 页。

⑧ 《中国考察政治钦使抵美》，《大公报》1906 年 2 月 10 日。

⑨ 转引自鸽子《隐藏的宫廷档案：1906 年光绪派大臣考察西方政治纪实》，第 7—8 页。

遣克纳贝、伦爱生、坡亚士等人"照料引导"考察团在德国的考察事宜。①

互赠礼物为联络邦交的有效途径，以载泽考察团在日本的考察为例，慈禧及光绪皇帝皆有致赠日本天皇、皇后礼物。包括：慈禧致赠日本天皇珊瑚仙人龙舟一座及红雕漆大吉葫芦一对、致赠日本国皇后五彩瓷瓶一对及红雕漆盒一对；光绪皇帝致赠日本天皇天然菊花石砚一方、青花白底瓷瓶一对。② 对于协助调查者亦赠予礼物。前文论及，考政大臣曾得到国外大学赠予荣誉学位。同时，各国亦纷纷赠送考察团成员宝星。如日本政府亦赠予载泽勋一等、旭日桐花大绶宝星，赠予尚其亨旭日一等宝星。③ 随从人员亦多得有此类荣誉，以端、戴考察团随员关赓麟、关葆麟兄弟为例，关赓麟所得宝星包括：德国所赠四等皇冕宝星、俄国所赠三等圣士丹尼士拉士宝星、瑞典国所赠四等色华利爱宝星、意大利所赠四等王冠宝星；关葆麟所得宝星包括：俄国所赠三等圣安纳宝星、意大利所赠四等王冠宝星。④ 除与政界的交往外，考察团还特别注意与工商界人士的接触。如在纽约的一次招待宴会上，即有二百多人参加，大部分为纽约市"有势力之商家"⑤。

考政大臣归国后，外务部特电中国出使美国大臣梁诚，就美国对端、戴考察团优予接待，请其代致谢意。⑥ 考政大臣为了感谢"列国政府推诚迎迓"，特于1906年9月19日历访各国驻华使署，以申谢忱。⑦ 同时，载泽奏请临时考察的国家亦当补送国书，慈禧随即饬令外务部补办国书，分寄各国。⑧ 补送国书亦为联络邦交的重要一环，康继祖即称补寄国书为"联络邦交，破除从前闭关之陋习"的举措。⑨

总之，考察团在出洋期间与各国元首、政府要员、工商界频繁往来、互致

① 戴鸿慈：《出使九国日记》，第386页。
② 《载泽等奏报日皇谢赠礼物片》，《清光绪朝中日交涉史料》，第1328页。
③ 《考察政治大臣载泽等致军机处外务部请代奏电》，《清光绪朝中日交涉史料》，第1327、1328页。
④ 关蔚煌：《慎独斋七十年谱》，第387页。
⑤ 戴鸿慈：《出使九国日记》，第358页。
⑥ 罗香林：《梁诚的出使美国》，沈云龙主编：《近代中国史料丛刊续编》第68辑（674），第325页。
⑦ 《定期往谢各公使》，《时报》1906年9月22日。
⑧ 康继祖：《预备立宪意见书》（前编下·五臣行使记·补寄国书），第1页。
⑨ 康继祖：《预备立宪意见书》（前编下·五臣行使记·谊重邦交），第1页。

颂词，不仅仅是表达礼节的一般仪式而已，而是具有交谊功能的重要外交手段，促进了中国与世界各国的相互了解，联络了邦交，在一定程度上改善了中国的国际环境。正如戴鸿慈所言："相见日多则相知日深。"①

其三，展示了中国的改革形象。清政府颁布遣使谕旨已经引起国外舆论不小的关注，而当五大臣出洋考察团遍历日本、欧美各国时，更是吸引了国外舆论的广泛关注，"中外报章为之纪其行程，志其踪迹、行旌所指"②。国外舆论不仅对考察团的考察行程、考察重点进行了报道、评价，还分析了考察团对中国的影响以及中国政治改革中存在的困难，并提出各种建言。总的来看，国外舆论对考察团以正面报道为主。无疑，五大臣出洋考察团具有展示中国政府改革形象的自然使命，可以说，各国舆论对五大臣出洋考察团的高度关注，使得中国的改革形象得以展示。

以端方、戴鸿慈在美国的考察为例，美国各大报刊不惜以大版面详细报道考察团的行程。1906 年 1 月 20 日，端、戴考察团在芝加哥受到该市市长的热情招待，该市《礼拜报》于次日详细报道了芝加哥市长招待端方、戴鸿慈一行的情形。如介绍招待时的场景："餐堂之上悬有中美两国国徽，登尼市长居于主位，两旁则为端、戴两大臣，其余各随员均依次而坐，著最为华美之东方服色。各国领事，美国陆军人员以及美国人民均皆与席。"此外，对于端方、戴鸿慈的演说亦全文照录。③ 1 月 23 日，考察团在华盛顿受到美国国务卿的热情接待，次日，《纽约时报》即报道了接待时的细节："由端方、戴鸿慈领衔的中国政府考察团今天抵达华盛顿。他们受到了国务院的热情招待，当日参加会见的有六十人之多。下午，端方和戴鸿慈在白宫发表演讲，向美国国务卿路脱表达敬意。……中国驻美公使梁诚充当了端方的翻译，端方在简短的演说中称他们在美国的考察进展很顺利，并表达了希冀学到更多知识，以便带给其国民的愿望。路脱答词中言道：我希望你们能够在这里有所得，因为这个世界已经从中国学习到了很多东西。"④ 1906 年 2 月 6 日，《纽约时报》报道了端、戴考察团在美

---

① 戴鸿慈：《出使九国日记》，第 344 页。
② 《论国民对于五大臣回之希望》（录《顺天时报》），《时事采新汇选》1906 年 8 月 11 日。
③ 《补录端、戴两大臣在芝加角演讲》（译美国芝加角《礼拜报》），《时事采新汇选》1906 年 3 月 25 日。
④ "Viceroy Tuan and Commission Warly Greeted by Secretary Root", January 24, 1906, *New York Times*.

孚石油公司考察炼油的情形：

中国代表团观看了贮油罐及管道输油，接着考察了油桶厂、制罐厂、粗油厂和沥青车间，这些几乎花去了三个小时。考政大臣戴鸿慈用手帕捂住鼻子走过沥青车间，但另一位考政大臣端方以及其他随行人员似乎不为这种气味所扰。尽管戴鸿慈手帕捂鼻，还是向伍光建问了许多问题，使得伍不得不向公司官员咨询。美孚石油公司在中国的上海、汉口、天津等地建有许多油库，对中国市场充满兴趣，因此，该公司对中国考察团照顾极优，尽其所能地提供各种有关石油提炼和副产品制造的信息。伍光建后来说，考察政治大臣对在油厂的所见所闻印象极深，我们非常惊奇石油能产生出那么多的副产品，也是第一次理解为什么石油本身卖的那么便宜。迄今为止，在我们国家，石油只在长江源头的内陆省份四川有所发现，但那里的工艺远远不能和这里相提并论。毫无疑问，中国有许多石油储藏而且终有一天被开发，石油迟早会成为中国的一个正规行业，考察团今天所学到的东西极有可能推进中国石油工业的发展。[1]

总的来说，考察团在美国的考察给美国舆论界留下了很好的印象。美国《教育杂志》报道："以西方人都觉得忙乱的速度，中国钦差代表团已经横跨了美国，并考察了这个国家的工业和政治情形。他们对这里所有的事物都表现出浓烈的兴趣。他们温文尔雅的举止和品格，表明他们是他们人民中的最上流一族。他们的确是对自由制度甚表认同的中国第一层级的政治家。"[2]

德国亦为端、戴考察团的重要考察国，德国政府给予考察团热情招待，而德国舆论界则较为冷落，这引起了中国舆论界的关注。如《岭东日报》曾专门以《端戴二大臣至德情形及各国之舆论》为题进行了报道，认为"德国报章对于清国之感情甚为冷落"的原因在于"德皇黄祸之论深入彼辈之脑中，惟恐中国强大则欧人将有不安宁之日也"[3]。同时，德国各报纷传中国"复有仇外之

① "Standard Oil Day for Chinese Envoys", Februry 6, 1906, New York Times.
② Editor: A. E. Winship, January 11, 1906, No. 2, Journal of Education, Vol. 1562, Boston, The Week in Review 转引自张海林：《端方与清末新政》，南京大学出版社2007年版，第125页。
③ 《端戴二大臣至德情形及各国之舆论》（录《岭东日报》），《华字汇报》1906年5月24日。

意",端方、戴鸿慈亦不得不"迭与设法剖析"①。

日本为载泽考察团的主要考察国,载泽考察团的到来引起了日本舆论界的高度关注。以康继祖所著《预备立宪意见书》为例,在"五臣行使记"中对载泽考察团行程的记录多有译自外报者,翻译的日本报刊包括《大阪朝日新闻》、《时事新报》、《东京日日新闻》,等等。这些报纸对载泽等人觐见日皇、与日本政界往来情形皆有报道。如《东京日日新闻》报道考察团邀请穗积八束讲演宪法、大藏省主计局长荒井贤太郎演讲财政的情形,称载泽"静心听讲,终日不外出"②。考察团于1906年2月13日离开日本,次日《东京朝日新闻》即以《清国大使出发》报道了当天送行时的情景:"包括中国出使日本大臣杨枢以及使馆工作人员、日本政府官员、英国驻日日大使、华商以及华商女学校学监下田歌子等约二百余人到新桥车站送行,下田还送给考察团两个花篮。"③

考察团的行程只是舆论报道的一个方面。在载泽考察团抵达东京的当天,《日本》杂志即刊发《清朝大臣抵达东京》一文,推测了考察团此行的目的:"清朝派遣大臣出洋的意图虽不可妄自揣测,但就其视察我国宪政以期改善国内政治体制的目的出发,不难推测出此行是为了参观我国的议会制度。这一行人中,既有政府青年官吏,又有皇室贵族,此事非同寻常。他们只在东京停留三周时间,然后经美国出访欧洲,6、7月份回国。在这短短数月间会有什么结果呢?"进而,该文从中、俄比较的角度出发,对中国的宪政改革寄予希望,并认为中国推行宪政将会在很大程度上消弭国内的不满、反抗情绪:

> 清国以俄国为鉴,看到了其政治体制应该革新,只有进行大刀阔斧的改革,才能继续统治下去,否则不足以抵外患、抗内忧。清国几乎与俄国同时进行革新,这是一个显著的变化。原本北方的这两个大国就有很多相似点:土地广袤、沙漠接壤,且均以独裁政治体制立国,权臣结党营私,把持朝政,就连地方上的小官吏都互相勾结,等等,还有其它相似点,不胜枚举。俄国的铁路交错纵横、交通便利、兵力强大,清国则不可同日而

---

① 《西报讹传中国有仇外意已向德外部剖晰说明更正由》,(台北)"中研院"近代史研究所档案馆藏外务部档案:02—12—028—04—005。

② 康继祖:《预备立宪意见书》(前编下·五臣行使记),第2页。

③ 《清國大使出發》,《东京朝日新闻》1906年2月14日。

语。就推行宪政改革来说，清国比俄国更有优势，或者说二者处于同一水平，俄国能够顺利改革，清国改革也不难实现。

清国效仿俄国实行地方自治体，由选举或由多数赞成而产生，但这只是一小部分人的意见，即便实行新的选举制度，也不过是换一种方式来巩固统治而已。清朝的文人学识渊博，如果能在广泛的范围内实行选举制，无疑能够选出出色的议员，使得他们有机会大议朝政。即便是布衣百姓，也能讨论。天下不是一个人的天下，最后到开设议会的程度，实行宪政也就不足为奇了。或者，我国在维新的时候，也应该按民意来定政治，但当时我国的人民还未得到完全解放。清国官场黑暗，成为政治腐败的根源，而且办事情要按照大清的法典来进行。乾隆年间拟订的法典，已经有很多地方不适用。总之，需要一部统一的法典，皇帝也应该遵守。苛政不要变成暴政，对官员收受贿赂不能置之不理，不过分干涉教徒的事情，处理邻里之间纠纷时要尽量化解矛盾，在这些方面决不苟同俄国。南方地区对朝廷感到不满，总伺机颠覆朝廷，如果实行了宪政，老百姓绝不会采用强硬的态度来反对朝廷了。①

日本《外交时报》还深入分析了考察团的考察重点，认为各国议院选举之法、商业联合团体以及各国军制为考察团的重点考察对象。② 东京宏文书院对于毕业于该校的两名留学生唐宝锷、戢翼翚加入考察团颇感荣耀，其《讲义录》中写道："唐宝谔、戢翼翚两氏此次随考察政治大臣载泽殿下行，任调查日本制度之责，克尽力于开发国运，其影响于清国前途者，正未有艾也。"③

值得关注的是，在载泽考察团考察日本之际，日本《国民新闻》刊发《论中国改革之弊》一文，指陈中国改革中存在的弊端有二：其一为"排外之意想盛也"。鉴于日本战胜强俄，中国人普遍认为中国亦能日臻富强，"或欲屏拒外人，或称恢复权利，即前此已界外人之利益，亦谋恢复，甚至嚣张横暴，排斥

① 《清國大臣の着京》，《日本》1906 年 1 月 22 日。

② 《论中国派遣大臣考察各国政治》（译 1906 年 4 月 10 日《外交时报》），《外交报》1906 年第 12 号，1906 年 6 月 6 日。

③ 陈学恂、田正平编：《中国近代教育史资料汇编：留学教育》，上海教育出版社 1991 年版，第 333 页。

进口商货，而杜绝贸易"，导致"自外乎世界列国而愿成孤立，抛弃邦交而甘为仇雠，人不迫而自迫之，以陷于灭亡之危道耳"；其二为"维新之主义左也"。不少中国人急躁冒进的心理颇为严重，认为"中国维新之机当可期之旦夕"，在这种心态支配下，学习各国仅在模仿文明各国之"表质文物，沓不致力于政法学理之间"，试图通过这样的学习，"乃欲一旦舍旧谋新而举富强之实"，实为空想。① 这样的论说发表于五大臣出洋考察之际，无疑对考察团具有警示之效。

载泽考察团到日本后，日本《法律新闻》发表《清廷其先公表立宪之誓约乎》一文，对清政府"将实施立宪制，而派遣视察大臣于各国"表示欢迎，强调中国处此之际不可不立宪。首先，推行宪政"优得收满汉一家之效，而足利用其国民之自觉心"。若不实行立宪制，而妄谋中央集权，必将激起国民反抗，以至列强干涉；其次，推行宪政亦为压制革命风潮的有效途径，清政府应在革命学说未入于国民之头脑，"民论尚未甚沸腾而未要有参政权之际"，先行颁布立宪誓约，"以使彼不逞之徒无措手之地"②。这种言论招致了革命派的反对，而朱执信在反驳文章中依旧强调清政府不能真正立宪："中国之民久受困苦于此恶劣政府，且习知其食言，又安从信之？吾中国所求者非虚名之立宪已也，所以谋革命之理由，在洒世仇而报虐遇，是之不解决，革命末由而止。"③

在五大臣出洋考察将届归国时，日本人有贺长雄发表《清国政体之前途》一文，预测五大臣归国后，"一切政治当采用立宪制度"，他认为以君主亲裁一旦变为立宪政体，国民未必能达到立宪国民的资格。在他看来，清政府此次改革不过为立宪之预备，若过于匆促，则"有害宪政之成立"④。《东京朝日新闻》强调中国立宪与日本不同之处在于"满汉之界存乎其间"，并预言将来必起冲突，提醒考政大臣应注意于此。⑤

综上，五大臣出洋考察作为清政府的一项重大改革举措，吸引了各国的关

---

① 《论中国改革之弊》（译日本明治 39 年 1 月 24 日《国民新闻》），《外交报》1906 年第 4 号，1906 年 3 月 19 日。

② 广东省哲学社会科学研究所历史研究室编：《朱执信集》（上），中华书局 1979 年版，第 33—35 页。

③ 广东省哲学社会科学研究所历史研究室编：《朱执信集》（上），第 36 页。

④ 有贺长雄：《清国政体之前途》，《外交时报》第 105 号，1906 年。

⑤ 《论中国立宪》（译《东京朝日新闻》），《时报》1906 年 8 月 13 日。

注。各国关注五大臣出洋考察团也就是关注清政府改革的走向，其目的在于在了解、判断清政府改革前景的基础上，进而调整对中国的态度及政策，正如日本人大隈重信所说，如果中国此次变法不是掩耳盗铃，"外国人从此就看得起中国人了"①。从这个意义上说，五大臣出洋考察团展示了中国的改革形象，在一定程度上改变了外国人对中国的看法，提升了中国的国际影响力。

三　推动政治改革全面展开

五大臣出洋考察团的主要目的在于考察各国政治，进而为清政府推行政治改革提供借鉴。考政大臣由于周游列国，亲历各国制度风物，对于立宪问题无疑最有发言权，并且其建言也最有分量，他们成为政府内部宪政改革派的中坚力量。在综合考量考察团的建言后，清政府不再躲躲藏藏地言宪政改革了，很快颁布"仿行宪政"上谕，使政体改革成为国策。此外，清政府采纳了考察团所提出的以官制改革作为宪政改革之始的主张，然而官制改革有名无实遭到社会舆论的一致批判。

其一，五大臣归国后的建言直接促成了"仿行宪政"上谕之颁布。

任何改革都不会是一帆风顺，宪政改革毕竟是改变封建政权性质的根本问题，如果能够实现专制政体向立宪政体的转换，意味着各阶级在国家统治中的地位将要发生变动，一些政府官员担心既得权势和利益将会随着政治体制的转换而丧失，而另一些满族官员则以"立宪利汉不利满"立论，表现出了狭隘的民族偏见。早在在五大臣出洋考察团出国不久，一些立宪反对派即公然为专制制度辩护。1906 年 1 月 14 日，江西道监察御史刘汝骥即奏称中国今日之衰弱的原因不在专制，相反，"其病总由于君权之不振"，因此，立宪施之我国，"则有百害而无一利"②。然而，在考政大臣归国之前，政府内部的反对立宪派或明或暗地反对政体改革、为专制制度辩护，并没有形成一股强大的势力。

考政大臣归国后，成为耀极一时的政治明星，《东方杂志》临时增刊《宪政初刊》即刊印了五大臣的照片，《时报》也在 1906 年 7 月 20 日、22 日刊出载泽、端方的照片。端方在出洋期间被任命为闽浙总督，归国后又改任两江，

---

① 《大隈伯爵演说中国创设宪政论（五续）》，《盛京时报》1906 年 10 月 30 日。

② 《御史刘汝骥奏请张君权折》，故宫博物院明清档案部编：《清末筹备立宪档案史料》（上册），第 107—108 页。

闽浙调去丁振铎，福建学界反应尤为不满，致端方电文称："闽政久弛，士民日夜待公，公去丁来，一再失望。"① 从中我们可以看出考政大臣颇具人望。更为重要的是，考察团回国后，朝野上下的立宪热情达于极点，《时报》即言："五大臣次第回国后，立宪、立宪之声腾跃于朝野上下，国民热情之高涨殆达于最高之度，商榷期限之电交驰，考查政治之馆开幕，立宪起草、谕定国是为时当不远矣。"② 同时，政府官员也意识到将有大波澜，余肇康致瞿鸿禨函中言："五大臣行将还朝，必有一番献替。治乱所关，中外仰望。"③

面对考政大臣归国后的陈请立宪，反对派则逐渐掀起了反对立宪改革的高潮。内阁学士文海甚至从字面着手，作为反对五大臣回国后奏对立宪的依据："五大臣赴各国考察政治，并设考察政治馆，原以知己知彼，参酌得失，修我政治也。当时明降谕旨考察政治，并未专指立宪而言，乃该大臣回国覆奏，竟以立宪为请。细绎立宪各节，并无裕国便民之计，似有削夺君主之权。"④ 总之，自考政大臣上立宪之疏，"顽固诸臣百端阻挠，设为疑似之词，故作异同之谕，或以立宪有妨君主大权为说，或以立宪利汉不利满为言，肆其簧鼓淆乱群听"，虽然在一定时期内使得载泽、戴鸿慈、端方等立宪派官员"地处孤立，几有不能自克之势"⑤。然而总的来看，在愈来愈浓厚对立宪氛围包围下，反对立宪者越来越没有市场，"今日而反对立宪，苟非丧心病狂断不出此"⑥。

毫无疑问，立宪与否最终要取决于中枢机构的协商。出使英国大臣汪大燮无疑对此深有体认，在载泽出洋期间即向其提议运动主张立宪的载振，"必须运动振贝子，力陈于邸，而复自言之"。同时又委托汪康年运动瞿鸿禨、徐世昌支持立宪，汪的目的在于"深虑枢垣未能深信其人（载泽），则所言终归无用"⑦。可以说，考政大臣归国后所上的奏折，虽然考虑到对甚嚣尘上的反对派的反击，

---

① 《闽省学界致端午帅电》，《大公报》1906年10月3日。

② 《论立宪亟宜预备者二事》，《时报》1906年8月17日、18日。

③ 《瞿鸿禨朋僚书牍选》（上），《近代史资料》（第108号），第14页。

④ 《内阁学士文海奏立宪有六大错请查核五大臣所考政治并即裁撤厘定官制馆折》，故宫博物院明清档案部编：《清末筹备立宪档案史料》（上册），第139页。

⑤ 《考政大臣之陈奏及廷臣会议立宪情形》，《东方杂志》临时增刊《宪政初纲》，一九〇六年十二月，第2页。

⑥ 《论今日舆论之两大派》，《华字汇报》1906年9月5日。

⑦ 上海图书馆编：《汪康年师友书札》（第1册），第837页。

但并未将反对派的言论作为主要考虑对象。

考政大臣模仿日本进行宪政改革的陈奏和国内日益高涨的立宪氛围相互配合，形成了一股相当强势的合力，并最终促使慈禧对于立宪的态度发生了根本转换，"谕以只要办妥，深宫初无成见"①。8 月 25 日，清廷命派醇亲王载沣，军机大臣奕劻、瞿鸿禨、荣庆、鹿传霖、铁良、徐世昌，政务处大臣张百熙，大学士孙家鼐、王文韶、世续、那桐，以及参预政务大臣、直隶总督袁世凯公同阅看考政大臣回京奏陈各折件。8 月 27 日、28 日，受命阅看考察政治大臣折件的诸大臣连续两天召开会议，讨论是否改行立宪。根据考政大臣所上各折的时间，诸大臣阅看的奏折包括《吁请立宪折》、《回京覆命胪陈应办事宜折》、《请定国是以安大计折》、《奏请宣布立宪密折》、《请改定官制以为立宪预备折》、《请设编制局以资筹议折》。《东方杂志》较为详尽地记录了会商折件时的情形。

奕劻首先发言，他认为立宪有利无弊，符合民意，应从速宣布，"以顺民心"，"若必舍此他图，即拂民意，是舍安而趋危，避福而就祸也"。孙家鼐发言称：立宪国与君主国全异，如果骤然变更，"不免有骚动之忧"，应徐图变更。徐世昌反驳道，唯有大变，才能振奋全国人民的精神。孙家鼐又言："国民能实知立宪之利益者不过千百之一，能知立宪之所以然而又知为之之道者，殆不过万分之一"，此时实行，非但无益，反而有害。张百熙发言道：国民程度的高低全在政府劝导，如果坐等提高，则永无立宪之一日，只有"先预备立宪而徐施诱导"，才能使国民"得渐几于立宪国民程度"。荣庆非难道：中国情势与外国不同，实行立宪不过"徒徇立宪之美名"，其结果"势必至执政者无权"。应先使官吏尽知奉法，然后徐议立宪。瞿鸿禨言道，正因为中外情势各异，才定为预备立宪，而"不能遽立宪也"。铁良又提出反对意见：各国立宪皆由国民要求，甚至发生暴动，国民能要求表明他们"深知立宪之善，即知为国家分担义务"，如果未经国民要求而授之于权，"彼不知事之为幸，而反以分担义务为苦"。袁世凯反驳道，中外情势有异，"各国之立宪因民之有知识而使民有权，我国则使民以有权之故，而知有当尽之"，因此预备之法亦不同，就中国而言，"以使民知识渐开，不迷所向，为吾辈莫大之责任"。载沣最后总结道：

---

① 《考政大臣之陈奏及廷臣会议立宪情形》，《东方杂志》临时增刊《宪政初纲》，一九〇六年十二月，第 2 页。

"立宪之事，既如是繁重，而程度之能及与否又在难必之数，则不能不多留时日，为预备之地矣。"① 可见，主张立宪的官员占了上风。②

1906年9月1日，清政府颁布了"仿行宪政"的上谕。该谕旨首先叙述了中国国势不振与各国富强的原因："国势不振，实由于上下相睽，内外隔阂，官不知所以保民，民不知所以卫国。而各国之所以富强者，实由于实行宪政，取法公论，君民一体，呼吸相通，博采众长，明定政体，以及筹备财政，经画政务，无不公之于黎庶，又在各国相师，变通尽利，政通民和，有由来矣。"接着写道："时至今日，惟有及时详晰甄核，仿行宪政，大权通于朝廷，庶政公诸舆论，以立国家万年有道之基。但目前规制未备，民智未开，若操切从事，涂饰空文，何以对国民而昭大信。故廓清积弊，明定责成，必从官制入手，亟应先将官制分别议定，次第更张，并将各项法律详慎厘定，而又广兴教育，清理财务，整饬武备，普设巡警，使绅民明悉国政，以预备立宪基础。……俟数年后，规模粗具，查看情形，参用各国成法，妥议立宪实行期限，再行宣布天下，视进步之迟速，定期限之远近。"③

这道上谕公开承认了中国的政治制度不如资本主义优越，确立了改行宪政的基本国策。然而，上谕中罗列的预备对象并非仅仅政治制度，还包括广兴教育，清理财务，整饬武备，普设巡警，将其全部纳入近代化的轨道，虽然颇能展示改革的雄心，然而这些措施实际是清末新政改革内容的重提，对于立宪精神并没有把握住。正如美国驻华公使柔克义9月4日致本国政府电所言："清政府9月1日上谕中所罗列的改革内容如果能够得到推行，将会使中国人引以为豪。我认为如果时限太短，这些改革将不会收到实效。当然，如果改革能够成功，带给清国的好处是令人满意和长久的。然而，摆在清政府面前的任务是相

---

① 《考政大臣之陈奏及廷臣会议立宪情形》，《东方杂志》临时增刊《宪政初纲》，一九〇六年十二月，第3—5页。

② 据《民报》披露，此次会商拟定了以下方针：一，以十年或十五年为期，施行立宪政治；二，大体效法日本，废除现制之督抚，各省新设督抚其极限仅与日本府县知事相当，财政及兵马之事权悉收回于中央政府；三，中央政府之组织与日本现制相等。精卫：《满洲立宪与国民革命》，《民报》第8号，1906年10月8日，第1页。

③ 《宣示预备立宪先行厘定官制谕》，故宫博物院明清档案部编：《清末筹备立宪档案史料》（上册），第43—44页。

当艰巨的。"①

无疑，清政府明确宣布预备立宪这一重大决策的主要依据是五大臣出洋考政所提供的各种政治信息，包括编译书籍、各类奏折以及奏对时的说辞。虽然该谕旨并没有明确提出仿效日本进行政体改革，但如前文所述，考政大臣以及立宪派政府官员皆主张仿效日本实行立宪，事实证明，随后的预备立宪即是以日本模式为典范，考政大臣的使命应该说是完成了。时论即指出："若五大臣者，苟他日我国立宪而果能实行，不可谓非开幕之功臣矣。"② 1907 年 9 月 9 日，清政府又派遣外务部右侍郎汪大燮、邮传部右侍郎于式枚、学部右侍郎达寿分别充任出使英国、德、日本考察宪政大臣，是为清政府第二次派大臣出洋考察宪政。较之于五大臣出洋考察，这一次的目标很明确，即考察宪政，且主要考察英、德、日三个君主立宪制国家，时论评价道："日、英、德为君主之国，朝廷遣派大员，前往考察，用意极为深远。"③ 日本实为第二次考政的重中之重，考察团归国后的建言对清政府预备立宪的具体运作产生了巨大影响，是以有论者指出："如果说，载泽等五大臣出洋考察政治促成了清廷宣布预备立宪，并初步确定模仿日本立宪模式的意向，那么，达寿等第二次出洋考察宪政则进一步促使清廷预备立宪按照日本立宪模式进行具体运作。"④

其二，有名无实的官制改革。

端方在《请改定官制以为立宪预备折》中提出模仿日本宪政改革的步骤，把官制改革作为中国预备立宪的第一个步骤。此外，载泽在面奏时亦极力陈请宪政改革应当从官制改革入手："此番之考察，乃知我国非速改立宪不可，然欲行宪法，非先改变官制不可，此日本已有前车，亦各国政治家之公论也。故以目下而论，惟以改定官制一节，为刻不容缓之要图也。"⑤ 显然，两路考察团在

① September 4, 1906, Minister Rockhill to the Secretary of State, *Papers Relating to the Foreign Relations of the United States*, *With the Annual Message of the President Transmitted to Congress*, *December* 3, 1906, Washington: Government Printing Office, 1909, p. 349.

② 《五大臣考察各国政治》，《宪政杂志》第 1 卷第 1 号，1906 年 12 月 16 日，第 162 页。

③ 《内阁会议政务处酌定日英德宪政大臣考察宪政要目》，《申报》1907 年 12 月 5 日。

④ 李细珠：《清末两次日本宪政考察与预备立宪的师日取向》，载中国社会科学院近代史研究所编《中国社会科学院近代史研究所青年学术论坛（2007 年卷）》，社会科学文献出版社 2009 年版，第 289 页。

⑤ 《本馆访稿·泽公奏对立宪之先务》，《华字汇报》1906 年 7 月 29 日。

立宪的步骤上达成了一致。清政府接受了考察团的这一建言。

9月2日，即颁布"仿行宪政"上谕的次日，清廷颁布了改革官制的上谕，着派载泽、世续、那桐、荣庆、载振、奎俊、铁良、铁良、张百熙、戴鸿慈、葛宝华、徐世昌、陆润庠、寿耆、袁世凯共同编纂，并著端方、张之洞、升允、锡良、周馥、岑春煊选派司道大员来京随同参议。并著派奕劻、孙家鼐、瞿鸿禨总司核定。① 9月4日，编纂官制大臣在颐和园召开第一次会议，9月6日设立编制馆，以孙宝琦、杨士琦为提调，分设各课，各课中亦有多名考察团随从人员，如评议课中有陆宗舆、邓邦述；审定课中有周树模。② 六部及财政处、练兵处亦有京曹与议。

编纂官制大臣首先拟定了五条基本原则：其一，此次厘定官制为立宪预备，"应参仿君主立宪国官制厘定"，"以仰合大权统于朝廷之谕旨"；其二，此次改革要做到"官无尸位、事有专司，以期各符责成"，消除"事无专责致生推诿，或人无专事致多废弛"之弊；其三，实行三权分立，暂不议及议院，此次只改行政、司法，其余一律照旧现在议院遽难成立，先从行政、司法厘定；其四，钦差官、阁部院大臣、京卿以上各官作为特简官，部院所属三四品人员作为请简官、五品至七品人员作为奏补官、八九品人员作为委用官；其五，设集贤院、资政院，安置改革后的闲散官员，"妥筹位置，分别量移，仍优予俸禄"③。可见，官制改革的宗旨与端方、袁世凯等会商拟订的《请改定官制以为立宪预备折》大略相同。

编纂官制引发了政府上下的"轩然大波"，反对者纷纷指斥倡议立宪之人，并称编纂各员"谋为不轨"④。尤其是当裁撤内阁、军机处、吏部、礼部、都察院，归并其他机关，成立责任内阁的草案传出后，政府内部斗争趋于激烈，以军机大臣铁良、荣庆为主的反对派大为阻挠。如成立责任内阁，不得兼职，荣庆只能专任学部尚书，地位下降，铁良如出任副总理，其财政权（户部尚书）、

---

① 《派载泽等编纂官制奕劻等总司核定折》，故宫博物院明清档案部编：《清末筹备立宪档案史料》（上册），第385页。

② 《京师近信》，《时报》1906年9月23日。

③ 《编制官制大臣奏厘定官制宗旨折》，《时报》1906年9月24日；《泽公等会奏厘定官制宗旨折》，《申报》1906年9月25日；《编纂官制大臣镇国公载等奏厘定官制宗旨大略折》，《东方杂志》临时增刊《宪政初纲》，一九〇六年十二月，第7—9页。

④ 张一麐：《心太平室集》（卷8），第471、472页。

兵权（练兵处会办）将同时失去。一些中下层官员亦从各个角度反对改革官制。翰林院侍读学士周克宽认为原有官制是祖宗成法，是历代积累下来的成规，不能进行改革："我朝官制，经列祖列宗参考数千年圣君贤相之遗，因革损益，折衷至当，自非才德优于列圣，何敢轻议更张。"御史叶芾认为官制改革耗费经费过大，对于经济状况困窘的清政府而言无疑雪上加霜："官制改良，在精神不在形式，如果一切更张，每年需数千万金，款岂易筹？"吏部主事胡思敬指摘改革官制的大臣和司员，不懂中国典章制度，官制改革不过是徒窃外国皮毛，"惑乱天下人心"而已。更多的人对裁撤军机处及设立内阁总理大臣极力反对，御史刘汝骥认为设立内阁总理大臣"是置丞相也，是避丞相之名，而其权十倍于丞相也"。御史张瑞荫认为内阁远不如军机处有效，"军机处不设定员，同堂议事，无论官职崇卑，不相统摄。今而设立总理大臣，统一枢务，无论用亲用藩，皆可恣睢自擅，窃弄权柄，启奸人窥伺之渐"[1]。

面对反对派的阻挠，素来主张"非立宪无以救国"[2] 的领衔考政大臣载泽在官制改革中发挥了关键作用，他授意考察团随员杨寿楠草拟折稿，陈述官制改革不会影响君权。杨寿楠所著《思冲斋文别钞》一书收录《厘定官制密陈管见折》，比照载泽 1906 年 10 月 21 日所上《申明厘定官制要旨折》，杨寿楠所拟《管见折》实为载泽所上《要旨折》的底稿。

我们先来看杨寿楠所拟《厘定官制密陈管见折》。杨寿楠着重对争议的核心，即责任内阁和地方疆吏的权限问题做了说明。关于责任内阁，杨寿楠言道：

> 虑其（内阁总理大臣）把持朝局，紊乱政纲，则必模棱脂韦之徒始为称职乎？天下事将安赖乎？……今总理大臣之设，不过正其名位，以副中外之具瞻。若夫国家大政出自亲裁，彼固不得而擅之也。部院大臣皆由特简，彼固不得而私之也，犹虑其权之太重也，则有集贤院以备咨询，有资政院以持公论，有都察院以任弹劾，有审计院以查滥费，有行政裁判院以待控诉。凡此五院，直隶朝廷，不为内阁所节制，转足以监督内阁，立法之密，实胜于前。至君主无责任之说……天位尊严，神圣不可侵犯，有大

---

① 　以上引文见故宫博物院明清档案部编：《清末筹备立宪档案史料》（上册），第 419、447、432、421、429—430 页。

② 　上海图书馆编：《汪康年师友书札》（第 1 册），第 837 页。

臣以代负责任，则政事虽有阙失，不敢指斥，正所以巩固君权、尊崇国体。

关于地方疆吏，杨寿楠言道：

> 采中央集权之主义，行地方自治之制度，此制一立，疆寄益轻，但虑其威令之不行，不当复忧其事权之太重，且以中国幅员之广，户口之繁，伏莽潜滋，强邻环伺，非有亲信大臣以为镇抚，断难收长驾远驭之规。若禁防过密，督察过严，使内外稍有猜疑，恐非国家之福。

在折尾处，杨寿楠不无感触地提及改革之难："自昔权奸窃柄，藩镇拥兵，皆在暗弱之朝，积衰之世，如果乾纲独揽，变法图强，断无魁柄下移之虑。所虑者，盈廷聚讼，党见分歧，假立宪以粉饰虚文，藉改官制以驱除异己，根本一误，设施俱乖。"①

我们再来看载泽所上之《申明厘定官制要旨折》。关于责任内阁，载泽言道：

> 内阁之设，实各部尚书会合而成，人数且视今日军机大臣而加倍，不过设总理大臣及左右副大臣为之表率，以当承宣诏旨之责，若夫天下大政出自亲裁，彼固不得而专之也。部院大臣皆由特简，彼固不得而私之也。而又有重臣顾问于上以备要政之咨询；言路纠弹于下，而为公共之监视。法制之密，实过于前，何嫌何疑？故作影响之词以为淆惑之地乎？

关于地方疆吏，载泽称：

> 我朝定制之初，预防外重，兵、财之籍总于京师，尺符寸柄，疆吏而不得据之也。今且增设各司分任要政，仿中央集权之制，直隶于京师各部，此制一立，疆寄益轻，但虑其威令之不行，不当复忧其事权之过重，言者

---

① 《厘定官制密陈管见折》，杨寿楠：《思冲斋文别钞》（卷上），第4—7页，《云在山房类稿》（第1册）。

所陈不无过虑。①

通过文本比照，我们发现两折实有完全相同的语句（见标有下划线部分）。表面来看，载泽对杨寿楠所拟底稿进行了较大幅度修改，然而修改仅限于缓和底稿的激昂论调，两折的核心内容完全一致，皆为解释责任内阁和督抚的权限问题，以消除政府对于官制改革的疑虑。

载泽的陈奏在很大程度上消除了慈禧对官制改革的疑虑，保证了官制改革的进行。11 月 2 日，由编纂官制大臣初订，经总司核定大臣奕劻、孙家鼐、瞿鸿禨复核的官制改革方案最终议决。新官制首为内阁，由原内阁及军机处改并，置总理大臣一人，左右副大臣各一人；分设外务部、吏部、民政部、度支部、礼部、学部、陆军部、法部、农工商部、邮传部、理藩部 11 部，各部尚书为内阁政务大臣；改政务处为资政院，增设审计院，大理寺改大理院，保留都察院。在进呈奏折中言道，"此次改定官制既为预备立宪之基，自以所定官制与宪政相近为要义"，而"尤以清积弊，定责成，渐图宪政成立为指归"。由于议院暂不议及，对于内阁之监督，他们提出了临时方案："如以议院甫有萌芽，骤难成立，所以监督行政者尚未完全，或改今日军机大臣为办理政务大臣，各部尚书均为参预政务大臣，大学士仍办内阁事务。虽名称略异，而规制则同，行政机关屹然已定，宪政官制实确有始基矣。"②

这一改革方案基本上以端方《请改定官制以为立宪预备折》为依据，按照立宪国官制宗旨，力图立法、行政、司法三权并峙。然而，总司核定大臣对官制方案并未达成一致，在决议案上奏时，瞿鸿禨附上《复核官制说贴》，主张官制改革应当缓行。他认为中国官制之弊"不在法，而在行法之人"，主张保留军机处，在上下议院未设、地方自治未行的情况下，"先行立宪之官制，其势必多扞格"③。在中央官制议决案上奏的同日，另一位总司核定大臣孙家鼐亦表达了不同意见，提出改革官制应先从州县做起："此次所议皆系京职，外省官制

①　载泽：《申明厘定官制要旨折》，中国第一历史档案馆编：《光绪朝朱批奏折》（第 33 辑），第 52—53 页。

②　《庆亲王奕劻等奏厘定中央各衙门官制缮单进呈折》，故宫博物院明清档案部编：《清末筹备立宪档案史料》（上册），第 463—464 页。

③　《瞿鸿禨奏稿选录》，《近代史资料》（第 83 号），中国社会科学出版社 1993 年版，第 35—36 页。

尚待续议。臣愚以为设官分职，皆以治民，则亲民之官尤为重要。……欲改官制以治今日天下，当从州县起，而京朝百官犹其后焉。"① 11 月 6 日，清廷颁布裁定中央官制的上谕，采纳了瞿鸿機的意见，没有采纳改军机大臣为政务大臣的方案，并且体现三权分立原则的责任内阁也没有同意设立。② 在颁布裁定中央官制上谕的次日，清廷对各部大臣人选进行了调整，考政大臣戴鸿慈出任法部尚书。

无疑，考政大臣按照宪政国家三权分立原则改革中央行政机构的构想最终落空。前文述及，清政府派遣考察团出洋考察是一种渐进政策决策模式，渐进政策虽有诸多优势，然而不足亦很明显，渐进政策"是在没有明确目标的状态下实施的，因而缺乏预见性"，并且"容易导致政策多变、不稳定"③。官制改革之有名无实固然出于政府官员争权夺利的政争，然而从政策模式上寻找原因，无疑是清政府"政策多变、不稳定"的渐进政策的产物。

有名无实的官制改革造成的影响是极为严重的。清政府推行宪政改革的种种努力本来得到了社会舆论的广泛赞誉，然而随着中央官制改革的完成，国民的失望情绪随之而来，普遍对有名无实的官制改革表达了不满，甚至予以尖锐批评。英敛之在《新年颂》一文中称官制改革为"袭皮相而遗精神"④。徐佛苏言："政界事反动复反动，竭数月之改革，迄今仍是本来面目。政界之难望，今可决断。"⑤ 杨度言："五大臣归朝后，不费若何之气力，而使朝廷颁出一预备立宪之空文，至于官制改革之实事，则盈廷反对，卒无丝毫之效果，致使预备立宪之谕亦几于虽有若无。"他指出根本原因在于"政府宁肯与人民以一尺之空文，不肯与人民一寸之实事"⑥。而孙宝瑄所言更是一针见血："编制局所议定之草案，人人知之，及诏旨又似全然改易，则朝廷收权之微意也。"⑦ 考察团

---

① 《大学士孙家鼐奏改官制当从州县起病情试行地方自治折》，故宫博物院明清档案部编：《清末筹备立宪档案史料》（上册），第 471—472 页。

② 《裁定奕劻等核拟中央各衙门官制谕》，故宫博物院明清档案部编：《清末筹备立宪档案史料》（上册），第 471—472 页。

③ 梁素珍、吕建营主编：《政治学原理》，第 440 页。

④ 英敛之：《新年颂》，《也是集》，第 35 页。

⑤ 丁文江、赵丰田：《梁启超年谱长编》，第 368 页。

⑥ 刘晴波主编：《杨度集》（第 1 册），湖南人民出版社 2008 年版，第 400—401 页。

⑦ 孙宝瑄：《忘山庐日记》（下），第 942 页。

随员杨守仁亦称新官制"似开明非开明，似预备非预备，其改革以后与未改革以前，相去不能以寸，如是梦想立宪者乃颦眉而相视"①。正如革命派攻击官制改革所言："以立宪为表，以中央集权为里；以立宪为饵，以中央集权为钓；阳收汉人之虚望，阴殖满人之实权。"② 尽管怨声载道，然而立宪派在一定时期内并未对政府完全丧失信心，张謇于 1906 年底致袁树勋函件中言道："立宪之议，人以为假。走以为天下之人当咸认为真，认真而后有希望，有希望而后有精神，有精神而后有思虑，有思虑而后有学问，有学问而后知要求，知要求则真真矣。"③

在一般历史进程中，"行动的目的是预期的，但是行动实际产生的结果并不是预期的，或者这种结果起初似乎还和预期的目的相符合，而到了最后却完全不是预期的结果。……动机对全部结果来说同样地只有从属的意义。"④ 对五大臣出洋考察或者对预备立宪的评价，不能简单地以清政府对待政治改革的态度问题为依据，因为改革动机未必能影响"预备立宪"的性质，从政治现代化的角度来看，清政府派遣五大臣出洋考察以及颁布预备立宪的上谕，无疑具有解决统治危机、巩固统治地位的目标预设，然而，我们亦不能说没有对宪政理想的追求。历史地看，清政府政治改革的努力符合现代化潮流，客观上推动了改造旧体制、创立新体制的进程。五大臣出洋考察作为中国现代化进程中的重要一环，开启了清政府宪政改革的阀门，也奠定了民国时期追求民主政治的基础。自五大臣出洋考察以后，无论是宪政思潮的发展，还是追求民主政治的实践，皆高潮迭起，而反对民主政治的论调则愈来愈没有市场。

第二节　五大臣出洋考察之缺失

从两路考察团的考察行程来看，往往一日至多处参观，行程至为紧凑，几乎没有休息日，是为两路考察团的相同之处。然而，考察团由于经费不足、时

---

① 饶怀民编：《杨毓麟集》，第 206 页。

② 精卫：《满洲立宪与国民革命》，《民报》第 8 号，1906 年 10 月 8 日，第 11—12 页。

③ 王尔敏编：《袁氏家藏近代名人手书》，（台北）"中研院"近代史研究所史料丛刊（45）2001年版，第 27 页。

④ 恩格斯：《路德维希·弗尔巴哈和德国古典哲学的终结》，中共中央马恩列斯著作编译局编：《马克思恩格斯选集》（第 4 卷），第 243、244 页。

间紧迫等原因，考察行程过于匆忙，且在人员选拔上也存在着不足。同时，尽管考察团对宪政的理解达到了相当的高度，然而其对宪政的理解仍不免片面。

一　经费不足，使用缺少规划

经费不足始终是困扰考察团的重要因素。到1906年5月份，戴鸿慈、端方致电政府："所需各款异常支绌，应请速为汇解，以济急需。"① 载泽一路考察团经费亦不充裕，1906年4月，政府鉴于国内要求立宪的呼声日益高涨，催促考察团尽早回国，指出考察团不必无所不观，要着重考察政法。② 1906年4月14日，载泽在回电中言道经费不足，难以详细考察："前接电谕，饬所到各国详细考查政法等情，但前请经费无多，随带人员不少，万难久延。"③ 同时，考政大臣电达政府，请其从速汇款，以资急需。④

可见，两路考察团皆出现经费不敷应用的现象，反映出经费本不充裕。而反对新政的官员则称五大臣出洋考察为浪费资财之举，军机章京鲍心增即奏称"考察政治原可责诸出使各大臣，乃专使特出，而费以百万计"，甚至言"每举一新政，即添一绝大漏卮"⑤。此种论调遭到了袁世凯的批驳，"此等条陈究属含糊，至行一新政多一漏卮之语，当为办事不实者"，他认为考察政治为"强国远谋"，"虽库藏奇绌亦当勉力实行，惟应樽节核实，勿稍虚糜而已"⑥，所言实为挚论。五大臣归国之后，政府又派于式枚等三大臣分赴日、英、德考察，虽然此次考察远不能和五大臣出洋相提并论，然为避免重蹈五大臣出洋考察团由于经费不敷导致考察过于匆忙之弊，政府给予三大臣相对优厚的出使经费，

---

①《端戴两大臣回国之近闻》，《大公报》1906年5月30日。

② 康继祖：《预备立宪意见书》（前编下·五臣行使记），第6页。

③《泽公电告经费支绌情形》，《南方报》1906年4月23日；康继祖：《预备立宪意见书》（前编下·五臣行使记·电告经费支绌），第4页。

④《时报》报道，五大臣曾电告政府："回国在迩，以资告匮，请饬江海关道速行汇银十二万两，以济要需。"《电报一》，《时报》1906年5月22日；《申报》亦报道："端戴两大臣之随员闻于日前有信来鄂，略云经费支绌，所到之处势难久延。故两大臣约于四月底可以回国。"《考察政治端戴两大臣有四月底回国之说》，《申报》1906年4月5日。

⑤ 故宫博物院明清档案部编：《清末筹备立宪档案史料》（上），第216页。胡思敬亦言："考察之使，自五大臣后，挟金西渡，先后输入外洋者亡虑亿万，此速贫之道。"见国家图书馆《清代（未刊）上谕奏疏公牍电文汇编》（第45册），总第21300页。

⑥《袁军机奏对新政之不可缓》，《盛京时报》1909年11月29日。

其中赴日者经费为 10 万两、赴英德者各 15 万两，总计达 40 万两。①

考察团归国后，将一切开支开具清册，呈送度支部查核，"所余者业经交回，其不敷者仍由本部筹给"②。

表 8 – 2　　　　　　　　　五大臣出洋考察收支、开支一览表　　　　　　　单位：两

开支项目	载泽一路各项开支及所占开支总额比例	端方一路各项开支及所占开支总额比例
治装、归装、薪俸	186031.49（56.37%）	176450（46.49%）
川资、客寓、电报	84413.05（25.58%）	129686.92（34.17%）
赠送礼物、犒赏	32833.6（9.95%）	37501.08（9.88%）
购书、译书	15174.468（4.60%）	20852.39（5.49%）
杂用	10231.31（3.10%）	13489.57（3.55%）
汇耗	1332.53（0.40%）	1564.85（0.41%）
开支总计	330016.448	379544.81
	709561.258	
收银总计	331268.348	343357.66423
	674626.01223	
结余	1251.9	– 36187.14577

资料来源：《度支部核覆考政使臣经费》，《申报》1907 年 4 月 3 日。

上表所列收银数为考察团总共收得之经费数额，之所以比出洋时所携带数额为多，是因为考察团出洋之际仍有若干省份并未汇解。另外，由于某些省份直到考察团归国后仍未汇解考察经费，是以两路考察团收银总数与各省及电报局认解之 83 万余两有差。

两路考察团各项开支所占比重大致相当，其中"治装、归装、薪俸"费用所占比例最大，载泽、端方两路考察团分别为 56.37% 和 46.49%，而反映考察团考察成绩的"购书、译书"费用所占比例甚小，仅为 4.60% 和 5.49%，大致为"赠送礼物、犒赏"费用之半。由于五大臣出洋考察团规模大、行程远，薪俸、川资等项耗银占据经费大多数有其原因，然而各项支出所占比例亦不能说

① 《三大臣出洋经费之概略》，《盛京时报》1907 年 10 月 2 日。

② 《出使五大臣经费出奏》，《大公报》1907 年 3 月 26 日。

是合理的，无疑，经费不足实与考察团对经费使用缺乏合理预算有关。

二 人员选拔存在问题，考政大臣亦不团结

考政大臣对随从人员的选拔标准较高，然而由于随从人员数量颇多，难免鱼龙混杂。《华字汇报》曾披露某随员的荒谬："被询以各国一切民情政治，茫无以答，但云番菜以某处最好，妇女以某处为最佳，某国之街道如何干净，某国之京城如何热闹，所谈者大率如此，至于各国一切政治法度之精旨，强国富民之要术，则一语未尝道及。"① 另外，随员中不少人为初次出国，缺少经验，"不免笑话甚多，而办理庶务亦甚感困难，照料不易周至"②。

翻译人才缺乏也是制约考察团考察成效的重要因素。出使英国大臣汪大燮曾言及五大臣出洋考察团缺乏翻译人才，"洋文既不好，而又无干才"③。据考察团成员陆宗舆回忆，由于精通德语的随从人员缺乏，加之对宪政的认识有限，导致各类德文法政书籍只能从日文转译："入夏赴德，专心视察市政、警政，若宪法、国法等，则惟译之于书，然留德诸学子皆苦于中西制度之不同，译定名词之为难，舆行箧中所携之日本国法学诸书，颇有译自德国者，实为借证，莫不奉为至宝，卒之此类法政诸书，大率皆转译于日本。端、戴二使因谓：同行四十人，精通西文者十有八员，不意报告之成功，尚借重于留日出身者。"④

显见，即便是精挑细选出来的新政改革人才亦不能满足出洋考察的需要，清政府宪政改革面临的人才困境于此可见一斑。

此外，考政大臣尚其亨在考察过程中的不端举动更是荒谬至极。各大报纸出于希望立宪之热情，纷纷予以报道，无一例外地予以谴责。在出洋之前，或许是意识到此次出洋充满风险，尚其亨在保险公司添加保险金额，据《中华报》报道，尚其亨在山东布政使任上即在永年公司保险银五万两，此次奉命出洋，又在该公司加保五万两，前后共保银十万两。⑤《大公报》披露，尚其亨在上海"恣情游览"，将国书丢失，到日本后才发现，遂电至上海道寻觅。该报

---

① 《本馆访稿·出洋回国之特色》，《华字汇报》1906 年 7 月 21 日。
② 施肇基：《施肇基早年回忆录》，第 47 页。
③ 上海图书馆编：《汪康年师友书札》（第 1 册），第 860 页。
④ 陆宗舆：《五十自述记》，第 4 页。
⑤ 《出洋大臣保险》（录《中华报》），《华字汇报》1905 年 12 月 10 日。

对此极为不满："尚氏竟如此荒谬耶，此次考察政治之结果亦可以逆睹矣，热心望治者能不为之一哭？"① 到日本后，尚其亨亦是"纵恣冶游"，一时间传得沸沸扬扬，有好事者甚至将其编为《风流大臣之历史》。②

针对尚其亨的荒谬行为，《申报》及《新闻报》皆发表长文予以批判，代表了当时舆论界的态度。《申报》指陈五大臣身负重责，万不能纵恣冶游，尚其亨之丑行"关系于立宪影响甚大"，甚至将其与吴樾炸弹案进行对比，称立宪之事不阻碍于逆徒之炸弹，而妨碍于尚其亨之荒淫，"逆徒与尚氏相去几何"？尚其亨之荒谬行径不仅辜负了国人的期望，外交上也产生了负面影响。③《新闻报》将尚其亨之丑行视为宪政改革的重大障碍，各国将由此"轻量中国无立宪之资格、无立宪之价值"④。

载泽也意识到尚其亨之行为实属荒谬，首先上奏揭参尚其亨，政府随即密电载泽："尚其亨自出洋后，外闻物议骇人听闻，务宜饬其加意检点，免贻外人讪笑。"⑤ 对尚其亨最有力的参劾还是都御史陆宝忠的奏折，该折同时劾及李盛铎。《陆文慎公奏议》不录该折，而《申报》则登录全折：

> 此次奉命出洋考察政治，深维我皇太后、皇上求治之殷，委任之重，天下臣民咸谓国家振兴之机在此一举。乃尚其亨不以君命为重，惟以冶游为事，在津在沪狎妓饮酒，肆无忌惮，甚至传闻于上海行次遗失国书。抵东后电询上海道，始于其行馆纸堆中觅得寄往。而尚其亨犹不知悔悟，在东洋时，亦惟征歌选妓以为行乐之场，驯至报纸喧传，众口腾说，且将编为历史。……时至今日，外人方有轻视中国之心，若再令其遍历欧西，流传秽迹，不特有玷国体，且恐有碍邦交。至载泽年纪尚轻，人素长厚，原

---

① 《尚大臣遗失国书之新闻》，《大公报》1906 年 3 月 30 日。但据汪大燮称，尚其亨遗失国书之报道实为误报："三大臣中泽公深稳明白，未易多觏。李阴险，尚荒唐，真不堪已极。然尚在东洋，事实李导之，李且宿娼，论事实李重而尚轻，尚独被劾，亦真不公。遗却国书一事，是端、戴，非三公也。所遗者是赴美国书，非赴日书也，吾国访事人本事太差。"见上海图书馆编《汪康年师友书札》（第 1 册），第 844 页。但无论何人遗国书，考察团的确有丢失国书事。

② 《尚其亨冶游实录》，《申报》1906 年 4 月 19 日。

③ 《论出洋大臣之尚其亨》，《申报》1906 年 4 月 26 日。

④ 《论立宪不可缓》，《新闻报》1906 年 4 月 20 日。

⑤ 《政府密电星使》，《大公报》1906 年 4 月 13 日；《密饬出洋大臣加意检点》，《申报》1906 年 5 月 1 日。

不足资约束。李盛铎本系纨绔子弟，平日行踪诡秘，声名平常，此次与声应乞求，朋从逸乐，亦属不成事体。相应请旨将尚其亨、李盛铎立即撤回。①

陆宝忠正是由于期之尤切，责之尤重，其心境在当时或具有代表性。陆折上达后，慈禧极为恼火，谓尚其亨"何不跌入海中淹毙"，同时"博考外论，参以舆评，均为李大臣辩，释知游宴等事李实不预"，拟将尚其亨单独撤回。②据《北华捷报》报道，军机大臣讨论将尚撤回一事时，"庆亲王奕劻极力反对，他认为一旦撤回尚其亨，其事必被外国所知，无疑会引来外国对整个考察团乃至对中国政府的嘲笑、蔑视。"③而载泽出于保全国体的考虑，亦主张将此事缓议："酒食酬酢，亦交游之常事，拟请俟将来京回，再行议及。目前请勿庸撤回，以全国体。"由此，为防止该折流播，"得未发表"④。这或许是《陆文慎公奏议》不录该折的原因。尽管政府出于保全国体的考虑，将此事压制下去。然而，尚其亨之荒谬在当时引发了轩然大波，使望治心切的国民颇感失落。同时，也展示出尚其亨实非考政大臣的合适人选。

考政大臣内部并不团结，不少资料对此皆有披露。前文述及，《民报》第七号曾刊发《考察政治五清臣之怪状》，揭露考政大臣内部不合，由于革命派处于清政府的对立面，所言不无夸张，然并非无据。出使英国大臣汪大燮在1906年3月1日致汪康年函中对此亦有更为细致的描述："端、戴所带之人，惟熊秉三有思想，余皆不知所云。最奇者莫如伍昭义，月领薪水七百余金，梁震东来函亦言其在美之谬，一事不办，自言曰：我前未到过美国，不过借此游美耳，我事已毕矣。渠系戴所调，端事固不问，戴事亦不问，端固恨之，问以事则碰钉，戴尤恨之，盖端、戴不恰皆由伍起也。……闻端、戴口气与泽、尚、李三公积不相能，而端、戴亦不合，不知泽、尚、李是否又分三支，人各一心，

---

① 《陆总宪宝忠奏参尚李两大臣折》，《申报》1906年8月4日。《申报》称，陆宝忠之折早已觅得，然为顾全国体，直到考察团归国之后，才将此折全文刊登，同上。除陆宝忠外，京畿道监察御史汪凤池亦奏参尚其亨冶游辱国，请旨严惩，折亦留中不发。《电报一》，《时报》1906年8月17日。

② 《尚李两大臣被劾查复后情形》，《南方报》1906年6月24日；《尚李两大臣被劾查复后情形》，《申报》1906年7月6日。

③ "One of the Travelling Commissioners in Trouble", March 23, 1906, *North China Herald*, p. 659.

④ 《尚李两大臣被劾查复后情形》，《南方报》1906年6月24日。

真是吾国大病矣。"①

三　行程过于匆促，考察并不细致

前文述及，考察团出行前并没有预定考察期限，虽然两路考察团对每一国的考察时间皆作了大致规划，然由于临时访问的国家较多，其规划并未严格执行。如端方、戴鸿慈考察团的正式考察国别为美、俄、德、意、奥五国，由于不少国家临时邀请考察团顺道参观，实际上到达的国别达十五国，考察团在临时访问的国家亦耽搁不少时间，是以正式考察国别的考察行程显得过于仓促，在每一国的考察时间并不长，考察难免粗糙。正如赫德所言："在那样短的考察时间里，他们如何能学到很多东西呢？"② 张之洞亦称五大臣"言语不通，匆匆一过"，根本不能深入考察。③ 而辜鸿铭更是将五大臣出洋考察视作"看洋画"，谓如同不识字之人看书，只能看书中之画，匆匆浏览而已。④

早在考察团出洋前，《时报》专门介绍了日本伊藤博文赴各国考察宪法的历史，称其调查之科目、预备考察之内容，"目录甚详"，在考察过程中，"就欧洲各立宪君主国之宪法，寻其渊源，考其沿革，视其现行之实况，以研究其利害得失所在"⑤。显然，其目的十分明确，不仅在于为五大臣出洋考察提供借鉴，更在于督促五大臣应当实心考察，不可虚应故事，仅做表面文章。对于考察团考察行程过于匆促，国内各大报纸颇多不满之词。《顺天时报》称载泽考察团在日本"行李仓皇，淹留不久，兼以酬酢日繁，应接不暇"，由此，"其所听受者，不过法律之大纲。至于细目，尚未遑悉心研究，不免由是歉然耳"⑥。《申报》强调考察政治应当"详悉"之意："宪法非他，即一国之人与其上共守之契约也，其精神所著，常在隐微曲折之间、参互相维之际，非博通其政教风俗，不能知其用意之所存，即不能知其所以最宜之故。今诸公虽天聪特达，然

①　上海图书馆编：《汪康年师友书札》（第 1 册），第 840 页。

②　中国第二历史档案馆、中国社会科学院近代史研究所编：《中国海关密档：赫德、金登干函电汇编（1874—1907）》（第 7 卷），第 943 页。

③　《张之洞入京奏对大略》，《时务汇录》（抄本），"丁未时务杂录"。转引自孔祥吉《张之洞与清末立宪别论》，《历史研究》1993 年第 1 期。

④　黄兴涛等译：《辜鸿铭文集》（上），海南出版社 1996 年版，第 452 页。

⑤　《日皇命伊藤赴各国查考宪法历史》，《时报》1905 年 12 月 17 日。

⑥　《论国民宜讲求宪法》，《顺天时报》1906 年 2 月 14 日。

匆匆旬日安能网罗在胸?"同时,考察过于匆促将会给各国留下"我国本无意于立宪"的印象,国人也将"谓朝廷以立宪欺人"①。

革命派曾极力诋毁考察团对宪政的考察仅是皮毛而已,一些立宪派控制的舆论机关亦有类似言论。《外交报》指出:"政治者,非徒具形式而又有精神,使五大臣之所考求仅在文物制度之迹,而于其君民相悦之故、民族维系之本不之注意,则虽归而变政,亦决不能有大影响于我国。"该报进一步指出考察是否详细不仅关乎考察成效,且与外交大有关系,因为外人往往根据考察团的考察推测中国是否实心改革,"固不待使节之还而逆料中国之无望矣",如果"五大臣而诚竭意考求,洞中窍要",不仅于"我国内政之希望无穷,而外交界之效力有指顾可见者"②。另外,直隶总督袁世凯亦称,"前者载泽等奉使出洋,原为考求一切政治,本非专意宪法,且往返仅八阅月,当无暇洞见源流",提出派专员出国专门考察宪法。③ 袁世凯此论立刻受到舆论的赞誉,《盛京时报》称,五大臣奉使出洋"固已将宪法之端倪陈之奏牍",然而其任务本为考察一切政治,非为专门考察宪法,且历时仅八月,"即使念兹在兹,要亦不能深明其邃奥"。今派大臣专司考察宪法,"则何者为立宪之始,何者为立宪之终,何者为立宪之本,何者为立宪之末,何者为中国之宜行,何者为中国之不宜行,其必如水上然犀,自无不朗"④。

在考察过程中,清政府一再电饬考察团,强调"所至各国,务须认真考查,时日不妨稍宽,确有实据者详记于册,不得专在表面上调查"⑤。尤其强调"务切实调查其法律精神之所在,不可专在形式上着意"⑥。实际上,考政大臣亦认识到行程过促之弊,以在美国为例,戴鸿慈在日记中写道:"思此次在美考察限于时日,虽粗举大纲,而各地淹留不及浃旬,遽欲实行,其何能够?"⑦ 对此,端、戴考察团采取了一个较为行之有效的弥补办法,即派遣少量参随人员先至下一站预备。如在英国考察期间,先派遣关赓麟、唐文源二人至法国预备一切。

① 《论考察政治之宜详悉》,《申报》1906 年 3 月 1 日。

② 《论考察政治之专使大有关系于外交》,《外交报》1906 年第 4 号,1906 年 3 月 19 日。

③ 故宫博物院明清档案部编:《清末筹备立宪档案史料》(上册),第 202 页。

④ 《论直督奏请派大臣赴德日考察宪法》,《盛京时报》1907 年 9 月 3 日。

⑤ 《电嘱五大臣详悉考查政治》,《南方报》1906 年 4 月 20 日。

⑥ 《电饬考查政治大臣》,《大公报》1906 年 4 月 5 日。

⑦ 戴鸿慈:《出使九国日记》,第 374—375 页。

在法国考察的第二天，亦派遣关、唐二人先至柏林预备一切。湖北随同考察人员蔡琦亦"沿途未敢休息，凡所闻见随为记录"①。

　　同时，考察团在考察过程中还承担了一些交涉事务以及政府的临时任务。在遣使谕旨颁布后，不少言论即认为考察团的目的在于协调东三省事务，实际上，五大臣在出洋过程中的确将其作为自己的任务之一。据《大公报》载："泽公日前由日本特发专电告知外务部云：此次中俄议约最为重大，所有一切提议问题亟宜详加慎重，以期有益于中国前途，现特开具关系条约之最巨者十数款，请速代奏。"② 日本在东北出版的中日双语之《满洲日报》对此报道尤其详细："出洋考查政治大臣泽公等由日本电致外部，请即代奏。内言：中俄条约关于中国前途最为重要，俄人不得志于远东，必将极力经营蒙古及西北诸边省。故日来于议定条约，有意延缓。现闻俄国政府密电璞科第，谓此次议约关系甚重，务请格外甚重，力与磋争，因开出关于条约之问题，最要者十余款，请即代奏，外部已于前日据电代奏，奉旨留中。"③

　　此外，由于五大臣出洋考察团的政府考察团性质，国外政府亦与之协商各类交涉事务。载泽考察团在日本时，伊藤博文曾向载泽建言中国应收回威海。在英国，某海军官员亦表达了英国无久据威海之意，中国可以设法收回。④ 在德国考察期间，"有关心远东航业之人以黄埔工程中国尚迟迟不办，啧有烦言"，端方、戴鸿慈允为电催政府及南洋大臣从速开办。⑤ 考察团在出洋考察过程中也不时接到政府的各类任务。如外务部拟建迎宾馆，即请五大臣顺便考察各国接待外宾之礼节。⑥ 1906 年 3 月 28 日，吕海寰奏请饬令考察政治大臣就近采辑各国教律、各会教规。⑦ 政府遂电令考察团详细调查各国政府待教会之例及各国教会之律，以便采访试行。⑧ 这些任务虽然实为自然之事，然而或多或

---

① 蔡琦：《随使随笔》，第 48 页。

② 《泽公注意俄约》，《大公报》1906 年 3 月 4 日。

③ 《三大臣电陈俄约要款》，《满洲日报》1906 年 3 月 1 日。

④ 上海图书馆编：《汪康年师友书札》（第 1 册），第 856 页。

⑤ 《考政大臣之行踪》，《申报》1906 年 4 月 15 日。稍后，《申报》又再次登载此消息。《德向中国钦使请速濬黄埔》，《申报》1906 年 4 月 23 日。可见国内舆论界对于考察团与国外商务交涉事异常重视。

⑥ 《外部之迎宾馆》，《大公报》1906 年 6 月 30 日。

⑦ 吕海寰：《吕海寰奏稿》，沈云龙主编：《近代中国史料丛刊三编》第 58 辑（571），第 365—366 页。

⑧ 《电饬调查教会律》，《大公报》1906 年 4 月 21 日。

少地占用了考察团的考察时间，亦是造成考察团行程过于匆促的一个原因。

四 对宪政理解的片面性

宪政并非中国本土词汇，其语境是一套西方的话语和观念。当我们审视宪政产生以及发展的动力时，很明显地看到宪政是深植于西方深厚文化土壤中的，由社会、文化自然演进而成，是西方历史长期演进而形成的一种复杂的文化形态，"是一个没有任何人能够预期到的后果"①。就宪政制度的本质而言，"体现着西方基本的价值准则和观念，蕴含着他们对人与社会、人与国家关系的理解，对诸如自由、民主、平等、法律等价值的体认，也包容着人们对宪政本身的感知、了悟、信念和忠诚"②。因此，宪政的实现绝不意味着颁行宪法、实行三权分治即可。宪政改革是一项复杂的社会工程，其关键一环是公民宪政意识的成熟，"一定意义上讲，现代政治体制与传统政治体制的主要区别就在于政治参与的水平不同，而公民的宪政意识正是大众政治参与的前提和必要条件"③。此外，如何保持政府权力和政府责任之间的适当平衡"是民主制最重要也是最困难的任务之一"④。

近代以前，清政府推行自我封闭的闭关锁国政策，中西之间的交流几乎被阻断。鸦片战争后，西方列强的坚船利炮轰开了闭关锁国的大门，拉开了中西文化交流的序幕。受西方文明刺激及列强侵逼，"近代中国朝野，富强之想望，实为思想发展之核心观念"⑤，中国对西方舶来品宪政的学习亦出于对富强的追求，这样的目标预设很容易导致对宪政的学习流于形式，有论者指出，"如果终极目标是恢复中国往日的富裕与强盛，其学习外国模式的方法往往就是对它国经验简单的模仿与抄袭"⑥。从考政大臣对宪政的理解来看，他们对各国宪政制度的演化以及自由、平等、权利等核心观念的认知达到了一定的高度，归国后亦有所阐发，无疑，他们认识到了提升国民素养的必要性。因此，我们不能说

---

① 杜维明：《儒家传统的现代转化》，中国广播电视出版社1992年版，第378页。

② 王人博：《宪政的中国之道》，山东人民出版社2003年版，第1页。

③ 邓伟志：《变革社会中的政治稳定》，上海人民出版社1997年版，第99页。

④ ［美］加布里埃尔·A. 阿尔蒙德、西德尼·维伯著，陈湘林等译：《公民文化：五个国家的政治态度和民主制》，华夏出版社1989年版，第521页。

⑤ 王尔敏：《中国近代思想史论》，社会科学文献出版社2003年版，第170页。

⑥ ［美］柯伟林著，陈谦平等译：《德国与中华民国》"绪论"，江苏人民出版社2006年版。

宪政不是当时部分官员的政治理想。但总的来看，他们的理解、阐发仍然较为肤浅。更为重要的是，清政府也不允许对这些观念做过多宣扬，其原因在于清政府推行宪政改革是迫于形势的不得已做法，把宪政制度视为维护君权神圣以及巩固统治、实现国富民强的工具，并非是适应法文化机制作出的积极主动的抉择。

五大臣出洋考察团认识到西方的富强蕴藏在宪政及其文化之中，也在一定程度上意识到直接学习立宪源头的欧美各国尤其是日本师法对象的德国宪政制度的重要性，以戴、端考察团政治成果表达的宪政见解来看，他们即试图强化对欧美宪政制度的引入。该路考察团政治成果中的奏折部分，以建言师法日本为核心，而该路考察团考察报告即《欧美政治要义》则以介绍欧美宪政制度为主，此固然由于该路考察团重点考察欧美各国，同时与他们意识到对欧美宪政制度的引入不足亦有关系，否则的话，他们大可不必使奏折和考察报告侧重不一。然而遗憾的是，《欧美政治要义》并非直接译自欧美，而是多所采纳梁启超及日人有贺长雄的宪政建言，这与直接引入欧美宪政制度不可同日而语。

实际上，无论是戴鸿慈、端方、载泽，还是清朝最高统治者，在他们看来，中国与日本同处东亚且有着相似王朝背景，日本成功地实现了专制向宪政的转化，中国以日本为范例，依循日本宪政改革的步调，当亦可避免因接受宪政制度而产生的政治风险与社会混乱，并且相信能够像日本那样最大限度地切合乃至巩固政治、社会的固有因素。换言之，他们在一定程度上存在着先入为主地认为模仿日本宪政模式可以一劳永逸的心态。因此，那些隐藏在宪政制度背后尤其需要官方考察团重点引入的诸如西方法律意识、价值观念等深层次的东西，仍然是没有多少阐释，《欧美政治要义》亦是如此，很大程度上埋下了清末宪政改革步履维艰的隐患。可以说，考察团多通过日本获取对欧美宪政制度的认识，期间既有考政大臣的无奈，诸如中西差异、译才能力有限等问题，但这些问题并非不可解决，当中更是凸显出他们的"投机"心态，这为我们全面认识清末宪政思想的日本来源做了一个注脚。

考察团对西方法律意识和价值观念疏于引入，归国后建言的目的很大程度上是为了挽救濒于危亡的清政府的命运，不可避免地导致对宪政理解的片面性，表现为考察团从求强求富的功利主义角度出发，"把西方宪政文化的研究转换成在宪政与富强之间探寻因果关系的实用思考"①，截取了西方宪政中有利于己的部分，以如何最大限度地保留君权、稳固统治为最终目标追求。以载泽所提出的广受舆论赞誉的立宪"三利说"为例，其对于清廷的触动之大是可以肯定的，然而从宪政观念或者宪政精神的角度看，载泽对宪政的理解无疑是片面、浅薄的。立宪"三利"说的核心指向在于将宪法视为统治的工具，借用宪法稳固清王朝的统治，带有浓厚的实用主义色彩。显然，如果按照载泽对于宪政的理解去推行宪政改革，必将使其走上歪路。革命派曾这样批判考政大臣的建言："试观满洲大奴，上书陈防革命之法，无不谓立宪则可以平内乱，可知满清之宣布立宪，实为革命党所迫，与希望立宪者固无丝毫之关系也。"② 这种论调虽带有情绪化色彩，然而亦颇具道理，具有相当说服力，恰恰指出了考察团对宪政理解的片面性。

后发型国家在宪政改革过程中，对宪政理解存在片面性是一个普遍的现象，也是可以纠正的，日本即是如此。日本学者依田熹家指出，日本直到幕末阶段，"对欧美近代国家制度的认识是将其视为实现统一国家的手段，此期有关国家和国民之间的权利、义务关系，国民通过其代表参与国家政治，以及三权分立等概念几乎没有涉及到"。因此，国民不可能意识到通过明治维新成立的国家具有近代国家的性质。然而，由明治维新实现的统一国家，具备了作为近代国家前提的性质，并且这时日本迅速提高了对上述问题的认识，在此基础上，通过自由民权运动，基本上实现了近代国家。③ 他指出，正是由于中国并没有形成统一国家，不具备转化为近代国家的前提：

> 在中国，清朝的"统一封建国家"不是构成近代国家之前提的统一国家，这种状况在"同治中兴"以后并没有改变。因此，这个问题就留给甲午战争后掀起的变法运动。并且，在制度本身的近代化成为迫切的现实问题时，由于中国缺乏统一国家这一前提，必须同时完成"前提"和"本

---

① 王人博：《宪政的中国之道》，第 5 页。

② 章开沅等主编：《辛亥革命史资料新编》（第 1 卷），第 10 页。

③ ［日］依田熹家著，孙志民、翟新译：《中日近代化比较研究》，生活·读书·新知三联书店上海分店 1988 年版，第 135 页。

身"这二个处于不同阶段的课题，于是在思想和运动方面就出现了困难和批乱。……尽管含有要求"近代国家本身"的因素，但在变法运动阶段所追求的主要是实现"作为前提的统一国家"，即目标是建立以清朝皇帝为中心的统一国家。因此，解决真正的近代国家的课题，还有待此后以孙文等为中心的资产阶级革命派去完成。①

可以肯定的是，考政大臣对宪政理解的片面性虽然对清末宪政改革之失败不无责任，然而这并不是中国不能推行宪政改革的根本所在。日本学者依田熹家从"统一国家"为实现国家近代化之前提的角度分析晚清改革失败的原因，无疑颇具启示意义。

---

① ［日］依田熹家著，孙志民、翟新译：《中日近代化比较研究》，第 136 页。

附　　录

五大臣出洋考察团行程表

时间	戴鸿慈、端方一路	载泽、尚其亨、李盛铎一路
	北京至上海之旅途（16 日）	北京至上海之旅途（6 日）
1905 年十一月十一日（12 月 7 日）	由正阳门车站登车，抵天津。	
十一月十二日（12 月 8 日）	参观天津造币厂。	
十一月十三日（12 月 9 日）	奥地利、英国、法国、美国、俄国、德国、日本、荷兰等国领事来见。	
十一月十四日（12 月 10 日）	经唐山抵秦皇岛。	
十一月十五日（12 月 11 日）	由秦皇岛乘坐"海圻"兵轮，向上海进发。	由正阳门车站登车，抵天津。
十一月十七日（12 月 13 日）		至塘沽。
十一月十八日（12 月 14 日）		乘"新济"轮船出大沽口。
	在上海停留（2 日）	
十一月二十日（12 月 16 日）	抵吴淞口。苏松太道袁树勋呈购买各国金币。	
		在上海停留（28 日）
十一月二十一日（12 月 17 日）		由吴淞口登岸。

续表

时间	戴鸿慈、端方一路	载泽、尚其亨、李盛铎一路
	上海至日本之旅途（2 日）	
十一月二十三日（12 月 19 日）	乘美国"西比利亚"号邮船放洋。	
十一月二十四日（12 月 20 日）		外务部电告日本宫内省新年之际事繁，属缓行期。商会总董曾铸来见。
	途经日本（6 日）	
十一月二十五日（12 月 21 日）	抵长崎。	两江总督周馥、候选道严复来。
十一月二十六日（12 月 22 日）	抵神户。	
十一月二十七日（12 月 23 日）	参观高等小学堂、同文学校。	
十一月二十九日（12 月 25 日）	抵横滨。	日本总领事永泷久吉来见。
十二月初一日（12 月 26 日）	参观正金银行、大同学校。	
	日本至美国之旅途（9 日）	
十二月初二日（12 月 27 日）	由横滨向美国进发。	商部头等顾问官、翰林院修撰张謇来见。
十二月初三日（12 月 28 日）	端方、戴鸿慈令伍光建、施肇基、熊希龄、王丰镐等人对此后经费支出作出预算。	驻沪俄国、德国、法国、美国、奥地利、比利时、意大利、荷兰、瑞典、丹麦、西班牙领事来见。
十二月初四日（12 月 29 日）		德国工务部参赞包尔、信义洋行主满德来见。
十二月初五日（12 月 30 日）	端方、戴鸿慈考察团商定经费预算及各国考察日期，选举温秉忠、施肇基、伍光建为干事员，专任一切庶务，拟定"敬事预约"六条。	参观江南制造局及江南船坞。
十二月初七日（1906 年 1 月 1 日）		西历新年，遣人往各国领事署道贺。

续表

时间	戴鸿慈、端方一路	载泽、尚其亨、李盛铎一路
十二月初八日 （1906 年 1 月 2 日）		两江农工商务参赞、安徽候补道许鼎霖来见。
十二月初十日 （1906 年 1 月 4 日）		英国机器院监督福斯德等人来见，前刑部主事张元济来见。
	美国之行（41 日）	
十二月十一日 （1906 年 1 月 5 日）	抵夏威夷州州府檀香山。调查侨民、参观水族馆。	
	檀香山至旧金山之旅程（6 日）	
十二月十二日 （1906 年 1 月 6 日）	由檀香山向加州进发。	两江总督周馥请宴，各国领事及在沪官绅二十余人参加。
十二月十五日 （1906 年 1 月 9 日）		会办铁路大臣盛宣怀来见。
十二月十八日 （1906 年 1 月 12 日）	抵旧金山市。	
十二月十九日 （1906 年 1 月 13 日）	参观旧金山车船公司。	
		上海至日本之旅途（2 日）
十二月二十日 （1906 年 1 月 14 日）	前往帕洛阿尔托市，参观斯坦福大学。	乘法国"喀利刀连"轮船向日本进发。
十二月二十一日 （1906 年 1 月 15 日）	前往伯克利市，参观加利福尼亚大学伯克利分校。由伯克利向美国首都华盛顿进发。	
	同日晚，抵达加利福尼亚州州府萨克拉门托市，少留，接见华商。	
		日本之行（28 日）
十二月二十二日 （1906 年 1 月 16 日）	途径犹他州奥格登市，停两小时。	抵神户。
十二月二十三日 （1906 年 1 月 17 日）	途中，约精琦谈财政，精琦提出整理财政六策。	至横滨同文学校，参观学生兵式体操。华商请宴。同日抵达京都。

续表

时间	戴鸿慈、端方一路	载泽、尚其亨、李盛铎一路
十二月二十四日 （1906 年 1 月 18 日）	抵达内布拉斯加州州府林肯市。参观农务院、监牢、实业大学校。同日经过内布拉斯加州奥马哈车站。	参观二条离宫，观绣花肆、参观武德会击剑柔术。
十二月二十五日 （1906 年 1 月 19 日）	抵达伊利诺伊州芝加哥市。当日参观疯人院、疠病院、青年会、居留院。	参观京都府立第一高等女学校，至京都府知事署，知事讲解地方行政自治机关，并赠以该府统计报告等册。赴大阪《每日新闻》社宴。又赴京都市长请宴。
十二月二十六日 （1906 年 1 月 20 日）	参观屠兽场、农器制造厂、百货公司，是夜，芝加哥市长及当地商会宴请考察团，中外宾客三百余人。	抵名古屋。
十二月二十七日 （1906 年 1 月 21 日）	由芝加哥市乘汽车向美国首都华盛顿市进发。	至陆军省第三师团司令部，观日俄战事始末影片，参观名古屋离宫。市长请宴。
十二月二十八日 （1906 年 1 月 22 日）	抵达宾夕法尼亚州匹兹堡市，参观炼钢厂、玻璃厂。	抵东京，入住芝离宫，日本政府官员来应，拜会政府要员。
十二月二十九日 （1906 年 1 月 23 日）	抵达华盛顿，驻美公使梁诚率使馆人员来迎。端方、戴鸿慈与梁诚拜会美外部大臣。	参观博物馆。又至浅草公园观泥塑人物。
十二月三十日 （1906 年 1 月 24 日）	端方、戴鸿慈与梁诚谒见美国总统西奥多·罗斯福。	参观常磐高等小学校、东京府立高等中学堂。
一九〇六年正月初一日（1 月 25 日）	至马里兰州，参观水师学堂。	觐见日皇。访问伊藤博文。
正月初二日 （1 月 26 日）	考察财政部、基督教青年会、油画院。	日皇分赠载、尚、李宝星。各国驻日公使来见，东京市长请宴。
正月初三日 （1 月 27 日）	美国国务卿路脱宴请考察团。请上议院某议员到寓所演说华盛顿地方自治章程。拜会美国前外部大臣。	法学博士穗积八束来讲日本宪法。大藏省主计局长荒井贺太郎来讲日本财政，赠预算表以及其他书籍。拜会各国驻日公使及日本大藏、海军、内务、递信、农工商等省大臣。
正月初四日 （1 月 28 日）	参观老兵院。拜会德、俄、意大利、奥地利驻美公使。	伊藤博文讲演宪法。

时间	戴鸿慈、端方一路	载泽、尚其亨、李盛铎一路
正月初五日 (1月29日)	至弗吉尼亚州威斯特摩兰县,参观美国开国总统华盛顿墓。	参观近卫步兵第二师团营。驻日公使杨枢请宴,各国驻日公使皆至。
正月初六日 (1月30日)	返回华盛顿,参观美国国家印刷局,并往福迈尔阅操。	日商大仓喜八郎请宴,又侯爵脱岛直大请宴。
正月初七日 (1月31日)	参观国会图书馆、国会大厦。	参观中央幼年学校、振武学校、士官学校、第一劝工所。
正月初八日 (2月1日)	至纽约市,参观万国宝通银行、公估局、商务公所。	参观帝国大学、炮兵工厂。
正月初九日 (2月2日)	参观烟叶公司、炮台。	参观裁判所、控诉院、大审院、贵族院、众议院、警视厅、陈列所、发电所、验疫分析所、消防署、验视厅。
正月初十日 (2月3日)	参观哥伦比亚大学、永命保险公司、某报馆。至纽约市大剧场观剧。赴亚细亚协会公宴。	参观递信省,以《邮政编纂》各书见赠。东亚同文会请宴,正金银行请宴。
正月十一日 (2月4日)	参观美术院、博物院、天主教堂、美人住宅、救火署,宴留美学生。	赴日本著名旅游胜地箱根。
正月十二日 (2月5日)	参观社会办事会、美孚石油公司,晚赴商会公宴。	由中国留学生组织的亚雅音乐会学生开欢迎会。
正月十三日 (2月6日)	参观武备学堂。同日向宾夕法尼亚州费城进发,留十八人继续在纽约考察。	返回东京。
正月十四日 (2月7日)	抵达费城,当日参观铸币局、波利文汽车机制造厂、克兰姆船厂、独立厅。	参观兴业银行、早稻田大学。
正月十五日 (2月8日)	返回纽约州,至埃尔迈拉市参观改良所。至阿尔路勒参观维尔士女学堂。同日抵达伊萨卡。	参观内务省。
正月十六日 (2月9日)	参观康乃尔大学。	旅横滨之商董请宴。参观大同学校、正金总银行
正月十七日 (2月10日)	参观美国、加拿大交界的尼亚加拉大瀑布、电力制造公司、麦饼公司。	参观华族女学校。

续表

时间	戴鸿慈、端方一路	载泽、尚其亨、李盛铎一路
正月十八日 （2月11日）	抵达马萨诸塞州州府波士顿市，由该市市长拟定参观该地名胜。同日参观图书馆、美术院、会议独立堂、旧礼拜堂、邦克山纪念碑、查尔斯敦港船坞、哈佛大学。	大同学校易名为光华学校，载泽题写校名。
正月十九日 （2月12日）	抵达劳伦斯、洛厄尔，参观各纺织公司。同日返回波顿，参观上下议院。	杨枢邀请英、法、比三国驻日公使在使馆午餐，联络考察事宜。
正月二十日 （2月13日）	参观威尔士利女学校，至斯普林菲尔德市，观枪炮厂、美术院、博物院。	**日本至美国之旅程**（16日） 派刘彭年等人继续在日本考察。乘坐美国"达柯达"船向美国进发。
正月二十一日 （2月14日）	是日为在美最后一天。早抵康涅狄格州纽黑文，参观耶鲁大学。同日返纽约，观蜡人院。与美国友人互赠礼物。	
正月二十二日 （2月15日）	**美国至欧洲之旅程**（9日） 乘德国"卜吕沙"号汽船向欧洲进发。	
二月初一日 （2月23日）	**抵法国瑟堡** 抵达法国北部港口城市瑟堡，考察团分成两路，端、戴带参随二十一人由瑟堡登岸，由伦敦取道巴黎再至柏林；其余参随由汉堡登岸，往柏林等候。是日戴鸿慈补授礼部尚书。	
二月初二日 （2月24日）	**英国之行**（4日） 抵伦敦。接见留学生、参观动物园。	
二月初三日 （2月25日）	参观博物院。	
二月初四日 （2月26日）	载泽一路考察团专驻英国参随人员严璩、李焜瀛、张允恺等十人来见。参观下议院、上议院、蜡人院。晚，江苏留学生公宴、至戏院观剧。	

续表

时间	戴鸿慈、端方一路	载泽、尚其亨、李盛铎一路
二月初五日 （2月27日）	关赓麟、唐文源先往巴黎预备一切，参观博济银行、造币局。	
	英国至法国之旅程（1日）	**美国之行（14日）**
二月初六日 （2月28日）	由伦敦向法国巴黎进发，同日抵达。	抵西雅图。参观华盛顿大学、赴华商、美商宴。
	法国之行（5日）	
二月初七日 （3月1日）	参观拿破仑墓、蜡人院。	参观华盛顿高等学堂。
二月初八日 （3月2日）	关赓麟、唐文源先往柏林预备一切。参观博物院、戏院观剧。	由华盛顿州向东进发。途经斯波坎。
二月初九日 （3月3日）	参观上议院、亚洲艺术博物馆。	抵科罗拉多州首府丹佛市。
二月初十日 （3月4日）	参观下议院。	是日分途，载泽、尚其亨、李盛铎率领参赞冯国勋、柏锐，随员赵从蕃、关景贤、尚久勤、德奎、周蕴华往明尼苏达州首府圣保罗，同日抵达；余员乘坐原车直抵纽约。
二月十一日 （3月5日）	参观女学堂，夜观大马戏。	参观麦粉厂、明尼苏达州议会。
	法国至德国之旅程（1日）	
二月十二日 （3月6日）	由巴黎向德国进发。	抵伊利诺伊州芝加哥。
	德国之行（40日）	
二月十三日 （3月7日）	抵达德国首都柏林。	参观密歇根大学。至圣劳伦斯，参观汽车厂、脚踏自行车厂。弹药局长请宴。圣劳伦斯河滨观救火船。
二月十四日 （3月8日）	参观议院、国家瓷器制造厂。	参观尼亚加拉大瀑布。参观水力机电气公司、麦饼公司。
二月十五日 （3月9日）	参观枪炮机器厂。	抵纽约。

续表

时间	戴鸿慈、端方一路	载泽、尚其亨、李盛铎一路
二月十六日 （3 月 10 日）	参观官家报馆。	拜会前总统格兰德之子格兰脱，同日纽约托拉斯商人请宴。
二月十七日 （3 月 11 日）	参观百兽园。	抵美国首都华盛顿。
二月十八日 （3 月 12 日）	参观德国电气联营公司。	参观华盛顿纪功华表，拜见美国外部大臣，觐见总统罗斯福。
二月十九日 （3 月 13 日）	参观裁判所、监狱。	中华公会商董请宴。
		美国至英国之旅程（8 日）
二月二十日 （3 月 14 日）	抵坦特伯雷度，参观伏尔铿船厂。	乘英国"波罗的克"轮船，向英国进发。
二月二十一日 （3 月 15 日）	参观医院、医学堂、蜡人院。	
二月二十二日 （3 月 16 日）	参观柏林大学、军器博物院。参观无线电试演法。	
二月二十三日 （3 月 17 日）	参观警察局、下议院。	
二月二十四日 （3 月 18 日）	参观油画店。	
二月二十五日 （3 月 19 日）	参观农务博物院、动物博物院、马兵营房。	
二月二十六日 （3 月 20 日）	参观古器博物院、人类博物院。	
二月二十七日 （3 月 21 日）	参观救火总会救火演练、武备学堂。	
		英国之行（27 日）
二月二十八日 （3 月 22 日）	参观小学堂、中学堂、化学馆、工艺大学堂。	抵利物浦，驻英公使汪大燮来迎。吴宗濂、严璩、李焜瀛来迎。英外部遣派翻译官璧礼南来迎。抵伦敦。

续表

时间	戴鸿慈、端方一路	载泽、尚其亨、李盛铎一路
二月二十九日 （3月23日）	参观工艺大学堂、拜会美国、俄国、奥地利、意大利等国驻德公使。同日得外务部往丹麦游历电。	
二月三十日 （3月24日）	端、戴一行及驻德使臣荫昌拜谒德皇。	
三月初一日 （3月25日）	分赠各接待人员礼物，并预备往德国其他城市考察。	留英学生罗忠诏、林行规、徐鸿裕、曾宗鉴、邓邦通来见。
三月初二日 （3月26日）	抵多特蒙德市。	李提摩太来见。留英学生曾耀恒、刁庆传来见
三月初三日 （3月27日）	参观多特蒙德—埃姆斯运河、煤矿公司。向埃森进发。	拜会英国各部大臣，并遣参随分至各国公使署拜见。英国法学教员埃喜第来讲英国宪法。
三月初四日 （3月28日）	抵埃森，参观克房伯厂。	埃喜来讲英国内部、农渔部规制。
三月初五日 （3月29日）	继续参观克房伯各厂。同日抵梅彭。	参观内部、地方自治局、学部、农部。埃喜来讲户部、藩部规制。
三月初六日 （3月30日）	往试演场参观试炮。同日经赖讷、明斯特抵武珀塔尔。	埃喜来讲英国地方自治部规制。
三月初七日 （3月31日）	参观单轨铁路、威廉桥。同日抵科隆。	参观万生园，埃喜来讲议院制度。
三月初八日 （4月1日）	前往艾弗尔参观罗尔河水坝、电力机器公司。	宫内省请听乐歌。
三月初九日 （4月2日）	参观颜料厂、科隆大教堂、市场、工艺学堂。	埃喜来讲司法部及警察规制。
三月初十日 （4月3日）	抵杜塞尔多夫，参观爱尔克枪炮厂、油画院、万国油画学会。	李盛铎率领参随数人参观伦敦自治总局、救火会、裁判公堂等处。
三月十一日 （4月4日）	返回柏林。	参观伦敦大教堂、伦敦警察总局。参加驻英公使汪大燮宴会，邀请英国首相、外部大臣及各国驻英公使等人。

续表

时间	戴鸿慈、端方一路	载泽、尚其亨、李盛铎一路
三月十二日 （4月5日）	参观电线公司。	参观造币局。尚其亨、李盛铎往倭摹斯参观监狱。埃喜来讲学部规制。
三月十三日 （4月6日）	参观汽车制造厂。	参观乌里治炮厂、格林储水师学堂。
三月十四日 （4月7日）	参观邮政局，同日前往德国北部考察，抵基尔。	参观陆军部，了解陆军部规制。参观海军部，了解海军部规制。
三月十五日 （4月8日）	赴德国亲王宴，参观救火会、海岸。	律师韩喀请宴。
三月十六日 （4月9日）	参观克虏伯船坞、水雷船、水师船厂、水师学堂。观试演鱼雷船。	
三月十七日 （4月10日）	抵汉堡。	
三月十八日 （4月11日）	参观校兽园、万生园。同日抵不来梅，参观博物院。	抵达达灵顿，参观车站。
三月十九日 （4月12日）	参观不来梅港，同日返回柏林。	参观造桥厂、汽车厂、钢铁厂、机器厂、巴纳公爵府邸。
三月二十日 （4月13日）	参观柏林动物园。	返回伦敦。
三月二十一日 （4月14日）	参观瓷器公司。	
三月二十二日 （4月15日）	准备启程前往丹麦。参观油画店。	游览公园。
	丹麦之行（6日）	
三月二十三日 （4月16日）	由柏林往丹麦进发，同日经丹麦南部港口城市盖瑟抵达哥本哈根。	留英学生于使署设宴欢迎。
三月二十四日 （4月17日）	考察团觐见丹麦国王。外部大臣请宴。同日参观地方公署、试演新式快枪、制枪厂、秽渠屠场。	参观毕士雷军营。
		法国之行（21日）

续表

时间	戴鸿慈、端方一路	载泽、尚其亨、李盛铎一路
三月二十五日 （4月18日）	考察团分成两路，温秉忠、姚广顺、唐元湛、善明及洋员沙格往观船厂、奶油制造厂；戴鸿慈、端方及其他参随参观博物院、瓷器公司、麦酒公司。	由英国向法国进发，同日抵达巴黎。
三月二十六日 （4月19日）	参观病院、海岸、电力制造所、农务学堂。	拜谒法国外部大臣及总统。请提审院裁判官衔金雅士讲法国宪政源流。
三月二十七日 （4月20日）	参观马浆医院、大学堂、贫民小学堂、旧王宫、军器陈列院。	哈乞司厂观演快炮、机器炮。又观波尔斐锅炉厂。又观上下议院。
三月二十八日 （4月21日）	参观银瓷店、油画院、公估局、美术院。同日离开丹麦，向瑞典进发。	参观穆利诺子弹厂，参观凡尔赛宫、制瓷官厂。
	瑞典之行（5日）	
三月二十九日 （4月22日）	抵达瑞典首都斯德哥尔摩，观博物院、人类博物院。	参观巴黎埃菲尔铁塔。
三月三十日 （4月23日）	参观电话公司、士德贺伦中小学堂、贫民中学堂，赴瑞典国王宴会。	赴法国总统宴。巴黎公董局，考察地方自治制度，又至司法大审院，观法堂讯判。又至总巡署，访问警察事宜。
四月初一日 （4月24日）	参观牛油机器厂、女学堂、马兵营房、瓷器公司。	至克鲁苏镇。
四月初二日 （4月25日）	参观炼钢厂。	参观斯萧得钢铁厂。
四月初三日 （4月26日）	参观病院、电话机器公司、上下议院。	参观官立机械厂、森沙蒙炮厂。抵达里昂。
	挪威之行（3日）	
四月初四日 （4月27日）	抵达挪威，参观织麻厂、织布厂。	至里昂商务总会，参观验丝公所、工艺学堂、丝品陈列所。参观水力电机厂、织绸厂。归途观五色影戏，同日抵土伦。
四月初五日 （4月28日）	参观小学堂、船坞、出口货物陈列所、炮厂、博物院。	参观地中海船厂。
四月初六日 （4月29日）	游览山林、戏院听戏。向柏林进发。	参观海军造船官厂。

续表

时间	戴鸿慈、端方一路	载泽、尚其亨、李盛铎一路
四月初七日 （4月30日）	途经瑞典、丹麦。	登凡客山俯看土伦军港。抵巴黎。
	重返德国之行（8日）	
四月初八日 （5月1日）	抵达柏林。派遣伍光建、唐文源、王建组先行至罗马考察。	法国户部官员乌泼梯来使署，讲演银行组织。
四月初九日 （5月2日）	参观中学堂两所及女学堂一所，并观柏林富人居住区。是日拜会丹麦、瑞典、挪威驻德国公使。德外部赠考察团随从人员十八人宝星。	参观庸苏特散伊中学堂、女中学堂、法国国家银行。渥脱来演说法国邮政组织。
四月初十日 （5月3日）	戴、端带领刘若曾、施肇基等十二人随同考察萨克森、巴伐利亚，再至奥地利；温秉忠等人继续在柏林考察，三日后直接赴奥地利。抵达萨克森首府德累斯顿，参观病院。	参观沙勃旁士大学堂、织画官厂、工艺博物院。
四月十一日 （5月4日）	参观防疫所、阅报处、王宫瓷器库、自来水厂。	参观弗兰姆监狱、邮政局、电报局、电话局。
四月十二日 （5月5日）	参观莱比锡大学、印务局、大审院、机器印书所、书商总会所。	参观克鲁苏炮厂分厂、阿尔佛来枪炮厂。
四月十三日 （5月6日）	抵达巴伐利亚州首府慕尼黑，参观慕尼黑市署、公坟、次等浴室。	参观东方博物院。
四月十四日 （5月7日）	参观麦酒厂、王宫、手艺学堂。	抵达凡尔赛，参观西尔陆军士官学校。
四月十五日 （5月8日）	抵达纽伦堡，参观博物院、电气机器厂、汽车制造厂。	上《在法考察大略折》。法国赠考察团各等宝星。
	奥地利之行（7日）	重返英国之行（16日）
四月十六日 （5月9日）	抵达奥地利首都维也纳。	抵伦敦。
四月十七日 （5月10日）	参观格致大学、贵胄学堂。	谒见英国国王。

续表

时间	戴鸿慈、端方一路	载泽、尚其亨、李盛铎一路
四月十八日 （5月11日）	参观上下议院、府署。是日觐见奥皇。	参加英国首相宴会。
四月十九日 （5月12日）	奥皇赠考察团宝星并请宴。	牛津大学派员来见，约定参观时间。
四月二十日 （5月13日）	休息日。	比利时驻英公使来见，表达政府欢迎之意。
四月二十一日 （5月14日）	戴、端一行抵达施太尔。分遣刘若曾等人往布鲁克参观炼钢厂、的里雅斯特海口参观船厂、阜姆参观鱼雷厂。	参观伯明翰铁路车厂。
四月二十二日 （5月15日）	抵达比耳森，参观史哥德枪炮厂。同日返回维也纳。	牛津大学通告载泽，将授予载泽博士学位。
	匈牙利之行（2日）	
四月二十三日 （5月16日）	抵达匈牙利首都布达佩斯。参观枪炮子弹厂。参加匈牙利政府公宴。	日本会会长请宴。
四月二十四日 （5月17日）	参观国家机器公司。遣派参随分别参观工厂、博物院、王宫等处。致赠匈牙利首相及其他招待委员及奥地利护送委员礼物。晚向俄国进发。	
四月二十五日 （5月18日）		访问牛津大学，接受博士学位。
	俄国之行（8日）	
四月二十六日 （5月19日）	抵达俄国首都圣彼得堡，参观海港。	
四月二十七日 （5月20日）	拜访俄外部大臣依什瓦勒斯克。	李盛铎与严璩先行赴比，预备一切。
四月二十八日 （5月21日）	在彼得宫（夏宫）觐见俄皇，又至冬宫参观。	
四月二十九日 （5月22日）	赠俄皇及皇后礼物。参观博物院、水师学堂。	英国国王朝见外宾，载泽、尚其亨、汪大燮赴会。

续表

时间	戴鸿慈、端方一路	载泽、尚其亨、李盛铎一路
闰四月初一日 （5月23日）	参观彼得宫阅操、国家船厂、华俄道胜银行请宴，俄皇赠给考察团宝星。	将赴比，与英国政府官员告别。
闰四月初二日 （5月24日）	拜访俄前首相维特，赴中国驻俄使馆宴。	载泽、尚其亨、汪大燮至剑桥大学，分别接受法学博士及文学博士学位。
		比利时之行（13日）
闰四月初三日 （5月25日）	参观马队兵操、国家瓷器厂。	抵达比利时。
闰四月初四日 （5月26日）	参观卫队步兵、国家银行。是晚向荷兰进发。	觐见比利时国王。
荷兰之行（5日）		
闰四月初六日 （5月28日）	抵达荷兰西部城市海牙。	参观国家银行、议院。
闰四月初七日 （5月29日）	至荷兰首都阿姆斯特丹，觐见荷兰女王。同日返回海牙。	至黎业斯省，参观廓克利铁厂。
闰四月初八日 （5月30日）	参观下议院、王宫、商部衙署、国会宣告署。	接见留学生，参观黎业斯军械厂、黎业斯大学堂。中央公董局请宴。
闰四月初九日 （5月31日）	遣刘若曾等人至哈勒姆参观博物院、船厂。戴、端一行参观莱顿大学堂。	考察圣齐耳公董局、初级学堂、监狱。比利时国王来署答拜。参观司法院。
闰四月初十日 （6月1日）	至海口参观渔业。派遣姚广顺、舒清阿、高而谦、潘睦先等人先至瑞士。是日晚抵比利时首都布鲁塞尔。	参观矿厂、煤砖厂、铁道车厂。
比利时之行（2日）		
闰四月十一日 （6月2日）	参观廓克里机器厂，赴驻比使臣杨兆鋆茶会，晤载泽、尚其亨、李盛铎。	参观武备学堂、中学堂、电车公司。
闰四月十二日 （6月3日）	拜会比利时外部大臣花佛露。至使馆与三大臣及杨兆鋆合影。参观赛马场。觐见比利时国王。是晚，载泽等三大臣来访，商定回国后应行诸事。	考政五大臣合影，参观赛马。
重返荷兰之行（4日）		

时间	戴鸿慈、端方一路	载泽、尚其亨、李盛铎一路
闰四月十三日 （6月4日）	返回荷兰。	游览安特卫普岩洞。
闰四月十四日 （6月5日）	考察鹿特丹港口，又返回海牙，同日，分遣冯祥光考察农务。	抵达梅赫伦，参观炮台。
闰四月十五日 （6月6日）	前往阿姆斯特丹，参观大机器厂、金刚钻厂。分遣陈琪、关赓麟等参观海牙平和会议衙署、图样赛会、地图制造局以及马兵、步兵营房。	考察纳彝爱纸厂。
		重返法国之行（3日）
闰四月十六日 （6月7日）	参观油画院、保和会。分遣刘若曾等人往观水车。是日往瑞士进发。	离开比利时，同日抵达巴黎，东方博物馆赠以乾隆皇帝印章两方。
	瑞士之行（3日）	
闰四月十七日 （6月8日）	抵瑞士首都伯尔尼，觐见瑞士总统。参观巧克力公司、织布公司。	克鲁苏厂主请宴，参观东方博物院。
闰四月十八日 （6月9日）	游览伯尔尼雪山等地。	抵达马赛，参观赛会。
		返国之途（43日）
闰四月十九日 （6月10日）	往拜总统。拜会意大利驻瑞士使臣。	乘法国邮轮返国。
	意大利之行（10日）	
闰四月二十日 （6月11日）	留高而谦、张煜全继续在瑞士考察。是日向意大利进发。同日抵达米兰。	
闰四月二十一日 （6月12日）	被邀参加中国渔业公司开会礼。米兰市长就博物院邀宴，因观博物院。米兰赛会总办邀宴，观表演。	
闰四月二十二日 （6月13日）	参观赛会场。同日向罗马进发。	
闰四月二十三日 （6月14日）	参观斗兽场、公园。	

续表

时间	戴鸿慈、端方一路	载泽、尚其亨、李盛铎一路
闰四月二十四日 （6月15日）	参观上下议院。游览公园。	
闰四月二十五日 （6月16日）	参观大医院、植物园。	
闰四月二十六日 （6月17日）	觐见意大利国王。拜会意大利政府要员及各国驻意大利公使。	
闰四月二十七日 （6月18日）	参观圣彼得大教堂、圣保罗大教堂、罗马古城。	
闰四月二十八日 （6月19日）	赴意大利国王宴，参观王宫。	抵达法属殖民地吉布提，登岸游览。
闰四月二十九日 （6月20日）	参观维苏威火山、庞贝古城。	
	返国之途（51日）	
闰四月三十日 （6月21日）	乘"波尔得"号汽船返国。	
五月初四日 （6月25日）	抵达埃及。	
五月初五日 （6月26日）		抵达哥伦坡。
五月初十日 （7月1日）		抵达新加坡。
五月十八日 （7月9日）		抵达香港。
五月二十日 （7月11日）	抵达槟榔屿。	
五月二十一日 （7月12日）	抵达新加坡。	抵达吴淞口。
五月二十六日 （7月17日）	抵达香港。	

续表

时间	戴鸿慈、端方一路	载泽、尚其亨、李盛铎一路
五月二十八日 （7 月 19 日）		由吴淞口向大沽口进发。
六月初一日 （7 月 21 日）	抵达上海。	抵达大沽口。
六月初二日 （7 月 22 日）		抵达天津。
六月初三日 （7 月 23 日）		抵达北京。
六月十四日 （8 月 3 日）	由吴淞口向大沽口进发。	
六月十七日 （8 月 6 日）	抵达天津。	
六月二十一日 （8 月 10 日）	抵达北京。	

参考资料

一 史料

（一）档案

1. （台北）"中研院"近代史研究所藏外务部档案。

2. 中国社会科学院近代史研究所藏档案。

（二）报刊

1.《大公报》2.《申报》3.《时报》4.《民报》5.《新民丛报》6.《南方报》7.《新闻报》8.《外交报》9.《政治官报》10.《时事采新汇编》11.《华字汇报》12.《万国公报》13.《民立报》14.《盛京时报》15.《中国日报》16.《警钟日报》17.《寰球中国学生报》18.《顺天时报》19.《满洲日报》20.《中外日报》21.《中国白话报》22.《东方杂志》23.《大陆》24.《宪政杂志》25.《言治》

（三）文献

1. 端方、戴鸿慈：《欧美政治要义》，上海商务印书馆1907年版。

2. 端方、戴鸿慈：《列国政要》，上海商务印书馆1907年版。

3. 端方、戴鸿慈：《列国政要续编》，上海商务印书馆1911年版。

4. 戴鸿慈、端方：《考察各国政治条陈折稿》，铅印本，不著出版年。

5. 考察政治大臣咨送：《法兰西政治要览》，政治官报局1907年刊印。

6. 考察政治大臣咨送：《日本议会诂法》，政治官报局1907年刊印。

7. 考察政治大臣咨送：《日本政治要览》，政治官报局1907年刊印。

8. 考察政治大臣咨送：《日本统计释例》，政治官报局1907年刊印。

9. 考察政治大臣咨送：《日本官制通览》，政治官报局1908年刊印。

10. 考察政治大臣咨送：《日本丙午议会》，政治官报局1908年刊印。

11. 蔡琦：《随使随笔》，铅印本，不著出版年。

12. 杨兆鋆：《须圃出使奏议》，1911 年刊本。

13. 吴宗濂：《寿萱室条议存稿》，1901 年刊本。

14. 康继祖：《预备立宪意见书》，1906 年刊本。

15. 英敛之：《也是集》，大公报馆 1907 年刊印。

16. 钱锡霖：《警犬驯养管理法》，联兴印务局 1916 年刊印。

17. 杨寿楠编：《云在山房丛书》，1928 年刊本。

18. 杨寿楠：《云在山房类稿》，铅印本，不著出版年。

19. 陆宗舆：《五十自述记》，《北京日报》承印，不著出版年。

20. 吴勤训：《瀛槎集》，大丰制版印刷公司 1939 年版。

21. 杨道霖：《柳州文牍》，铅印本，不著出版年。

22. 绍英：《绍英日记》，国家图书馆出版社 2009 年影印版。

23. 姚鹏图：《古凤诗词丛钞》，手抄本。

24. 佚名：《陶斋所藏石刻》，手抄本。

25. 佚名：《苍梧关太守行述》，铅印本。

26. 邓邦述等：《清封光禄大夫奉天巡警道先考季垂府君行述》，铅印本。

27. 李盛铎等：《德化李大中丞行状》，铅印本。

28. 褚德彝：《金石学录续补》，余杭褚氏石画楼 1955 年印。

29. 关蔚煌：《慎独斋七十年谱》，北京图书馆编：《北京图书馆藏珍本年谱丛刊》（第 181 册），北京图书馆出版社 1999 年版。

30. 王朝佑：《四十四年落花梦》，1943 年著者自刊。

31. 魏元旷：《光宣金载》，铅印本，不著出版年。

32. 戴鸿慈：《出使九国日记》，钟叔河主编：《走向世界丛书》（第 1 辑），岳麓书社 1986 年版。

33. 载泽：《考察政治日记》，钟叔河主编：《走向世界丛书》（第 1 辑），岳麓书社 1986 年版。

34. 顾廷龙校阅：《艺风堂友朋书札》，上海古籍出版社 1980 年版。

35. 夏丽莲整理：《夏曾佑穗卿先生诗集》，（台北）文景书局 1997 年版。

36. 夏丽莲整理：《钱塘夏曾佑穗卿先生纪念文集》，（台北）文景书局 1998 年版。

37. 王尔敏、吴伦霓霞：《清季外交因应函电资料》，（台北）"中研院"近代史研究所史料丛刊（18），1993 年版。

38. 佐久间桢、阎崇璩编：《匋斋（端方）存牍》，（台北）"中研院"近代史研究所史料丛刊（30），1996 年版。

39. 王尔敏编：《袁氏家藏近代名人手书》，（台北）"中研院"近代史研究所史料丛刊（45），2001 年版。

40. 缪荃孙：《艺风老人日记》，北京大学出版社 1986 年影印版。

41. 孙宝瑄：《忘山庐日记》，上海古籍出版社 1983 年版。

42. 荣庆著，谢兴尧整理：《荣庆日记》，西北大学出版社 1986 年版。

43. 上海图书馆编：《汪康年师友书札》，上海古籍出版社 1986 年版。

44. 劳祖德整理：《郑孝胥日记》，中华书局 1993 年版。

45. 那桐：《那桐日记》，北京档案馆编：《北京档案史料》，新华出版社 2002 年版。

46. 张謇：《啬翁自订年谱》，上海书店据中华书局 1930 年版影印。

47. 梁启超：《饮冰室合集》，中华书局 1989 年影印版。

48. 丁文江、赵丰田：《梁启超年谱长编》，上海人民出版社 1983 年版。

49. 梁启超：《代拟宪政奏折及其他》，陈平原主编：《现代中国》（第 11 辑），北京大学出版社 2008 年版。

50. 陈锡祺等编：《孙中山年谱长编》，中华书局 1991 年版。

51. 许全胜：《沈曾植年谱长编》，中华书局 2007 年版。

52. 刘厚生：《张謇传记》，上海书店据龙门联合书局 1958 年版影印。

53. 张孝若：《南通张季直先生传记》，上海书店据中华书局 1930 年版影印。

54. 南通市图书馆、张謇研究中心编：《张謇全集》，江苏古籍出版社 1994 年版。

55. 许珏：《复庵遗集》，（台北）成文出版社 1970 年版。

56. 广东省哲学社会科学研究所历史研究室编：《朱执信集》，中华书局 1979 年版。

57. 陈旭麓主编：《宋教仁集》，中华书局 1981 年版。

58. 李华兴、吴嘉勋编：《梁启超选集》，上海人民出版社 1984 年版。

59. 汤志钧编：《陶成章集》，中华书局 1986 年版。

60. 王栻主编：《严复集》，中华书局 1986 年版。

61. 孙应祥：《严复年谱》，福建人民出版社 2003 年版。

62. 汤志钧编：《康有为政论集》，中华书局 1981 年版。

63. 上海市文物保管委员会编：《康有为与保皇会》，上海人民出版社 1982 年版。

64. 姜义华等编：《康有为全集》（第八集），中国人民大学出版社 2007 年版。

65. 林增平、周秋光编：《熊希龄集》（上），湖南人民出版社 1985 年版。

66. 熊希龄：《熊希龄先生遗稿》，上海书店出版社 1998 年版。

67. 黄兴涛等译：《辜鸿铭文集》（上），海南出版社 1996 年版。

68. 饶怀民编：《杨毓麟集》，岳麓书社 2001 年版。

69. 刘晴波主编：《杨度集》（第 1 册），湖南人民出版社 2008 年版。

70. ［澳］西里尔·珀尔，檀东锂、窦坤译：《北京的莫理循》，福建教育出版社 2003 年版。

71. 侯宜杰：《关于杨毓麟的一封信》，《船山学刊》2003 年第 1 期。

72. "台湾故宫博物院"故宫文献编辑委员会编：《袁世凯奏折专辑》，（台北）广文书局有限公司 1970 年版。

73. ［日］佐藤铁治郎著，孔祥吉、［日］村田雄二郎整理：《一个日本记者笔下的袁世凯》，天津古籍出版社 2005 年版。

74. 苑书义等主编：《张之洞全集》，河北人民出版社 1998 年版。

75. 陈旭麓、顾廷龙、汪熙主编：《辛亥革命前后》（盛宣怀档案资料选辑之一），上海人民出版社 1979 年版。

76. 天津市历史博物馆藏：《北洋军阀史料·徐世昌卷》，天津古籍出版社 1996 年版。

77. 甘孺：《永丰乡人行年录》，江苏人民出版社 1980 年版。

78. 曹汝霖：《曹汝霖一生之回忆》，（台北）春秋杂志社 1966 年版。

79. 李宗侗：《五大臣出洋与北京第一颗炸弹》，《传记文学》编辑委员会：《传记文学》第 4 卷第 4 期，（台北）传记文学杂志社 1964 年发行。

80. 施肇基：《施肇基早年回忆录》，（台北）传记文学出版社 1985 年版。

81. 中国第二历史档案馆、中国社会科学院近代史研究所编：《中国海关密档：赫德、金登干函电汇编（1874—1907）》，中华书局1995年版。

82. 章开沅等编：《辛亥革命史资料新编》，湖北人民出版社2006年版。

83. 曹亚伯：《武昌革命真史》，上海书店出版社1982年版。

84. 阳海清、张式礼、张德英编：《辛亥革命稀见史料汇编》，中华全国图书馆文献缩微复制中心1997年印刷。

85. 骆惠敏编，刘桂梁等译：《清末民初政情内幕》（上），知识出版社1986年版。

86. 邓邦述：《群碧楼自著书》，江苏广陵古籍刻印社1986年版。

87. 郑曦原等编译：《帝国的回忆：〈纽约时报〉晚清观察记》，当代中国出版社2007年版。

88. 张枬、王忍之编：《辛亥革命前十年间时论选集》（第2卷·上册），生活·读书·新知三联书店1960年版。

89. 张枬、王忍之编：《辛亥革命前十年间时论选集》（第1卷·下册），生活·读书·新知三联书店1977年版。

90. 丁守和主编：《辛亥革命时期期刊介绍》（1），人民出版社1982年版。

91. 卞孝萱、唐文权编：《辛亥人物碑传集》，团结出版社1991年版。

92. 卞孝萱、唐文权编：《民国人物碑传集》，团结出版社1995年版。

93. 朱有瓛：《中国近代学制史料》（第1辑·上），华东师范大学出版社1983年版。

94. 陈学恂、田正平编：《中国近代教育史资料汇编：留学教育》，上海教育出版社1991年版。

95. 沃丘仲子：《近代名人小传》，中国书店据崇文书局1918年版影印。

96. 刘成禺：《世载堂杂忆》，中华书局1960年版。

97. 陶菊隐：《筹安会"六君子"传》，中华书局1981年版。

98. 冯自由：《革命逸事》，中华书局1981年版。

99. 申君：《清末民初云烟录》，四川人民出版社1984年版。

100. 徐珂：《清稗类钞》，中华书局1986年版。

101. 胡思敬：《国闻备乘》，《近代稗海》（第1辑），四川人民出版社1985年版。

102. 刘体仁：《异辞录》，《民国笔记小说大观》（第2辑），山西古籍出版社1995年版。

103. 沈祖炜主编：《辛亥革命亲历记》，中西书局2011年版。

104. 黄濬：《花随人圣庵摭忆》，上海古籍书店1983年版。

105. 张一麐：《心太平室集》，沈云龙主编：《近代中国史料丛刊正编》第1辑（8），（台北）文海出版社影印版。

106. 胡钧：《张文襄公（之洞）年谱》，沈云龙主编：《近代中国史料丛刊正编》第5辑（47），（台北）文海出版社影印版。

107. 周馥：《秋浦周尚书（玉山）全集》，沈云龙主编：《近代中国史料丛刊正编》第9辑（82），（台北）文海出版社影印版。

108. 端方：《端忠敏公奏稿》，沈云龙主编：《近代中国史料丛刊正编》第10辑（94），（台北）文海出版社影印版。

109. 林绍年：《闽县林侍郎奏稿》，沈云龙主编：《近代中国史料丛刊正编》第31辑（301），（台北）文海出版社影印版。

110. 赵炳麟：《赵柏严集·光绪大事汇鉴》，沈云龙主编：《近代中国史料丛刊正编》第31辑（303），（台北）文海出版社影印版。

111. 沈桐生：《光绪政要》，沈云龙主编：《近代中国史料丛刊正编》第35辑（345），（台北）文海出版社影印版。

112. 胡思敬：《退庐全集》，沈云龙主编：《近代中国史料丛刊正编》第45辑（444、445），（台北）文海出版社影印版。

113. 敷文社编：《最近官绅履历汇编》，沈云龙主编：《近代中国史料丛刊正编》第45辑（450），（台北）文海出版社影印版。

114. 陆宝忠自订，陆宗彝续编：《陆文慎公（宝忠）年谱》，沈云龙主编：《近代中国史料丛刊正编》第58辑（575），（台北）文海出版社影印版。

115. 闵尔昌辑：《碑传集补》，沈云龙主编：《近代中国史料丛刊正编》第100辑（991），（台北）文海出版社影印版。

116. 盛宣怀：《愚斋存稿》，沈云龙主编：《近代中国史料丛刊续编》第13辑（122—125），台北文海出版社影印版。

117. 郭荣生校补：《日本陆军士官学校中华民国留学生簿》，沈云龙主编：《近代中国史料丛刊续编》第37辑（370），（台北）文海出版社影印版。

118. 杨曾晶：《无锡杨仁山（楷）先生遗著》，沈云龙主编：《近代中国史料丛刊》第 54 辑（536），（台北）文海出版社影印版。

119. 杨曾晶：《柳州府君年谱》，沈云龙主编：《近代中国史料丛刊续编》第 17 辑（163），（台北）文海出版社影印版。

120. 杨寿楠：《苓泉居士自订年谱》，沈云龙主编：《近代中国史料丛刊续编》第 17 辑（164），（台北）文海出版社影印版。

121. 颜世清等编：《光绪乙巳年交涉要览》，沈云龙主编：《近代中国史料丛刊续编》第 30 辑（294），（台北）文海出版社影印版。

122. 罗香林：《梁诚的出使美国》，沈云龙主编：《近代中国史料丛刊续编》第 68 辑（674），（台北）文海出版社影印版。

123. 汪兆墉辑：《碑传集三编》，沈云龙主编：《近代中国史料丛刊续编》第 73 辑（721），（台北）文海出版社影印版。

124. 唐文治：《茹经堂奏疏》，沈云龙主编：《近代中国史料丛刊正编》第 6 辑（56），（台北）文海出版社影印版。

125. 唐文治：《茹经先生自订年谱正续篇》，沈云龙主编：《近代中国史料丛刊三编》第 9 辑（90），（台北）文海出版社影印版。

126. 吕海寰：《吕海寰奏稿》，沈云龙主编：《近代中国史料丛刊三编》第 58 辑（571），（台北）文海出版社影印版。

127. 汪荣宝：《汪荣宝日记》，沈云龙主编：《近代中国史料丛刊三编》第 63 辑（622），（台北）文海出版社影印版。

128. 冯煦：《蒿庵奏稿》，（台北）成文出版社 1968 年版。

129. 桂坫等纂：《南海县志》（5），（台北）成文出版社 1974 年版。

130. 全国政协委文史资料委员会编：《文史资料选辑》（第 10 辑），中华书局 1961 年版。

131. 全国政协委文史资料委员会编：《辛亥革命回忆录》（6），文史资料出版社 1963 年版。

132. 全国政协委文史资料委员会编：《中华文史资料文库》（军政人物编），中国文史出版社 1996 年版。

133. 广东省佛山市南海区政协文史和学习委员会编辑出版：《纪念戴鸿慈诞辰一百五十周年特辑》，内部出版，2003 年。

134. 广东省佛山市南海区政协文史和学习委员会编辑出版：《南海文史资料》（第 17 辑），内部资料。

135. 《近代史资料》编辑组编：《近代史资料》（第 43、80、83、100、106、108、110、118 号），中国社会科学出版社 1981 年、1992 年、1993 年、1999 年、2003 年、2004 年、2004 年、2008 年版。

136. 中国史学会编：《中国近代史资料丛刊·戊戌变法》，上海人民出版社 1957 年版。

137. 中国史学会编：《中国近代史资料丛刊·辛亥革命》，上海人民出版社 1957 年版。

138. 朱寿朋编，张静庐等校点：《光绪朝东华录》（5），中华书局 1958 年版。

139. 赵尔巽等撰：《清史稿》，中华书局 1977 年版。

140. 故宫博物院明清档案部编：《清末筹备立宪档案史料》（上、下），中华书局 1979 年版。

141. 王彦威、王亮编：《清季外交史料》，书目文献出版社 1987 年版。

142. 《清光绪朝中日交涉史料》，（台北）鼎文书局据 1932 年故宫博物院排印本影印。

143. 《清实录·德宗景皇帝实录》（总第 59 册），中华书局 1987 年版。

144. 中国第一历史档案馆编：《清代档案史料丛编》（第 14 辑），中华书局 1990 年版。

145. 中国第一历史档案馆编：《光绪宣统两朝上谕档》，广西师范大学出版社 1996 年版。

146. 中国第一历史档案馆编：《光绪朝朱批奏折》，中华书局 1995 年、1996 年版。

147. 秦国经主编：《清代官员履历档全编》，华东师范大学出版社 1997 年版。

148. 中国第一历史档案馆编：《清代军机处电报档汇编》，中国人民大学出版社 2005 年版。

149. 国家图书馆编：《清代（未刊）上谕奏疏公牍电文汇编》，全国图书馆文献缩微复制中心 2005 年印制。

150. 广西师范大学出版社编:《美国政府解密档案（中国关系）：中美往来照会集（1864—1931）》（第 10 册），广西师范大学出版社 2006 年版。

二　论著

（一）论文

1. 徐鼎新:《旧中国商会溯源》,《中国社会经济史研究》1983 年第 1 期。

2. 汪敬虞:《再论中国资本主义和资产阶级的产生》,《历史研究》1983 年第 5 期。

3. 赵秉忠:《清末五大臣出洋》,《历史教学》1983 年第 6 期。

4. 唐宝林:《吴樾炸五大臣策划经过》,《安徽史学》1984 年第 3 期。

5. 耿云志:《1905 年反美爱国运动中的资产阶级》,《近代史研究》1985 年第 1 期。

6. 林增平:《革命派、改良派的离合与清末民初政局》,《历史研究》1986 年第 3 期。

7. 马东玉:《五大臣出洋考察与清末立宪活动》,《辽宁师范大学学报》1987 年第 1 期。

8. 戴逸、孔祥吉:《荣庆其人与〈荣庆日记〉》,《清史研究通讯》1987 年第 3 期。

9. 朱金元:《试论清末五大臣出洋》,《学术月刊》1987 年第 5 期。

10. 郑大华:《清末预备立宪动因新探》,《求索》1987 年第 6 期。

11. 伊杰:《清朝官吏中主张君主立宪的第一人是谁》,《历史教学》1989 年第 11 期。

12. 戴学稷:《端方对清末留学教育和华侨教育的贡献》,《教育评论》1990 年第 3 期。

13. 陈荣勋:《清末五大臣出洋考察政治的历史作用》,《齐鲁学刊》1990 年第 4 期。

14. 王开玺:《清统治集团的君主立宪论及晚清政局》,《北京师范大学学报》1990 年第 5 期。

15. 罗荣渠:《中国早期现代化的延误：一项比较现代化的研究》,《近代史研究》1991 年第 1 期。

16. 侯宜杰：《预备立宪失败的原因》，《史学月刊》1991 年第 4 期。

17. 赵玉莲：《五大臣出洋政治考察与清统治者对西方认识的深化》，《外交评论》1991 年第 4 期。

18. 侯宜杰：《论立宪派和革命派的阶级基础》，《近代史研究》1992 年第 3 期。

19. 郭世佑：《辛亥革命阶级基础再认识》，《中国社会科学》1992 年第 3 期。

20. 罗华庆：《论清末五大臣出洋考政的社会影响》，《中国社会科学院研究生院学报》1992 年第 4 期。

21. 许纪霖：《中国现代化的历史反思》，《天津社会科学》1992 年第 4 期。

22. 罗华庆：《清末预备立宪与日本明治宪政》，《近代史研究》1991 年第 5 期。

23. 罗华庆：《清末"预备立宪"对日本明治宪政模仿中的保留》，《河北学刊》1992 年第 6 期。

24. 孔祥吉：《张之洞与清末立宪别论》，《历史研究》1993 年第 1 期。

25. 贺嘉：《近代中国法制变革的先声：论五大臣出洋考察及其结论》，《汉中师院学报》1993 年第 4 期。

26. 贺跃夫：《晚清士绅与中国的近代化》，《中山大学学报》1993 年第 3 期。

27. 王晓秋：《晚清改革史研究论纲》，《北京社会科学》1993 年第 4 期。

28. 宫玉振：《载泽与清末预备立宪》，《北京档案史料》1994 年第 2 期。

29. 刘高葆：《试论端方的立宪渊源及其对宪政的理解》，《中山大学研究生学刊》1995 年第 1 期。

30. 朱英：《清末新政与清朝统治的灭亡》，《近代史研究》1995 年第 2 期。

31. 吴春梅：《预备立宪和清末政局演变》，《安徽史学》1996 年第 1 期。

32. 周秋光：《熊希龄与清末立宪》，《湖南师范大学学报》1996 年第 5 期。

33. 周积明：《清末新政通论》，《求索》1996 年第 6 期。

34. 刘高葆：《端方与清季预备立宪》，《学术研究》1996 年第 6 期。

35. 罗华庆：《载泽奏闻清廷立宪"三利"平议》，《近代史研究》1991 年第 2 期。

36. 迟云飞：《端方与清末宪政》，中南地区辛亥革命史研究会等编：《辛亥革命史丛刊》（第 9 辑），中华书局 1997 年版。

37. 夏白鸽：《中国历史上第一次与图书馆事业有关的出洋考察》，《大学图书馆学报》1998 年第 1 期。

38. 卞修全：《清末立宪思潮的发展轨迹》，《天津师范大学学报》1999 年第 2 期。

39. 迟云飞：《清季主张立宪的官员对宪政的体认》，《清史研究》2000 年第 1 期。

40. 章开沅：《张汤交谊与辛亥革命》，《历史研究》2002 年第 1 期。

41. 蔡克骄：《近代中国博览业的先驱陈琪及其著述》，《近代史研究》2002 年第 1 期。

42. 饶怀民：《杨毓麟与辛亥革命》，《湖南师范大学学报》2002 年第 5 期。

43. 李细珠：《试论新政、立宪与革命的互动关系》，《社会科学战线》2003 年第 3 期。

44. 张朋园：《议会思想之进入中国》，载郑大华、邹小站主编《思想家与近代中国思想》，社会科学文献出版社 2005 年版。

45. 赵广示：《清末五大臣政治考察的积极成果》，《贵州社会科学》2005 年第 5 期。

46. 赵广示：《试析清末五大臣对欧美、日本政治考察的原因》，《贵州大学学报》2005 年第 2 期。

47. 陈丹：《百年前中国人对日俄战争的认识》，《文史知识》2005 年第 8 期。

48. 严昌洪：《1905 年的五大臣出洋》，《文史知识》2005 年第 8 期。

49. 俞勇嫔：《戴鸿慈与清末宪政运动的开端》，《历史教学》2005 年第 11 期。

50. 江国华：《"预备立宪"百年祭：祭晚清预备立宪中的政治妥协》，《湖南科技大学学报》2007 年第 1 期。

51. 张海林：《端方与近代中国社会诸群体关系考论》，《江海学刊》2007 年第 2 期。

52. 王晓秋：《三次集体出洋之比较：晚清官员走向世界的轨迹》，《学术月刊》2007 年第 6 期。

53. 孔祥吉：《评一代奇人赵凤昌及其藏札》，《学术研究》2007 年第 7 期。

54. 福田忠之：《清末五大臣出洋政治考察与明治日本》，浙江工商大学日本文化研究所《日本思想文化研究》编委会编：《日本思想文化研究》2007 年第 9 期，（日本）国际文化工房 2007 年版。

55. 陈丹：《百年前北京正阳门车站爆炸案的反响》，《北京社会科学》2008 年第 2 期。

56. 张学继：《日本法学家有贺长雄与五大臣考察报告》，《历史档案》2008 年第 4 期。

57. 李鼎楚：《清末宪政语境中"司法独立"的三种认知倾向：以预备立宪期间官员的言论为分析对象》，《法商研究》2008 年第 4 期。

58. 闾小波：《论近代中国宪政期成之争》，《南京大学学报》2008 年第 5 期。

59. 郭绍敏：《渐进与激进：清末立宪运动的兴起》，周永坤主编：《东吴法学》（第 15 卷），中国法制出版社 2008 年版。

60. 李细珠：《清末两次日本宪政考察与预备立宪的师日取向》，载中国社会科学院近代史研究所编：《中国社会科学院近代史研究所青年学术论坛（2007 年卷）》，社会科学文献出版社 2009 年版。

（二）著作

1. ［日］稻叶君山著，但焘译：《清朝全史》，中华书局 1914 年版。

2. 顾敦鍒：《中国议会史》，上海书店据苏州木渎心正堂 1931 年版影印。

3. 杨幼炯：《近代中国立法史》，上海书店据商务印书馆 1936 年版影印。

4. 吴经熊、黄公觉：《中国制宪史》，上海书店据商务印书馆 1937 年版影印。

5. 邹鲁：《国民党史稿》，上海书店据商务印书馆 1947 年版影印。

6. 李剑农：《中国近百年政治史》，上海书店据商务印书馆 1948 年版影印。

7. 冯自由：《中华民国开国前革命史》，上海书店据良友印刷公司 1928 年版影印。

8. 冯自由：《中国革命运动二十六年组织史》，上海书店据商务印书馆 1948 年版影印。

9. 警民：《徐世昌》，沈云龙主编：《近代中国史料丛刊正编》第 4 辑（40），（台北）文海出版社影印版。

10. 胡秋原：《近百年来中外关系》，沈云龙主编：《近代中国史料丛刊正编》第 62 辑（620），（台北）文海出版社影印版。

11. 陈茹玄：《中国立法史》，沈云龙主编：《近代中国史料丛刊续编》第 44 辑（433），（台北）文海出版社影印版。

12. 张朋园：《梁启超与清季革命》，（台北）"中研院"近代史研究所专刊（11）1964 年版。

13. 张存武：《光绪卅一年中美公约风潮》，（台北）"中研院"近代史研究所专刊（13）1966 年版。

14. 亓冰峰：《清末革命与君宪的论争》，（台北）"中研院"近代史研究所专刊（19）1966 年版。

15. 张朋园：《立宪派与辛亥革命》，（台北）"中研院"近代史研究所专刊（24）1969 年版。

16. 张玉法：《清季的立宪团体》，（台北）"中研院"近代史研究所专刊（28）1971 年版。

17. 张玉法：《清季的革命团体》，（台北）"中研院"近代史研究所专刊（32）1975 年版。

18. 沈云龙：《徐世昌评传》，（台北）传记文学出版社 1979 年版。

19. 钱实甫：《清代职官年表》，中华书局 1980 年版。

20. 王芸生：《六十年来中国与日本》，生活·读书·新知三联书店 1980 年版。

21. 郭世佑：《晚清政治革命新论》，湖南人民出版社 1997 年版。

22. （台北）"中研院"近代史研究所编：《中国近代的维新运动：变法与立宪研讨会》，（台北）"中研院"近代史研究所 1982 年版。

23. 李恩涵：《近代中国史事研究论集》，（台北）商务印书馆 1982 年版。

24. 钟叔河：《走向世界：近代知识分子考察西方的历史》，中华书局 1985 年版。

25. 中华文化复兴运动推行委员会主编：《中国近代现代史论集》（第 16 编），（台北）商务印书馆 1986 年版。

26. 王戎笙编：《台港清史研究文摘》，辽宁人民出版社1988年版。

27. ［日］依田憙家著，孙志民、翟新译：《中日近代化比较研究》，生活·读书·新知三联书店上海分店1988年版。

28. 吉尔伯特·罗兹曼主编：《中国的现代化》，上海人民出版社1989年版。

29. 陈力丹：《舆论学：舆论导向研究》，中国广播电视出版社1991年版。

30. 董方奎：《清末政体变革与国情之论争：梁启超与立宪政治》，华中师范大学出版社1991年版。

31. 李喜所：《近代留学生与中外文化》，天津人民出版社1992年版。

32. 赵军：《折断了的杠杆：清末新政与明治维新比较研究》，湖南出版社1992年版。

33. ［法］托克维尔：《旧制度与大革命》，冯棠译，商务印书馆1992年版。

34. 侯宜杰：《二十世纪初中国政治改革风潮：清末立宪运动史》，人民出版社1993年版。

35. 李喜所、元青：《梁启超传》，人民出版社1993年版。

36. 韦庆远、高放、刘文源：《清末宪政史》，中国人民大学出版社1993年版。

37. 侯宜杰：《袁世凯全传》，当代中国出版社1994年版。

38. 张连起：《清末新政史》，黑龙江人民出版社1994年版。

39. 李云汉：《中国国民党史述》，（台北）中国国民党中央委员会党史委员会1994年版。

40. 桑兵：《晚清学堂学生与社会变迁》，学林出版社1995年版。

41. 黎仁凯：《近代中国社会思潮》，河南人民出版社1996年版。

42. 徐宗勉、张亦工等著：《近代中国对民主的追求》，安徽人民出版社1996年版。

43. 邓伟志：《变革社会中的政治稳定》，上海人民出版社1997年版。

44. 吴春梅：《一次失控的近代化改革：关于清末新政的理性思考》，安徽大学出版社1998年版。

45. 任达著，李仲贤译：《新政革命与日本：中国，1898—1912》，江苏人民出版社 1998 年版。

46. 鸽子：《隐藏的宫廷档案：1906 年光绪派大臣考察西方政治纪实》，民族出版社 2000 年版。

47. 章开沅：《张謇传》，中华工商联合出版社 2000 年版。

48. 马小泉：《国家与社会：清末地方自治与宪政改革》，河南大学出版社 2001 年版。

49. 陈业东：《夏曾佑研究》，澳门近代文学学会 2001 年版。

50. 严昌洪、许小青：《癸卯年万岁：1903 年的革命思潮与革命运动》，华中师范大学出版社 2001 年版。

51. 熊月之：《中国近代民主思想史》，上海社会科学院出版社 2002 年版。

52. 李喜所：《中国近代社会与文化研究》，人民出版社 2003 年版。

53. 李细珠：《张之洞与清末新政研究》，上海书店出版社 2003 年版。

54. 尚小明：《留日学生与清末新政》，江西教育出版社 2003 年版。

55. 高旺：《晚清中国的政治转型：以清末宪政改革为中心》，中国社会科学出版社 2003 年版。

56. 刘伟：《晚清督抚政治：中央与地方关系研究》，湖北教育出版社 2003 年版。

57. 张晋藩：《中国近代社会与法制文明》，中国政法大学出版社 2003 年版。

58. 王人博：《宪政的中国之道》，山东人民出版社 2003 年版。

59. 王尔敏：《中国近代思想史论》，社会科学文献出版社 2003 年版。

60. 梁素珍、吕建营主编：《政治学原理》，河北大学出版社 2003 年版。

61. 桑兵：《庚子勤王与晚清政局》，北京大学出版社 2004 年版。

62. 耿云志：《耿云志文集》，上海辞书出版社 2005 年版。

63. 徐耀魁：《大众传播新论》，苏州大学出版社 2005 年版。

64. 翟新：《近代以来日本民间涉外活动研究》，中国社会科学出版社 2006 年版。

65. 何勤华、张海斌主编：《西方宪政史》，北京大学出版社 2006 年版。

66. ［美］柯伟林著，陈谦平等译：《德国与中华民国》，江苏人民出版社 2006 年版。

67. 俞可平：《民主与陀螺》，北京大学出版社 2006 年版。

68. 张海林：《端方与清末新政》，南京大学出版社 2007 年版。

69. 白文刚：《应变与困境：清末新政时期的意识形态控制》，中国传媒大学出版社 2008 年版。

70. 路康乐著，王琴、刘润堂译：《满与汉：清末民初的族群关系与政治权力（1861—1928）》，中国人民大学出版社 2010 年版，

71. 李细珠：《地方督抚与清末新政》，社会科学文献出版社 2012 年版。

（三）学位论文

1. 黄毅：《晚清立宪思想研究》，北京大学 1997 年博士论文。

2. 郑琼现：《近代中国立宪评论》，武汉大学 2002 年博士论文。

3. 杨中立：《梁启超与清末立宪运动》，（台北）中国文化大学 2004 年博士论文。

4. 彭剑：《清季宪政大辩论》，中山大学 2005 年博士论文。

5. 李振武：《督抚与清末预备立宪研究》，中山大学 2007 年博士论文。

6. 俞勇嫔：《戴鸿慈研究》，中山大学 2007 年博士论文。

三　外文资料

（一）英文

1. *The North-China Herald and Supreme Court and Consular Gazette*, 1905 – 1906.

2. *The Times.*

3. *New York Times.*

4. *Papers Relating to the Foreign Relations of the United States*, *With the Annual Message of the President Transmitted to Congress*, *December 5*, 1905, Washington：Government Printing Office, 1906.

5. *Papers Relating to the Foreign Relations of the United States*, *With the Annual Message of the President Transmitted to Congress*, *December 3*, 1906, Washington：Government Printing Office, 1909.

6. E-Tu Zen Sun, "The Chinese Constitutional Missions of 1905 – 1906", *The Journal of Modern History*, Vol. 24, No. 3（1952）.

7. Peter Zarrow, "The Search for Political Modernity in the Late Qing：Constitutionalism and the Imagination of the State", （台北）"中研院" 近代史研究所主办："生活、知识与中国现代性国际学术研讨会"，2002 年 11 月 21—23 日。

8. Richard S. "Horowitz, Breaking the Bonds of Precedent: The 1905 – 1906 Government Reform Commission and the Remaking of the Qing Central State", *Modern Asian Studies*, No. 4（2003）.

9. *Harold Monk*, *Modern Constitutional Development in China*, Princeton: Princeton University Press, 1920.

10. Ssu-yü Teng, John K. Fairbank, *China' Response to the West: A Documentary Survey*（*1839 – 1923*）, Cambridge: Harvard University Press, 1954.

11. Meribeth E. Cameron, *The Reform Movementin China*（*1898 – 1912*）, New York: Octogan Books, 1963.

12. Sheng-Hsiung Liao, *The Quest for Constitutionalism in Late Ch' ing China: The Pioneering Phase*, Thesis（Ph. D.）—The Florida State Univresity, 1978.

13. Meienberger Norbert, *The Emergence of Constitutional Government in China*（*1905 – 1908*）: *The Concept Sanctioned by the Empress Dowager Tz' u-hsi*, Bern: Peter Lang Company, 1980.

（二）日文

1.《东京朝日新闻》。

2.《日本》。

3.《外交时报》。

4. 日本外务省档案:《政務視察ノ為メ清国大官ヲ各国ニ派遣一件》（外務省記録 B—1—6—1—244）。

5. 根岸佶:《清國諮議局ノ經過卜立憲政治ノ前途》（上），東亞同文會編:《東亞同文會報告》（第 122 回）。

6. 川島真:《光緒新政下の出使大臣と立憲运动》，《东洋学报》1994 年第 75 卷。

7. 孙安石:《清末の政治考察 5 大臣の派遣と立憲運動》，《中国—社会と文化》1994 年第 9 号。

8. 孙安石:《光緒新政期、政治考察 5 大臣の日本訪問》，《歷史学研究》1996 年第 685 号。

后　记

　　2008年春寒料峭时节的一天，稍显倦怠的夕阳斜照在南开大学颇有现代气息的二主楼上。下课后我和导师元青老师一起走下楼梯，边走边说道以清末五大臣出洋考察作为我的博士论文选题。元师简短沉思后肯定了我的想法，自此我就开始了这一选题的研究，开始了一段新的学术历程。

　　近代以来中国对立宪政治的追求，不仅仅是近代思想发展演化的重要内容，也是近代政治递嬗变革的重要内容，构成近代中国历史上甚嚣一时的亮丽风景。然而，清末以及民国时期的宪政试验，证明了宪政对于中国并不适合，一味削足适履，反而适得其反。宪政何以与近代中国格格不入，原因是多方面的，也需要多学科研究者的共同努力。对于历史研究者而言，需要从史实建构的角度作出应有的贡献。由于种种原因，二十世纪初期由清政府推行的宪政改革仍有诸多问题需要厘清，清末五大臣出洋考察即是其中之一。1905年清政府派出五大臣出洋考察团，是清政府推行宪政改革采取的首个举措，也是近代中国迎纳宪政文明以及走向世界的重要里程碑，考察团归国建言规划了清末宪政改革的整体框架，直接影响了清末宪政改革的基本走向。那么，这一直接开启了清末宪政改革阀门的出洋考察团，究竟做了些什么，给我们留下了些什么？无疑是很值得探究的。如果我们从五大臣出洋考察时期朝野相当一致的政治倾向、从清政府遣使决策引发舆论相当正面的回应来重新审视清末宪政改革，就会发现，清政府推行宪政改革在一定时期内有着相对稳固的社会基础，是得民心、顺民意的，然而此后的改革则不尽如人意，新一轮的争权夺利、钩心斗角重新上演，宪政改革成为一纸空头支票，国民高涨的期望慢慢跌至谷底，随之而来的是对政权的失望以至走向对立面。这一历史过程给我们留下了无尽的思索。

　　较之论文，历史专著的写作或许更能体现一个研究者多方面的史学方法和写作手法，因为可以交替进行史事叙述、史料分析，乃至于理论方法的总结与反思。历史发展复杂多变，清末政治的演化变迁更是波谲云诡，因此晚清史研究必须处处小心求证，力忌沙上建屋，以求我们的研究能够尽可能地接近历史真实。著名史家杨天石在一篇文章中言道："一部历史著作能成功，一定要有自己独具的特色。或以史实，或以观点，或以文字。"当然，三者兼备则堪称完美。本书作为笔者第一部专著，试图尽可能全面地展示五大臣出洋考察这一历史事件的原委，展示清末朝野的政治倾向及其互动关系。因此，舆论对国家政治走向的看法、政府内部关于宪政的讨论、外国对五大臣出洋以及清末宪政改革的观察和反应，本书着墨较多，而在此基础上做出价值判断反倒是其次。清末宪政史本身就是一个需要多学科介入的研究领域，历史研究自有其使命所在，相信读者自有明鉴。

　　历史学博士论文的写作真正考验一个研究者持久和坚韧的特质。除了世俗的诱惑之外，学术上也会面临诸多困难，比如缺乏恒心和克服困难的勇气，比如见到新潮流就追风逐向、见异思迁，这些都会影响专著的写作计划，对于一个刚刚迈进历史研究领域的人而言更是如此。从这个角度看，博士论文的写作尤其能记录一个人成长的脉络和进步的印记。记得大概有半年多的时间，我在国家图书馆附近与人合租一间房子，小小的房间"塞满"了六七个人，上下铺，其余几个都是北漂一族。条件虽然差，但距离图书馆很近，很方便，每天都有收获，其心亦喜。在国图主要查阅了考察政治大臣和随从人员的相关著述，以及当时的报刊资料，颇有收获。当然，史料的挖掘是一个问题，解读则是另一个问题，由于接触史料的广度、解读史料的功力存在差异，不同的研究者会有不同的理解，即便是同一研究者处于不同阶段亦会有不同的理解，所谓横看成岭侧成峰。因此，每一项研究成果都是阶段性的产物、都是具有相对性的产物，有待进一步深化和完善，所谓层浪推进方成巨观。

　　在南开园的三年学习时光，是我终身难以忘怀的。还记得在马蹄湖傍、新开湖畔，闻着满水的荷香晨读的情形，不时会遇到苍颜白发的儒雅老者，南开深厚的人文积淀，身处其中，受益良多。感谢导师元青老师，当时元老师任南开大学出版社总编辑之职，公务繁忙，但对于我关于博士论文相关问题的汇报及请教，总是将其他事务推后，至今仍清晰地记得在元师办公室问学的情形。

李喜所老师在开题报告时的指教，使我的研究思路大开。李金铮老师关于论文写作的系列讲座使我深受启发，对问题意识有了更深层次的认知。王先明老师、侯杰老师、江沛老师等的精彩授课，也使我受益良多。我的硕士生导师范铁权老师始终关注着我的论文写作，每次通电话、见面，言语中满是鼓励。

感谢徐秀丽、李喜所、江沛、田涛等老师参加了论文答辩会，他们提出了十分中肯的修改意见；感谢李细珠老师，早在论文写作之初即冒昧致函，得到热情回复，现在借近代史所博士后流动站学习之便，叨扰请益更不待言；感谢南开大学图书馆以及历史学院资料室的各位老师，使我获取了本项研究的基本史料；感谢国家图书馆尤其是古籍分馆的老师，有关考察团的政治成果以及考察团成员的资料绝大多数源自该馆；感谢台北"中研院"近代史研究所档案馆，他们关于档案的数字化整理，使我得以通过网络阅览其收藏的外务部相关档案。2012年秋，我荣幸地进入中国社会科学院近代史研究所博士后流动站学习，师从崔志海老师，崔师不仅对我的博士后研究选题用心良多，对我的博士论文修改也提出诸多建设性意见，在此深致谢意。还要感谢中国社会科学出版社郭沂纹老师、吴丽平师姐的辛勤编校。总之，谨向所有支持、帮助过我的学术前辈、同学和朋友们，致以最衷心的感谢！

时光匆匆，白驹过隙，2014年春晚一首《时间都去哪儿了》不知让多少人流下了眼泪。时间悄无声息地溜走，想来不免残酷，我很庆幸，在那虽然穷困但不潦倒的学生生涯，留下了这样一部书稿，一部文字的记忆。2000年，我从一个小山村懵懵懂懂地迈进河北大学，成为历史系一名学生；2010年，我在南开大学完成博士论文。博士毕业后到安阳师范学院工作，又经过将近四年的持续修改，现在呈现在大家面前的即是我十多年历史学习的一个阶段性成果和总结。屈指一算，从2000年走出家乡已十四年，弹指一挥间！父母的白发不知何时已经"占领高地"，而我回家的次数却越来越少，在二十余年的求学生涯中，他们的支持和鼓励始终是我学习的巨大动力。我还要感谢妻子，为了我的学业承担起经营家庭的重任，在妻子的精心照料下，儿子也在不知不觉中长到了五岁，有时候甚至可以和我们"理论"一些问题了。我亏欠他们的很多，也对我此前将学术和日常生活割裂、不知将生活和工作融为一体而感到自责。

　　"十年磨一剑，霜刃未曾试。"论著出版之前属于自己，出版之后则属于社会，然文责仍需自负。希望在琳琅满目的书籍中，这本书不是被压在最下面的那一本。

作者谨识

2014 年 2 月 25 日

重印说明

　　承吴丽平老师好意，欲重印 2014 年我在中国社会科学出版社出版的《清末五大臣出洋考察研究》一书。一本专著出版数年后能有重印的机会，对于作者来说，实在是一件令人兴奋的事。近十年来，笔者研究重点转向锡良与晚清政局，但对清末五大臣出洋考察的研究进展也始终关注。笔者私意，这本书放在今天或许仍有一定的学术价值和参考意义。

　　这本书是我在博士论文基础上修改而成的，反映了个人当时的学习研究情况。此次重印保持原貌，惟在引文、别字等方面作了若干校订。感谢我的几位研究生的协作，消除了一些不该有的舛误。

　　期待学界更多的批评和指正。

潘　崇

2021 年 11 月 21 日于福州南台岛